Herméneutique, phénoménologie et droit

Collection « Pensée africaine »

En ce début du XXIe siècle, les sociétés africaines sont secouées par une crise des fondements. Elle met en cause tous les secteurs de la vie. Les structures économiques, les institutions politiques tels que les Etats et les partis politiques, la cellule fondamentale de la société qu'est la famille, les valeurs et les normes socioculturelles s'effondrent. La crise qui les traverse les met en cause et au défi de rendre compte de leur raison d'être aujourd'hui.

L'histoire des civilisations nous fait constater que c'est en période de crise que les peuples donnent et expriment le meilleur d'eux-mêmes afin de contrer la disparition, la mort et le néant qui les menacent. Pour relever ce défi dont l'enjeu est la vie et la nécessité d'ouvrir de nouveaux horizons aux peuples africains, la collection « Pensée africaine » participe à la quête et à la création du sens pour fonder de nouveaux espaces institutionnels de vie africaine.

Dernières parutions

Landri EKOMIE OBAME, *Qu'est-ce que le Bwiti ? Regard croisé sur une religion naturelle africaine*, 2014.
Gildas Boniface TEMBE, *S'ouvrir à l'autre et à sa parole.*
Franklin NYAMSI, *Critique de la tragédie kamerunaise*, 2014.
Gildas Boniface TEMBE, *S'ouvrir à l'autre et à sa parole. Essai sur la philosophie de l'être-en-lien comme fondement de l'éthique du dialogue*, 2013.
Grégoire LEFOUOBA, *Enjeux et dynamique des rivalités sociales au Congo, Une approche philosophique et historique* 2013.
Charles Jean Marie MINYEM, *Rationalité africaine et développement économique*, 2013.
Toto Jérôme BALOU BI, *Élection présidentielle en Côte d'Ivoire ou le pouvoir néocolonial dans tous ses états*, 2013.
Samuel SAME KOLLE, *La quête identitaire du sujet africain moderne. Perspective psychohistorique et comparée*, 2013.
Jules MAIDIKA Asana Kalinga, *Métaphysique et technique moderne chez Martin Heidegger*, 2013.
Basile-Juléat FOUDA, *La philosophie négro-africaine de l'existence. Herméneutique des traditions orales africaines*, 2013.

Marc Kisito Etoundi Bibegelé

Herméneutique, phénoménologie et droit

Perspective d'Adolf Reinach

L'Harmattan

Publié avec le concours de l'Institut de Missiologie Missio

DÉDICACE

A ma chère sœur Agnès Solange ETOUNDI NGONO

Décédée le 13 février 2001,

Elle repose au cimetière catholique de Mvolyé Yaoundé.

Puissent ta droiture et ton amour être pour moi
des sources sapientiales inépuisables.

ABRÉVIATIONS ET SIGLES

AA. VV. : abréviation italienne qui veut dire divers auteurs ou plusieurs auteurs

All. : Allemande

Angl. : Anglaise

BSB. : Bayerische Staatsbibliothek (Bibliothèque d'État de la Bavière)

BGB : *Bürgerlichen Gesetzbuch* (*Code Civil Allemand*)

Cfr. : Se référer à (en latin confer)

C. C. : Code Civil

CNRS & CNL : Centre National de Recherches Scientifique et Centre National du Livre (France)

C.V. : Curriculum Vitae

DEA : Diplôme d'Études Approfondies (Laurea specialistica en italien)

DLSL : *Dictionnaire de linguistique et des sciences du langage* dirigé par Jean Dubois

Dr. : Docteur

Ed. : edizione (italien)

Ed. : edition (anglais)

Éd. : éditions

Fasc. : Fascicule

Fr. : française

Hua. : Husserliana (œuvres d'Husserl)

HTW : *How to do Things with Words*

Ib. : Ibidem

ID. : Idem

In : dans

It. : italienne

GF. : éditions Flammarion

GS. : *Gesammelte Schriften*

n. : numéro

Op. cit. : opere citato

p. : page

p. ex. : Par exemple

Ph. D. degree : « Doctorat d'Etat » (anglais)

Pp. : pages

Prof. : Professeur

PUF : Presses Universitaires de France

PUL : Pontificia Università Lateranense

SW. : *Sämtliche Werke*

Tr. : traduction

Vol. (s) : Volume (s)

PRÉFACE

Dans un contexte juridique international caractérisé par la mutation permanente des lois, Adolf Reinach (1883-1917), philosophe et juriste juif allemand propose une *Théorie a priori* du droit qui vient aussi innover la connaissance herméneutique et phénoménologique. Tous les secteurs du savoir en général et de la science juridique en particulier se voient dotés d'une méthode et d'une contribution uniques. En effet, de la science des concepts, nous passons à une ontologie sectorielle capable d'enquêter sur la vérité même des lois. Après l'excellente contribution kantienne sur la *Raison pure* et sur la *Raison pratique*, la philosophie du droit passe avec Adolf Reinach à une étape fondamentale ; car nécessaire sur le plan moral et sur le plan du droit. Le devoir moral se voit renforcé par le devoir juridique. Sur la base des *Recherches Logiques* d'Edmund Husserl, Adolf Reinach est allé chercher cette *Théorie a priori* aux *Choses-mêmes* du droit. Le *Retour* ou *Zurück* s'établit sur la base des *êtres juridiques* ou *actes sociaux* créés par des personnes juridiques. A partir d'une *Promesse* (droit des contrats), naissent des *Obligations* et des *Prétentions* qui disparaissent lors de la réalisation effective ou de l'obtention de la chose (*res*) promise.

La science juridique se voit enrichie d'un nouveau secteur qui implique la philosophie du langage et la phénoménologie en particulier. Toute démarche épistémologique pouvant naître dans cette perspective nous ramène ici à la vérité de l'*Intentionnalité* et du langage : *énoncé* qui s'actualise dans l'acte posé et signé par les parties contractuelles. Le droit passe d'une étape positive ou positiviste pour rentrer à son origine métaphysique ou fondamentale. L'acte social apparent ou positif qui se limitait au simple phénomène se voit dépouillé de ses coquilles pour se vêtir de sa substance *a priori*. Ce que notre auteur qualifiera d'*existence éternelle*, au-delà de la force et de toute coercition. C'est la personne humaine qui devient le centre d'intérêt nécessaire à son épanouissement existentiel.

Du Droit civil au Droit public, la philosophie du droit, avec la *Théorie a priori* connaîtra avec Adolf Reinach une mutation qui permettra aux experts de la matière d'explorer un secteur non moins facile de la vérité même du droit ou des choses juridiques produisant des effets obligatoires avec des conséquences pénales.

Marc Kisito Etoundi Bibegele essaye à son tour de partir de cette expérience de la *Phronesis* occidentale pour en faire un critère universel de la philosophie du droit et de la philosophie du langage. Comment arriver à construire un monde idéal et réel à partir de l'univers juridique ? Comment produire des lois au niveau du monde législatif qui ne souffrent pas dans leur être propre ? Comment avoir des dispositions juridiques qui permettent aux parties de signer des contrats vrais ? Comment amener ces parties à respecter les accords à travers leur intentionnalité et leur devoir ? Comment contribuer à l'épanouissement de toute personne humaine, tout en aidant les personnes morales à mieux instituer leurs contrats ? C'est une œuvre qui interpelle aussi les secteurs connexes au droit à partir de la *Totalité* de la connaissance herméneutique. En d'autres termes, comment les universitaires peuvent-ils adopter une méthode capable de donner des clés de compréhension et d'interprétation dans un monde où le principe de la relativité contribue activement à rendre les conclusions scientifiques de plus en plus dynamiques et rigoureuses ?

La lecture de cette œuvre pourra contribuer à parfaire tout droit positif, et à recentrer la personne humaine à la base de tout langage juridique.

Antoine Wongo Ahanda

INTRODUCTION

A l'heure où certains pensent que la philosophie prend ses distances vis-à-vis de l'ontologie classique « née d'Aristote », suivie par la scolastique de Duns Scot et de Thomas d'Aquin[1], d'autres courants de pensée militeraient pour une certaine distanciation par rapport à l'idéalisme kantien. Adolf Reinach nous offre, par son génie créateur, la richesse d'une nouvelle philosophie du langage : une théorie non des concepts juridiques, mais des « actes sociaux » qui font naître la promesse, l'obligation et la prétention.[2]

Mais avant d'entrer dans le vif du sujet, il serait convenable pour nous de définir d'abord ce qu'est la phénoménologie en général. Dans le corps de notre œuvre, nous développerons la nouvelle phénoménologie d'Husserl que Reinach nous aide à comprendre et à interpréter l'originalité juridique. Car si le commun des mortels connaît Husserl comme « fondateur d'une nouvelle phénoménologie », il est indispensable pour toute recherche dans ce domaine, de bien souligner l'apport de Reinach dans son œuvre maîtresse, *Logische Untersuchungen ou Les Recherches Logiques.* Nous aurons à le soutenir successivement.

Du grec *Phénoménomèna :* Phénomènes célestes, apparences ; Phénoménologie : *Logos*, raison, discours :

> Au sens philosophique, ce qui apparaît à la conscience, le donné immédiat de l'expérience perspective représentant l'unité de la chose et de la représentation. En phénoménologie, le phénomène est l'apparition originaire

---

[1] Cf. G. VATTIMO, *Addio alla verità*, Roma, ed. Meltemi, 2009, p. 36 : « Dalla fenomenologia all'ontologia dell'attualità », l'unique horizon sur lequel la politique et la philosophie peuvent construire un futur est basé sur les conditions épistémologiques d'un dialogue social et interculturel. Ce dialogue d'après Vattimo a sa consistance sur la destruction des vérités absolues, pour laisser libre cours au relativisme. L'interculturalité vécue dans le social vient mettre au même pied d'égalité toutes les opinions, quitte à les comprendre et à les juger à leur juste mesure culturelle.

[2] Cf. A. REINACH, *Sämtliche Werke, Textkritische ausgäbe* 1, *Werke*, ed. Philosophia Ressources Library, München, Hamden, Wien, 1989, p. 147 : « Anspruch, Verbindlichkeit und Versprechen » : « Prétention, Obligation et Promesse » ; Cf. A. REINACH, *Les fondements a priori du Droit civil,* Paris, éd. Vrin, 2004, p. 47.

de la chose même, le dévoilement de la chose même dans la visée intentionnelle du sujet.[3]

Ce qui veut dire en d'autres termes que la phénoménologie s'intéresse philosophiquement aux apparences de la conscience. Il nous faudra insister sur le caractère unitaire de la chose et de sa représentation. C'est la même chose qui apparaît en se dévoilant.

C'est pourquoi J.H. Lambert (1728-1777) qui sera le premier à utiliser ce terme en rapport avec la théorie des apparences objectives parlera de l'étude des sources d'erreurs liées à certaines « formes de l'apparence ».[4]

Parlant du phénomène, Kant (1724-1804) souligne son objectivité par rapport à sa formation due aux conditions *a priori* « originées » par le sujet.[5] Dans la *Critique de la raison pure*, il fonde l'intuition catégoriale sur le principe selon lequel : on ne peut avoir d'intuition que du sensible, dans l'espace et dans le temps :

> De fait ne pouvons-nous aucunement juger des intuitions d'autres êtres pensants, [...] pour savoir si elles sont assujetties aux conditions indiquées qui limitent notre intuition et valent pour nous de façon universelle [...] Cela dit, il n'y a pas non plus en dehors de l'espace d'autre représentation subjective se rapportant à quelque chose d'extérieur qui puisse être appelée objective *a priori*.[6]

Il est en effet difficile de dériver des représentations des propositions synthétiques *a priori*, comme on peut le faire à partir de l'intuition de l'espace. Par voie de conséquence, aucune idéalité ne leur appartient, bien qu'avec la représentation de l'espace elles possèdent ceci de commun qu'elles appartiennent à la constitution subjective de la sensibilité, par exemple de la vue, de l'ouïe, du toucher, à travers les sensations des couleurs, des tons et de la chaleur ; qui ne sont que des

---

[3] C. GODIN, *Dictionnaire de Philosophie*, Paris, éd. Fayard / éditions du temps, 2004, pp. 974-975.

[4] Cf. E. HUSSERL, et J. H. LAMBERT, cité par G. LEROY, *A l'origine de la phénoménologie : Edmund Husserl*, in http://www.questionsenpartage.com/print/99 <31-01-2012> : Ce terme apparaît au XVIIIe siècle (J.H. Lambert) pour désigner la doctrine du paraître. « Apparaître » et « être » sont alors appelés à être distincts. Hegel a été le premier philosophe à envisager l'élaboration des figures phénoménales de la conscience que l'esprit doit examiner pour atteindre le savoir absolu. *La Phénoménologie de l'esprit*, de Hegel, est une étude et donc une science de l'expérience de la conscience. Chez Husserl l'expérience est celle de la conscience intentionnelle. Celle-ci étant foncièrement subjective ne peut pas être rigoureusement scientifique.

[5] *Ibidem*, nous reviendrons sur la position d'Emmanuel Kant à ce sujet, car, il s'appuiera surtout sur les conditions originées par le sujet qui sont liées à la formation du phénomène.

[6] E. KANT, *Critique de la raison pure*, tr., fr., et présentation par Alain Renaud, Paris, éd. Flammarion, 2006, pp. 124-125.

sensations et des intuitions, et elles ne font connaître en elles-mêmes aucun objet, d'une manière *a priori.*[7]

Dans la *Phénoménologie de l'Esprit* Hegel (1777-1831) parlera du processus logique et ontologique dans lequel l'Esprit devient objet et sujet. Celui-ci le conduit de la conscience sensible au savoir absolu, dont les différentes figures ou moments de l'Esprit représentent un phénomène. Philosophiquement, la phénoménologie devient l'expression de ce processus.[8]

Hartmann (1842-1906) analyse les faits de la conscience morale qui sont connus de manière empirique et à partir de leurs relations, il induit les principes pouvant se rapporter à eux.[9]

Edmund Husserl (1859-1938) est l'initiateur de la philosophie phénoménologique ou « théorie transcendantale de l'herméneutique ». C'est « la science de ce qui apparaît à la conscience »[10] : une activité et une méthode philosophiques qui cherchent à retrouver « l'intuition originaire » ou « l'intuition eidétique des essences » ; deux notions fondamentales à l'herméneutique connaîtront un changement profond avec la phénoménologie : « la vérité » et « le sens linguistique ».[11]

La philosophie phénoménologique et l'herméneutique se rencontrent pour découvrir d'une part, ce qui a été à l'origine de la pensée de l'auteur et d'autre part, ce qui a motivé son langage. Husserl propose la découverte de l'intuition originaire de l'auteur face à la crise de la Métaphysique et des sciences européennes. Son objet est de :

> Retrouver par-delà les évidences reçues et les sédimentations psychologiques l'essence originaire des vécus de la conscience et des objets vers lesquels elle se porte [...] (cet objet) est à la fois retour aux choses mêmes et retour à la conscience même.[12]

Celle-ci est centrée sur l'essence même des choses. La Phénoménologie serait dans ce sens, le *savoir voir : sehen wissen*, de manière descriptive *les contenus du vécu.*

Sa méthode consisterait à savoir faire voir le phénomène et son intuition originaire.

1er Axe : L'intentionnalité ;

2è Axe : L'intuition ;

3è Axe : L'objet de l'intuition.[13]

---

[7] *Ibidem*

[8] Cf. C. GODIN, *Dictionnaire de Philosophie, op. cit.*, p. 975.

[9] *Ibidem*

[10] Cf. G. LEROY, *A l'origine de la phénoménologie : Edmund Husserl, op. cit.*, p. 1.

[11] Cf. E. HUSSERL, *La crise des sciences européennes et la phénoménologie transcendantale,* (1938) tr., fr. par G. GRANEL, Paris, éd., Gallimard, 1976, p. 563.

[12] *Ibidem*

[13] Cf. G. LEROY, *A l'origine de la phénoménologie : Edmund Husserl, op. cit.*, p. 2.

En d'autres termes, il s'agit du passé, du présent et de l'avenir : car la conscience est intentionnelle ou tournée vers.[14] Le sujet devrait s'efforcer à se considérer comme étant capable d'investigation.

Par contre la *phénoménologie Transcendantale* est une méthode en même temps une activité qui cherche à retrouver l'intuition originaire et fondatrice qui est le mode d'existence du sujet pur.[15] Deux termes fondamentaux seront à respecter ici : *Intentionnalité* et *Méthode Phénoménologique*.

Sur le plan herméneutique, la *Phénoménologie de la perception* de Heidegger le conduira à une nouvelle définition du phénomène qui devient « manifestation », en d'autres termes : *a-létheia,* se dévoiler.[16] Pour lui, les objets de cette herméneutique sont le *Monde* et la *Temporalité de l'existant.* C'est la raison pour laquelle dans son *Sein und Zeit* de 1927, il reprend de Husserl la nouvelle notion du « phénomène » comme ce qui « signifie se manifester », non dans le sens de ce qu'il cache, mais de ce « qui se manifeste, le se manifester, le manifesté », le s'illuminer et le « mettre au clair ». Par ce mode, il met le fondement de cette notion de vérité comme « Dévoilement » : *a-létheia,* non plus seulement comme *adaequatio.* La base de la nouvelle philosophie phénoménologique est ce qui se manifeste en soi-même. La vérité du *Logos* ne signifie pas seulement « correspondance » et « adéquation » qui sont les propriétés logiques du jugement, mais plutôt le ressortir comme caché (l'*alethés*) en le découvrant.

Vers les années 1940 à 1960, plusieurs philosophes adhèrent au nouveau courant de pensée proposé par Edmund Husserl, parmi lesquels, Jean Paul Sartre (1905-1980) et Merleau Ponty (1908-1961). Emmanuel Lévinas (1906-1995), Jean-Luc Marion (1946), Michel Henry (1922-2002), Jean François Courtine (1944), Françoise Dastur (1942), Paul Ricœur (1913-2005) et Claude Romano (1967) pour ne

---

[14] Cf. E. HUSSERL, *Logische Untersuchungen, I, Prolegomena zur reinen Logik, Untersuchungen zur Phänomenologie und Theorie der Erkenntnis II/1, Elemente einer phänomenologischen Aufklärung der Erkenntnis II/2,* Tübingen, éd. Max Niemeyer, 1993.

[15] Cf. C. GODIN, *Dictionnaire de Philosophie, op. cit.,* p. 975.

[16] Cf. G. MURA, *Introduzione all'ermeneutica veritativa,* Roma, ed., Prospettive filosofiche, Pontificia Università della Santa Croce, 2005, pp. 172-173 : Dans sa première partie du *Sein und Zeit* (*Etre et Temps*, Halle 1927), Heidegger reprend d'Edmund Husserl la nouvelle notion de « phénomène » comme ce « qui se manifeste, le se manifester, qui signifie « ce qui est entrain de se manifester, le manifesté », qui ne se cache pas, qui s'illumine et qui « se met au clair ». Et par ce mode pose le fondement de cette notion de vérité comme « révélation » (*a-létheia*) et non seulement comme *adaequatio*, qui est à la base de la nouvelle philosophie herméneutique. Le phénomène étant ce qui se « manifeste en soi-même », c'est pourquoi, même la vérité qui est liée au *Logos* ne signifie pas seulement « correspondance » et « adéquation », qui sont les propriétés logiques du jugement, mais plutôt : tirer du dehors l'étant sur lequel se fait un discours sur sa manière de se dissimuler et le laisser « voir » comme un élément qui ne se cache plus (*alethés*) ; ce qui veut dire : aller à sa découverte (Heidegger, 1976, 53).

citer que ceux-là, vont aussi adhérer à la pensée d'Husserl. En Allemagne, l'éveil fut précoce à l'université de München puis à Göttingen et plus tard à Bruxelles en Belgique. Parmi les jeunes générations immédiates à Husserl, on peut noter : Adolf Reinach, Hannah Arendt (1906-1975), (Edith Stein (1891-1942), Roman Ingarden (1893-1970) et Martin Heidegger (1889-1976) qui sera son étudiant et dont la phénoménologie sera ontologique et existentialiste basée sur la question de l'être. L'on peut aussi citer Max Scheler qui n'aura pas été son élève et développera sa phénoménologie sur l'*éthique* et sur l'*affectivité*. Par contre, son élève Alfred Schutz (1899-1959) se servira de la phénoménologie pour le développement d'une sociologie phénoménologique en utilisant les notions telles que l'*intentionnalité* et l'*intersubjectivité* du *monde de la vie : Lebenswelt*, des interactions sociales. On peut aussi citer Hedwig Conrad-Martius (1888-1966), membre du « Cercle Phénoménologique de Göttingen ».[17] Cette liste ne saurait être exhaustive.

En Italie nous avons Enzo Paci (1911-1976) et Angela Ales Bello (1940) pour ne citer que ceux-ci. L'influence de la phénoménologie marquera beaucoup Adolf Reinach, l'auteur que nous avons choisi pour notre thèse.

Disciple d'Husserl, Adolf Reinach adhère à la théorie de la conscience qui est le propre des *Recherches Logiques*.[18] La nature de la conscience est celle d'être essentiellement intentionnée à recevoir les « phénomènes » présents à la conscience uniquement dans leur structure eidétique ou essentielle. Cette structure est universelle et univoque donc compréhensible de cette manière aux autres consciences. Il faut comprendre les autres consciences dans leur individualité[19]; car ce n'est pas de la compétence de l'herméneutique transcendantale de comprendre celles-ci, mais de se limiter uniquement aux produits eidétiques (universels) des consciences.

---

[17] Elle sera en effet avec Édith Stein, une des rares femmes de ce nouveau courant de pensée qu'inaugure Husserl à München puis à Göttingen.

[18] Cf. E. HUSSERL, *Les Recherches Logiques*, tr., fr., de Hubert Hélie, Arion Kelkel, René Schérer, Paris, éd. PUF, 1959, 1961, 1963, 2010.

[19] Cf. G. MURA, *Introduzione all'ermeneutica veritativa, op. cit.*, pp. 175-176 : L'herméneutique transcendentale présuppose la théorie de la conscience qui est le propre des *Recherches Logiques* d'Husserl, selon laquelle la nature de la conscience est celle d'etre essentiellement intentionnée à accueillir les « phénomènes » presents à la conscience, uniquement dans leur structure eidetique ou essentielle qui pour cette caractéristique « d'essence » est universelle et univoque, et donc compréhensible de cette manière par les autres consciences. Ce n'est pas le travail de la phénoménologie et meme de l'herméneutique transcendantale de comprendre le autres conscinces dans leur individualité et dans leur modalité subjective et historique, mais dans les produits eidetiques (universels) des consciences.

Cette brève analyse de la phénoménologie nous amène à la compréhension introductive de notre auteur. La question est de savoir qui est Adolf Reinach ?

Mais avant de décrire la jeunesse de notre auteur, il serait utile de faire une certaine connaissance de son contexte familial qui est marqué par une longue histoire dans les milieux juifs de München et dans d'autres villes d'Allemagne, de France, d'Italie et de Belgique. A cette occasion, nous laisserons parler sa femme Anna[20] et surtout Edmund Husserl[21]; nous nous inspirerons aussi des travaux faits par Karl Schuhmann, Barry Smith[22] et bien d'autres.

La vie d'Adolf Reinach reste très peu connue pour des raisons liées à sa brièveté trente quatre ans, et pour l'intérêt tardif sur son œuvre : philosophique, phénoménologique, psychologique, herméneutique et juridique. En effet, lorsqu'il meurt au front le 16 novembre 1917 à Diksmuide dans les Flandres, Anna sa veuve demande à Édith Stein de l'aider à mettre en ordre ses écrits.[23] Mais, avant d'entrer dans la connaissance propre de l'auteur, il serait nécessaire d'explorer brièvement l'histoire de la grande famille des Reinach.[24]

---

[20] Nous avons eu le privilège de recevoir une copie du Manuscrit d'Ana à la BSB, Bayerische Staatsbibliothek de München le 10 août 2011 ; cfr, 910008670018, ANA. 379. D. II. 1 (Kopie) zur Mitname nach Hause ETOUNDI BIBEGELE Kisito (2 pages).

[21] Cf. E. HUSSERL - *Aufsätze und Vorträge, Gesammelte Werke (1911-1921) : (Des conférences et des Essais, Oeuvres Recueillies)* Band XXV, mit ergänzenden texten Herausgeben von Thomas Nenon und Hans Rainer Sepp, Dordrecht / Boston / Lancaster, ed. Martinus Nijhoff Publishers Group, 1987. Printed in the Netherlands, pp. 296-299, in BSB : Bayerische Staatsbibliothek München.

[22] Cf. K. SCHUHMANN et B. SMITH, « *Adolf Reinach : An Intellectual Biography* », in *Speech Act and Sachverhalt. Reinach and the Foundations of Realist Phenomenology*, Dordrecht, ed. K. Mulligan, Martinus Nijhoff, 1987.

[23] La source des témoignages d'Edith Stein est une des plus crédibles sur la biographie d'Adolf Reinach.

[24] Cf. Sources principales :

1. Mémoire de la communauté juive de München, Cf. P. ARNBERG, *Die jüdischen Gemeinden in Hessen. Aufgang, Untergang,* Neubeginn, Frankfurt : Societas-Verlag, 1971/72 vol. 2, 12, 25 ; Fragments et lettres déposés par ANNA REINACH son épouse à la Bibliothèque Bavaroise.
2. Fräulein HERTHA SCHMUJLOW, Dr. Eberhard AVE-Lallemant, et exécuteurs de la bibliographie de Reinach.
3. Les *œuvres écrites* (Manuscrits) d'Adolf Reinach se trouvent dans *Gesammelte Schriften,* Herausgegeben von seine Schuelrn, mit einem Vorwort von Hedwig Conrad-Martius, Halle, ed. Max Niemeyer, 1921 ; et surtout dans les *Sämtliche Werke, Textkritische Ausgabe* in 2 Banden. *Herausgegeben* von KARL SCHUHMANN und BARRY SMITH München, Philosophia, 1989.
4. Archives de HUSSERL à Louvain en Belgique, de CONRAD et DAUBERT dans la Bibliothèque de München.

Dès 1741 et vers la fin du XVIIIe siècle, Jekel Reinach est mentionné dans le livre de la mémoire de la communauté juive de Mayence.[25] La famille des Reinach avait acquis une certaine notoriété dans le milieu juif et dans la société allemande. Les noms les plus fameux sont : Salomon (Seligmann) Reinach, Jacques (Mayer Herz) Reinach, Marx (Mayer Herz) Reinach et Bernard Jacques (Beer Jacob) Reinach. Les descendants de Jacques Reinach avaient quitté Mayence pour immigrer à Paris. Son grand-père Adolf von Reinach (1814-1879) dirigeait le Consulat de Belgique à Frankfort. Il a reçu l'insigne honneur d'être Baron d'Italie en 1866. C'est lui qui fonda la famille bancaire de Reinach. Il joua aussi un rôle important dans les cercles républicains autour de Gambetta[26], politicien français.

Son grand père Hermann Reinach (1825-1906) est *Geheimer Kommerzienrat.*[27] Hermann Reinach était pendant plusieurs années le *Städtischer Beigeordneter.*[28] Il était aussi citoyen d'honneur de la ville de Mayence. Son père Wilhelm Markus Reinach (1849-1931), était propriétaire d'usine spécialisée dans la production des sanitaires et du matériel d'éclairage. Sa mère s'appelait Pauline Eugénie (1851-1932), elle était la sœur de Heinrich Hirschhorn et de Fanny, née Buding de Mannheim. Adolf Reinach était l'aîné de trois enfants : Heinrich Reinach (04 juin 1888) a étudié la philosophie à München et à Göttingen avant de se rendre à l'université de Gießen où il soutint son doctorat en Droit en 1910. Sa dissertation portait sur : *Die Rechtsfähigkeit der Leibesfrucht : La capacité juridique du fœtus.*[29] Par contre, sa sœur Pauline Reinach a fait son entrée chez les Bénédictines du Couvent de Wépion (Namur) en Belgique en 1924. Elle se transférera en 1936 à Ermeton-sur-Biert suivant le Mouvement du Couvent où elle mourra à 95 ans en 1977 portant le nom de Sœur Augustina.

---

[25] Mayence : *Mainz* en allemand, en latin *Mogontiacum*, est une ville allemande et ancienne cité romaine. Elle se caractérise par sa tradition universitaire et médiatique. En effet, Mayence avec sa fameuse université Johannes Gutenberg se classe parmi les plus célèbres en Allemagne. La ville compte également les sièges des grands médias télévisés et une célèbre imprimerie. C'est la ville natale de Johannes Gensfleish Zur Laden Zum Gutenberg (1400-1468) : imprimeur et typographe, considéré par les historiens comme étant l'inventeur de l'imprimerie. Son invention va révolutionner la production des livres en Europe.

[26]Cf. Leon GAMBETTA (1838-1882), est né à Cahors et est mort à Sèvres. Homme politique français, républicain, il était issu d'une famille des commerçants aisés de Cahors. Son grand père était originaire de la Ligure en Italie.

[27] Conseiller privé de commerce.

[28] Conseiller Municipal.

[29] Cf. HEINRICH REINACH, *Die Rechtsfähigkeit der Leibesfrucht,* in K. SCHUHMANN et B. SMITH, « *Adolf Reinach : An Intellectual Biography* », in *Speech Act and Sachverhalt. Reinach and the Foundations of Realist Phenomenology*, *op. cit.*, p. 2. Une étude faite sur la question de l'enfant conçu mais qui n'est pas encore né. Ce dernier a-t-il des droits ou ne les a-t-il pas dans le Droit civil ?

Anna Stettenheimer son épouse, est née le 21 juin 1884 à Stuttgart. Elle a étudié la Physique à Tübingen où elle avait été reçue au D. degree[30] en 1907. Son sujet de dissertation était intitulé : *Eine absolute Messung des Zemanphänomens : Sur la physique des champs magnétiques.* Reinach fit sa connaissance durant l'Hiver 1906–1907 et, en septembre 1912, il convolera en justes noces avec elle.[31] En 1914, Reinach laissa l'instruction ferme à sa femme de détruire ses documents non publiés au cas où il est tué pendant la guerre : parce qu'il était convaincu que plusieurs parties de son immense travail étaient encore une œuvre inachevée et ne méritaient pas une publication.[32] Peu de philosophes travaillèrent sur sa biographie excepté son petit *curriculum vitae* écrit par Anna. La source d'une biographie et d'une bibliographie officielle sur laquelle Édith Stein, ses exécuteurs testamentaires et quelques notes laissées par ses étudiants Margarete Ortmann et Winthrop Bell, se trouve condensée dans l'énorme œuvre de publication et de traduction de Karl Schuhmann et Barry Smith.[33]

L'intérêt sur les études de l'œuvre de Reinach se ressent aujourd'hui à travers plusieurs colloques organisés par certaines universités. Josélyn Benoist, professeur de philosophie à la Sorbonne, Paris-I, dira de lui :

> Pour ma part, je suis convaincu de l'intérêt de la pensée de Reinach, même si, bien sûr, on ne peut savoir où le destin l'aurait conduite. Je pense que Reinach est un des plus grands philosophes du XXe siècle, malgré la brièveté forcée de son œuvre.[34]

Cette synthèse est partagée par la grande majorité des philosophes du droit qui l'ont connu, ou ceux qui l'ont lu ; car presque tous respectent l'héritage légué par Adolf Reinach malgré sa mort précoce. Quel est donc cet héritage et quelle est la contribution de son originalité qui méritent d'être objets d'une recherche ?

Dans les années 1867-1900, l'heure est à la lutte pour une unification juridique et politique ; une grande floraison d'écoles participera activement à ce dynamisme institutionnel. La philosophie allemande

---

[30] Cf. Diplôme équivalent au Doctorat.

[31] Cf. K. SCHUHMANN et B. SMITH, « *Adolf Reinach : An Intellectual Biography* », in *Speech Act and Sachverhalt. Reinach and the Foundations of Realist Phenomenology, op. cit.*, p. 25 : « Anna Stettenheimer, born on June 21, 1884 in Stuttgart, has studied at Tübingen where Reinach made her acquaintance in the winter of 1906-07. She took per Ph. D. degree there in 1907, with a dissertation – *Eine absolute Messung des Zemmanphänomens* – on the physics of magnetic fields. After Reinach's death she lived on Göttingen and then in Munich for some years. In 1942, in order to avoid deportation by the Nazis, she was smuggled by friends through occupied France into Spain. She returned to Germany in 1950, where she died three years later ».

[32] *Idem*, p. 31.

[33] Cf. Bibliothèque de l'université d'État de la Bavière à München.

[34] J. BENOIST, *Reinach et la visée (Das Meinen) : décliner l'intentionnalité*, in *Les Études Philosophiques*, Congrès sur *Adolf Reinach : philosophie du langage, droit, ontologie*, Paris, éd., CNRS & CNL., février 2005.

connaît une grande mutation avec Husserl. En effet, avec la création de la phénoménologie, la conscience devient toujours « conscience de quelque chose ». L'intentionnalité est orientée vers un objet. Un grand mouvement philosophique adhère aux nouvelles idées de Husserl.

Parmi les étudiants qui participeront à cette œuvre, figure Adolf Reinach. Car, de München à Göttingen en passant par Tübingen, notre auteur, juif allemand, aura étudié et approfondit Aristote, Platon, Kant, Hegel, Hume ; sans oublier, son directeur de thèse doctorale Theodor Lipps, son maître en habilitation Edmund Husserl et la grande majorité des philosophes et juristes allemands et occidentaux.

Reinach se laisse séduire par la phénoménologie et s'active dans son aspect réaliste et sur l'analyse du langage du droit en créant la théorie des « Actes sociaux ». Sa nouveauté ne laissera pas sa génération indifférente, à l'instar d'Édith Stein qui participera aux cours d'Husserl au cours desquels Adolf Reinach sera son assistant. La phénoménologie réaliste de Reinach et son caractère personnaliste marqueront cette juive qui se convertira au christianisme. C'est en effet Adolf Reinach qui, à travers la systématisation d'un traité sur les « actes sociaux » et sur les « actes linguistiques »[35], élaborera principalement un travail sur *l'analyse du sens* non seulement au niveau des mots, mais aussi du langage. Il s'inspire du fait même des *Recherches Logiques* d'Edmund Husserl. Reinach devancera de plus d'un demi-siècle « la théorie des actes linguistiques ».[36] Son travail se base sur la recherche du sens à travers une déclaration, une prétention, une promesse ou un ordre qui constituent *de facto* une action.[37] En effet, notre auteur introduit une classe des normes eidétiques avec une validité conditionnée.

Avec lui, la philosophie entre dans l'ontologie même du droit. Les lois juridiques sont des lois d'essence : c'est pourquoi Adolf Reinach introduit une catégorie des lois *a priori* dont la validité est conditionnée.[38] La prétention est conditionnée par la promesse, mais toutes les lois juridiques ne sauraient être conditionnées. Dans les

---

[35] Cf. A. REINACH, *I fondamenti a priori del diritto civile*, Milano, ed. Giuffré, 1990, a cura di D. Falconi.

[36] Cf. Les principaux auteurs qui adopteront cette phénoménologie husserlienne seront John Langshaw Austin, Paul Grice et John Rogers Searle.

[37] Cf. *Code de Droit Canonique*, ed. Bilingue et annotée, Wilson & Lafleur liée, Montréal 1990, pp. 869-870. Canon 1491, « Tout droit est à moins d'une autre disposition expresse, protégé non seulement par une action, mais aussi par une exception ». En latin : *Quolibet ius non solum munitur, nisi aliud expresse cautum sit, sed etiem exceptione.* Ce qui voudrait dire en d'autres termes que chaque personne juridique ou morale a le droit de recourir aux tribunaux de justice dans le but final de leur demander « une protection juridique ».

Cf. *Grande dizionario della lingua italiana*, éd., DeAgostini, Novara 1990. Nel diritto, l'azione è il procedimento che inizia ai tribunali chi reclama un suo diritto o accusa altri di colpa, per esempio, « promuovere un'azione civile penale contro qualcuno ».

[38] Exemple : la prétention naît d'une promesse.

Fondements a priori du Droit civil : I fondamenti a priori del diritto civile[39], notre auteur opère aussi une cassure avec le passé conceptuel uniquement formel lors qu'il déclare que, le droit positif est sujet à un changement continuel et à une constante évolution. Ses institutions naissent, meurent et changent, parce qu'il n'y a pas de normes juridiques valides d'un mode extratemporel ou uniquement statiques.

C'est ici le point focal où Reinach, dans *Les Recherches Logiques* d'Edmund Husserl[40], s'appuie pour concevoir son originalité. En effet, dans la phénoménologie, il faut désormais savoir distinguer les dimensions subjectives et celles objectives pour fonder toute connaissance. Les *Recherches* sur la phénoménologie d'Husserl ouvrent un éventail de *possibilités* à Adolf Reinach ; c'est pourquoi il devra approfondir les *Lineamenta d'une phénoménologie du droit*, qui seront l'objet même de notre recherche. La problématique principale qui se trouve en son cœur est celle de clarifier les caractéristiques du langage juridique et les fondements phénoménologiques du droit dans la perspective d'Adolf Reinach.

Pour une anthropologie herméneutique et pour la perspective liée au problème du langage, Adolf Reinach semble être un auteur actuel dans la compréhension et l'interprétation des fondements philosophiques du droit. A notre humble avis, le monde de la globalisation et en particulier notre continent africain qui traverse une mue vers une aspiration aux libertés individuelles et communautaires, ont besoin de repenser philosophiquement le mode de concevoir et de faire les lois et surtout le mode d'application de ces lois. La loi est au service de l'homme et de tout ce qui existe. C'est l'homme qui, dans sa dimension *personnelle* et *communautaire,* devrait être le centre de préoccupation de ceux qui pensent les lois. L'anthropologie africaine nous démontre qu'en Afrique, tous aspirent à un peu plus de liberté sur l'être, sur la vie et sur l'environnement. Réfléchir sur le fondement de toute loi particulière ou universelle contribuerait à édifier un continent et un monde dans lequel l'homme retrouverait ses racines de justice et de paix.

I. Les problématiques

Plusieurs problèmes se posent à la lecture de notre recherche. Ceux-ci relèvent de plusieurs aspects du vaste champ philosophique : phénoménologique ; anthropologique, herméneutique, droit, etc. Les *Lineamenta* nous renvoient aux grandes lignes fondatrices, ou comme le

---

[39] Cf. A. REINACH, *I fondamenti a priori del diritto civile, op. cit.*, p. 1 : Le droit positif est sujet à un changement continuel et à une constante évolution, ses institutions naissent, meurent et changent.

[40] Cf. E. HUSSERL, *Le Ricerche logiche,* vol.1, Milano, ed. Net, 2005, p. 9.

dit Reinach aux : « *Grundlinien der apriorischen Rechtslehre : fondations de la théorie a priori du droit* ».[41] Nous les analyserons tout au long de notre travail.

La conscience est-elle uniquement idéaliste ou centrée sur la réalité ? Le fameux *Zurück* ou « Retour aux choses » est-il une simple réponse au néokantisme ou une innovation ?

Les « fondements » sont ici au centre du grand débat de la philosophie du droit. Faut-il militer pour les situer sur le droit positif ou sur la théorie *a priori ?* La naissance, la permanence, la *dynamicité* et la disparition de ceux-ci ont-t-ils un lien avec la Métaphysique classique ?

Le langage utilisé par la philosophie du droit peut-il établir un dialogue avec la culture actuelle ?

A travers notre plan, nous tenterons de donner une ample compréhension pour une certaine interprétation philosophique de notre auteur.

1. Dans la première partie, nous essayerons de partir sur la présentation de l'auteur, à travers la compréhension de son époque historique et théorique.

L'approfondissement de cette partie nous permettra de comprendre philosophiquement et anthropologiquement l'originalité d'Adolf Reinach et sa précieuse contribution sur le plan phénoménologique. (A la suite de nos travaux antérieurs sur Emilio Betti[42], à travers le deuxième canon ou celui de la « totalité du comprendre », partant du fameux « Cercle herméneutique », nous essayerons de scruter l'auteur dans son histoire complète sans négliger un détail en allant jusque dans les lieux où il aura vécu).

2. La deuxième partie nous aidera à aller à la source des choses.

La compréhension d'Edmund Husserl dans ses grandes articulations nous permettra de faire un saut en arrière chez Platon et spécialement chez Kant. A partir des *Recherches Logiques*, nous arriverons à saisir l'essentiel de la phénoménologie qui aura modelé la personnalité d'Adolf Reinach.

3. Avec la troisième partie, il s'agira pour nous de ressortir l'originalité des travaux de notre auteur.

Partant des caractéristiques fondamentales de sa recherche phénoménologique, le rapport sera établi entre le langage, le droit et ses applications. Ici, il s'agira de faire une étude en profondeur pour faire

---

[41] Cf. A. REINACH, *Les fondements a priori du Droit civil,* Paris, éd. Vrin, 2004, tr., fr., de Ronan de Calan des *Sämtliche Werke, Textkritische Ausgabe 1, Werke :* texte original, *Die apriorischen Grundlagen des Bürgerlichen Rechtes,* Verlag GmbH, München, 1989, p. 93,

[42]. Cf. Nos travaux antérieurs : Mémoire en vue de l'obtention de la *Laurea Specialistica.* (L'ancien DEA dans l'ancien système français, aujourd'hui Master II) Université Pontificale de la Salésienne Rome. Marc Kisito Etoundi Bibegelé, *La théorie herméneutique dans la perspective d'Emilio Betti,* (Freni Cristiana, Curci Stefano), 25.06.2010.

comprendre la contribution d'Adolf Reinach dans le vaste champ du savoir philosophique en général et dans celui anthropologique et herméneutique en particulier.

4. La quatrième partie nous amènera au legs et à l'épistémologie dans la perspective d'Adolf Reinach.

Nous y aborderons aussi la question essentielle de l'actualité de l'œuvre, dans le cadre du dialogue avec les autres philosophes du droit et en particulier, Gadamer et Emilio Betti. C'est dans ce cadre qu'il faudra bien comprendre que notre travail est une continuité de nos études antérieures sur l'herméneutique. Car se situant dans le cadre du « dialogue herméneutique », l'apport de Reinach nous aide à nous servir des différentes méthodes de la culture herméneutique pour en avoir une certaine vision d'ensemble. Une vision objective de la chose juridique à travers ses mots et son sens linguistique lié au contexte.

I.2. Limites

Celles-ci sont liées à l'allemand, à la documentation et à la vie brève de l'auteur.

Ayant fait la plupart de nos études en français et en italien, nous avons survolé l'allemand pendant deux ans au secondaire et à l'Université Catholique de Yaoundé. Nous avons déjà franchi une étape dans notre apprentissage à München et dans d'autres cités allemandes et autrichiennes qui nous conduira certainement vers une connaissance nous permettant de comprendre les fondamentaux du langage phénoménologique et de pouvoir communiquer en allemand.

Notre lieu principal de recherche étant Rome, nous ne négligerons pas le volumineux travail de recherche déjà effectué en langue française. Étant aussi parmi les premières recherches sur Adolf Reinach, celle-ci pourra connaître des limites liées aux œuvres des pionniers qui sont très souvent des cibles de la critique sévère ou d'adhésion des générations successives.

Son œuvre originale semble contenir quelque chose d'inachevé. Mais la densité, la rigueur et la clarté de la pensée d'Adolf Reinach nous imposent des limites sévères sur le choix sélectif des auteurs philosophes du droit en particulier et sur la philosophie du langage en général. Les traductions étant elles mêmes limitées, il nous semble que les auteurs italiens et ceux d'expression anglaise nous aideraient à être plus proches des sources autrichiennes et allemandes.[43]

Néanmoins, ces limites ne nous empêcheraient pas de parvenir à faire une recherche rigoureuse sur la doctrine *a priori* du droit qui semble être

---

[43] Cf. Principaux auteurs ayant travaillé sur Adolf Reinach ou ayant un objectif commun sur la philosophie du langage : D. Falconi, B. Romano, J. Searle, J. Darwise, K. Mullingan, K. Shuhmann, B. Smith, et R. Calan.

d'actualité face aux diverses mutations du monde philosophique du droit. En effet, face au problème de la compréhension et de l'interprétation de n'importe quel texte, Gadamer parle de la difficulté du lecteur à comprendre l'auteur qui s'exprime dans un univers culturel déterminé et dans la langue qui lui est propre ; d'où l'insistance sur la notion d'unité du texte ou unité de l'œuvre. Dans ce cas particulier, nous parlerons de l'unité des *Sämtliche Werke : Œuvres Complètes.* Le lecteur doit faire preuve d'humilité face à la langue et au langage en permettant un possible dialogue d'après la notion du « cercle herméneutique » de Schleiermacher.[44] Emilio Betti parlera du canon de la totalité[45] qui englobe non seulement ce cercle, mais aussi l'autre notion Sujet-Objet qui sont tous deux autonomes, partant d'un adage des juristes : *sensus non est inferendus sed efferendus :* le sens doit être tiré du texte et non être attribué au texte. L'une des finalités de l'herméneutique est de retrouver le sens originaire du texte ou de toute œuvre de l'esprit. Ce qui voudrait dire en d'autres termes que ces écoles herméneutiques auront, à coup sûr, une influence sur notre interprétation d'Adolf Reinach.

[44] Cf. H-G. GADAMER, *Verité et méthode, les grandes lignes d'une herméneutique philosophique,* Paris, éd., Seuil, 1996 : tr. it. de G. Vattimo, p. 314 : Devant tout texte, la tâche première est de ne pas se contenter de présupposer l'évidence qu'il parle notre langue, ou, dans le cas d'une langue étrangère, le langage que nous avons appris à connaître par les autres écrivains ou des habitudes quotidiennes. Nous sommes au contraire bien conscients que nous devons parvenir à la compréhension du texte en partant de l'usage spécifique que le langage a dans une époque déterminée ou chez un auteur déterminé.

[45] Cf. E. BETTI, *Teoria generale della interpretazione,* Tome 1, édition corrigée et amplifiée G. CFRIFO, Milano, ed. Giuffré 1990, p. 305 : Le premier et fondamental *canon herméneutique* qui concerne l'objet à interpréter à refait surface grace à la prise de conscience des interprètes des textes écrits, lorsqu'ils ont comparé le sens du langage, en se considérant eux-memes comme "ministri non litterae, sed spiritus : litera enim occidit, spiritus autem vivificat", ou en affirmant, le respect à un langage perceptif, qui ne doit pas s'arreter au verbe, mais à la "vis ac potestas", ou bien en revendiquant la superiorité de la pensée immanente à la déclaration : la (*mens dicentis*), en comparaison à la lettre ou au mot (*vox dicentis*), considérée de manière abstraite.

PREMIER CHAPITRE

Présentation de l'auteur, contexte historique et théorique : École de Göttingen

PARAGRAPHE I. Vie et œuvre d'Adolf Reinach (1883-1917)

Ce paragraphe reconstitue dans son ensemble les grandes étapes parcourues par Adolf Reinach dès l'âge de dix sept ans jusqu'à la maturation de sa pensée. Loin d'être uniquement chronologique, cette étape nous aidera à entrer dans la compréhension de la pensée de l'auteur, à la suite de la méthode d'interprétation d'Emilio Betti sur les quatre canons de l'herméneutique. Le canon de la totalité de la compréhension idéelle et réaliste conduit le chercheur à une analyse en profondeur non seulement de l'œuvre, mais surtout de la personnalité philosophique d'Adolf Reinach. Histoire, psychologie, langage et autre nous aident à une interprétation qui ne trahit pas l'esprit : *Geist* de l'auteur.[46]

Sa pensée est contenue essentiellement dans ses *Sämtliche Werke*[47] et dans ses *Gesammelte Schriften.*[48] L'œuvre principale qui est l'objet de notre thèse s'intitule, *Die apriorischen Grundlagen des bürgerlichen Rechts : Les fondements a priori du Code civil.*[49] L'autre source sur laquelle nous

---

[46] Cf. E. BETTI, *Teoria generale della interpretazione, op. cit.*, p. 305 : Ce sont les premiers et deuxièmes canons de l'interprétation. 1. *L'autonomie de l'objet à interpréter,* et 2. *La totalité de l'objet,* d'après le « Cercle herméneutique » de Schleiermacher. En d'autres termes, l'œuvre d'Adolf Reinach en elle-même est autonome, et dans notre œuvre interprétative, il faudra tout d'abord respecter son originalité, en cherchant à la comprendre telle qu'elle se présente à nous. Il faudra aussi faire tout le possible pour ne pas négliger les parties singulières qui rentrent dans le tout.

[47] Cf. traduction française : *Œuvres Complètes.* Cf. A. REINACH, *Sämtliche Werke, Textkritische Ausgabe 1 Werke,* München, ed. Philosophia Resources Library, 1989. A. REINACH, *Sämtliche Ausgabe 2, Kommentar und Textkritik,* München, ed. Philosophia Resources Library, 1989.

[48] « *Tous les écrits* » d'Adolf Reinach.

[49] Cf. A. REINACH, *Zur Phänomenologie des Res Rechts, Die apriorischen Grundlagen des bürgerlichen Rechts,* Berlin, ed. Classic VDM Verlag Dr. Müller Esther von Krosigk (Hrsg.), 2007.

nous appuierons principalement sera le : *Jahrbuch für Philosophie und phänomenologische Forschung.*[50]

D'une manière générale cette pensée est devenue une source d'inspiration pour plusieurs philosophes de la phénoménologie et du langage au niveau continental européen et dans la philosophie analytique des anglo-saxons en général et des américains en particulier. Ses *correspondances* avec Husserl, Daubert et Conrad constituent une des sources sur lesquelles on peut s'appuyer pour une étude sérieuse sur ses motivations psychologiques. Grâce à la Fondation Alexander von Humboldt (Alexander von Humboldt Stiftung), sa biographie a pu être mise sous catalogue.[51] En février 2005, la Revue trimestrielle : *Les études philosophiques*, a publié avec le concours du CNRS, et du CNL, une étude sur *Adolf Reinach : philosophie du langage*[52], droit, ontologie, avec la participation de : Jocelyn Benoist, Philip Mayrhofer, Ronan de Calan, Bruno Ambroise, Sandra Laugier et Julien Cantegreil.

Cette publication fait suite au Colloque organisé à Paris du 17 au 18 juin 2005 (Université de Paris 1). Plusieurs autres études sont faites par des anglo-saxons dans le cadre de la philosophie analytique.

Le témoignage de sa veuve Anna peut nous aider à comprendre les grandes étapes chronologiques de son parcours.

I.1. Condensé du témoignage d'Anna et d'autres sources

Adolf Bernard Philipp Reinach est donc de famille juive, né le 23 décembre 1883 à Mayence (Mainz) en Allemagne. Très tôt, il eut l'intérêt pour les études sur Platon qu'il développera avec son entrée en 1901 à 17 ans à l'Université de München en Bavière.[53] La lecture de

[50] Cf. *L'Annuaire de la philosophie et de la recherche phénoménologique*. Cette revue de phénoménologie, née à Göttingen, sera dans un premier temps le moyen par lequel Reinach sous la conduite du maître Husserl et du cercle phénoménologique publieront leurs différentes œuvres.

[51] Cf. Dr. Eberhard Avé-Lallemant et Hertha Schmujlow et les exécuteurs de la bibliographie de Reinach. (Catalogue de München : *Phänomenologennachlasse*).

[52] Cf. ADOLF. REINACH, *philosophie du langage, droit, ontologie*, in *Les Études Philosophiques*, Février, 2005.

[53] Cf. ANNA REINACH, *sketch of a « Lebenslauf »*, in *Bavarian State Library*, Ana 379 D II 1 : « Adolf Reinach ist 1883 in Mainz geboren. Schon auf der Schulbank zeigte sich sein philosophisches Interesse bei der Platolektüre, die dem gewöhnlichen Gymnasiasten nichts als einen Übersetzungstext bietet, wurde er von dem Inhalt so ergriffen, dass die Liebe für Plato u. philosophische Analyse ihn sein Leben lang nie mehr verließ. So war es ihm auch selbstverständlich nach Absolvierung der Schule sich dem Studium der Philosophie zuzuwenden. Doch seine Eltern forderten ein « Brotstudium » von ihm u. so belegte er von Anfang an auch die seinem Semester entsprechenden juristischen Vorlesungen. Er hatte sich nach München gewandt u. wurde Schüler von Theodor Lipps, bei dem er 1906 mit einer rechtsphilosophischen Arbeit promovierte. 1907 legte er zum Abschluss seiner juristischen Studien die Referendarprüfung ab. Dann aber wandte er sich endgültig der Philosophie zu u. begann zunächst eine größe logische

Platon pendant sa formation secondaire était nécessaire pour la traduction des textes. Reinach y trouvera lui-même l'intérêt philosophique pour son analyse. Lorsqu'il avait un peu de temps libre, il s'occupait à la lecture philosophique. C'est pourquoi, rien n'est surprenant de le voir se tourner vers les études de philosophie une fois admis à l'université :

> The reading of Plato was, for the average grammar school student, nothing more than a translation exercise. Reinach however found himself so gripped by the content that for as long as he lived the love of Plato and for philosophical analysis was never to leave him. Thus it was for him a matter of course, when his time at school was over, turn to the study of philosophy.[54]

Pour son gagne pain, et parallèlement aux études, il s'occupait des conférences sur la philosophie et sur le droit. A München, il avait demandé à être suivi par le spécialiste de la psychologie, Theodor Lipps bien que voulant passer un Doctorat en philosophie. Le semestre précédent son Doctorat, avec les étudiants de Lipps, il avait été séduit par la phénoménologie. Et c'est par le truchement d'Alexander Pfänder qu'il est mis au courant des *Recherches Logiques* d'Husserl avec un autre groupe d'étudiants de Theodor Lipps. De ce petit groupe d'étudiants, Reinach deviendra assistant de Husserl. Tous étaient convaincus qu'ils avaient trouvé le point d'Archimède à partir duquel ils pouvaient exprimer leur pensée philosophique.[55] C'est à partir de 1903 qu'il est convaincu de la pertinence des études d'Edmund Husserl et spécialement sur *Les Recherches Logiques*. A l'université de München, il étudiera principalement la philosophie, la politique, l'économie,

---

arbeit, die i.1911 in den « Münchener philosophischen Abhandlungen », einer Festschrift für Theodor Lipps, unter dem Titel „Theorie des negativen Urteils" erschienen ist ».

[54] A. REINACH, *Sketch of a « Lebenslauf »*, (copie de l'original) *op. cit.*, tr., Anglaise d'une partie du texte allemand, in K. Schuhmann and B. Smith, « *Adolf Reinach : An Intellectual Biography* », in *Speech Act and Sachverhalt. Reinach and the Foundations of Realist Phenomenology*, *op. cit.*, p. 3.

[55] *Ibidem* « Mit derselben Arbeit hatte er sich i. 1909 habilitiert, aber nicht bei seinem geliebten Lehrer Theodor Lipps, sondern in Göttingen bei Edmund Husserl. Denn schon in den letzten Semestern vor seinem Doktorexamen hatte sich die größe Wandlung bei ihm u. den begabtesten Lipps Schülern vollzogen. Durch Alexander Pfänder wurden sie auf *Die Logischen Untersuchungen* von Husserl aufmerksam gemacht, was zur Folge hatte, dass eine kleine Gruppe aus diesem Kreis, darunter auch Reinach, im nächsten Semester nach Göttingen gingen, um mit dem damals noch völlig unbekannten Extraordinarius persönlich ins philosophische Gespräch zu kommen. Alle waren sie überzeugt, nun den archimedischen Punkt gefunden zu haben, von dem aus nunmehr Philosophie fruchtbar zu betreiben war. Nach ihrer Rückkehr nach München wurde der ganze hochinteressierte, hochbegabte Lipps' Schülerkreis phänomenologisch infiziert. Die oben erwähnte Festschrift enthielt viele Arbeiten, die dem gefeierten u. von allen so sehr geliebten Jubilar wenig Freude machen konnte. Auch Reinach hatte in seinem negativen Urteil mit dem Lipps'schenken Psychologismus gebrochen u. objektive eigenständige logische Bereiche aufgezeigt re ».

l'histoire, le droit et la psychologie. Son plus grand intérêt se basait sur la philosophie et sur la psychologie sous la direction de Theodor Lipps. Il devint membre du groupe de réflexion des étudiants de Theodor Lipps dénommé : *Akademische Verein für Psychologie : Association académique de psychologie.* Ce groupe jouera un rôle important dans la formation du « Mouvement Phénoménologique »[56] et était surtout composé de Theodor Conrad, Moritz Geiger, Otto Selz, Aloys Fischer, Rudolf Hirsch, Alfred Schwenninger et Eduard Schmidt.[57]

Il obtiendra son Doctorat en philosophie le 20 décembre 1904 ayant pour titre : *Über den Urachenbegrif im geltenden Strafrecht : Sur le concept de causalité dans la loi pénale.* Vers 1905[58], pendant qu'il nourrissait encore l'intention d'approfondir l'étude du droit à München par le truchement d'Alexander Pfänder avec qui il venait de faire connaissance en vue de l'obtention d'un parchemin, il décida plutôt de suivre Husserl à Göttingen avec d'autres camarades d'Université. Le mouvement fut appelé : « Cercle phénoménologique de Göttingen »[59] : l'invasion de Göttingen par München.[60] Pendant l'hiver 1905-1906, Reinach reviendra compléter ses études de jurisprudence à München.

De 1906 à 1907, il les approfondira à Tübingen où il en obtiendra un certificat. A la fin de celles-ci, il commença un travail important en philosophie. Il rentrera à Göttingen en 1907 suivre les débats du fameux « Cercle » d'Husserl. En 1909, il continuera ses investigations : *Recherches* non pas avec son Professeur bien aimé Theodor Lipps à München, mais à Göttingen avec Edmund Husserl. La même année, il les continuera avec comme titre : *Zur Theorie des negativen Urteils : Sur la*

---

[56] Cf. A. REINACH, *Sketch of a « Lebenslauf »,* (copie de l'original) *op. cit.*, tr. anglaise d'une partie du texte allemand, in Karl Schuhmann und Barry Schmith, « *Adolf Reinach : An Intellectual Biography* », in *Speech Act and Sachverhalt. Reinach and the Foundations of Realist Phenomenology, op. cit.*, pp. 3-4 : « It was almost certainly at the meetings of the *Verein,* that he came into contact with Theodor Conrad, Moritz Geiger, Otto Selz, Aloys Fischer, Rudolf Hirsch, Alfred Schwenninger, and Eduard Schmidt, who were at that time among the most outstanding of Lipps' students ».

[57] Cf. H. SPIEGELBERG, *The Phenomenological Movement,* in Karl Schuhmann und Barry Schmith, « *Adolf Reinach : An Intellectual Biography* », in *Speech Act and Sachverhalt. Reinach and the Foundations of Realist Phenomenology, op. cit.*, p. 8.

[58] Cf. ANNA REINACH, *sketch of a « Lebenslauf », op. cit.*

[59] Cf. « Cercle phénoménologique de Göttingen » composé de six étudiants et assistants de Husserl : Johannes Daubert et Adolf Reinach arrivés en (1905) ; Morizt Geiger (1906) ; Theodor conrad (1907) ; Max Scheler (1907) ; Dietrich Von Hildebrand (1909).

[60] Cf. K. SCHUMANN et B. SCHMITH, « *Adolf Reinach : An Intellectual Biography* », in *Speech Act and Sachverhalt. Reinach and the Foundations of Realist Phenomenology, op. cit.*, pp. 1-27. Plusieurs de ses camarades et même certains autres élèves de Lipps abandonnèrent München pour suivre les enseignements d'Husserl à Göttingen. Mais selon certains biographes, certains allaient à Göttingen pour suivre Adolf Reinach, s'appuyant sur les exemples d'Édith Stein qui a du suspendre ses cours après la mort de Reinach et sur celui d'Alexandre Koyré qui continua ses études à Paris.

Théorie du jugement négatif.[61] C'est avec Husserl qu'il passera son habilitation. Avec le soutien de ce dernier, notre auteur obtiendra son habilitation pour l'enseignement à l'université de Göttingen. Husserl demandera son assistance pour la révision de sa principale œuvre : *Die logischen Untersuchungen : Les Recherches Logiques.* 1909 sera un énorme succès à Göttingen.

En 1911, avec sa sœur et ses amis, il passa les vacances pour la publication du *Jahrbuch für Philosophie und phänomenologische Forschung : L'Annuaire de la philosophie et de la recherche phénoménologique.*[62] C'était un plaisir pour lui de former une deuxième génération de phénoménologues lorsqu'il était assistant de Husserl.

En 1912, toujours avec Husserl, Moritz Geiger et Alexander Pfänder, il fonde *Jahrbuch für Philosophie und phänomenologische Forschung : l'Annuaire de philosophie et de la recherche phénoménologique : Annuario per la filosofia e la ricerca fenomenologica.* Adolf Reinach publiera des œuvres qui auront toute leur originalité dans la phénoménologie réaliste.[63]

Dès son retour à München, le groupe d'étudiants de Theodor Lipps constitué de talents exceptionnels était comme infecté par la

---

[61] Cf. A. REINACH, *Sämtliche Werke, Textkritische ausgäbe 1, Werke, op. cit.*, p. 95-140.

[62] Cf. K. SCHUHMANN et B. SMITH, « *Adolf Reinach : An Intellectual Biography* », in *Speech Act and Sachverhalt. Reinach and the Foundations of Realist Phenomenology, op. cit.*, pp. 1-27 : « The Summer vacation 1911 was spent by Reinach together with his sister and some of his friends, including von Hildebrand, in a village close to Munich. This made it possible for him to pay extensive visits to Daubert, Pfänder, and Geiger, with whom he discussed not only philosophy but also the plans for an annual publication of phenomenological research under Husserl's general editorship, plans which were eventually to materialize in the *Jahrbuch für Philosophie und phänomenologische Forschung*, E. Husserl (prop.), with Geiger, Scheler, Pfänder and Reinach as co-editors.
In the autumn of 1911 Privatdozent Adolf Reinach, Geimer-Chaussee 7, became a member of the Kant-Gesellschaft. In the subsequent semester he repeated his course on freedom, imputation and responsibility, dealing- among other things- with his news notion of social acts, 'acts, which are not complete in themselves' but 'to whose essence there belongs the directedness towards an addressee' ».

[63] Cf., A. REINACH, *Sämtliche Werke, Textkritische Ausgabe in 2 Bänden.* Karl Schuhmann und Barry Smith (Philosophia resources Library), München, éd. Philosophia, 1989.
Band I, I. Teil : Kritische Neuausgabe (1905-1914) :
Über den Ursachenbegriff im geltenden Strafrecht [pp. 1-43] ; *William James und der Pragmatismus* [pp. 45-50] ; *Die obersten Regen der Vernunftschlüsse bei Kant* [pp. 51-65] ; *Kants Auffassung des Humeschen Problems* [pp. 67-93]; *Zur Theorie des negativen Urteils* [pp. 95-140] ; *Die apriorischen Grundlagen des bürgerlichen Rechtes* [pp. 141-278] ; *Die Überlegung ; ihre ethische und rechtliche Bedeutung* [pp. 279-311] ; *Paul Nartops « Allgemeine Psychologie nach kritischer Methode »* [pp. 313-331] *Band I, II. Teil : Nachgelassene Texte* (1906-1917) ; *Die Grundbegriffe der Ethik* [pp. 335-337] ; *Wesen und Systematik der Urteils* [pp.339-345] ; *Über impersonale Urteile* [pp.347-350] ; *Notwendigkeit und Allgemeinheit im Sachverhalt* [pp. 351-354] ; *Nichtsozioale und Soziale Akte* [pp. 355-360] ; *Die Vieldeutigkeit des Wesensbergriff* [pp. 361-363] ; *Über Dingfarbe und Dingfarbung* [pp. 365-367] ; *Einleitung in die Philosophie* [pp. 369-513] ; *Zum Begriff der Zahl* [pp. 515-529] ; *Über Phänomenologie* [pp. 531-550] ; *Über das Wesen der Bewegung* [pp. 551-588].

phénoménologie. Reinach se démarquera davantage du psychologisme de Lipps pour entrer de plus en plus dans la mentalité philosophique.

En 1912, il continue à enquêter sur l'*a priori* du Droit[64], parce que la question était devenue fondamentale pour ses *Recherches*. En 1913, dans l'*Annuaire de la philosophie et de la recherche* à Göttingen, il publiera sa toute première œuvre intitulée : *Die apriorischen Grundlagen des bürgerlichen Rechtes : Les Fondements a priori du Droit Civil.* Celle-ci restera dans l'histoire comme l'une de ses plus grandes œuvres.

En 1921 Niemeyer fit ressortir l'ensemble des œuvres d'Adolf Reinach ; spécialement les écrits publiés antérieurement d'Adolf Reinach mort au front après trois ans de combat (1914-1917). Ceux-ci étaient également considérés comme étant des travaux inédits : ses conférences et surtout son œuvre intitulée : *Über Phänomenologie : Sur la phénoménologie,* et dont les dernières parties furent récupérées. Au sujet du mouvement dans lequel il parlait sur la base des paradigmes à propos du problème ontologique, Hermann Niemeyer a fini de réunir les éléments essentiels du texte. A la suite du commentaire d'Anna, on peut bien comprendre que l'ensemble des œuvres de Reinach a pu être regroupé, que ce soit ses publications ou ses livrets individuels.

Elle ajoute que son époux avait bien voulu que les dernières parties du texte soient étendues, ne sachant pas dans quelle mesure elles auraient survécus. Ceci est dû au fait que Reinach avait donné des instructions fermes quant à la gestion de ses œuvres non encore publiées avant la guerre.[65] En effet, lorsqu'il partait comme volontaire dans l'armée en 1914, il avait donné ordre à Anna de détruire ses papiers au

---

[64] Cf. ANNA REINACH, *Sketch of a « Lebenslauf »*, *op. cit.*, I. s. 1921 wurde bei Niemeyer in Halle ein Band « *Gesammelte Schriften* von Adolf Reinach » herausgebracht, der alle bereits veröffentlichten Schriften enthielt. Als bisher unveröffentlichte Arbeit enthielt der Band Reinach's ue. Bürger Vortrag « *Was ist Phänomenologie ?* » u. die Bruchstücke seiner letzten Arbeit, die er nach Fertigstellung seiner rechtsphilosophischen Arbeit unternahmen « *Über Bewegung* », wo er sich von den zenonischen Paradigmen ausgehend diesem ontologischen Problem zugewandt hatte. Der Band ist vergriffen oder sonstwie in der Ostzone untergegangen, weshalb der Kösel Verlag mit Erlebnis von Hermann Niemeyer diejenigen Arbeiten, die heute noch von unverminderter Aktualität sind, in Einzelheften herausbringt ».

[65] Cf. K. SCHUMANN und B. SCHMITH, « *Adolf Reinach : An Intellectual Biography* », in *Speech Act and Sachverhalt. Reinach and the Foundations of Realist Phenomenology*, *op. cit.*, pp. 31-32 : « On volunteering for the army in 1914, Reinach had given his wife Anna instructions to destroy his papers in case he would be killed. The were, in his view, mere drafts, not fit for publication. However, his widow kept them with her even after 1917, thus allowing for the posthumous publication in the *Gesammelte Schriften* of the lecture on phenomenology and of the pieces on movement and on impersonalia. When, however, Anna Reinach was herself forced to leave Germany in early 1942 as a result of the National Socialist persecution of the Jews, she finally burnt all of Reinach's papers. Under the signature Ana 279 the Bavarian State Library in Munich now houses a small number of surviving letters and other fragments, including the short *curriculum vitae* of Reinach by his wife Anna and the notes of Reinach's lectures and seminars taken by his students Margarete Ortmann and Winthrop Bell ».

cas où il venait à mourir. Il y avait selon lui certaines choses qui devaient être relues avant la publication. Cependant, Anna les garda avec elle bien au-delà de 1917. C'est pourquoi nous en aurons une partie de celles-ci publiée dans *Gesammelte Schriften*[66] sur la lecture phénoménologique et sur certains autres travaux personnels.

Lorsqu'Anna sera elle-même forcée de laisser l'Allemagne en 1942 à cause du *National Socialisme* destiné à la persécution des juifs, elle brûlera finalement les manuscrits d'Adolf Reinach. Sur sa signature on retrouve à la Bibliothèque d'État de München, au numéro 279, un petit nombre de ses témoignages et des fragments ; plus un petit *curriculum vitae* de Reinach rédigé par son épouse Anna. On y retrouve également des séminaires rédigés par ses étudiants Margarete et Winthrop Bell.

En 1916, une claire préfiguration de la Croix apparut à Édith Stein.[67] En effet, la jeune enseignante voulait suivre son Maître Husserl à Freiburg pour la soutenance de son Doctorat. Mais une demande inattendue la maintenait à Göttingen pour un peu de temps. La veuve du professeur Reinach, collaborateur d'Husserl et enseignant d'Édith Stein, lui avait demandé de l'aide en vue d'arranger les écrits de son mari, mort jeune au Front. Naturellement, la réponse fut positive et Édith Stein, cherchant à gérer pour le mieux cette nouvelle situation, trouva en la veuve, une créature transfigurée par la douleur.

Le sacrifice de la Croix, en apparence « ultra humain » que Dieu avait demandé à Anna Reinach : lui prendre son mari à la fleur de l'âge. Cela avait marqué Anna et matérialisé par une certaine grâce à se soumettre

---

[66] Cf. *Collection des Ecrits* d'Adolf Reinach.

[67] Cf. C. FRENI, *La benedizione della Croce, Per un'antropologia del sacrificio in Edith Stein*, in, *Salesianum, Periodicum internazionale trimestre editum a professoribus, Pontificiae Studiorum Universitatis Salesianae- Romae*, Annus LXVII (2005), ed. LAS, pp. 75–94 : « Una chiara prefigurazione della Croce, apparve alla Stein nel 1916. La giovane professoressa si accingeva a seguire Husserl a Friburgo, per il conseguimento del suo esame di dottorato. Una richiesta indemandabile trattenne invece la Stein a Gottinga, ancora per qualche tempo. La vedova del professor Reinach, collaboratore di Husserl, e docente di Edith, le aveva chiesto aiuto per risistemare gli scritti del marito, caduto al fronte in giovane età. Naturalmente la risposta fu affermativa, e la Stein, accingendosi ad affrontare una penosissima situazione, trovò invece una creatura trasfigurata dal mistero del dolore.
Il sacrificio in apparenza sovra Umano che Dio aveva richiesto ad Anna Reinach, richiamando a Sé un marito amato e nel fiore della vita, aveva segnato certo, la donna, ma le aveva infuso una singolare grazia di serenità e di abbandono totale alla volontà misteriosa dell'Eterno. La Stein ne conservò un'impressione tale, da annotare in anni successivi : "Fu il mio primo incontro con la Croce, la mia prima esperienza della forza divina che dalla Croce emana e si comunica a quelli che l'abbracciano. Per la prima volta mi fu dato di contemplare in tutta la sua luminosa realtà la Chiesa nata dalla passione salvifica di Cristo, nella sua vittoria sul pungolo della morte. Fu quello il movimento in cui la mia incredulità crollò, impallidì l'ebraismo e Cristo si levò raggiante davanti al mio sguardo : Cristo nel mistero della sua Croce"».

avec sérénité et abandon à la volonté mystérieuse de l'Éternel. Stein en conserva une impression telle qu'elle écrira plus tard :

> Cela fut ma première rencontre avec la Croix, ma première expérience de la force divine qui émanait de la Croix et se communiquait à ceux qui l'embrassent. Pour la première fois, il m'a été donné de contempler toute la luminosité de l'Église née de la passion salvifique du Christ, dans sa victoire sur la mort. Ce moment fut celui pendant lequel, mon incrédulité tombait. De l'hébraïsme, Christ se leva rayonnant devant mon regard. Christ dans le mystère de sa Croix.[68]

Il serait aussi important de signaler à la suite d'Édith Stein que, sur le plan religieux, Reinach et Anna, tous deux juifs de naissance se convertiront au protestantisme comme plusieurs membres du fameux « Cercle Phénoménologique de Göttingen ».[69]

Anna terminera son témoignage par un souhait pour que l'on puisse insérer dans les textes, dans la mesure du possible, la nécessaire contribution de Theodor Lipps pour la formation de ses étudiants. C'est en effet lui qui a su réveiller leurs dispositions pour la philosophie. Il leur a permis de travailler avec ardeur pour atteindre les résultats dans la recherche incessante de la vérité. Il serait aussi important de souligner que la plupart des membres de son *Akademie* sera constituée de phénoménologues.

I.2. Témoignage d'Edmund Husserl et d'autres sources

Husserl, mieux que quiconque, ne manquera pas de souligner l'originalité philosophique de l'entière œuvre d'Adolf Reinach lors de son éloge funèbre rapporté dans ses *Gesammelte Werke (1911-1921)* Band XXV.[70] A la différence d'Anna son épouse, il ne s'arrête pas au

---

[68] TERESA RENATA DE SPIRITU SANCTO, *Edith Stein*, tr., it. Morcelliana, Brescia 1959, p. 121.

[69] Cf. EDITH STEIN, fille de Sion – ANARCHRISME, in http//www/anarchrisme.blog.free.fr, <31.01.2012>
Édith Stein est née à Breslau le 12 octobre 1891, jour de Kippour, dans une famille nombreuse des milieux juifs religieux. La Vie d'une famille juive témoignera de son éducation dans un judaïsme fervent et une vie familiale intense. A partir de 1912, elle étudie la phénoménologie à Göttingen et devient l'assistante du « maître » du mouvement, Edmund Husserl. Pendant la Première Guerre Mondiale, elle montre son courage et son sens de la responsabilité en tant qu'infirmière volontaire de la Croix Rouge. Son ami philosophe Adolf Reinach meurt au front en novembre 1917 : la découverte de ses notes montre qu'il y a fait une expérience fulgurante, celle de Dieu. Le mouvement phénoménologique allemand connaît ainsi une véritable vague de conversions au christianisme, dont les deux figures majeures du mouvement, les Juifs Edmund Husserl et Max Scheler qui deviennent catholiques ».

[70] Cf. E. HUSSERL : « *Adolf Reinach+* », *Frankfurter Zeitung*, 6.12. 1917, repris dans Husserliana (Hua) XXV, *Aufsatze und Vortrage* (1911-1921), p. 298 : « Am 16 November fiel vor Dixmuiden Dr. Adolf Reinach, Privatdozent der Philosophie an der

rapportage des faits chronologiques. Mais, il plonge le lecteur dans une analyse philosophique qui, en elle-même, donne un enseignement succinct de la conception philosophique et du langage juridique d'Adolf Reinach. Plusieurs thèmes y sont développés.

I.2.1. Reinach est un espoir perdu d'après Husserl

Après avoir suivi Reinach pour ses travaux d'habilitation à l'université de Göttingen, et après l'avoir eu comme assistant, la mort de Reinach apparaît comme étant celle d'un espoir perdu pour la philosophie :

> Le 16 novembre [1917], le docteur Adolf Reinach, Privatdozent de philosophie à l'Université de Göttingen, tombait devant Dixmuiden, à l'âge de 34 ans. Avec lui, c'est l'un des rares fermes et grands espoirs de la philosophie contemporaine qui est emporté dans la tombe. Le savent tous ceux qui purent l'avoir comme enseignant ou pour ami.[71]

Malheureusement, après s'être rendu volontaire pendant la première guerre mondiale et à l'issue de plusieurs batailles, il meurt à Dixmuiden dans les Flandres le 16 novembre 1917.

I.2.2. Tentative inédite de la philosophie du droit à la vue de Husserl

> [Ce travail] constitue une tentative absolument inédite parmi les esquisses de philosophie du droit présentes et passées, de réaliser, sur la base d'une phénoménologie pure, l'idée longtemps critiquée d'une théorie *a priori* du droit. Avec une sagacité sans exemple, Reinach porte au jour une grande diversité de vérités *a priori* qui sont au principe de tout droit positif réel et imaginable ; et elles sont, comme il le montre, *a priori* dans un sens identique à celui qui concerne les axiomes de l'arithmétique et de la logique, donc, comme eux, des vérités immédiatement saisissables comme valides absolument et sans exception, précédant toute expérience. Ces « propositions de droit » *a priori* comme, par exemple, celle qui stipule qu'une prétention disparaît lors de la réalisation de son contenu, ou qu'une propriété passe par transfert d'un individu à un autre, n'expriment rien moins que des dispositions (des déterminations de ce qui doit être), comme c'est le cas des propositions du droit positif. Toutes ces dispositions juridiques positives présupposent déjà des concepts comme la prétention, l'obligation, la propriété, le transfert, etc., concepts qui sont *a priori* au regard du droit positif. Les propositions aprioriques de Reinach ne sont rien d'autre que l'expression de vérités valant universellement, qui se fondent sur

---

Universität Göttingen, im vierunddreißigsten Lebensjahre. Mit ihm ist eine der wenigen sicheren und groben Hoffnungen der zeitgenössischen Philosophie ins Grab gesunken. Das wissen alle, die ihm als Lehrer und Freunde nähertreten durften ».

[71] E. HUSSERL cité par R. de Calan in A. REINACH, *Les fondements a priori du Droit civil*, *op. cit.*, p. 7.

la teneur de sens de ces concepts, et sont *a priori* au regard des institutions juridiques positives.[72]

Trois déclarations d'Edmund Husserl sont à souligner pour comprendre la phénoménologie pure d'Adolf Reinach à la suite des *Recherches Logiques* :

1. Tentative absolument inédite ;
2. Reinach porte au grand jour une diversité de vérités *a priori ;*
3. Dispositions *a priori* qui sont des concepts *a priori :* prétention, obligation, propriété, transfert, etc.

L'ouvrage est à lire par rapport au premier Husserl, car nous avons à faire ici à l'*a priori* matériel. Il y a une nécessité profonde à distinguer les propositions du droit positif de nature normative, aux formations juridiques pour lesquelles sont appliquées les propositions *a priori*. En d'autres termes, *les propositions du droit positif normatives* « énoncent un devoir être » ; celles *a priori sont judicatives* dans la mesure où elles « posent les vérités ». C'est la raison pour laquelle tout système normatif du droit pourrait se démarquer des formations juridiques *a priori*. La norme est toujours sujette à une élimination, une modification et même une suspension, à cause de son caractère pratique et téléologique.

Si l'on pouvait évaluer l'œuvre d'un philosophe par rapport à la durée temporelle de son existence terrestre, Adolf Reinach serait mis dans les oubliettes de l'histoire. Mais la qualité d'un si bref travail réside dans la grande contribution qu'il donne à la philosophie du langage et son implication dans la phénoménologie du droit. Husserl continuera son éloge en distinguant de manière claire (la théorie *a priori* du droit au

---

[72] *Idem*, pp. 9-10, E. HUSSERL : *« Adolf Reinach », Frankfuter Zeitung*, 6.12. 1917, repris dans Husserliana (Hua) XXV, *Aufsätze und Vörträge* (1911-1921), pp. 296-299 : « In seiner weiteren Entwicklung wurde er zu einem der vornehmsten Vertreter der phänomenologischen Philosophie und phänomenologischen Forschung, dessen Erscheimungsband (1913) seine größte und bedeutendste Arbeit über *Die apriorischen Grundlagen des bürgerlichen Rechts* brachte. Sie bietet einen gegenüber allen rechts philosophischen Entwürfen der Gegenwart wie der Vergangenheit völlig neuartigen Versuch, auf der Basis der reinen o Phänomenologischen Rechtslehre zu verwirklichen. Mit beispiellosem Scharfsinn zeiht Reinach eine Größe Mannigfaltigkeit von « apriorischen » Wahrheiten aus Tageslicht, die allem wirklichen und erdenklichen positiven Recht zugrunde liegen, und sie sind, wie er zeigt, a priori genau in dem Sinn wie die primitiven arithmetischen oder logischen Axiome, also, wie sie, einsichtig erfassbar als schlechthin ausnahmslos gültige, aller Erfahrung vorangehende Wahrheiten. Diese apriorischen Rechtssätze, Wie z.B., dass ein Ausspruch durch Erfüllung erlischt, dass ein Eigentum durch Übertragung von einer Person auf die andere übergeht, sprechen nichts weniger als « Bestimmungen » (willkürliche Festsetzungen, das etwas sein soll) aus, wie dies alle Sätze des positiven Rechtes tun. Alle solche positiv-rechtlichen Bestimmungen setzen ja schon Begriffe wie z.B. Anspruch, Verbindlichkeit, Eigentum, Übertragung usw. Voraus, Begriffe, die also dem positiven Recht gegenüber a priori sind. Reinach's « apriorische Rechtssätze » sind also nichts anderes als Ausdruck unbedingt gültiger Wahrheiten, die rein im Sinnesgehalt dieser Begriffe gründen und demnach selbst Gegenüber den positiv-rechtlichen Festsetzungen a priori sind ».

droit naturel et des autres théories de la justice). L'originalité de Reinach est à rechercher dans l'ontologie même des objets juridiques :

> Le caractère absolument original du point de vue de Reinach dans son œuvre maîtresse réside dans la reconnaissance de fait que cet *a priori* appartenant à l'essence de tout droit doit être distingué radicalement d'un autre *a priori*, qui rapporte tout droit à un certain type de norme évaluative : car tout droit peut et doit être établi en fonction de l'idée du « bon droit » - « bon » du point de vue de la morale ou d'une finalité objective quelconque. Le développement de cette idée conduit à une toute autre discipline, qui vise aussi peu que la théorie pure du droit la réalisation de l'idéal radicalement erroné du droit naturel. Car elle ne peut établir que des normes juridiques formelles, desquelles ne ressort pas plus de droit positif que de vérités scientifiques de la logique formelle. Quiconque est intéressé par une philosophie du droit rigoureusement scientifique, par une explication décisive des concepts constitutifs de l'idée d'un droit positif en général (explication qui ne peut être réalisée que par l'immersion intuitive dans l'essence pure de la conscience juridique), ne pourra négliger le travail révolutionnaire de Reinach. Il est pour moi hors de doute que le nom de son créateur occupera une place durable dans l'histoire de la philosophie du droit.[73]

A la suite de la clarté de ce texte, nous sommes loin d'une réduction épistémologique de l'œuvre de Reinach. Son œuvre ne saurait se réduire à une doctrine du droit naturel rénové. Nous sommes dans le *retour aux choses :* expression chère à Husserl : *Zurück :* c'est-à-dire les choses mêmes du droit. Car Reinach ira chercher ces choses dans le *Code Civil allemand : Bürgerliches Gesetzbuch* (*BGB*) entré en vigueur le 1er janvier 1900. A travers le droit positif, Reinach arrive à trouver l'ontologie des êtres juridiques.

---

[73] E. HUSSERL cité par R. Calan in A. REINACH, *Les fondements a priori du Droit civil, op. cit.*, pp. 10-11 : E. HUSSERL : *« Adolf Reinach », Frankfuter Zeitung*, 6.12. 1917, repris dans Husserliana (Hua) XXV, *Aufsätze und Vörträge* (1911-1921), p. 298 : « Das völlig Originelle der in jeder Hinsicht meisterhaften Schrift Reinach's besteht in der Erkenntnis, dass dieses zum eigenen Wesen jedes Rechts überhaupt gehörige A priori scharf zu scheiden ist von einem anderen *a priori*, das sich in der Weise von Bewertungsnomen auf alles Recht bezieht : Denn alles Recht Kann und prüf unter die Idee des « richtigen Rechts » gestellt werden - « richtig » von Standpunk der Sittlichkeit oder irgendeiner objektiven Zweckmäßigkeit. Die Entfaltung dieser Idee führt zu einer ganz andern apriorischen Disziplin, die aber ebensowenig wie Reinach's apriorische Rechtslehre auf die Realisierung des grundverkehrten Ideals eines « Naturrechts » hinauswill. Denn nur formale Rechts normen kann sie aufstellen, aus denen ebensozupressen ist wie aus der formalen Logik eine sachhaltige naturstreng wissenschaftlichen Rechtsphilosophie interessiert ist, an einer letzten Klärung der für die Idee eines positiven Rechts überhaupt Konstitutiven Grundbegriffe (einer Klärung, die affenbar nur durch intuitive Versenkung in das reine Wesen des Rechtsbewusstseins zu leisten ist), wird diese bahnbrechende Schrift Reinach's übersehen können. Es steht für mich außer Zweifel, das sie dem Namen ihres Schöpfers in der Geschichte der Rechtsphilosophie eine bleibende Stellung beigen wird ».

Cette vue d'ensemble nous permet de comprendre l'intérêt actuel des études sur Adolf Reinach. Notre analyse subséquente nous permettra par contre de comprendre la croissance de sa pensée pendant ses études universitaires.

I.3. Études universitaires

Sa formation universitaire est à distinguer avec l'étape de la formation postdoctorale qui est à situer entre 1906- jusqu'à sa mort en 1914.

A l'automne 1901, il fait son entrée à l'université de München en Bavière. Reinach a seulement 17 ans. D'après Husserl : « La vocation scientifique s'est annoncée très tôt chez Reinach ».[74] Lorsqu'il devint très tôt membre de « l'Akademische Verein für Psychologie », le jeune étudiant fit aussi la connaissance de Johannes Daubert qui était une des grandes figures parmi les phénoménologues de Munich.[75] C'est le même Daubert qui était supposé être un des meilleurs philosophes à qui Reinach se confiera plus tard dans ses recherches phénoménologiques. Pendant cette période juvénile, Daubert travaillait sur des sujets liés aux jugements négatifs, *impersonalia : le droit de la personne*, dispositions, les faits et les oppositions aux règles de droit. Face à cet intérêt pour lui et pour ses études politiques, économiques et autres, Reinach voulait approfondir d'une manière particulière l'histoire du Droit.

Le 20 décembre 1904, trois jours avant son 21è anniversaire et 04 ans après son entrée à l'Université, Reinach soutient son Doctorat en Philosophie sous Lipps. Ce travail était centré sur le concept de cause en droit pénal.

Il passa ensuite ses vacances à Mayence chez les siens en relisant le second volume sur les *Recherches Logiques*. Le 16 janvier 1905, dans sa lettre à Conrad il lui recommande la lecture entière de la troisième investigation.[76] En février, il rentrera à München avec ses amis du groupe de Lipps. Ils voulaient encore continuer à München pour l'habilitation, mais il changea graduellement ses idées pendant ses dernières vacances. Il décidera finalement d'aller continuer avec Husserl à Göttingen. Il

---

[74] E. HUSSERL cité par R. CALAN, *introduction* dans A. REINACH, *Les fondements a priori du Droit civil, op. cit.*, p. 8.

[75] Cf. K. SCHUHMANN and B. SMITH, « *Adolf Reinach : An Intellectual Biography* », in *Speech Act and Sachverhalt. Reinach and the Foundations of Realist Phenomenology, op. cit.*, p. 4 : « It was however Johannes Daubert who was intellectually the most important figure among the Munich phenomenologist's, and it was Daubert who was to be of most significance for Reinach's later philosophical development. Already in this period Daubert was working on just those topics – positive and negative judgments', impersonalia, dispositions, Sachverhalt and Gegenstand – which were later to play a central role in Reinach's work ».

[76] *Idem,* p. 7.

l'exprime clairement dans une lettre à Conrad : « The next semester is the last one I can spend outside Munich. I can profite much from Göttingen in matters of law, and finally I have great hopes in Husserl ».[77] On peut le traduire en ces termes : le prochain semestre sera le dernier que je passerai à München. Je pourrais profiter dans l'étude du droit à Göttingen, et je compte aussi sur Husserl.

A travers ces mots, Reinach prend sa décision de continuer avec un nouveau guide en qui il porte beaucoup d'espoir pour la phénoménologie. C'est le début de la fameuse évasion pour Göttingen dont il sera l'un des promoteurs. Le 04 juillet 1905, il rencontrera personnellement Husserl, et lui remettra la copie de sa dissertation doctorale. Rentré à München, Reinach continuera avec ses études pendant deux semestres.

Dans la seconde moitié de l'été 1906, il était aussi capable d'être considéré parmi les philosophes actifs de München. Il prit part au Séminaire organisé par Pfänder sur « Le concept de l'unité objective ».[78]

Dans sa lettre à Husserl du 27 juillet 1906[79], il lui fait part de ses activités philosophiques à München. Le Séminaire stimulant de Pfänder sur ses recherches par rapport à la théorie du jugement. A la fin de ce Séminaire, Reinach commence à se rassurer sur son chemin vers la compréhension de son sujet pour l'Habilitation. Il prendra une pause en famille avec son frère et sa sœur à Silvaplana, où il aura l'insigne honneur de rencontrer le Néo-kantien Hermann Cohen et avec qui il aura des échanges fructueux sur les *Recherches Logiques* de Husserl.

Nous reviendrons au deuxième chapitre sur la profondeur de la franche collaboration entre Reinach et son nouveau maître. Car, curieusement, Husserl changera ses positions sur la phénoménologie : du réalisme, il passera à l'idéalisme. Son disciple par contre restera fidèle à la première position de son maître. Ce qui créera une division au sein du groupe issu du fameux mouvement ou évasion de München des disciples de Lipps pour Göttingen.

I.3.1. Universités de München en Bavière et de Tübingen

Reinach passa ses vacances d'été 1907 à München, où il rencontrera Dietrich von Hildebrand. Celui-ci dira plus tard de Reinach : *j'ai rencontré un philosophe qui m'a impressionné par son inconditionnel amour de la vérité.*[80] Sa puissance intellectuelle, sa clarté et sa rigueur dans la

---

[77] *Ibidem*

[78] « The Concept of Objective Unity ».

[79] Cf. K. SCHUHMANN and B. SMITH, « *Adolf Reinach : An Intellectual Biography* », in *Speech Act and Sachverhalt. Reinach and the Foundations of Realist Phenomenology*, *op. cit.*, p. 7

[80] Cf. K. SCHUHMANN et B. SMITH, « *Adolf Reinach : An Intellectual Biography* », in *Speech Act and Sachverhalt. Reinach and the Foundations of Realist Phenomenology*, *op. cit.*, p. 14 : « In Reinach, I met the philosopher who impressed me most deeply with his

pensée sont des choses à apprécier à leur juste valeur. Les nombreuses discussions philosophiques qu'il eut avec lui ont été un grand cadeau. Pour mettre au clair l'arrivée de Reinach à Göttingen, Hildebrand, devenu plus tard catholique, affirme que Reinach y vint dans le seul but d'être enseignant. Cette position nous aide à bien différencier la période des études à celle de l'enseignement ou du début de l'enseignement. Dans son éloge funèbre, Husserl ne manque pas de souligner que Reinach a fini ses études avant son arrivée à Göttingen pour être son assistant, tout en se préparant à son habilitation :

> Après avoir terminé son doctorat de philosophie à München et clos peu après ses études de juriste avec le certificat à Tübingen, Reinach se rendit à Göttingen et habilita en 1908 sous ma direction avec une esquisse savante sur la théorie du jugement, dont seule une partie sur le jugement négatif est parue quelques années plus tard (dans *Actes philosophiques de Munich, cahier pour le soixantième anniversaire de Th. Lipps*).[81]

Pendant la première moitié de l'été 1907, Reinach est encore parti à Tübingen pour passer du 18 avril au 06 juin son certificat en droit. En Juin, il vint à Göttingen rejoindre Conrad qui y repassait la lecture de Husserl.[82] Il participa aussi aux discussions de chaque samedi organisées par Husserl sur des thèmes liés aux choses et à l'espace.

Pendant les trois semestres suivants, Reinach revint à München et s'activait toujours sur le *Verein : Association ou jeune Société* s'activant sur les discussions philosophiques.[83] Il y travaillait avec James, Simmel, Lukasiewicz, lippes, Stumpf et Bergson. Il participa également aux débats organisés par Daubert pendant l'été 1908, où *le concept de sensation* était développé. C'est aussi pendant cette période qu'il se mit en contact avec Max Scheler et Wilhelm Shapp et il avait aussi des échanges avec Geiger sur la lecture philosophique des mathématiques.[84]

---

unconditional love of truth, his intellectual power, his thoroughness, and his quite unique clarity. The many discussions of philosophical questions I had with him were a great gift to me. In Göttingen he came to be only teacher ».

[81] R. DE CALAN *Introduction* dans A. REINACH, *Les fondements a priori du Droit civil, op. cit.*, pp. 8-9.

[82] Lecture sur *Les Recherches Logiques.*

[83] Cf. K. SCHUHMANN et B. SMITH, « *Adolf Reinach : An Intellectual Biography* », in *Speech Act and Sachverhalt. Reinach and the Foundations of Realist Phenomenology, op. cit.*, p. 14.

[84] Cf. K. SCHUHMANN et B. SMITH, « *Adolf Reinach : An Intellectual Biography* », in *Speech Act and Sachverhalt. Reinach and the Foundations of Realist Phenomenology, op. cit.*, p. 15 : « It is at about this time – in the summer term of 1908 – that Reinach's project of writing a work on the theory of judgment was beginning to take shape, though he had time to white down his ideas only in the vacation that followed the end of summer term. A first draft of more than 200 pages was completed in September 1908, and the final version – "The Nature and Systematic Theory of Judgment" 277 pages long –was ready by October 31, the last day for competing for the Munich Philosophy Faculty prize, but Lipp's poor state of health made it impossible for him to adjudicate in the matter and the prize was eventually not awarded at all. Reinach accordingly decided to submit the work

Il décida à la fin de l'été 1908 de concrétiser son projet sur la *théorie du Jugement.* Une partie de 200 (deux cents) pages fut achevée en septembre 1908 : *Die Natur und systematische Theorie des Jüngsten Gerichts : The Nature and Systematic Theory of Judgment : La nature et la Systématique théorie du jugement* fut rédigée le 31 octobre suivant. Ce jour était le dernier pour la compétition du meilleur prix sur les publications de la faculté de Philosophie. Mais la mauvaise santé de Lipps ne permit pas de statuer en la matière. Reinach décida de soumettre cette thèse d'habilitation à l'université de Tübingen. Ce qui ne sera pas accepté par la faculté de Tübingen. Néanmoins, il ne se découragea pas en portant cette appréciation à la Faculté de philosophie de Göttingen. Et Husserl, dans sa grande spontanéité donna son accord à Adolf Reinach.[85] Il savait probablement que Husserl était disposé à le faire, parce qu'il le connaissait comme étant l'un de ses meilleurs étudiants.

Le 20 février la chose fut faite, Reinach soutint avec brio sa thèse d'habilitation en philosophie sous la direction d'Husserl.

Après avoir fait ce bref parcours historique sur les deux périodes de l'étudiant avant son obtention du doctorat, du jeune postulant à la fonction d'enseignant et de ce qui aura marqué positivement sa pensée, nous entrerons dans ces deux points du premier paragraphe du chapitre I à l'analyse de sa pensée psychologique, juridique et philosophique.

I.3.2. Études philosophiques, juridiques et psychologiques

Avec la partie chronologique, cette distinction est beaucoup plus substantielle. Il est nécessaire de l'opérer afin que nous ayons une vision claire sur la personnalité philosophique, juridique et psychologique de Reinach. Ses chefs d'écoles sont :

1. Pour la psychologie : Theodor Lipps ;
2. Pour la philosophie Edmund Husserl ;
3. Pour le droit, Reinach approfondira Kant, Hobbes, Hume et toute l'histoire du droit romain et ses différentes écoles des *Pandectes :* ou *étude et interprétation du droit romain* en Allemagne avant la codification de 1900.

---

as a habilitation thesis to the University of Tübingen. It quickly became clear, however, that the Tübingen philosophy faculty would not accept it. Early in January 1909 he therefore went to Göttingen in order to explore the possibility of habilitating there ».

[85] *Idem,* pp. 14-16 : « Husserl's spontaneous reaction was highly positive and Reinach spent a good deal of January and February in Göttingen paving the way for his habilitation. He probably knew that Husserl had delivered a highly favorable report to the Faculty on February 20 and the report of Julius Baumann had been positive also thus he returned, contented, to Munich, where he frequented Geiger's house and absorbed himself in music. 'Evening by evening', he wrote to Husserl, 'listen to the most beautiful concerts' ».

I.3.2.1. Psychologie

La question maîtresse ici est celle de savoir comment l'enfant sait ce que pensent les autres et surtout ses parents ?[86]

En d'autres termes, comment l'enfant comprend-t-il le langage des grandes personnes ? Sur le plan de la philosophie du langage, c'est le problème de l'analyse de l'intentionnalité : *Das Meinen :*

> A la question : comment l'enfant sait-il que les adultes « veulent dire » (*Meinen*) quelque chose par leurs paroles, Lipps répond ainsi : il voit comment ils font signe vers quelque chose par leurs paroles, et en même temps il entend un complexe sonore. Pour moi, il me semble que c'est juste là une façon de contourner la difficulté. Car les mots comme les signes que l'on fait, que ces derniers consistent en des mouvements des bras, en un jeu de physionomie, etc., sont des cas particuliers d'une expression en général. Et le problème était précisément : comment l'enfant en vient-il à comprendre une expression, et plus spécifiquement une expression verbale ? A ce problème, on ne peut certainement pas donner une réponse qui implique un appel à une autre forme d'expression, au "faire signe vers". Car alors, bien sûr, demeure la question : comment l'enfant sait-il que par le mouvement des bras, etc., quelque chose est visée (*gemeint*) ?[87]

La réponse de Lipps est qu'il voit les gestes et entend d'une façon technique les sons. Lipps reste centré sur les signes de façon technique. Mais Reinach semble aller plus en profondeur du problème en parlant de la *visée* de quelque chose.

Pour lui en effet, Lipps semble contourner le problème. Des mots et des gestes, par exemple le mouvement des mains dans les jeux de fonctionnalité, importent très peu. Le problème est de savoir comprendre une expression dans le langage gestuel ou verbal. Surtout pour celui qui ne peut certainement pas donner une réponse qui implique un appel à une autre forme d'expression en le pointant du regard pour vérifier sa compréhension. Le *Meinen* de Reinach apparaît d'abord comme étant une expression linguistique. Car, parler est *Meinen*, mais ce parler n'est pas un réductionnisme ; il est aussi gestes et

---

[86] Cf. K. SCHUHMANN et B. SMITH, « *Adolf Reinach : An Intellectual Biography* », in *Speech Act and Sachverhalt. Reinach and the Foundations of Realist Phenomenology*, *op. cit.*, p. 7 : « The question : how does the child know that grown-up people 'mean' something by their words, is answered by Lipps thus : it sees how they point to something and simultaneously hears a complex of sounds. To me this seems merely to be a way of getting round the problem. For words and pointing, no matter whether the latter consists in moving the arms, in a play of features, etc., are special cases of expression in general. And the problem was : how does the child come to understand an expression, and more specifically the expression of words ? To this one surely cannot give an answer which involves appeal to another form of expression, to 'pointing'. For then of course the question still remains : how does the child know that by moving the arms etc. something is meant ? »

[87] J. BENOIST, in J. BENOIST, J-F. KERVEGAN, *Adolf Reinach, entre droit et phénoménologie, de l'ontologie normative à la théorie du droit*, *op. cit.*, p. 22.

signes, qui signifient : *Ausdrucken : Exprimer*. Le problème pour Reinach devient donc celui de l'expression.[88]

Mais la question demeure, comment l'enfant parvient donc à se rendre compte du langage en déplaçant sa main par exemple vers l'autre ? Nous approfondirons ce thème au troisième chapitre car, dans une de ses lettres adressée à Conrad, Reinach précise son intention de ne pas faire œuvre de psychologue.[89]

Il précise dans sa lettre du 31 janvier 1903, qu'il est entrain de lire *Grundriss der Psychologie : La raison psychologique* de Wundt, tout en assistant aux conférences de Lipps sur la psychologie et sur l'esthétique, mais qu'il ne manifeste pas l'intention de se spécialiser ni en psychologie, ni en esthétique. Avec une équipe, ils ont même rédigé un document pour son séminaire, mais qu'il préférait s'occuper de l'étude de Richard Wagner.[90] En s'intéressant ainsi à la musique au lieu de la psychologie, cette attitude démontrera son intention de ne pas vouloir être psychologue. Sa thèse de doctorat dirigée par Theodor Lipps sera philosophique.

I.3.2.2. Droit

Ses premières études rigoureuses en droit se dérouleront surtout à Tübingen (1906-1907). Il y passa la période hivernale pour parachever

---

[88] Cf. J. BENOIST, in *Les Études Philosophiques ; Adolf Reinach : philosophie du langage, droit, ontologie, op. cit.*, p. 23 : « On remarquera qu'ici le *Meinen* apparaît d'abord sous l'angle du linguistique. Parler, c'est *Meinen*. En même temps, *Meinen* n'est pas seulement un problème linguistique : il y a d'autres façons de *Meinen*, comme par exemple faire signe vers, indiquer par des gestes. Ces deux façons sont elles-mêmes regroupées sous le titre plus général des différents moyens d'exprimer *(ausdrucken)* des choses. Le problème global est celui de l'expression. On sera en même temps frappé par la façon wittgensteinienne avant la lettre (comme le souligne à juste titre Karl Schuhmann et Barry Smith dans leur présentation de la lettre), dont Reinach pose le problème de la reconnaissance du fait du *Meinen* (comme « signifier ») comme tel, du *Meinen* comme type d'acte particulier. Ici, on a l'impression d'être transporté au début des *Philosophische Untersuchungen*, dans la scène augustinienne de l'apprentissage du langage. Le *Meinen* devient perceptible comme tel – comme *problème* – là où il est question de son apprentissage ».

[89] Cf. K. SCHUHMANN et B. SMITH, « *Adolf Reinach : An Intellectual Biography* », in *Speech Act and Sachverhalt. Reinach and the Foundations of Realist Phenomenology, op. cit.*, p. 3 : « I'm reading *Wundt's Grundriss der Psychologie* […] attending Lipps' lectures on Psychology and Aesthetics, and have to write up a paper for his seminar [...] But I occupy myself more assiduously with Richard Wagner [...] I have plunged with such sympathy into his works and am trying to get clear about his aesthetic principles. I will not become a psychologist, an aesthetician, a critic or the like. The fact that I still lack the capacity for the intensive work that is required of a psychologist probably does not mean much, as I am still very young. But I am only too well aware that I lack also true sympathy and enthusiasm for the subject-matter, and that is of greater significance ».

[90] Cf. R. WAGNER, (1813-1883) est un auteur compositeur allemand.

ces études[91]; et pendant la première moitié de l'été, Reinach y est toujours. Du 18 avril au 06 juin, il passe avec brio son premier examen en droit. Le 16 octobre, dans sa lettre à Conrad, il lui annonce une bonne nouvelle par rapport à ses découvertes. Il vient en effet de finir avec la lecture du Code des procédures dans le *Code Civil de l'Empire allemand,* qui traite des rapports et des contrats des propriétés. Il lui précise qu'il en connaît certains paragraphes par cœur.

Avec Daubert, Reinach avait eu auparavant un grand intérêt pour les études en droit à München. Les différents sujets traités par Daubert créeront une sympathie forte entre le jeune étudiant et lui pendant les deux premières années de sa formation universitaire (1901-1902). Mais après avoir fait la connaissance d'Hermann Ulrich Kantorowicz (1877-1940)[92] pendant l'été (1901-1902), il le suivra probablement à Berlin pendant l'hiver (1902-1903), pour son intérêt par rapport à l'histoire du Droit. Hermann était en effet le fondateur de la *Freirechtsschute* (Mouvement pour la liberté du Droit). Reinach se lia d'amitié pour Lujo Brentano, frère du philosophe Franz Brentano. Il passa aussi l'été 1903 à Berlin où il étudia beaucoup la jurisprudence.

Pendant l'hiver 1903-1904, il retournera à München où il passera encore trois autres semestres. Il y travaillera surtout avec Husserl. Avec Geiger et Conrad, il assistera au premier congrès sur la *Gesellschaft für experimentelle Psychologie.*[93] Celui-ci aura lieu à Giessen du 18 au 21 avril 1904. La plupart de son temps était dédié à la recherche doctorale et aux examens d'histoire du droit et du Droit Pénal. Rentré à Munich Reinach continuera avec ses études pendant deux semestres. Dans sa lettre à Husserl du 27 juillet 1906, il lui signale que pendant l'année écoulée et depuis son premier séjour à Göttingen, il a eu à beaucoup s'occuper exclusivement du Droit.[94] Il aura eu à lire en profondeur le

---

[91] Cf. K. SCHUHMANN et B. SMITH, « *Adolf Reinach : An Intellectual Biography* », in *Speech Act and Sachverhalt. Reinach and the Foundations of Realist Phenomenology*, *op. cit.*, p. 8. « Do you know what a *Sachverhalt* is yet ? The *Zivilprozessordnung des Deutschen Reiches* [Imperial German Code of Civil Procedure] speaks always of *Sachverhältnisse.* If you wish I can write out the paragraphs for you. I know them all off by heart [...] some of the jurists here seem to be *very* clever. The penologist Beling has written a quite outstanding book ; I guarantee you that there is more thinking in that book than [Maier] and [Adickes] have managed to patch together in all their lives [...] I would never have believed that jurists could contrast so favorably with philosophers ».

[92] *Idem,* p. 5 : « the philosopher of law who was later to found the Freirechtsschute (Free Law Movement), had stayed in Munich, taking some courses on political economy, a field taught at the University there by Lujo Brentano, brother of the philosopher Franz Brentano ».

[93] Cf. K. SCHUHMANN et B. SMITH, *« Adolf Reinach : An Intellectual Biography », in Speech Act and Sachverhalt. Reinach and the Foundations of Realist Phenomenology, op. cit.*, p. 6 : Société de psychologie expérimentale.

[94] *Idem,* p. 9 : « during the year which has now elapsed since my stay in Göttingen I have had to occupy myself very intensively and almost exclusively with law ».

Der Gegenstand der Erkenntnis[95] écrit par le Néo-kantien Heinrich Rickert sur la « Théorie du jugement ».

Dans sa lettre à Conrad du 16 octobre, il lui fait en effet comprendre ce que sont devenus les faits dans le *Code de Procédures Civiles de l'Empire Allemand.*[96] Ce sera le début d'un travail critique sur le *Code civil allemand* qu'il aura à développer dans sa lettre du 20 novembre 1906 toujours à Conrad.[97] Dans celle-ci, Reinach rappelle que certains juristes se croyant très éclairés rentrent malheureusement en contradiction avec la loi ou le droit en général. Le pénaliste Beling[98] a *mis par écrit une pensée inédite sur la philosophie du droit, où il met en évidence le caractère éthique unique dans la loi.* Il y parle des bonnes lois et des vraies lois. Bonnes dans le sens moral et éthique, et vraies dans le sens raisonnable. Éthique subjective et orientée vers autrui, pour le bien et la justice que je lui dois. Le concept seul ne suffit pas ici, mais nous entrons dans la compréhension pour une application réaliste et non positiviste de la loi pénale.

Son livre en question est intitulé : *La Théorie du Crime.*[99] Édité en 1906, avec plus de 500 (cinq cents) pages, Beling fait des recherches sur les manifestations des groupes dans leurs comportements. Il étudie le crime dans ses diverses conceptions :

1. Le crime considéré comme une *action* ;
2. Le crime considéré comme un *cas typique dans une sorte particulière action* ;
3. Le crime considéré comme une *action illégale* ;
4. Le crime considéré comme une *action à laquelle la culpabilité est attachée* ;
5. Le crime considéré comme une *action passible d'une peine*, etc.[100]

---

[95] *L'objet de la connaissance.*

[96] *Idem,* p. 10 : « Do you know what a Sachverhalt is yet ? The Zivilprozessordnung des Deutschen Reiches [Imperial German Code of Civil Procedure] speaks always of Sichtverhältnisse. If you wish I can write out the paragraphs for you. I know them all off by heart ».

[97] *Ibidem :* « Some of jurists here seem to be *very* clever. The penologist Beling has written a quite outstanding book ; I guarantee you that there is more thinking in that book than [Maier] and [dickes] have managed to patch together in all their lives [...] I would never have believed that jurists could contrast so favorably with philosophers ».

[98] *Ibidem*

[99] Cf. K. SCHUHMANN et B. SMITH, « *Adolf Reinach : An Intellectual Biography* », in *Speech Act and Sachverhalt. Reinach and the Foundations of Realist Phenomenology*, *op. cit.*, p. 11. Cf. BELING, *Die Lehre vom Verbrechen : Théorie du crime,* Tübingen, éd. Mohr – Siebeck, 1906 : Il y parle de l'ontologie des actions criminelles.

[100] *Ibidem*

1. The crime considered as an *action*
2. The crime considered as a *typical case of a particular sort of action*
3. The crime considered as an *illegal action*
4. The crime considered as an *action to which guilt is attached*
5. The crime considered as an *action liable to punishment,* and so on.

D'après notre auteur les actions criminelles doivent être considérées de manière tout à fait différentes et selon leurs différents types. Ce sont ces considérations bien mesurées qui pourraient amener à la peine finale. Car juridiquement, elles peuvent subir des modifications et l'importance de la loi pénale de la notion de typicité est claire : la punition d'un crime est une fonction du type de comportement qui est impliqué. Les travaux de Beling peuvent en effet être considérés comme une tentative à fournir un compte rendu des diverses formes de comportements légitimes ou illicites qui peuvent aussi être délimités de différentes manières par les délits.[101]

Plus tard, on retrouvera des similitudes entre le travail de Beling et celui de Reinach[102] :

1. Le schéma de Beling (*Tatbestand* ou *typus regens : faits ou types stimulants)* par rapport au crime ou à la loi pénale, correspond à un certain nombre de moyens mis pour la formation de la loi pénale d'après Reinach ou *Rechtsgebilde : ce que peut faire la loi pénale*, mais il lui manque de connotations *a priori* ;
2. Les deux, Beling et Reinach, en rapport avec le contexte, partagent la théorie du droit (un élément n'a une signification juridique que dans le contexte d'une situation *Tatbestand* ou *Sachverhalt : de fait, de facto (ou des faits, c'est-à-dire, par rapport aux faits mentionnés)* ;
3. Les deux partagent la reconnaissance de la nature à deux faces de formations juridiques comme des entités qui manifestent à la fois les dimensions internes et externes ;
4. Les deux partagent la reconnaissance de l'importance pour la théorie juridique de la dichotomie entre les instances susceptibles de modifications, d'annulation ou de dérivation.

Nous pouvons y voir les traces de cette influence dans la formation et la maturation de la pensée de Reinach.

---

[101] *Ibidem :* « the importance of the penal law of the notion of typicality is clear : the punishment for a crime is a function of the type of behavior that is involved. Beling's work can indeed be seen as an attempt to provide an account of the various ways in which rightful or wrongful behavior can come to be demarcated into delict-types of different sorts ».

[102] *Idem*, p. 13 : « Beling's schema (*Tatbestand* or *typus regens*) corresponds in a number of ways to Reinach's formation or *Rechtsgebilde*, though it lacks some of the *a priori* connotations of the latter.
Both Belling and Reinach share the same doctrine of contextualism in legal theory (an element has legal significance only within the context of a *Tatbestand* or *Sachverhalt*).
Both share the recognition of the two-sided nature of legal formations as entities which manifest both internal and external dimensions.
Both share the recognition of the importance for legal theory of the dichotomy between standard or typical and derived or modified instances of legal types ».

I.3.2.3. Philosophie

München et Göttingen seront les deux villes qui marqueront cette période d'études philosophiques. Comme nous avons eu à le souligner à l'introduction, Reinach a commencé avec la lecture de Platon pendant ses études secondaires. Il trouvait lui-même le contenu de la pensée platonicienne[103] qui, selon lui, était basé sur l'analyse philosophique des idées et non seulement des mots. Il l'approfondira plus tard dans sa pensée propre après les lectures des *Recherches Logiques* d'Husserl. Ses étapes pour ce qui est des études philosophiques sont :

1. Université de München (1901-1904) : Doctorat en philosophie. Sous la direction de Theodor Lipps ;
2. Université de München – Université de Göttingen (1904-1909) : Habilitation en philosophie. Sous la direction d'Edmund Husserl.

Ce sont ces deux parchemins que brièvement, nous allons essayer d'analyser. Parce que c'est à partir de ses principales études que nous voyons émerger la pensée de notre auteur.

I.4. Doctorat en philosophie sous la direction de Theodor Lipps

Sujet : *Über den Ursachenbegriff im geltenden Strafrecht : Sur le concept de cause en droit pénal*, 1904.

Pendant l'été 1904, Reinach passa la plupart de son temps à la rédaction finale et la préparation immédiate de la défense de sa thèse doctorale.[104] Il prit aussi beaucoup de temps pour la lecture de l'histoire du droit pénal. Psychologiquement, cela le rendra très nerveux.[105]

---

[103] Cf. K. SCHUHMANN et B. SMITH, « *Adolf Reinach : An Intellectual Biography* », in *Speech Act and Sachverhalt. Reinach and the Foundations of Realist Phenomenology*, *op. cit.*, p. 2.

[104] *Idem*, p. 5 : « Most of his time seems, however, to have been devoted to work for his doctoral examinations in history and penal law and to the preparation of his thesis. This may have been the reason why he described the summer term of 1904 as a 'nervous and unphilosophical Semester' [...] It is not solved by Reinach in his letter, but its appearance at this early stage gives a hint of the acuteness of his philosophical mind. The problem arose in connection with Reinach's work on what might nowadays be called legal hermeneutics : how are we to determine the intentions of the law-giver, given that these intentions are available to us only in written or printed words ? On December 20, 1904, three days before his 21st birthday and less than 4 years after entering university, Reinach earned his doctorate in philosophy under Lipps with a work on the concept of cause in the penal law (Reinach 1905), the first section of which is devoted to the general problem of legal interpretation. The work did not go unnoticed. It was reviewed by Gustav Radbruch, who attacked it for its method of interpreting the concept of the law exclusively by recourse to the intentions of the law-giver. He did insert one work of praise for the work, describing it as a '*Talentprobe*'. But Radbruch's negative review of Reinach's work caused their common friend Kantorowicz to write a strongly worded letter to Radbruch ».

[105] *Idem*, p. 5.

Le 20 décembre 1904, trois jours avant son 21è anniversaire, et quatre années après son entrée à l'université, Reinach défendit sa thèse en philosophie sous la direction de Theodor Lipps, *Sur le concept de cause en droit pénal.*[106] C'était la première grande œuvre de Reinach sur l'interprétation légale, et elle ne passa pas inaperçue. C'était une grande nouveauté entreprise sur le plan de la notion de causalité dans le langage juridique.

Il serait important de souligner cette analyse de Jocelyn Benoîst et Jean-François Kervégan :

> La phénoménologie reinachienne cherche à élucider l'essence de réalités telle que celle-ci apparaît elle-même dans leur être donné intuitif. Elle est un moyen d'enquête (le moyen d'enquête par excellence) sur la réalité, et son succès ne se décide donc pas, comme ce sera le cas pour la phénoménologie transcendantale husserlienne, hors du monde, mais sur le terrain même du monde, dans sa capacité à en découvrir et en élucider de nouvelles provinces dans leurs structures. Or, dans cette enquête phénoménologico-ontologique, il est une province que le jeune Reinach, d'abord formé au droit et à sa philosophie, ne pouvait ignorer : celle de l'objectivité juridique.[107]

Cette observation est faite sur la thèse de Reinach relative au concept de causalité. Il développera cette notion à partir des travaux de Hume.[108] L'analyse de sa grande œuvre : *Les fondements a priori du Droit civil*, nous aidera à en approfondir la critique de l'approche de causalité sur le modèle de relation de Hume.[109] En effet, chez Hume, deux thèses s'opposent quant à sa théorie nominaliste. D'une part, une promesse

---

[106] *Ibidem :* « On December 20, 1904, three days before his 21st birthday and less than 4 years after entering university, Reinach earned his doctorate in philosophy under Lipps with a work on the concept of cause in the penal law (Reinach 1905), the first section of which is devoted to the general problem of legal interpretation. The work did not go unnoticed. It was reviewed by Gustav Radbruch, who attacked it for its method of interpreting the concept of the law exclusively by recourse to the intentions of the law-giver. He did insert one work of praise for the work, describing it as a '*Talentprobe*' ».

[107] Cf. J. BENOIST, J-F. KERVEGAN, *Adolf Reinach, entre droit et phénoménologie, de l'ontologie normative à la théorie du droit, op. cit.*, p. 8.

[108] Cf. D. HUME, *A Treatise of Human Nature*, Oxford, ed., Norton & Norton, 2002, tr., fr., du L. I de Ph. Ballanger et Ph. Satel en GF, 1995, pp. 112-242 : « Ainsi, de même que la nécessité qui fait que deux fois deux font quatre, ou que les trois angles d'un triangle égalent deux droits, ne se trouve que dans l'acte de l'entendement par lequel nous considérons et comparons ces idées, de la même manière, la nécessité ou le pouvoir qui unité les causes et les effets se trouve dans la détermination de l'esprit à passer des uns aux autres ».

[109] Cf. A. REINACH, *I fondamenti a priori del diritto civile, op. cit.*, pp. 53-54 : Chez David Hume, nous trouvons deux thèses qui s'opposent d'une manière véhémente par rapport à ce que nous avons exposé. La promesse, selon lui, n'avait aucun sens avant que la convention humaine lui en attribuisse un. En outre, si la promesse avait un sens, cela n'impliquerait pas toutefois une obligation morale. Hume traite avec une profonde acuité le point à partir duquel tout le reste dépend. Si promesses ont un sens original, affirme-t-il, il devrait y avoir un acte spécifique de l'esprit qui accompagne les mots et je vous promets que [...] (Comme tel) en lui-même implique une obligation.

doit être matérialisée par un acte écrit ; d'autre part, cet acte doit être accompagné par celui de l'esprit, c'est-à-dire un véritable vécu interne. C'est pourquoi Reinach salue cette innovation de Hume sur le plan moral, car toute promesse doit être accompagnée par une bonne disposition morale.

Mais ce qu'il fera comme critique à Hume sera cette nécessité des paroles ou des gestes qui accompagnent la promesse. C'est ici l'une des caractéristiques fondamentales entre droit et philosophie du langage chez Reinach.

Les travaux de sa thèse aident à comprendre cette notion de causalité dans un cadre strictement pénal. Et cela permet d'interpréter la légitimité de son apport dans le cadre juridique.

Il conviendrait d'abord de faire une connaissance de son milieu universitaire à Göttingen, avant de parler plus tard de sa contribution aux travaux d'Husserl.

I.5. Habilitation en philosophie sous la direction d'Edmund Husserl 1909

Sujet : *Zur Theorie des negativen Urteils : Théorie des jugements négatifs*

En effet, de 1907 à 1909, lorsque Reinach écrit sa *Théorie sur le jugement*, il ne peut plus être considéré comme un simple étudiant en quête de savoir. Il est déjà une personnalité universitaire, donc capable de production scientifique postdoctorale. C'est pourquoi nous avons bien voulu distinguer ces deux étapes pour une meilleure compréhension, non seulement de la formation ou maturation de la pensée, mais surtout, la reconnaissance de la production purement scientifique.

Le 08 juin 1909, après son examen de droit à Tübingen, Reinach alla rejoindre son ami Conrad à Göttingen pour écouter les enseignements d'Edmund Husserl. Il rentra à München en début d'année académique pour travailler avec Marx Scheler sur l'histoire de la philosophie kantienne et postkantienne. Il eut aussi des discussions avec Geiger le philosophe des mathématiques. Il avait déjà décidé pendant l'été d'écrire la *Théorie du jugement*. La première partie de 200 (deux cents) pages sera complétée en septembre et la version finale de 277 (deux cent soixante dix sept) pages intitulée *Die Natur und systematische Theorie des Jüngsten Gerichts : The Nature and Systematic Theory of Judgment : La nature et la Systématique théorie du jugement*. Elle sera relue le 31 octobre, dernier jour requis avant l'examen de passage de la Faculté de Philosophie de München. Il remit le travail à Lipp's qui ne pourra malheureusement pas soutenir sa démarche, à cause de la maladie Reinach décida donc de remettre son texte pour l'habilitation à la Faculté de Philosophie de

Tübingen. Celle-ci ne l'accepta guère. En janvier 1910, il prit le chemin de Göttingen avec espoir d'être accepté par Husserl, qui le fit spontanément. Reinach passa le mois de janvier et une partie de février à réviser son travail. Il fut reçu à l'habilitation devant Husserl et Julius Baumann et eut une excellente appréciation. De retour à München, il séjourna chez son ami Geiger où il passa son temps à suivre la musique.[110]

Le contenu de la *Théorie* sera longuement analysé lors de nos explications. Mais voici ce qu'en dit de manière synthétique Reinach au sujet du *Meinen* ou visée :

> La représentation est un acte d'un type particulier, un simple « avoir » réceptif de l'objet, qui peut remplir une plus ou moins longue durée. Qu'entre en jeu l'expression d'un nom, alors – pourvu que ce nom soit exprimé de manière compréhensible – lui est lié un acte de *Meinen* ou un « viser comme but ». A côté de la représentation, il y a donc un acte de *Meinen*, qui se distingue de la représentation, en ce qu'il est habilité linguistiquement, et en ce que lui sont essentiellement attachés une spontanéité dans l'orientation et une nature ponctuelle dans l'ordre temporel.[111]

Le *Meinen* est un acte de la représentation saisi par la perception. Il suffit de bien le comprendre et qu'il soit aussi bien exprimé pour en « déduire » la vision ou son but. Il peut être exprimé de différentes manières :

---

[110] Cf. K. SCHUHMANN et B. SMITH, « *Adolf Reinach : An Intellectual Biography* », in *Speech Act and Sachverhalt. Reinach and the Foundations of Realist Phenomenology*, *op. cit.*, p. 12 : « At the University Reinach heard Scheler's lectures on the history of Kantian and post-Kantian philosophy, and lectures on theoretical physics by Leo Grätz. He also discussed with Geiger the latter's lectures on the philosophy of mathematics. It is at about this time – in the summer term of 1908 – that Reinach's project of writing a work on the theory of judgment was beginning to take shape, though he had time to write down his ideas only in the vacation that followed the end of the summer term. A first draft of more than 200 pages was completed in September 1908, and the final version – "The Nature and Systematic Theory of Judgment", 277 pages long – was ready by October 31, the last day for competing for the Munich Philosophy Faculty prize. Reinach rushed the manuscript to Theodor Lipps in order to have it submitted for the prize, but Lipps' poor state of health made it impossible for him to adjudicate in the matter and the prize was eventually not awarded at all. Reinach accordingly decided to submit the work as a habilitation thesis to the University of Tübingen. It quickly became clear, however, that the Tübingen philosophy faculty would not accept it. Early in January 1909 he therefore went to Göttingen in order to explore the possibility of habilitating there. Husserl's spontaneous reaction was highly positive and Reinach spent a good deal of January and February in Göttingen paving the way for his habilitation. He probably knew that Husserl had delivered a highly favorable report to the Faculty on February 20 and that the report of Julius Baumann had been positive also. Thus he returned, contented, to Munich, where he frequented Geiger's house and absorbed himself in music. 'Evening by evening', he wrote to Husserl, 'I listen to the most beautiful concerts ».

[111] A. REINACH, *Zur Theorie des negativen Urteils*, in *Sämtliche Werke*, *op. cit.*, p. 102.

1. Le *Meinen* comme un coordonné selon son essence des expressions linguistiques (paroles, énumération, langage symbolique dans le cas de la logique)[112]: c'est l'aspect linguistique ;
2. Le *Meinen* qui ne fait pas remarquer son objet, ni présupposer sa représentation ;
3. Les actes d'objets représentés diffèrent d'après les classes d'objectivité vers lesquelles ils s'orientent. Les couleurs sont bel et bien vues, les sons sont entendus, les nombres représentés, les valeurs ressenties et il y a même la perception des choses. Mais la distinction en qualité de ces objets ne correspond pas à la différenciation des actes de penser ;
4. La distinction de la représentation, car il n'y aura aucune subordination de *la visée* sur *l'intuition* et sur son contraire.

C'est pourquoi la notion « d'état des choses » serait chez Reinach « le corrélat objectif du jugement ».[113]

Bien que sous-estimés par Reinach lui-même, ces travaux auront un écho favorable sur ceux qui s'intéresseront par la suite à ses études. Il serait aussi important de souligner le rapport entre la phénoménologie de Reinach et le droit. En d'autres termes, comment comprendre le langage juridique, le *Meinen* et son interprétation ?

PARAGRAPHE II. Évolution de la pensée d'Adolf Reinach

La pensée de notre auteur évolue sous la bannière de son maître Husserl. En effet, Reinach dans sa collaboration étroite avec ce dernier à Göttingen comme étant son principal assistant, a pris tout le temps nécessaire pour mieux entrer dans la compréhension des *Recherches Logiques*. C'est cette lecture qui modèlera sa personnalité. Ce paragraphe nous permettra d'explorer cette évolution.

II.1. Les prémices de la pensée d'Adolf Reinach : la lecture de David Hume[114] sur la causalité et la nécessité matérielle

Qu'est-ce que la causalité ?

Causalité : *Kausalität :* c'est le lien d'une cause à son effet, dans une compréhension logique. Au sens métaphysique traditionnel, c'est

[112] Cf. A. REINACH, *Les fondements a priori du Droit civil, op. cit.*, p. 27.

[113] *Ibidem*, p. 27.

[114] Cf. D. HUME, né le 26 avril 1771 à Edimburg et mort le 25 août 1776. Philosophe, historien et économiste, il sera considéré avec Locke et Berkelev comme étant les fondateurs de l'empirisme. Il s'opposera à René Descartes et aura une influence positive sur Emmanuel Kant, sur la phénoménologie et sur la philosophie analytique.

Aristote qui nous en donne un sens clair. Il existe quatre types de causes :

1. *Matérielle :* c'est la matière qui constitue la cause ;
2. *Formelle :* c'est l'essence de la chose ;
3. *Efficience :* ce qui produit la chose ;
4. *Finale :* ce en vue de quoi la chose est faite.[115]

L'on pourrait se poser la question de savoir pourquoi ce recours à Aristote ? Comme nous le verrons dans l'étude historique du droit, Aristote est incontournable pour une étude sérieuse sur le réalisme juridique. Avec Reinach, nous sommes ici en plein dans la phénoménologie du langage juridique. En d'autres termes, vouloir appliquer les catégories métaphysiques sur le droit serait une vaine entreprise. Il faudrait simplement entrer dans la compréhension du langage phénoménologique.

Nous sommes aussi dans cette « compréhension de l'ontologie des êtres juridiques » et non dans leur idéal moral à atteindre. Bref des êtres créés par le droit et que la phénoménologie cherche à rendre accessibles au langage humain. C'est pourquoi, si ceux-ci sont créés par les hommes, ils peuvent également connaître leur modification (changement), leur extinction et leur dynamisme. C'est ce que les phénoménologues qualifient de réalisme juridique, différent de l'idéalisme juridique.

Dans un article intitulé, « Causalité et nécessité matérielle : Reinach lecteur de Hume », Ronan Calan souligne l'influence de celle-ci sur Reinach. Voici ce qu'il écrit à ce sujet :

> Il est parfaitement légitime de considérer Hume comme le représentant britannique le plus éminent de la crise d'une conception réaliste, cartésienne pour le dire en un mot, de la causalité efficiente et des grands principes métaphysiques de conservation qui lui sont associés à l'âge classique. Cette critique de la causalité n'est pas de circonstance et acquiert un caractère très systématique dans la première moitié du XVIIIe siècle en Europe. On retrouve d'ailleurs des échos importants outre-manche, notamment dans les travaux des encyclopédistes (mais pas seulement, qu'on songe à Condillac, à Maupertuis, à La Mettrie, dont aucun ne peut être dit trop précocement héritier de Hume). Sa double source, « confessionnaliste », par Malebranche, empiriste, par Locke et Berkeley, constitue d'ailleurs une signature d'époque. L'une et l'autre théorie, l'un et l'autre système dressent les cadres de la réception de Newton, tant chez les britanniques que chez les Français. L'un et l'autre contiennent par ailleurs une critique de la notion de force, postcartésienne pour une part (critique des formes substantielles et de la force mouvante des corps chez Malebranche, de l'idée de pouvoir chez Locke), postnewtonnienne pour une autre (on pense ici au Berkeley du *De motu*), qui sert les desseins antimétaphysiques des empiristes de tous bords.

---

[115] Cf. ARISTOTE, *Physique* II, 3-9, tr., fr. B. Saint-Hilaire, *Physique d'Aristote ou leçons sur les principes généraux de la nature* en 2 vols., Paris, éd. Librairie de LaGrange, 1961.

La critique de la causalité lui est directement liée, puisque avec la notion de force, c'est le thème général de l'efficacité de la cause qui est visé. En faisant résider l'efficacité de la cause dans la détermination de l'esprit, Hume avance une thèse en apparence très hérétique, mais qui tire les leçons de l'occasionnalisme et des lectures empiristes de la philosophie naturelle de Newton.[116]

Avec Hume, c'est la crise du cartésianisme qui est annoncée. La *causalité efficiente* avec tous les grands principes de la métaphysique classique est sérieusement mise à l'épreuve de la nouvelle vision de Hume. Cette critique de la causalité est particulièrement systématisée dans la première moitié du XVIIIe siècle en Europe, par Condillac, Maupertuis et La Mettrie.

Etienne Bonnot de Condillac (30 septembre 1715–03 août 1780), philosophe français contemporain de Adam Smith, ami de Denis Diderot et de Jean-Jacques Rousseau, étudiera les métaphysiques modernes et surtout celle de John Locke. Il sera admis à *l'Akademie* de Berlin en 1749 et aussi à *l'Akademie* française en 1768. Son ouvrage : Le *Traité des systèmes* est une œuvre critique faite aux théories modernes fondées sur de principes abstraits. Celle-ci est dirigée particulièrement contre l'idéalisme cartésien.

Pierre Louis Moreau de Maupertuis (28 septembre 1968–27 juillet 1759). Philosophe français, il découvre les idées de Newton sur l'attraction universelle et en fera une grande propagande en France. Il ne se limitera pas seulement à la philosophie, mais fera aussi des recherches en mathématiques, en astronomie, en géographie et en naturalisme.

Julien Jean Offray de La Mettrie (12 décembre 1709–11 novembre 1751), médecin français et philosophe matérialiste, dans sa plus grande œuvre *L'homme machine* (parue en 1748), développe l'idée d'un matérialisme mécaniste.

L'Occasionnalisme du philosophe et théologien français Malebranche (05 août 1638–13 octobre 1715) est cartésien et considéré pour sa vision sur Dieu. Il milite pour l'entière dépendance de l'âme vis-à-vis de Dieu.

John Locke (29 août 1632–28 octobre 1704), philosophe anglais, sera considéré comme étant l'un des précurseurs de la philosophie des lumières. Il est empiriste et fondateur de la théorie politique du libéralisme et de la notion de l'« État de droit ».

Isaac Newton (04 janvier 1643–31 mars 1727) est philosophe, mathématicien, physicien, alchimiste, astronome et théologien anglais. Il est fameux pour avoir fondé la mécanique classique pour la gravitation

---

[116] RONAN DE CALAN, *Causalité et nécessité matérielle : Reinach lecteur de Hume,* p. 40 : *Adolf Reinach : philosophie du langage, droit, ontologie,* in *Les Études Philosophiques*, *op. cit.*

universelle.[117] La réception de Newton chez les britanniques et chez les français a été un processus lent, mais qui portera bien du fruit.

Hume fait directement résider l'efficacité de la cause dans la détermination de l'esprit :

> Ainsi, de même que la nécessité qui fait que deux fois deux font quatre, ou que les trois angles d'un triangle égalent deux droits, ne se trouve que dans l'acte de l'entendement par lequel nous considérons et comparons ces idées, de la même manière, la nécessité ou le pouvoir qui unité les causes et les effets se trouve dans la détermination de l'esprit à passer des uns aux autres.[118]

La considération, ainsi que la comparaison des idées ne trouvent que l'acte de l'entendement. C'est pourquoi, les causes et les effets trouvent aussi leur nécessité dans la détermination de l'esprit à passer des uns aux autres. En d'autres termes, c'est la détermination de l'esprit qui fait l'efficacité de la cause. Si l'esprit n'est pas déterminé à reconnaître les causes et leurs effets, alors ceux-ci ne pourraient avoir une réelle efficience. Avec David Hume, il s'agit d'aménager les conditions de la détermination réaliste de la causalité. La relation de causalité rentre dans le cadre naturel avec Hume et non dans celui de la « Métaphysique classique », avec ses essais de transformation opérés par Descartes. Une promesse ne pourrait avoir un sens qu'à partir d'un accord entre individus. Nous ne restons pas au niveau du souhait, mais c'est cet accord qui donne la possibilité d'une obligation morale ; et il ne suffit pas seulement de signer un accord entre les parties, il faudrait aussi la contrainte de la volonté résultant de la promesse : « Un certain acte de l'esprit doit être réalisé qui accompagne les mots *je promets* et qui (en tant que tel) renferme en lui-même la contrainte [...] Car un tel acte pris seul ne produit aucune obligation ».[119]

C'est pourquoi, après le souhait, il faudrait concrètement une contrainte. Une contrainte née du souhait veut en d'autres termes dire non seulement une volonté mais aussi un ensemble de dispositions justes pour accomplir son acte. L'acte de la volonté de David Hume est un acte de l'esprit qui devrait : « Consister dans la volonté de contrainte, qui résulte de la promesse ».

Voici comment Reinach interprète David Hume :

D'après Hume, la relation de causalité n'est pas une relation d'essence. Elle ne peut être tirée analytiquement de l'essence des choses,

---

[117] Cf. I. NEWTON, *De Gravitatione et equipondio fluidorum*, tr., française, *De la Gravitation*, Paris, éd., Gallimard, coll. « Tel » 1995.

[118] D. HUME, *A Treatise of Human Nature, Oxford*, éd. Norton et Norton, 2002, tr., fr. L. I de Ph. Ballanger et Ph. Saltei en GF., 1995 ; 1.3.14, p. 112/242, in *Adolf Reinach : philosophie du langage, droit, ontologie*, in *Les Études Philosophiques*, *op. cit.*, RONAN DE CALAN, *Causalité et nécessité matérielle : Reinach lecteur de Hume*, p. 41.

[119] D. HUME, *Traité de la nature humaine*, Paris, tr., all., 2è vol., éd. Lipps, p. 262 *sq*.

mais ne peut être éprouvée qu'empiriquement. Mais il tient à *l'essence de la promesse* qu'elle *crée une obligation*, etc. La proposition : « l'obligation et la prétention naissent de la promesse » n'est pas une proposition empirique. Il s'agit d'un rapport d'essence.

Supposons que la relation causale ait fonctionné. Comment se persuade-t-on que la chose existe ? Par l'observation et au moyen de l'intuition : la boule se meut. Dans l'autre cas, il n'y a pas d'expérience directe. On ne peut considérer directement la prétention, mais il faut remonter à la source dont elle est issue, pour reconnaître la prétention (une analogie : un théorème est démontré par une série de formules. Il faut remonter à ce dont il est dérivé pour en éprouver la validité). « Les mêmes causes ont les mêmes effets ». Cela vaut-il inversement ? Les mêmes effets ont-ils les mêmes causes ? Pas si sûr, et cela a été l'objet de nombreuses disputes. Dans le cas qui nous concerne, cela n'a aucune valeur. La même prétention peut naître de sources totalement différentes.[120]

C'est pourquoi la raison d'être d'une prétention ou d'une obligation n'est pas automatiquement liée à une cause.[121] Pour Reinach, et à la suite

---

[120] Cf. R. CALAN, *Causalité et nécessité matérielle : Reinach lecteur de Hume*, in Adolf Reinach : *Philosophie du langage, droit, ontologie*, in *Études Philosophiques, op. cit.*, p. 51.

[121] *Idem*, pp. 53-54 : « A quoi sert, au bout du compte, l'introduction de la notion de nécessité matérielle ? Essentiellement, semble-t-il, à arracher l'empirisme au grand écart imposé par la critique entre une causalité fondée *a priori* et donnée intuitivement. La relation de causalité n'est pas du domaine des relations d'idées, elle ne peut par conséquent constituer une catégorie structurant de l'expérience. Elle n'est pas de l'ordre du synthétique *a priori*. En second lieu, elle n'est pas donnée intuitivement. Reinach conclut sur ce point de manière assez aporétique, en affirmant qu'elle est fondée dans ou par l'expérience (c'est la troisième voie, la *via media*). Hume ne dit pas autre chose, mais suggère alors, on l'a vu, l'*intricatio* d'une relation philosophique dans l'univers des relations naturelles, que la coutume a charge d'introduire subrepticement. Il n'est pas sur du tout que Reinach ait en vue cette solution par la coutume. Sa fondation de la nécessité matérielle dans l'expérience exclut une série de positions attribuables à l'empirisme, et permet donc d'élaborer, à très grands traits, un protocole de description phénoménologique de la relation de causalité : 1 / une théorie singulariste de la causalité n'est pas exclue, en droit, elle est parfaitement admissible et peut en constituer l'épreuve décisive de validité : une inférence causale devrait donc pouvoir en droit se produire en une seule occasion, sans nécessiter la répétition et le critère de conjonction constante. Il faut donc détacher la nécessité modale. 2 / Précisément, la nécessité matérielle n'a rien à voir avec la nécessité modale, dans la mesure où elle repose sur une certaine contrainte que la cause exerce sur son effet. Non que l'effet soit dépendant de la cause – on a vu que l'indépendance essentiellement et Phénoménalement de l'effet (sur le plan ontologique et sur le plan phénoménologique). Du point de vue de la relation d'essence, le système de dépendance doit être inversé. 3 / Enfin, cette fondation de la nécessité matérielle doit l'arracher à son interprétation humienne en termes de détermination de l'esprit, puisque la nécessité matérielle ne résulte pas de la répétition. Sans nous donner les instruments pour penser, Reinach pose, avec la notion de nécessité matérielle, un double problème, qui regarde l'irréductibilité de la cause à la raison et la possibilité d'une théorie réaliste de la causalité, per4mettant d'isoler ce que la notion de fonction ne parvient pas à porter au jour : l'idée d'une nécessité inscrite dans les choses mêmes ».

de Hume, la causalité se trouve ici dans les choses elles-mêmes. La nouvelle ontologie sera à explorer *ad intra* et *ad extra*. Les actes eux mêmes sont porteurs de leurs essences. Nous l'analyserons plus loin.

II.2. Université de Göttingen : Invasion de Göttingen par München

Dans la lettre à Conrad du 16 janvier 1905, Reinach lui parle à nouveau des *Recherches Logiques*. En effet, il vient d'achever la relecture du second volume de cet ouvrage. En février de la même année, il rentre à München avec ses amis. Mais le groupe s'est agrandi, car il comprend désormais, Alexander Pfänder, Hermann Erhard et Paul Raff, tous étudiants de Theodor Lipps.[122] Étant toujours habité par l'ambition d'obtenir un parchemin en droit de haut niveau, Reinach cherche à trouver un cadre pour ses travaux à München. Mais pendant qu'il planifiait encore de continuer ses études à München, il décida d'aller y s'installer en motivant ses raisons à son ami Conrad dans une lettre : « The next Semester is the last one I can spend outside München. I can profit much from Göttingen in matters of law, and finally I have great hopes in Husserl »[123], et que nous traduisons par : le prochain semestre est le dernier que je passe à München. Je pourrais beaucoup plus profiter à Göttingen dans l'approfondissement du droit car j'ai une grande admiration et espérance en Husserl.

Désormais la cause est entendue ; Reinach fera partie de la fameuse évasion de München pour Göttingen. Il sera plus explicite dans une seconde lettre à Conrad datée au 16 juin 1905, dans laquelle il exprime ses sentiments de satisfaction relatifs à son séjour à Göttingen :

> I am very satisfied with my stay in Göttingen [...] my scientific expectations have been more than fulfilled. However, I am badly neglecting my law studies. But that is in the end not too great a disaster. I can't say that my philosophical convictions have undergone any sort of fundamental change. Like the rest of us I had already been pointed in a new direction by Husserl, Nartop, Kant, Plato a long time before I came to Göttingen ; everything I have lived through since we have been separated could not but push me further in this direction. The most salutary thing which Husserl can offer is his careful and thorough mode of working, something Daubert has in

---

[122] Cf. K. SCHUHMANN and B. SMITH, « *Adolf Reinach : An Intellectual Biography* », in *Speech Act and Sachverhalt. Reinach and the Foundations of Realist Phenomenology*, *op. cit.*, p. 6 : « During the subsequent vacations, which he spent at home in Mainz, Reinach re-read the second volume of Husserl's *Logical Investigations* and 'was very delighted by it'. In a letter to Conrad of 16 January 1905 he recommended in particular the 3rd Investigation on part and whole. In February he was back in Munich with his friends, who now included also Alexander Pfänder, 21 Hermann Erhard22 and Paul Raff, 23 all students of Lipps ».

[123] *Ibidem*, p. 6.

common with him. For the rest I have worked steadily, but intensely ; I have read Husserl, Nartop and Cohen, and lead a very peaceful and contented life.[124]

Les attentes scientifiques de Reinach trouvent des solutions. Toutefois, il regrette son insatisfaction par rapport à ses études en droit et n'est pas convaincu de toute sa capacité d'études philosophiques. C'est pourquoi, sous la direction de Husserl, il veut approfondir la phénoménologie tout en continuant avec le droit. Reinach voudrait scruter en profondeur les auteurs tels que Platon, Nartop et Kant. Il trouve que la lecture de la *Théorie du jugement* de Husserl et ses deux autres séminaires en philosophie de l'histoire et en mathématiques lui seront profitables. Il trouve aussi que Husserl est un véritable maître en ce qui concerne le travail. Daubert et lui ont cette qualité en commun. A Göttingen, il aura aussi lu Nartop et Cohen. Il rentrera à München pour continuer avec ses études philosophiques dans la perspective de devenir enseignant plus tard. En 1907, il quitte à nouveau München pour Göttingen pour son habilitation en philosophie. C'est à cette période que l'intérêt sur les études d'Edmund Husserl se fait grandissant.

II.3. Intérêt sur les études d'Edmund Husserl : Logische Untersuchungen : *Les Recherches Logiques*

Simultanément, Reinach prépare son habilitation tout en approfondissant la pensée du Maître Husserl par la lecture entière des premières publications sur *Les Recherches Logiques*. Il enverra une lettre à Conrad dans laquelle il lui parle de son habilitation comme étant quelque chose d'inachevée. Pendant l'été 1909, Reinach s'installera à Göttingen :

> On May 3, 1909 he wrote to Conrad : 'I become more and more afraid that habilitating in Göttingen was the most stupid thing I have done in all my life'. In an undated letter to Conrad of May or June 1909, Reinach gives the theme of his seminar as "die Hauptideen der neuen, von Husserl eigeleiteten Bewegung". This is of particular interest, since it seems to be the first place where phenomenology is referred to as a '*Bewegung*', a manner of speech which would have been familiar to Reinach both from the German '*Jugendbewegung*' of the time and also, perhaps, from William James' *Pragmatism* of 1907, Jerusalem's German translation of which had just appeared. In his "Markers on the Road to the Phenomenological Movement" (*Philosophy and Phenomenological Research*, 43, 1983, 299–306) Schuhmann had traced the term to the year 1912, when it was used by Husserl and Conrad-Martius, and the fact that the latter was a devoted

[124] *Ibidem*

student of Reinach lends plausibility to the thesis that it is he who was responsible for so fatefully baptizing phenomenology.[125]

En 1909, dans cette lettre à son ami Conrad, Reinach avoue les limites de son travail pour l'habilitation, en le confrontant au travail de son maître. C'est son séminaire de cette année qui lui permettra d'entrer effectivement dans la pensée des *Recherches Logiques*.

> I hope that in Göttingen I shall obtain what I aspire to : peaceful scientific work, sure of its goal, and a fruitful influence upon a circle of young people – even if, as befits my own scientific orientation, this circle should not be so large. (I'll gladly do without large audiences enticed by lectures free of charge and by an 'unequivocal liberalism'.) Only in this way can I hold on to the inner concentration that is necessary to me. The impact made by Reinach as a teacher is well expressed by Spiegelberg : Independently of each other, the Göttingen students of phenomenology like Wilhelm Schapp, Dietrich von Hildebrand, Alexander Koyré and Edith Stein, in their accounts of this period refer to Reinach, not to Husserl, as their real teacher in phenomenology. Hedwig Conrad-Martius even goes so far as to call him the phenomenologist *par excellence*, a good teacher but above all brilliant in directing philosophical seminars. In his "Seminars for Advanced Students" he himself always outlined a central problem which was then worked on in the course of the academic year. The most interesting and instructive seminar in the last year of his activity was devoted to the problems of movement.[126]

En effet, après avoir noté l'intelligence de Reinach, Husserl lui confiera les étudiants d'un niveau avancé. Ce sont eux qui qualifieront leur professeur assistant de phénoménologue par excellence.

Comme nous pouvons si bien le dire avec Jocelyn Benoist et Jean-François Kervégan, la phénoménologie de Reinach est celle qui peut avoir la qualité réaliste.[127] Fidèle à *l'esprit* : *Geist* des *Recherches Logiques*, d'Edmund Husserl, son maître en philosophie, Reinach aura su développer par la suite une phénoménologie originale basée sur « l'analyse conceptuelle » et sur « la description eidétique » : essence des réalités concernées. Le but de cette phénoménologie est la recherche de cette réalité qui, en soi, ont une portée ontologique. C'est pourquoi dans *les fondements a priori du Droit civil*, Reinach cherchera à affronter l'énorme problème de l'objectivité juridique.

Avec une équipe constituée par Husserl, Reinach participera à la création de l'Annuaire philosophique pour la phénoménologie.

---

[125] K. SCHUHMANN and B. SMITH, « *Adolf Reinach : An Intellectual Biography* », in *Speech Act and Sachverhalt. Reinach and the Foundations of Realist Phenomenology*, *op. cit.*, *Inhalt : Introduction* VII-X.

[126] *Ibidem*

[127] J. BENOIST, J-F. KERVEGAN, *Adolf Reinach, entre droit et phénoménologie, de l'ontologie normative à la théorie du droit*, *op. cit.*, p. 7.

II.4. Création du *Jahrbuch für Philosophie und phänomenologische Forschung : Annuaire pour la philosophie et la recherche phénoménologique*

A titre de rappel, cet Annuaire voulu par Husserl, chef d'École de Göttingen, a pour vocation, la publication des diverses recherches phénoménologiques. La contribution de Reinach au premier volume de cet *Annuaire* est une de celles qui marqueront les débuts des recherches de Reinach sur la phénoménologie :

> In this period, Husserl embarked on a thorough revision of his main work, the *Logical Investigations,* and asked Reinach's assistance in this Endeavour. Moreover, in 1912 Reinach, together with Moritz Geiger and Alexander Pfänder founded the famous *Jahrbuch für Philosophie und phänomenologische Forschung,* with Husserl as main editor.
> Besides his work in the area of phenomenology and philosophy in general, Reinach is credited for the development of a forerunner to theory of speech acts by Austin and Searle : *Die apriorischen Grundlagen des bürgerlichen Rechtes : The A Priori Foundations of Civil Law* is a systematic treatment of social acts as performative utterances and *a priori* foundations of civil law. Reinach's work was based mostly on Husserl's analysis of meaning in the *Logical Investigations,* but also on Daubert's criticism of it Alexander Pfänder (1870-1941) had also been doing research on commands, promises and the like in the same period.[128]

En effet, Husserl aura remarqué son talent et lui confiera une grande partie de la révision de son œuvre principale : *Les Recherches Logiques.* C'est le *Jahrbuch fur Philosophie und phänomenologische Forschung,* qui servira comme moyen pour la publication des productions du « Cercle Phénoménologique ». En 1912, Reinach, Moritz Geiger et Alexander Pfänder fondent cet Annuaire avec comme Rédacteur principal Husserl. Dans cette première publication, Reinach fait connaître au grand public philosophique son œuvre principale intitulée : *Die Grundlagen des apriorischen Rechtes bürgerlichen : Les Fondements a priori du Droit civil),* qui est créditée comme le développement systématique des « actes sociaux », avec des énoncés performatifs.

Formé sous Conrad, Lipps, Daubert et Husserl et faisant partie de l'*Akademie Verein fur Psychologie* de München, Reinach était résolument engagé sur les travaux de Husserl. C'est dans cet Annuaire que Husserl et ses disciples vont exposer les œuvres de leur séjour à Göttingen. Celui-ci est essentiellement destiné à promouvoir la phénoménologie des *Recherches Logiques.*

---

[128] A. REINACH : www.findmeetings.com, <31.01.2012>.

PARAGRAPHE III. Le contexte historique et philosophique : le rapport de Reinach avec Husserl

Dans ce paragraphe, nous chercherons à retracer brièvement le parcours historique qui aura marqué le rapport de Reinach avec Husserl. Toute sa philosophie s'inspire des travaux de son Maître Husserl. Cependant, le disciple ne s'arretera pas uniquement aux *Recherches Logiques*, mais il innovera dans un secteur précis de la phénoménologie du droit. En plus il ne suivra pas le changement opéré par l'école de Marburg sur les *Ideen* ou néokantisme. C'est pourquoi, plusieurs disciples d'Husserl n'adhéreront pas aux nouvelles idées proposées par cette nouvelle école.

III.1. Les travaux d'Edmund Husserl et l'assistance d'Adolf Reinach

Ceux-ci sont faits à München et Reinach est sollicité par Husserl à Göttingen après son habilitation pour être son assistant. Il n'est pas l'unique, mais il exerce une influence particulière sur les étudiants, tels que : Wilhelm Schapp, Dietrich Von Hildebrand, Alexandre Koyré et Édith Stein.[129] La mort de Reinach le démontrera dans l'assistance particulière d'Edith Stein donnée à Anna sa veuve pour classer les documents laissés par Reinach. Conrad-Martius, le nommera : le phénoménologue par excellence, car indépendamment des uns et des autres, les étudiants de Göttingen feront toujours référence à sa personne sur tous les sujets relatifs à leurs cours. Il était devenu officieusement leur réel professeur de phénoménologie. Ce brillant professeur sera celui qui au fond restera fidèle à l'esprit du groupe, en quelque sorte trahi par Husserl.[130] Reinach collabore avec son maître

---

[129] Cf. K. SCHUMANN and B. SCHMITH, « *Adolf Reinach : An Intellectual Biography* », in *Speech Act and Sachverhalt. Reinach and the Foundations of Realist Phenomenology, op. cit.*, p. 14 : « Independently of each other, the Göttingen students of phenomenology like Wilhelm Schapp, Dietrich von Hildebrand, Alexander Koyré and Edith Stein, in their accounts of this period refer to Reinach, not to Husserl, as their real teacher in phenomenology. Hedwig Conrad-Martius even goes so far as to call him the phenomenologist *par excellence* ».

[130] *Ibidem :* « A good teacher but above all brilliant in directing philosophical seminars. In his « Seminars for Advanced Students » he himself always outlined a central problem which was then worked on in the course of the academic year. The most interesting and instructive seminar in the last year of his activity was devoted to the problems of movement. The formulations he gave were clear and sharp, the answers he gave to the participants in the seminars were precise and crisp, the arguments with which he defended his position were decisive, and he knew how to present vivid and convincing examples. What was especially valuable was the fact that he had the capacity immediately to understand and to see the correct context for our often awkwardly formulated questions or assertions. The course of the discussions was left to the participants,

qu'il estime dans le but de scruter les *Recherches Logiques : Logische Untersuchungen.* C'est lui qui fut chargé par Husserl de dispenser les séminaires pour les étudiants d'un niveau avancé. Il serait néanmoins important de souligner cette remarque de Philipp Mayrhofer :

> Quand Adolf Reinach et Thomas Conrad sont venus à Göttingen en 1907, ils ont remarqué que Husserl "avait considérablement changé depuis les rencontres de Munich". Reinach reprochait à Husserl un tournant vers l'école de Marburg. Dès lors un débat intense séparait les philosophes Husserl, Fink et Landgrebe à Freiburg et Reinach, Pfänder, Daubert, etc. Ce débat s'est manifesté seulement beaucoup plus tard dans des témoignages écrits, après la mort de Reinach.[131]

Sur la réalité, Husserl a une très grande estime pour son étudiant devenu assistant, car dans ses témoignages après la mort de Reinach, il ne laisse entrevoir aucune divergence de point de vues. Il se limite à saluer l'originalité de son œuvre. Mais si Husserl le réaliste est devenu l'idéaliste, Reinach demeure fondamentalement réaliste. Il convient ici de rappeler la liste des différents membres du « Cercle de phénoménologique de Göttingen ».

III.2. Le « Cercle phénoménologique de Göttingen »

Les études approfondies sur ce cercle d'Edmund Husserl et de ses étudiants sont relayées et décrites historiquement par Herbert Spiegelberg dans son fameux livre *The Phenomenological Mouvement.* Ce « Mouvement Phénoménologique », comme nous le savons, a débuté avec Scheler et Johannes Daubert, étudiants de Theodor Lipps à München. Pendant l'hiver 1905, Husserl annonçait le cours qu'il avait nommé : « Hauptstücke einer Phänomenologie und Theorie der Erkenntnis » et dont la dernière partie constitue la *Phänomenologie des « inneren Zeitbewusstsein »* et qui élargit notablement le champ d'intérêt des *Recherches Logiques* ».[132] Ce sont ces *Recherches* qui attireront la plupart de ses membres.

Reinach himself apparently functioning simply as custodian, seeing to it that one did not go astray. In fact however he was the very heart of our collective efforts, the active spirit opening up new aspects and paths of investigation in a creative attitude which never rested, never lost its grip in difficult situations. Thus one was brought by him to the attitude of creative philosophizing and one could enjoy the participation in the development of a new philosophy, though one was in fact merely a philosophical child ».

[131] P. MAYRHOFER, in *Les Études philosophiques, Adolf Reinach : Philosophie du langage, droit, ontologie, op. cit.*, p. 4.

[132] *Idem : Phänomenologie des « inneren Zeitbewusstsein » : phénoménologie de la conscience interne du temps.*

III.2.1. Les composants

Comme nous avons eu à le souligner à l'introduction, le « Cercle phénoménologique de Göttingen » est composé des étudiants et assistants de Husserl :

1. Johannes Daubert et Adolf Reinach arrivés en 1905 ;
2. Moritz Geiger (1906) ;
3. Theodor Conrad (1907) ;
4. Max Scheler (1907) ;
5. Dietrich von Hildebrand (1909) ;
6. Edith Stein, Wilhelm Schapp, Alexandre Koyré, etc.[133]

Cette liste est loin d'être exhaustive, car le Mouvement de Göttingen aura une grande influence sur la naissance de la Phénoménologie en général. Essayons de comprendre ses productions.

III.2.2. Ses productions phénoménologiques

Nous limitons ces activités multiples sur la publication du *Jahrbuch fur Philosophie de la Phänomenologische Forschung,* in Gemeinschaft mit M. Geiger-München, A. Pfänder-München, A. Reinach-Göttingen, M. Scheler-Berlin, herausgegeben de E. Husserl, Erster Band Tell1, Halle a.d.S. Verlag de la Max Niemeyer 1913, 847 pages : c'est la première édition : *Erster Band,* de *L'Annuaire de la philosophie et de la recherche phénoménologique.* Reinach occupe les pages 684-847 dans lesquelles il publie : *Die apriorischen Grundlagen des bürgerlichen Rechtes.*

La liste de ces productions à Göttingen est très longue. Allant des *Recherches Logiques* aux travaux des disciples d'Husserl. Reinach réussira à rester dans la ligne fidèle du premier maître. Ses productions chercheront à approfondir la réalité du langage juridique.

III.2.2.1. Sur la phénoménologie du langage

Voici ce qu'affirme Julien Cantegreil agrégé en Philosophie et fameux phénoménologue, enseignant à Paris 1 Sorbonne (école doctorale) :

> Platon et le premier Husserl, faisant cause commune en ses lignes antisavigniennes, entraient ainsi de plain-pied dans la réflexion contemporaine sur le langage du droit. A prose aride, fortune ingrate. La postérité voyageuse d'Adolf Reinach aura peiné à couvrir son siècle, et même en France, où l'ironique et bienveillante attention de Michel Villey lui avait fait publicité dans les archives de la philosophie du droit, si l'on excepte les remarquables travaux de Jean-Louis Gardies, son audace juridique est

[133] Cf. K. SCHUMANN et B. SCHMITH, « *Adolf Reinach : An Intellectual Biography* », in *Speech Act and Sachverhalt. Reinach and the Foundations of Realist Phenomenology, op. cit.,* p. 14.

depuis longtemps retournée à l'oubli. Car l'on est passé à autre chose, et l'on a oublié d'y revenir.[134]

Cantegreil nous donne ici l'impression que les travaux de Reinach constituent un chef-d'œuvre mal exploré. En effet, la postérité ne trouvera pas un grand intérêt à cette phénoménologie du langage inaugurée par Husserl. En France, on aura cru dans un premier temps à son éveil avec les travaux de Michel Villey mais, comme nous le verrons plus tard, cela ne sera qu'une vaine illusion en ce qui concerne la philosophie du droit. Car Villey ne restera pas fidèle à la ligne tracée par Husserl des *Recherches Logiques*. Une de ses critiques viendra un peu ruiner l'œuvre de cette philosophie du droit.

III.2.2.2. Sur la philosophie du droit

Cette philosophie s'enrichit d'un nouveau langage à partir des actes sociaux comme nous le verrons au troisième chapitre. En effet, à partir de la théorie de la propriété, le droit peut désormais se débarrasser de son aspect positiviste sur les plans économiques, sociaux, éthiques ou politiques.[135] Ce positivisme serait né dans la science civiliste qui aurait influencé la rédaction du *Bürgerliches Gesetzbuch*. C'est la science Pandectiste ayant dans son histoire une particularité de l'héritage du droit romain. Si Reinach partagera les points de vues des Pandectistes sur la morale, l'économie, la politique et l'idée de la possibilité que le système juridique en général serait « axiomatisable », il suspendra celle-ci à une théorie des objets juridiques et non à la théorie liée aux concepts.[136]

---

[134] J. CANTEGREIL, *D'une voie phénoménologique en théorie du droit. Remarques sur le réalisme d'Adolf Reinach, in A. REINACH, philosophie du langage, droit, ontologie, op. cit.*, pp. 99-101

[135] Cf. R. CALAN, in J. BENOIST, J-F. KERVEGAN, *Adolf Reinach, entre droit et phénoménologie, de l'ontologie normative à la théorie du droit, op. cit.*, p. 115 : « Cette théorie de la propriété, à défaut d'être satisfaisante d'un point de vue économique, moral ou politique – ce qui n'est absolument pas sa finalité – est d'une redoutable cohérence interne, comme nous allons le voir. Cette cohérence est manifestée une fois rapportée au dialogue très riche et fructueux que Reinach entretient dans son œuvre avec tout un ensemble de théoriciens du Droit civil dans l'Allemagne du dix-neuvième siècle, qu'on désigne le plus souvent sous le titre de Pandectistes, ou parfois sous l'appellation devenue ironique de « science juridique du concept » (*Begriffsjurisprudenz*). Nous essaierons de montrer que la théorie *a priori* du droit est sur ce point la *réalisation* de l'idéal de cette science juridique du concept, de cette théorie pandectistes – pour le meilleur et pour le pire ».

[136] *Idem*, pp. 116-117 : « Il est certain que Reinach partage avec l'école des Pandectistes à la fois ce souci d'autonomie du juridique, en particulier d'avec la morale et l'économie politique, et l'idée selon laquelle le système du droit en général serait axiomatisable. Mais il suspend cette axiomatique à une théorie des objets juridiques et non à une théorie des concepts, et il prétend élaborer cette théorie des objets indépendamment de toute référence à un droit positif, c'est-à-dire *a priori*. Il s'en est expliqué dans le premier chapitre de son ouvrage, où il s'est très nettement démarqué et de la science juridique du concept, et de la science juridique de l'intérêt qui correspond, elle, à l'entrée en force de

Le caractère axiomatisable du droit ne résidera plus avec la nouveauté de Reinach à cette fameuse théorie des concepts Pandectistes, mais ceux-ci deviennent des objets : c'est-à-dire, matérialisés dans leur ontologie propre. Ils naissent comme des êtres, et peuvent donc par conséquent subir des changements dus à leur nature créée et non donnée. Par contre, les concepts demeurent comme être de raison et subissent difficilement des changements. Sa théorie juridique ne dépendra plus du droit positif, en d'autres termes seulement d'un Code de lois, mais sujet à une réflexion humaine, et s'adaptant à un langage spécifique.

Ce passage historique de la théorie des concepts à celle des actes juridiques est très important pour la compréhension de notre thèse. Reinach ne crée pas seulement, il innove dans un travail commencé par les *Recherches Logiques* de Husserl.

III.3. Husserl, des *Recherches Logiques* à la phénoménologie transcendantale

Dans ces *Recherches*, Husserl vient rompre avec le passé subjectif et idéel kantien. Nous entrerons avec lui dans le réalisme, pour finir, toujours avec lui, dans un idéalisme contesté par ses disciples de München à Göttingen et finalement à Bruxelles en Belgique. Nous avons souligné plus haut le motif de la fameuse *Invasion de Göttingen par München*, celle-ci va en droite ligne avec ce que Husserl aura créé comme science phénoménologique à München. Ses investigations séduiront ces jeunes disciples de Lipps à lâcher leur maître pour suivre Husserl. Nous avons déjà évoqué l'ambiance historique de München à Göttingen, voyons maintenant la motivation du premier Husserl pour comprendre par la suite son changement.

III.3.1. Le premier Husserl

Lorsque Husserl commence à écrire ses *Recherches Logiques*, il est animé par le souci de vérité sur la phénoménologie. Voici ce qu'il écrit à propos :

> Les *Recherches Logiques* dont, avec ces Prolégomènes, je commence la publication, sont le résultat d'une réflexion sur des problèmes impossibles à éluder, qui ont sans cesse paralysé et finalement interrompu la poursuite des efforts que j'ai consacrés pendant de longues années à une élucidation philosophique de la mathématique pure. Outre les questions relatives à l'origine des concepts mathématiques fondamentales, ces efforts portèrent principalement sur les questions difficiles de la théorie et de la méthode

---

l'utilitarisme anglais dans la construction juridique allemande, et enfin du psychologisme qui en est un des avatars (avec des auteurs comme Lipps et Schuppe) ».

mathématiques. Ce qui, d'après les exposés de la logique traditionnelle ou de la logique réformée quelle qu'elle soit, aurait du apparaître facilement intelligible et parfaitement clair, à savoir l'essence rationnelle de la science déductive avec son unité formelle et sa méthode symbolique, se présenta à moi, au cours de l'étude des sciences déductives réellement données, comme obscur et problématique. Plus approfondie était mon analyse, plus je prenais conscience du fait que la logique de notre temps n'a pas atteint le niveau de la science actuelle que pourtant elle est appelée à élucider.[137]

Husserl est animé par le souci de résoudre l'épineux problème philosophique sur la mathématique pure. En d'autres termes, comment parler de la mathématique pure pour ce qui est de ses méthodes ? Il était difficile pour lui de trouver une réponse à l'essence des sciences déductives. Cela paraissait comme un problème obscur et pas facile d'accès. Dans le cours de ses analyses, Husserl se rendait compte que la logique de son temps n'avait pas encore atteint le niveau de la science. Pourtant cette logique devait arriver au point souhaité. Il fallait donc sortir de ces ténèbres en vue de dépasser la logique traditionnelle et la logique réformée. Présenter cette essence rationnelle de la science déductive avec cette unité formelle et une méthode symbolique devait occuper le nouveau champ d'Husserl.

L'œuvre d'Husserl étant dynamique, la première *Préface* à l'édition des *Recherches Logiques* est signée à Halles-sur-Saale, le 21 mai 1900, quelques temps après la publication du *Code Civil Allemand* le 01 janvier 1900. Mais celle-ci ne sera qu'un début d'un travail à faire :

La question de savoir sous quelle forme je ferais paraître une nouvelle édition de cet ouvrage, épuise depuis plusieurs années déjà, n'a pas été sans me causer de sérieux soucis. Les *Recherches Logiques* furent pour moi un ouvrage inaugural *(ein Werk des Durchbruchs)* et, par conséquent, non pas une fin, mais un commencement. Dès leur impression terminée, je poursuivis mes travaux. J'essayai de me rendre parfaitement compte du sens, de la méthode, de la portée philosophique de la phénoménologie, d'explorer plus avant dans toutes les directions les problèmes déjà esquissés, et, en même temps, de chercher et d'aborder les problèmes parallèles dans tous les domaines ontiques et phénoménologiques. Naturellement, avec l'élargissement de l'horizon ouvert à la recherche, avec une connaissance plus profonde des « modifications » intentionnelles aux rapports si emmêlés, des structures de conscience s'enchevêtrant avec tant de complexité, je revins sur mainte conception que j'avais formée lors de ma première exploration de ce nouveau domaine. Des obscurités que j'avais laissé subsister furent élucidées, des ambiguïtés furent tranchées, des remarques isolées auxquelles primitivement aucune importance spéciale n'avait pu être attribuée prirent une signification fondamentale une fois transposées dans ce contexte – bref partout s'effectuèrent, dans la sphère d'investigations primitives, non

---

[137] E. HUSSERL, *Recherches Logiques I Prolégomènes à la logique pure,* Paris, éd. PUF, 2009, *Préface,* paragraphe V.

seulement des injonctions complémentaires, mais des réévaluations et, du point de vue de la connaissance à la fois élargie et approfondie, l'ordre de mes exposés ne m'apparut plus lui-même, dès lors, convenir pleinement.[138]

Il faut rappeler que Husserl n'a pas une pensée que l'on pourrait qualifier de statique. Il est changeant et dynamique, car il réévalue ses investigations. Déjà il le signale dans sa première conclusion de sa dernière Préface en citant Goethe.[139] Comme tout travail est appelé à s'améliorer, Husserl sera conscient de perfectionner son œuvre, raison pour laquelle, il fera paraître la deuxième édition des *Recherches Logiques* basée essentiellement sur certaines modifications d'ordre méthodique, herméneutique et phénoménologique. Il cherchera non seulement à approfondir les problèmes déjà étudiés, mais aussi à sortir d'eux pour trouver ceux qui leurs sont parallèles dans les domaines « ontiques » et phénoménologiques. Dans cette édition Husserl ne sera pas seul dans la rédaction finale des *Recherches Logiques*. Il parlera de l'apport de son assistant Reinach, devenu Maître de Conférence :

> L'ouvrage comportera un index détaillé, préparé avec grand soin par M. Rudolf Clemens, candidat au doctorat de philosophie. Je dois enfin mes remerciements cordiaux à tous ceux qui m'ont apporté leur amical concours, et en première ligne au Dr Adolf Reinach, Maître de Conférences qui, il y a deux ans, m'a assisté avec zèle et compétence quand j'ai commencé à envisager sérieusement la possibilité d'une révision des *Recherches*. Par leur collaboration fidèle, le Dr. Hans Lipps et M. Jean Hering, candidat au doctorat, m'ont épargné en grande partie le travail pénible de la correction.[140]

Reinach est incontestablement revêtu par Husserl lui-même de cette parfaite connaissance des *Recherches Logiques*. Il est placé en première ligne dans la participation à cette nouvelle édition.

Mais contrairement à Aristote qui prendra le contre-pied de son maître Platon, Reinach restera fidèle aux premiers travaux d'Husserl. Malheureusement ou heureusement, c'est lui qui changera par la suite pour s'orienter vers le courant de pensée de l'école de Marburg.[141] Le *Zurück* ou « Retour à Kant » sera le Leitmotiv de l'école de Marburg (Néo-kantienne). Hermann Cohen (1842-1918) en est le fondateur. Paul Natorp (1854-1924), son ami et collègue à Marburg et Ernst Cassirer, leur élève (1874-1945) en seront les « promoteurs ».

---

[138] E. HUSSERL, *Recherches Logiques I Prolégomènes à la logique pure, op. cit.*, IX.

[139] *Idem*, X : « Il n'est rien que l'on condamne plus sévèrement que les erreurs dont on vient de se défaire ».

[140] E. HUSSERL, *Recherches Logiques I Prolégomènes à la logique pure, op. cit.*, XX. Document signé et publié à Göttingen en octobre 1913. C'est au cours de cette année que Reinach publiera aussi son chef d'œuvre, sur *les fondements a priori du droit.*

[141] Cf. HERMANN COHEN, *Einleitung mit kritischem Nachtrag zu Langes Geschichte des Materialismus*, 1914, in *Schriften zur Philosophie und Zeitgeschichte*, Berlin, Akademie..., 1928, Tome II, p. 231.

Voici les principales caractéristiques de cette école :

1. Le « Retour à Kant » ;
2. L'Éthique et la Logique ;
3. L'individu dans la société ;
4. Les limites de la religion à l'intérieur de la philosophie ;
5. Le concept de l'amour.[142]

Husserl sera de plus en plus attiré par ces idées de Marburg basées sur la nature même de l'esprit du peuple allemand « Geist » et retournera radicalement à l'idéalisme. Pouvons-nous comprendre les raisons de ce changement ?

III.3.2. Le changement

Une chose simple doit être retenue pour donner une raison à ce changement, c'est le principe des principes qu'adopte Husserl dans la compréhension de Philipp Mayrhofer : « On se rappelle ici « le principe des principes » de la phénoménologie qui décrit toute intuition comme source légitime de l'évidence ».[143]

Le problème fondamental de l'éthique se trouve dans sa logique liée à l'expérience. La théorie transcendantale doit céder le pas à la théorie de l'expérience et celle-ci céder à son tour le pas à l'Éthique.[144] Ici, c'est l'intuition qui devient la source, le fondement de toute évidence. Les notions clés de l'herméneutique de Husserl qui auront une grande influence sur les auteurs tels que Heidegger et les autres seront :

1. Le *Phénomène* ;
2. L'*Intentionnalité de la conscience à l'être.*[145]

Le phénomène signifie ce qui se manifeste, et qui ne se cache pas. Ce qui se manifeste dans le sens de manifesté.[146] C'est le fait de s'illuminer

---

[142] *Entre Kant et Dieu : la philosophie de la religion de Hermann Cohen,* extrait de mon mémoire de maîtrise -- Université Paris IV-Sorbonne, juin 1988, sous la direction de monsieur le Professeur Marquet publié dans les *Cahiers philosophiques*, n° 92, octobre 2002.

[143] P. MAYHOFER, in *Adolf Reinach : philosophie du langage, droit, ontologie, op. cit.*, p. 5. La source de cette pensée se trouve dans HUSSERL, *Ideen I*, éd. Halles, (1913), p. 51.

[144] Cf. E. HUSSERL - Aufsätze und vorträge, *Gesammelte Werke (1911-1921), op. cit., Die Idee der Phänomenologie. Ideen zu einer reinen Phänomenologie und phänomenologischen Philosophie. Allgemeine Einführung in die reine Phänomenologie. (Idées directrices pour une phénoménologie pure et une philosophie phénoménologique) : Ideen zu einer reinen Phänomenologie und phänomenologischen Philosophie, Phänomenologische Untersuchungen zur Konstitution. Ideen zu einer reinen Phänomenologie und phänomenologischen Philosophie. Die Phänomenologie und die Fundamente der Wissenschaften.* BSB : Bayerische Staatsbibliothek München.

[145] Cf. G. MURA, *Introduzione all'ermeneutica veritativa, op. cit.*, p. 173 : « Le nozioni chiave della fenomenologia, quali quelle di "fenomeno" e di "intenzionalità della coscienza all'essere", permettono ad Heidegger di considerare il *Dasein* non più da un punto di vista empirico ma ontologico, e di vederlo attraversato si dalla "temporalità", ma nelle sue strutture ontologiche fondamentali aperto costitutivamente all'essere ».

et se mettre au clair sans aucune ombre de doute. Pour Husserl, le phénomène se laisse voir en se manifestant. C'est pourquoi, une conscience illuminée par cette manifestation du phénomène ne pourrait être que le résultat d'une herméneutique transcendantale. Et c'est ici que « l'idéalisme » et « le réalisme », deux courants phénoménologiques opposés n'arrivent pas à se mettre en harmonie sur le rapport entre le logos et l'être.[147] Ces deux courants qui ont caractérisé le processus historique de la philosophie occidentale n'arrivent toujours pas à prendre la vérité de l'étant dans sa manifestation, ni à s'accorder sur le rapport de « rationalité » réciproque propre du logos devant l'être. C'est aussi la raison pour laquelle le rapport entre phénoménologie et herméneutique constituerait une des grandes caractéristiques du débat philosophique actuel. Les deux grands courants herméneutiques qui animent ce débat sont : l'herméneutique transcendantale de Husserl et l'herméneutique ontologique inaugurée par Gadamer.[148]

C'est pourquoi, de la tradition phénoménologique réaliste née à Munich-Göttingen, deux courants connaîtront ici leur origine historique : l'école de la Phénoménologie Transcendantale et celle de la Philosophie Existentielle. De la phénoménologie réaliste, Husserl s'orientera vers celle idéaliste, ce qui lui fera avoir des critiques sévères en commençant par ses propres étudiants. Car pour certains, ce n'est

---

[146] *Ibidem :* « Nella prima parte di *Sein und Zeit* (Halle 1927), Heidegger riprende da Husserl la nuova nozione di "fenomeno" come ciò che "significa manifestarsi", che significa cioè non ciò che nasconde ma ciò "che si manifesta, il manifestantesi, il manifesto", l'illuminarsi e il "porre in chiaro" ».

[147] Cf. G. MURA, *Introduzione all'ermeneutica veritativa, op. cit.*, p. 173 : « [...] "realismo e idealismo", le due antitetiche concezioni del rapporto tra il *Logos* e l'essere, le quali hanno caratterizzato lo sviluppo storico della filosofia occidentale fino ad oggi, "falliscono nella medesima misura", perché non giungono a cogliere né la verità dell'ente nel suo manifestarsi, né il rapporto di "razionalità" reciproca proprio del *Logos* nei confronti dell'essere ».

[148] *Idem :* « La questione del rapporto tra fenomenologia ed ermeneutica costituisce per questo un momento teoretico fondamentale nell'orizzonte tematico dell'odierna ermeneutica filosofica. Perché in questo complesso problema è coinvolta non solo una questione storiografica, quella cioè di mettere in luce le relazioni anche accademiche tra Husserl ed Heidegger, e le riflessioni che su questo rapporto hanno sviluppato da una parte i difensori di Husserl (quali Edith Stein o Max Scheler, contrari in qualche modo allo sviluppo ermeneutico della fenomenologia), e dall'altra i sostenitori dell'inevitabile esito ermeneutico della fenomenologia, quali in primo luogo lo stesso Heidegger, e in seguito, pur con modalità diverse, Gadamer re Ricœur ; ma è coinvolta una questione teoretica ben più decisiva, ovvero quella di stabilire la natura stessa dell'ermeneutica. L'odierno dibattito intorno all'ermeneutica sembra infatti contrapporre da una parte un'ermeneutica trascendentale (di tipo marcatamente fenomenologico ed eidetico) e dall'altra l'ermeneutica ontologica (di tipo relazionale, esperienziale e coinvolgente), quasi che tra queste due ermeneutiche non possa sussistere quella composizione dialettica auspicata da Gadamer e da Ricœur ».

pas seulement la faculté de la visée : *Schau*, qui traduit l'évidence, mais c'est surtout le respect de la dignité du réel.[149]

III.3.3. La critique sur Husserl

Parmi ceux qui soutiendront Husserl dans sa première démarche des *Recherches Logiques*, nous aurons ses disciples de München-Göttingen (Édith Stein, Adolf Reinach, Max Scheler, etc.)[150] Ils vont se distinguer contre un très grand développement de la phénoménologie dont Heidegger, Gadamer et Paul Ricœur en seront les promoteurs. Dans ce fameux débat, il est question d'approfondir le problème de la destination de l'herméneutique soit sur son aspect eidétique ou dans son aspect purement relationnel.[151]

Mais ce sera surtout Adolf Reinach qui se distinguera parmi les seconds critiques du changement opéré par Husserl. Il l'exprimera ainsi :

> « L'évidence est toute donation (*Gegebenheit*) d'un état des choses dans un acte de connaissance ». La connaissance est « le recevoir et l'appropriation de quelque chose qui se présente. Dans son cours *Sur la phénoménologie* de 1914, Reinach précise la tache phénoménologique comme l'analyse des essences ».[152]

Il est important de souligner que ce débat ne sort pas du cadre eidétique mais, à la suite de Savigny, reste centré sur ce qu'il qualifiera de *Volksgeist* : esprit du peuple.[153] Car, l'analyse des essences part d'une

---

[149] Cf. P. MAYHOFER, in *Adolf Reinach : philosophie du langage, droit, ontologie, op. cit.*, p. 5.
[150] Cf. G. MURA, *Introduzione all'ermeneutica veritativa, op. cit.*, p. 173.
[151] *Idem*, pp. 173-174 : « Si tratta infatti di approfondire la questione se la destinazione dell'ermeneutica sia una comprensione di tipo sostanzialmente eidetico, come nella fenomenologia, o se invece l'interpretare sia un processo relazionale sempre aperto, mai concluso, a motivo dell'inobiettivabilità del suo oggetto – l'esistenza storica, secondo l'assunto du Dilthey, l'esistenza effettiva secondo Heidegger -; ma soprattutto se tra le due esista una possibilità di incontro ».
[152] A. REINACH, dans *Uber Phänomenologie,* in *Sämtliche Werke,* München, Philosophia Verlag, 1989, p. 542.
[153] ---, *Les fondements a priori du Droit civil, op. cit.*, pp. 15-16, introduction de Ronan de Calan : « A titre de premier élément d'une conception générale du positivisme, Reinach relève l'historicisme et le relativisme foncier qui font dépendre l'évolution du système normatif des rapports temporels, de nature prioritairement économique, sur lesquels il légifère : « ce qui fixe la mesure même de l'évolution du droit, ce sont les représentations morales de l'époque et, en proportion plus importante, les rapports et les besoins économiques perpétuellement changeants ». Il recueille ainsi le substrat théorique de trois principaux courants. La notion d'époque est d'abord liée à un vecteur et principe de continuité historique dégagé par Savigny : le *Volksgeist*, l'esprit du peuple, dont le juriste-historien fait la matière même de son droit. Or, cet enracinement historique privilégie ici deux formes savantes : les représentations morales, dont la *Geltungtheorie* réélabore les principes, et les rapports économiques qui forment le socle de la jurisprudence de l'intérêt ».

tradition juridique d'un peuple. Elle n'est pas un pur idéalisme, c'est une donation. La phénoménologie part de l'état des choses et pour mieux les connaître, passe par l'analyse des essences. C'est pourquoi les actes juridiques deviennent pour Reinach des êtres créés qui peuvent subir des changements :

> Le droit positif se trouve en perpétuel mouvement et en perpétuelle évolution. Des institutions juridiques naissent, disparaissent et se transforment. On a peine à trouver une définition d'un droit positif qui ne fasse pas défaut à un quelconque autre droit, et il est tout simplement impossible d'en trouver une dont on ne pourrait supposer qu'elle put manquer à un autre. Ce qui fixe la mesure même de l'évolution du droit positif, ce sont les représentations morales de l'époque et, en proportion plus importante, les rapports et les besoins économiques perpétuellement changeants.[154]

Sur un plan anthropologique, l'analyse du langage juridique de Reinach voudrait objectivement que le droit puisse répondre aux besoins économiques, politiques, sociaux, culturels et de tous les secteurs de l'activité d'un peuple. En même temps qu'elle est un idéal à atteindre, la phénoménologie analyse et répond aux besoins réels d'une époque donnée.

Pour comprendre avec Husserl lui-même la nouveauté du travail de Reinach, voici une certaine reconnaissance qui caractérise ce que nous pouvons qualifier d'honnêteté intellectuelle de la part du Maître :

> [Ce travail] constitue une tentative absolument inédite parmi les esquisses de philosophie du droit présentes et passées, de réaliser, sur la base d'une phénoménologie pure, l'idée longtemps critiquée d'une théorie *a priori* du droit.[155]

Husserl parle de la *phénoménologie pure*, et nous pouvons aussi parler d'une *phénoménologie pratique*. Si Kant fit une *critique de la raison pure*, il fit aussi une *critique de la raison pratique*. La vie brève de Reinach ne lui aura pas permis de faire un travail basé sur la *phénoménologie pratique* par rapport à la philosophie du droit. L'idée d'une théorie *a priori* du droit fut longtemps critiquée selon l'analyse d'Edmund Husserl et Reinach a eu à faire cette tentative sans précédent.

Ce travail est sans aucun doute fruit de sa formation auprès de son Maître à München et à Göttingen. Une école qui aura aussi influencé non seulement les phénoménologues en général, mais aussi la méthode philosophique.

---

[154] A. REINACH, *Les fondements a priori du Droit civil*, *op. cit.*, p. 39.

[155] *Idem*, p. 9. Cette citation est reprise ici pour souligner le caractère sans précédent du travail de Reinach.

III.4. L'influence de Göttingen sur la méthode philosophique

L'originalité de Göttingen se trouve renforcée à plusieurs niveaux ; nous ne parlerons que de cinq de ceux-ci :

1. Lecture approfondie des œuvres de l'enseignant par ses étudiants ;
2. Tout étudiant de la phénoménologie doit avoir lu les productions d'Husserl dans la matière et la révision des *Recherches Logiques* est faite en équipe ;
3. L'assistance du Maître par l'élève qu'il estime être le meilleur : Reinach est chargé par Husserl de suivre particulièrement les étudiants d'un niveau avancé ;
4. Création d'un annuaire philosophique pouvant aider à publier les œuvres philosophiques : *Jahrbuch für Philosophie und phänomenologische Forschung*. C'est dans cet *Annuaire* que Reinach publiera plusieurs de ses œuvres ;
5. Création d'une association estudiantine en vue de promouvoir les idées phénoménologiques dans le milieu universitaire.[156] Reinach prend part au cercle de Philosophie nommé : « Philosophische Gesellschaft » avec Hildebrand, Max Scheler et Alexandre Koyré. En 1911, Reinach devenait membre de la fameuse association philosophique de Kant : « Kant-Gesellschaft »[157] ;
6. Échanges d'idées entre les philosophes et les Facultés à travers les Colloques et les voyages d'études.[158]

Sur le plan pratique, cette méthode de travail favorisera une plus grande ouverture sur la recherche philosophique en général.

Sur le plan du contenu de la méthode philosophique, parlant de la réalité de la vie : *Das Leben,* et des *Erlebnisse* personnels, Husserl utilise l'expression *Anschauung* phénoménologique, dans une vision eidétique dans un contexte du *Zurück :* retour aux choses mêmes, et donc de l'*Erfüllung :* idée.[159] Cette vision eidétique vise à retourner à ce qui est originaire, ou à l'origine du phénomène. C'est l'*Erleben* qui constitue dans sa conformité au monde le *Welthaftigkeit*. C'est une ouverture ou un retour à la vérité elle-même. C'est une phénoménologie pure-eidétique : *Wesensforschung* du « Cercle de Göttingen ». Pour citer Reinach dans une image historique à la suite des méthodes socratiques et platoniciennes :

---

[156] Cf. K. SCHUMANN and B. SCHMITH, « *Adolf Reinach : An Intellectual Biography* », in *Speech Act and Sachverhalt. Reinach and the Foundations of Realist Phenomenology, op. cit.*, p. 16.

[157] *Idem*, p. 17. Cette association reste une grande référence philosophique de nos jours en Allemagne.

[158] *Idem*, p. 16.

[159] Cf. G. MURA, *Introduzione all'ermeneutica veritativa, op. cit.*, p. 181.

Il s'agit dans un certain sens du pas de Socrate à Platon, qui est en question ici. L'analyse des significations était l'affaire de Socrate quand il s'est promené dans les rues d'Athènes en se demandant : tu parles de telle et de telle chose, qu'est-ce que tu vises avec ça ? Ici, il faut clarifier les incertitudes et les contraintes du signifié – une procédure qui d'ailleurs n'a vraiment rien à voir avec la définition et l'induction. Platon par contre ne part pas des mots et des signifiés, son but est l'intuition directe des idées, attraper immédiatement des essences comme telles.[160]

Cette méthode, parfois critiquée et parfois admise, aura aidé plusieurs philosophes à découvrir le phénomène et à remonter au fameux *époché* dans la recherche, comme le dira plus tard Heidegger. Remonter à l'intuition première et originaire dans toute œuvre interprétative. C'est ce que nous allons essayer de comprendre.

III.5. La recherche de l'intuition (die intuition) première (erste) et originaire époché

Fondateur de la phénoménologie[161] ou « théorie transcendantale de l'herméneutique », Husserl cherche à retrouver « l'intuition originaire » ou « l'intuition eidétique des essences » dans son activité ou méthode philosophique et dans sa démarche.

Pour trouver les essences à partir de l'expérience de la conscience, le philosophe doit procéder à une suspension nécessaire de son jugement. Il doit aussi retourner à l'essence même de la chose tout en cherchant de mettre de côté le particulier. Cette voie est une méthode visant à réduire au maximum ce qui apparaît et à procéder par cette « époché ».

C'est pourquoi, deux notions fondamentales à l'herméneutique connaîtront un changement profond avec la phénoménologie : « la vérité » et « le sens linguistique ».

Il s'agit dans la démarche de la recherche herméneutique de savoir : qu'est-ce qui a été à l'origine du langage et de la pensée de l'auteur : « La vérité sera comprise dans son sens de la « révélation » de l'être et non plus dans le sens du discours de la doctrine traditionnelle du *logos apophantikos ou adaequatio.*[162]

---

[160] Cf. P. MAYHOFER, in *Adolf Reinach : philosophie du langage, droit, ontologie, op. cit.*, p. 11.

[161] Cf. H. HUSSERL, *La crise des sciences européennes et la phénoménologie transcendantale*, (1938) traduction française par G. Granel, Paris éd., Gallimard, 1976, p. 563. Face à la crise de la métaphysique et des sciences européennes en général, Husserl propose une herméneutique basée sur la recherche de l'intuition première de l'auteur, de son intention première.

[162] Cf. G. MURA, *Pensare la parola, per una filosofia dell'incontro*, Roma, éd., Urbaniana University Press, 2001, p. 47. Selon Husserl, le travail de l'herméneute est de rompre avec l'herméneutique traditionnelle basée sur l'adéquation entre le sujet et l'objet pour parvenir à la vérité, et arriver à intégrer les éléments du « cercle herméneutique » pour

Le « signe linguistique » sera compris comme étant lié à la réalité signifiée et conçue comme dans le langage symbolique du texte poétique. L'être se manifeste par son langage. Il se dévoile en mettant au clair ce qu'il est : (*a-létheia*) selon l'expression de Heidegger. Ce qui veut dire en langage pauvre le « dévoilement » et non l'*adaequatio*. L'être ne se cache pas derrière le langage, mais le langage est sa manifestation extérieure. Le sens linguistique contient déjà en lui-même la « *res designata* ». C'est-à-dire : une chose fondée sur le fait qu'en elle est présente la tradition linguistique, l'histoire, la culture, l'expérience existentielle, la spiritualité et la charge émotionnelle de l'être qui se transmettent à travers le langage.[163] C'est pourquoi, la parole ne dit pas seulement, mais elle transmet aussi une culture et interpelle en suscitant des émotions. Selon Husserl, l'humanité est toujours présente à la conscience comme une communauté linguistique immédiate. C'est seulement à travers la langue que l'horizon humain peut être illimité. Chacun peut parler de ce qu'objectivement il ressent à partir de son humanité. Raison pour laquelle, Husserl synthétisera les concepts fondamentaux de la phénoménologie :

1. *Lebenswelt* est le monde de la vie comme fondement des signifiants non seulement des intuitions eidétiques, mais aussi du langage ;
2. La dimension vitale qui est existentielle et pré catégorielle des concepts et des mots ;
3. La communauté humaine comme essentiellement linguistique, parce que fondée sur l'interaction des consciences entre elles et sur la conscience elle-même ;
4. L'horizon du « monde » compris dans son accession phénoménologique et existentielle en opposition à la précompréhension de nos idées et de nos mots ;
5. La langue comme un système du langage et non des purs signes.[164]

C'est ce monde phénoménologique qui constitue l'horizon de la signification des choses dans leur compréhension et dans leur interprétation.[165] L'herméneutique devra la notion « d'horizon » à Husserl.

L'interprétation consistera à retourner aux choses en elles-mêmes, dans leur intention profonde. Car le discours ne pourrait être compris que dans la mesure où, connaissant l'intention de son auteur, l'herméneute maîtrise le problème auquel celui-ci voudrait trouver une solution. Selon Husserl, « le « retour » aux choses obéit déjà à la logique

---

laisser la voie à l'objet de se révéler par son langage. Tout compte fait, c'est le sujet qui se met à la recherche de la vérité en découvrant les intentions de l'auteur.

[163] *Idem,* p. 52.

[164] Cf. G. MURA, *Pensare la parola, per una filosofia dell'incontro, op. cit.*, p. 53.

[165] Cf. H. HUSSERL, *La crisi delle scienze europee e la fenomenologia trascendentale*, tr. a cura di E. Filippi, Milano 1965, in G. MURA, *Pensare la parola, per una filosofia dell'incontro, op. cit.*, pp. 52-53.

de la question réponse. Il ne tombe pas du ciel. On ne l'a pas toujours bien vu, mais le *Zurück zu den Sachen selbst*, le « re-tour aux choses tourne le dos (littéralement : Le *Rücken*) à quelque chose ».[166]

III.5.1. L'acte mental : *Noesis* : νοησις

Lorsque Husserl parle de *l'acte mental*, à notre avis, il s'agit là de la « représentation en tant que *matière d'acte* ».[167] En d'autres termes, c'est une *représentation représentative :* en même tant qu'elle vise quelque chose, elle assume une fonction psychologique déterminante. Car c'est sur elle que l'acte est fondé, en tant qu'elle est son contenu complet dans la connaissance. Husserl précise sa pensée en affirmant que : « D'une façon générale, qu'il soit *image-signe* ou *signe symbolique*, le *signe* s'appelle « représentation » du désigné ».[168]

C'est la *res designata* qui devient donc l'objet visé par la démarche phénoménologique. C'est pourquoi, nous pouvons encore nous permettre logiquement de préciser ce que Husserl entend ici par phénomène.

III.5.2. Le phénomène (Erscheinung) : *Noema* : νοημα

Il est pour lui ce qui apparaît dans la direction conceptuelle du « vécu » :

> Nous commencerons par le rapprochement suivant : quand la psychologie moderne définit, on peut définir, sa science comme étant la science des individus psychiques en tant qu'unités de conscience concrètes, ou comme la science des vécus de conscience d'individus qui les éprouvent, ou comme la science de leurs contenus de conscience, la juxtaposition de ces termes détermine dans ce contexte un certain concept de conscience, et conjointement certains concepts de vécu et de contenu. Par ces dernières dénominations de « *vécu* » et de « *contenu* », le psychologue moderne vise ce qui arrive réellement (Wundt dit avec raison : les événements) qui, changeant à chaque moment, constitue par ses multiples enchaînements et interprétations l'unité de conscience réelle de l'individu psychique. En ce sens, les perceptions, les fictions et les représentations imaginaires, les actes de la pensée conceptuelle, les suppositions et les doutes, les joies et les

---

[166] J. GRONDIN, *La contribution silencieuse de Husserl à l'herméneutique*, article in *Philosophiques (22)*, 1993 Université de Montréal.

[167] E. HUSSERL, *Recherches Logiques 2 Recherches pour la phénoménologie et la théorie de la connaissance, première partie, Recherches I et II, op. cit.*, pp. 315-316 : « Représentation en tant que matière d'acte ; ou, comme nous pouvons le dire aussi d'une manière plus complète et plus directe : représentation en tant que représentation représentative (Représentation) sur laquelle l'acte est fondé, c'est-à-dire en tant qu'elle est le contenu complet de l'acte, à l'exclusion de la qualité ; car ce concept, lui aussi, jouait un rôle dans nos développements bien que, étant donné notre intérêt spécial pour le rapport entre qualité et matière, il est important d'insister plus particulièrement sur cette dernière ».

[168] *Idem*, p. 319.

souffrances, les espérances et les craintes, les désirs et les volitions, etc., dès qu'ils se manifestent dans notre conscience, sont des *vécus* ou des *contenus de conscience*. Et avec ces vécus dans leur totalité et leur plénitude concrète, sont *vécus* à la fois les parties et les moments abstraits qui les composent, ils sont contenus de consciences réelles (*reelle*).[169]

A partir des découvertes de la psychologie moderne, Husserl donne un sens concret à la conscience en tant qu'unité phénoménologique réelle des vécus du moi. En effet, c'est cette découverte qui sera comme auxiliaire dans la compréhension phénoménologique de la conscience ; une conscience de, une conscience orientée à, qui vise quelque chose comme nous l'avons si bien analysé. Le concept de *vécu* pris dans le sens purement phénoménologique traduit son caractère empirique de relation existentielle et devient ici une phénoménologie pure, pouvant ouvrir la voie à la recherche de la vérité.

III.6. La recherche de la vérité (die Wahrheit) : *Aletheia* ou Révélation de l'être

Husserl tient à souligner le danger d'une tentation de la lecture superficielle de la phénoménologie dans la recherche de la vérité :

> Quiconque veut comprendre le sens de mes analyses dans cette recherche, comme d'ailleurs dans mes *Ideen*, ne doit sans doute pas craindre de fournir des efforts considérables – et en particulier l'effort de « mettre entre parenthèses » ses propres concepts et ses propres convictions sur les mêmes thèmes, ou ceux qu'il croit être les mêmes [...] Celui qui ne les redoute pas ne manquera pas d'occasions de corriger mes thèses, et, si cela lui fait plaisir, de critiquer leur imperfection. Il ne doit tenter rien de pareil en se fondant seulement sur une lecture superficielle ou en se plaçant à un point de vue extérieur à la phénoménologie, s'il ne veut pas être désavoué par tous ceux qui la comprennent réellement.[170]

Trois éléments sont à prendre en considération ici :

1. Fournir des efforts considérables en vue de la lecture des *Recherches Logiques* et des *Ideen ;*
2. Mettre entre parenthèses ses propres opinions ;
3. Éviter de se doter des lunettes extérieures à la phénoménologie pour ne pas se voir désavouer par ceux qui la comprennent.

Cette méthode d'Husserl sera un des piliers de l'herméneutique de la compréhension de Emilio Betti : dans la totalité du comprendre du fameux « Cercle herméneutique » de Schleiermacher[171], l'herméneute

---

[169] *Idem*, pp. 146-150.

[170] E. HUSSERL, *Recherches Logiques 3 Eléments d'une élucidation phénoménologique de la connaissance, Recherche VI, op. cit.*, p. V – VI.

[171] Cf. F. D. E. SCHLEIERMACHER, *L'Hermeneutik* (1768-1834) in G. MURA, *Introduzione all'ermeneutica veritativa, op. cit.*, pp. 147-148. *L'herméneutique* n'est pas une œuvre isolée,

doit chercher non seulement à bien comprendre l'auteur, mais aussi à éviter toute tentation d'émettre ses propres opinions. Car, à la suite de Jean Baptiste Vico, Betti cherchera à préserver toute déformation possible de l'œuvre par l'interprète sur son parcours historique. Celle-ci doit être préservée de tout vice, toute fausse interprétation et de tout préjudice des visions des idéologies arbitraires.[172] Le rôle de celui-ci est de limiter au maximum une vision préconçue de l'auteur et d'éviter tout préjugé.

C'est pourquoi, sans chercher à entrer dans la polémique avec Heidegger sur l'*aletheia* ou révélation de l'être, sa *manifestation* pour Husserl, l'évidence dans son rapport avec la vérité serait le vécu de cette vérité elle-même :

> De même que l'empirisme en général méconnaît le rapport existant dans la pensée entre idéal et réel, de même il méconnaît le rapport entre vérité et évidence. L'évidence n'est pas un sentiment accessoire, qui s'ajoute accidentellement ou selon une loi de la nature à certains jugements. Ce n'est absolument pas un caractère psychique qui se laisserait simplement appliquer à n'importe quel jugement d'une certaine classe (c'est-à-dire aux jugements appelés « vrais ») ; de telle manière que le contenu phénoménologique du jugement en question, considéré en lui-même, resterait identiquement le même, qu'il soit revêtu de ce caractère ou non. Il ne s'agit en rien de quelque chose d'analogue à ce que nous avons coutume de nous représenter avec la connexion des contenus sensoriels et des sentiments qui s'y rapportent : deux personnes ont les mêmes sensations, mais qui provoquent en elles des sentiments différents. L'évidence n'est au contraire rien d'autre que le « vécu » de la vérité.[173]

La recherche de la vérité s'effectue dans ce vécu et ne saurait être réduite à des instants uniquement d'ordre psychologique. Celle-ci fait partie de la totalité de la connaissance. L'exemple d'Husserl sur deux personnes qui ont les mêmes sensations, mais ayant dans le même temps des sentiments différents démontre cette logique démonstrative du vécu de cette vérité. Si Heidegger propose la rupture avec le *logos apophantikos* dans le détachement d'une tradition philosophique, il

---

c'est un ensemble de textes ou de discours sur l'interprétation. Par exemple : *Discours sur la religion* (1799).

[172] Cf. E. BETTI, *Die Hermeneutik als allgemeine Methodik der Geisteswissenschaften*, Tübingen 1962 : *L'ermeneutica come metodica generale delle scienze dello spirito*, tr. a cura di O. Nobile, Ventura, G. Crifo, e Mura, *Introduzione e bibliografia* di G. Mura, Roma 1990 : pp. 13-14 :

« Il compito principale dell'interprete dev'essere ugualmente quello di limitare al massimo, mediate una rigorosa metodologia ermeneutica, tutte le deformazioni che provocherebbe la propria soggettività non educata, a motivo di pregiudizi, visioni preconcette, prese di posizione ideologiche e arbitrarie, che vizierebbero irrimediabilmente la correttezza dell'interpretazione ».

[173] E. HUSSERL, *Recherches Logiques 3 Eléments d'une élucidation phénoménologique de la connaissance, Recherche VI, op. cit.*, p. V – VI.

conviendrait pour le phénoménologue de bien distinguer le transcendantal de l'idéal ou de l'existentiel.

III.7. La rupture avec l'*Adaequatio* du *logos apophantikos*

L'analyse phénoménologique a comme objectif de proposer une compréhension descriptive des vécus psychiques et du sens qui les habite, pour en donner une signification rigoureuse. C'est pourquoi, les questions fondamentales de la théorie de la connaissance intègrent l'idée de la logique pure, étant donné que toute activité de la pensée ou de la connaissance est orientée vers les objets ou sur des états des choses, pour atteindre leur « être-en-soi » qui doit à son tour se manifester comme étant une unité identifiable.[174] L'autre fait que toute activité de la pensée est aussi une *forme de pensée* qui est soumise à des lois idéales suscite toujours des questions liées à l'objectivité ou à « l'idéalité de la connaissance en général ». Ce sont des faits qui suscitent toujours ce type de question d'après cette citation de bas de page d'Edmund Husserl :

---

[174] ---, *Recherches Logiques 2 Recherches pour la phénoménologie et la théorie de la connaissance, première partie, Recherches I et II, op. cit.*, pp. 8-9 : « Les motifs de l'analyse phénoménologique que nous venons de discuter sont essentiellement liés, comme on le voit facilement, avec ceux qui découlent des questions fondamentales les plus générales de la théorie de la connaissance. En effet, si nous concevons ces questions dans leur plus large généralité – c'est-à-dire manifestement dans leur généralité "formelle" qui fait abstraction de toute "matière de connaissance"-, elles s'intègrent alors dans le cadre des questions relevant d'une élucidation complète de l'idée de la logique pure. Car, le fait que toute activité de pensée et de connaissance porte sur de objets, ou encore sur des états de choses, et est censée les atteindre de telle manière que leur "être en soi" doit se manifester comme une unité identifiable dans des multiplicités d'actes de pensée, ou de significations, réels ou possibles ; le fait également qu'à toute activité de pensée est immanente une forme de pensée soumise à des lois idéales, c'est-à-dire à des lois qui circonscrivent l'objectivité ou l'idéalité de la connaissance en général, ces faits, dis-je, suscitent toujours à nouveau les questions suivantes : comment faut-il comprendre que "l'en soi" de l'objectivité parvienne à la "représentation" et même à l'"appréhension" dans la connaissance, donc finisse pourtant par redevenir subjectif ; que signifie pour l'objet d'être "en soi" et "donné" dans la connaissance ; comment l'idéalité du général peut-elle entrer comme concept ou comme loi dans le flux des vécus psychiques réels, et devenir, en tant que connaissance, la propriété de celui qui pense ; que signifie dans les différents cas l'*adaequatio rei ac intellectus* de la connaissance, selon que l'appréhension de la connaissance concerne quelque chose d'individuel ou concerne quelque chose de général, un fait ou une loi ? etc. Or, il est clair que ces questions et les analogues sont absolument inséparables de celles auxquelles il a été fait allusion ci-dessus, concernant l'explication du pur logique (*Reinlogischen*). La tache de l'élucidation d'idées logiques telles que concept et objet, vérité et proposition, fait et loi, etc., conduit inévitablement à ces mêmes questions : celles que nous sommes déjà par ailleurs obligés d'aborder, si nous ne voulons pas que l'essence de cette élucidation, qui est le but des analyses phénoménologiques, demeure obscure ».

Comment comprendre que « l'en soi » de l'objectivité arrive à « la représentation » ainsi qu'à « l'appréhension » dans la connaissance et finisse par « redevenir subjectif » ?

Quelle est la signification pour l'objet d'être « en soi » et « donné » dans le champ de la connaissance ?

Signification et sens de l'*adaequatio rei ac intellectus* de la connaissance ; si l'appréhension est une chose individuelle ou une chose générale ? Si elle est un fait ou une loi ? Ainsi qu'une série d'autres interrogations.

Lorsque saint Thomas d'Aquin définit la vérité comme *adaequatio rei et intellectus*[175], cela ne signifie pas autre chose que dans l'intellect de l'homme, il y a une capacité d'ouverture presqu'infime sur la vérité de l'être, sur son existence, son histoire, sa spiritualité qui peuvent trouver leur terme final seulement sur la rencontre avec la pleine vérité en Dieu. L'herméneutique prend donc le caractère et le chemin de la pensée post-herméneutique, dans la direction d'une certaine récupération de l'ontologie et de la métaphysique. Le problème qui se poserait ici serait celui de la recherche du sens linguistique.

III.8. La recherche du sens linguistique

A partir de Schleiermacher, la centralité du langage en herméneutique est reconnue et reprise par les travaux de Dilthey sous forme de méditation sur la conscience historique. Celle-ci a été soutenue par Heidegger, Gadamer et Paul Ricœur. C'est lui qui a soutenu le nœud des rapports intersubjectifs, inter communicatifs, pragmatiques et historiques. C'est dans le langage que la réalité historique devient en quelque sorte l'objet de l'interprétation. Une herméneutique ne saurait exister sans langage et sans le mode des signifiants qui lui sont offerts à l'interprétation. Heidegger et Gadamer affirment que le langage est la « maison de l'être » (Heidegger) et que l'être qui peut être compris est le « langage » (Gadamer).[176] Dans la recherche du sens linguistique,

---

[175] Cf. G. MURA, *Introduzione all'ermeneutica veritativa, op. cit.*, p. 245.

[176] *Idem,* pp. 251-252 : « A sua volta la centralità del « linguaggio », sottolinea dall'ermeneutica fin da Schleiermacher, ripresa da Dilthey nella forma della meditazione della coscienza storica, e fortemente sostenuta da Heidegger, Gadamer, Ricœur, ha significato la possibilità di trovare, in quel nesso di rapporti interrogativi, intercommunicativi, pragmatici e storici, rappresentati dal linguaggio ; il luogo in cui la realtà storica diviene in qualche modo l'« oggetto » dell'interpretazione. Non c'è ermeneutica senza linguaggio e non c'è linguaggio senza il mondo dei significati che in esso si offrono all'interpretazione. Le note affermazioni di Heidegger e di Gadamer, secondo cui « il Linguaggio è la casa dell'essere » (Heidegger) e « l'Essere che può essere compreso è linguaggio (Gadamer) ».

Husserl utilise deux termes : *expression* et *signes*[177] qui sont traités comme synonymes. Selon lui : « Tout signe est signe de quelque chose, mais tout signe n'a pas une « signification », un « sens » qui soit « exprimé » avec le signe.[178]

Si tout signe représente quelque chose, il serait facile de conclure que tout signe a une signification. La démarche phénoménologique va à travers le signe pour comprendre son sens. Ce signe fait partie d'une langue, d'un langage conventionnel et d'une tradition culturelle. C'est pourquoi, dans plusieurs cas : « On ne peut pas dire que le signe « désigne » ce dont il est appelé signe ».[179] C'est la *res designata*. Quel est donc le contenu de cette *res designata ?*

III.9. Le contenu du sens : *res designata*

Ici, deux concepts sont attachés au signe.

1. *L'indication : Anzeige.* Ex. le drapeau est le signe de la nation ;
2. *Les marques distinctives : Merkmale*[180]; propriétés destinées à faire reconnaître les objets auxquels elles adhèrent.[181]

Mais, Husserl y pose quand même une objection :

> C'est seulement lorsqu'il s'agit des signes formés arbitrairement dans l'intention d'indiquer que l'on parle aussi de *désignation*, et cela d'une part en considération de l'action qui crée les marques (la brûlure du stigmate, l'opération de tracer à la craie etc.), et d'autres part au sens de l'indication elle-même, c'est-à-dire en considération de l'objet à indiquer, ou encore de l'objet désigné (*bezeichnete*).[182]

Husserl précise néanmoins que ces distinctions ne suppriment pas l'unité essentielle recherchée dans l'indice. Car l'indice donne une indication à quelque chose :

> Si nous voulons ainsi appréhender ce qui est commun dans tous ces phénomènes, nous devons revenir à ces cas où cette fonction s'exerce concrètement. Ce trait commun, nous le trouvons alors en eux dans le fait que des *objets* ou des *états de choses* quelconques de la réalité *(bestand)* desquels quelqu'un a une connaissance *actuelle,* lui indiquent la *réalité de certains autres objets ou états de choses,* en ce sens que la *conviction de l'existence des uns est vécue par lui comme motif* (j'entends un motif *non évident*) *entraînant la conviction ou la présomption de l'existence des autres.* La motivation établit entre les actes du jugement dans lesquels se constituent pour l'être

[177] Cf. E. HUSSERL, *Recherches Logiques 2 Recherches pour la phénoménologie et la théorie de la connaissance, première partie, Recherches I et II, op. cit.,* p. 27.
[178] *Ibidem*
[179] *Ibidem*
[180] *Idem,* p. 28.
[181] *Idem,* p. 29.
[182] *Idem,* 28-29.

> pensant les états de choses ayant la propriété d'indiquer, et ceux qui sont indiqués, une *unité descriptive* qui ne doit pas être conçue comme une « qualité structurale » (*Gestalt Qualität*), fondée dans les actes de jugement ; c'est en elle que réside l'essence de l'indication.[183]

Appréhender le commun des phénomènes est revenir aux objets ou aux états de choses ; cette démarche influencera beaucoup Adolf Reinach dans ses recherches. Car la motivation d'une telle opération trouve son essence dans l'indication (la visée). C'est pourquoi, il y aura toujours de la part de l'herméneutique, la présence d'un contenu historique ou tradition linguistique dans l'expérience existentielle, de la culture ou *background*, de la spiritualité et de la charge émotionnelle dans la transmission de la *res designata*.

III.10. Le rôle de transmission de la *res designata*

Husserl commence par souligner le rôle très important du langage selon la lecture de Mill :

> Le langage, lisons-nous chez Mill, est manifestement un des principaux auxiliaires et instruments de la pensée, et toute imperfection de l'instrument et de la manière dont on en use doit nécessairement, comme chacun le voit avec évidence, entraver et embrouiller l'exercice de cette technique, plus encore qu'elle ne le ferait pour toute autre, et détruire toute confiance dans la valeur de ses résultats [...] Aborder l'étude des méthodes scientifiques avant de s'être familiarisé avec la signification et l'usage correct de différentes espèces de mots, c'est la démarche aussi incorrecte que si l'on voulait faire des observations astronomiques avant d'avoir appris à bien se servir de télescope.[184]

En tant qu'auxiliaire et instrument de la pensée, le langage mérite d'être usé avec beaucoup de tact, dans sa forme écrite, orale et sentimentale. Il est nécessaire de comprendre la signification des mots et leur juste et bon usage avant d'aborder toute étude scientifique rigoureuse.

Emilio Betti souligne à ce propos, la nécessaire compréhension du moment philologique chez l'interprète.[185] L'interprète cherche à reconstruire le sens d'un discours sur la base d'un texte écrit, ce sens doit être compris et interprété à partir de son expression grammaticale et

---

[183] *Ibidem*

[184] E. HUSSERL, *Recherches Logiques 2 Recherches pour la phénoménologie et la théorie de la connaissance, première partie, Recherches I et II, op. cit.*, pp. 1-2.

[185] Cf. E. BETTI, *Teoria generale della interpretazione*, Tome 1, Milan, édition corrigée et amplifiée, G. Crifo, Giuffré, 1990, p. 350 : « Fra pensare e parlare v'è, nel processo del discorso, un nesso genetico : agli incitamenti che gli pervengono dal di fuori e che sono raccolti dalla sua sensibilità e intelligenza, l'uomo reagisce e dà una risposta riconciliabile con la parola che, da pensiero e parola interiore, diviene discorso e colloquio ».

linguistique. Dans le sens strict, cela veut dire : savoir et comprendre *Intus legere.* Savoir comme science et comprendre comme capacité. Accéder aux mots propres d'un vocabulaire et d'une grammaire qui font partie de la culture de l'auteur, car sa pensée est extériorisée par les mots ou par des écrits. Parce que, entre parler et penser, il y a un processus du discours. L'interprète doit distinguer entre l'essentiel ou le principal, l'accidentel ou l'accessoire, le *prius* logique du *posterior :* c'est pourquoi dans ce processus, la démarche phénoménologique d'Husserl distingue clairement la nécessaire *appréhension de l'intuition* et son *analyse* cohérente.[186] Une analyse rigoureuse faisant abstraction des évidences sensibles.

III.11. L'abstraction des évidences sensibles

La phénoménologie pure est dans sa méthode rigoureuse neutre :

> La phénoménologie *pure* représente un domaine de recherches neutres, dans lequel les différentes sciences ont leurs racines. D'une part, elle est utile à la psychologie en tant que science empirique. Par sa méthode pure et intuitive, elle analyse et décrit dans la généralité de leur essence - spécialement en tant que phénoménologie du penser et du connaître - les vécus de représentation, de jugement, de connaissance, que la psychologie soumet à son investigation de science empirique en les concevant empiriquement comme classes d'événements réels en relation avec la réalité naturelle animale.[187]

Husserl souligne le caractère neutre de la phénoménologie pure ;

1. Son utilité à la psychologie comme science empirique ;
2. Sa méthode pure et intuitive procède par l'analyse et par la description des essences ;
3. Elle doit penser et connaître les vécus de représentation, de jugement et de connaissance.

La "théorie de l'abstraction" empiriste pâtit, comme la plupart des thèses de la théorie moderne de la connaissance, de la confusion existant entre deux intérêts scientifiques essentiellement différents, dont l'un concerne *l'explication* (*Erklärung*) psychologique des *vécus*, et l'autre

---

[186] Cf. E. HUSSERL, *Recherches Logiques 2 Recherches pour la phénoménologie et la théorie de la connaissance, première partie, Recherches I et II, op. cit.*, pp. 2-3 : « Il ne s'agit cependant pas ici d'explications grammaticales au sens empirique, se rapportant à quelque langue donnée historiquement, mais d'un examen du genre le plus général, qui a place dans la sphère plus vaste d'une théorie objective de la connaissance, et, s'y rattachant intimement, d'une phénoménologie pure des vécus de la pensée et de la connaissance. Celle-ci, comme la phénoménologie pure des vécus en général qui englobe, a exclusivement affaire, dans une généralité d'essence pure, aux vécus qu'on peut appréhender dans l'intuition et analyser, mais non aux vécus aperçus empiriquement comme des faits réels, en tant que vécus d'hommes ou d'animaux les vivants dans le monde des phénomènes, posé comme fait d'expérience ».

[187] *Ibidem.*

l'élucidation (*Aufklärung*) « logique » de leur *contenu* de pensée ou *sens*, et la critique de leur fonction de connaissance possible.[188]

D'après Husserl, la confusion entre l'explication et l'élucidation des vécus d'une part et de leur contenu d'autre part amène les théories modernes de l'abstraction à manquer effectivement leur but. C'est l'une des raisons pour lesquelles un retour aux choses mêmes est nécessaire.

III.12. Le *Zurück zu den Sachen selbst* : le retour aux choses mêmes

La phénoménologie « Transcendantale » est un retour à la « prima philosophia » face aux préjugés « criticistes », épistémologiques, psychologiques, historiques etc., imposés par l'histoire.[189] Husserl veut retourner aux choses-mêmes :

> Nous voulons retourner aux « choses elles-mêmes ». Par le moyen d'intuitions complètes, nous voulons nous rendre évident que ce qui est donné ici dans une abstraction actuelle est vraiment et réellement ce que veulent dire les significations des mots dans l'expression de la loi ; et, dans la pratique de la connaissance, nous voulons éveiller en nous la disposition à maintenir dans leur identité immuable les significations en les confortant un nombre suffisant de fois avec l'intuition susceptible d'être reproduite (ou avec l'effectuation intuitive de l'abstraction) [...] La phénoménologie des vécus logiques a pour but de nous procurer une compréhension descriptive (mais non empirico-psychologique) aussi étendue qu'il est nécessaire de ces vécus psychiques et du sens qui les habite, pour donner à tous les concepts logiques fondamentaux des significations rigoureuses, c'est-à-dire des significations qui, élucidées par un retour aux relations d'essence approfondies analytiquement, entre l'intention et le remplissement de signification de connaissance possible.[190]

Le *Zurück* aura une grande influence sur la théorie du langage juridique d'Adolf Reinach. A l'opposé de la théorie de l'abstraction, Husserl a comme défi principal de retourner aux choses mêmes des vécus de la conscience par le moyen d'intuitions complètes. Car ce qui est exprimé par le moyen de l'abstraction devrait pouvoir être le réel significatif des mots de la loi.

Pour ce qui est de la pratique de la connaissance, éveiller la réelle disposition à maintenir dans leur identité immuable le sens des mots avec la possibilité de reproduction. Le pas ici est fait entre une compréhension descriptive, non empirique mais étendue et exprimant le

---

[188] *Idem*, p. 140.

[189] Cf. P. MAYHOFER, in *Adolf Reinach : philosophie du langage, droit, ontologie*, *op. cit.*, p. 11.

[190] E. HUSSERL, *Recherches Logiques 2 Recherches pour la phénoménologie et la théorie de la connaissance, première partie, Recherches I et II*, *op. cit.*, pp. 6-7.

sens qui leur est propre. L'objectif étant de donner à tous les concepts logiques des significations rigoureuses qui, scrutées par un retour aux rapports d'essences analytiquement procédés, rendent compréhensibles la relation entre l'intention originaire de l'auteur et le remplissement de la signification. Car en réalité, le *Zurück zu den Sachen selbst* cherche de manière analytique à : *etwas den Rücken zukehren*, à tourner le dos à quelque chose.

III.13. Tourner le dos à quelque chose : *etwas den Rücken zukehren*

Pour ce qui est de la philosophie du langage, l'on ne peut comprendre un discours que lorsqu'on connaît l'intention de son auteur. L'interprète doit avoir une maîtrise du problème auquel l'auteur voudrait trouver une solution.[191]

C'est pourquoi d'après Husserl :

> Le « retour aux choses mêmes » de la phénoménologie et des autres sciences obéit en lui-même à la logique de la question-réponse. Ce n'est pas une démarche qui tombe du ciel. Certains phénoménologues ne l'ont pas toujours bien perçu, mais le *Zurück zu den Sachen selbst*, le « re-tour : aux choses tourne le dos (littéralement : Le *Rücken*) à quelque chose ».[192]

Il tourne le dos à l'idéalisme et cède le pas à la réalité vitale. Il ne s'agit plus comme certains le voient de se limiter à la simple philologie, mais le discours ou le mot trouve son sens dans l'analyse des vécus, dans les contenus de la conscience.

III.14. L'analyse des contenus de conscience *Erlebnis*

Husserl dans l'analyse du *vécu : Erlebnis*, souligne le caractère indispensable de l'aspect grammatical des vécus logiques :

> La phénoménologie analytique dont le logicien a besoin pour ses travaux préparatoires et de fondation concerne entre autres et en premier lieu des « représentations » et plus précisément ces représentations qui sont des expressions [...] On sait avec quelle facilité, et sans qu'on s'en aperçoive aucunement, l'analyse des significations se laisse mener d'habitude par *l'analyse grammaticale*. Étant donné la difficulté de l'analyse directe des significations, tout moyen même imparfait, d'anticiper indirectement ses résultats, sera le bienvenu ; mais l'importance de l'analyse grammaticale, plus encore que cette aide positive qu'elle nous procure, vient des illusions

---

[191] Cf. J. GRONDIN, *La contribution silencieuse de Husserl à l'herméneutique*, article in *Philosophiques (22)*, 1993 Université de Montréal.
[192] *Idem.*

qu'elle entraîne quant à elle est substituée à *l'analyse proprement dite des significations.*[193]

Avant toute analyse des contenus des vécus de la conscience, la phénoménologie a besoin des expressions qui ne sont autres que des « représentations ». C'est à partir d'elles qu'elle peut grammaticalement aboutir à une analyse proprement dite des significations. Les mots deviennent en d'autres termes le passage obligé pour aboutir à l'essentiel, c'est-à-dire, à la compréhension des vécus de conscience. Le rapport de la phénoménologie est fait dans ce sens entre le langage des mots et la pensée. Pour atteindre la pensée, la phénoménologie passe par l'analyse grammaticale :

> Nous savons tous que les mots signifient quelque chose et que, généralement parlant, des mots différents donnent aussi expression à des significations différentes. Si nous pouvions considérer cette correspondance comme parfaite et donnée *a priori*, et avant tout comme une correspondance qui fournit aux catégories grammaticales, une phénoménologie des formes de langage impliquerait en même temps une phénoménologie des vécus de signification (des vécus de pensée, de jugement, etc.), l'analyse des significations coïnciderait pour ainsi dire avec l'analyse grammaticale.[194]

La signification des mots dans ce sens donnerait aussi place à des expressions de signification différente. Il n'est pas évident qu'un mot voudrait exprimer *a priori* ce que nous pensons de lui ; d'où la limite de l'analyse purement grammaticale. La phénoménologie des formes du langage nous amène à analyser les vécus de la pensée, du jugement etc., pour arriver à la compréhension des mots dans leur contexte et dans leur moment psychologique. Ce n'est plus le mot comme tel, compris dans sa signification primordiale ou grammaticale, mais c'est son contenu qui est analysé ici. C'est pourquoi la langue devient un système du langage et non des signes.

III.15. Le langage (Die Sprache) comme système et non seulement des signes

C'est la mise en lumière entre l'expression, la signification, l'intention de la signification, le remplissement de la signification et la phénoménologie d'essence qui peut nous faire adopter une position sure au sujet du langage comme système, et conférer dans le même temps la justesse sur le rapport entre « l'analyse grammaticale et l'analyse de signification ».[195]

---

[193] E. HUSSERL, *Recherches Logiques 2 Recherches pour la phénoménologie et la théorie de la connaissance, première partie, Recherches I et II, op. cit.*, pp. 13-14.

[194] *Idem*, p. 14.

[195] *Idem* p. 16.

En d'autres termes, nous pouvons dire que :

1. L'expression est relative au mot ;
2. La signification nous renvoie au sens ;
3. L'intention de la signification n'est autre chose que le vécu ;
4. Le remplissement de la signification est l'effectivité de la compréhension et de l'interprétation de la pensée que véhicule le mot.

Ce qui fait l'intérêt d'Husserl ici sera l'établissement des propositions :

> Le chercheur établit ensuite des propositions. Il va sans dire que, ce faisant, il affirme, il juge. Mais ce n'est pas de ses *jugements* ni de ceux de qui que ce soit qu'il entend parler, mais des *états de choses* corrélatifs et quand, se livrant à un examen critique, il se réfère à ces *propositions*, ce sont des significations idéales de l'énoncé qu'il vise. Ce ne sont pas les jugements, mais les propositions qu'il qualifie de vraies ou fausses ; des propositions sont pour lui des prémisses, et des propositions sont pour lui des conséquences. Les propositions ne se composent pas d'actes psychiques, d'actes de représentation ou de croyance, mais elles se composent, sinon d'autres propositions, du moins, en dernière analyse, de concepts.[196]

Le fait d'affirmer et de juger dans l'établissement des propositions ne veut pas dire que le chercheur en phénoménologie n'est pas totalement neutre ou étrange, mais ses jugements et ceux des autres font partie des états de choses. A partir des propositions, le chercheur se livre à un examen critique sévère, car elles sont des « significations idéales de l'énoncé qu'il vise ». Au niveau de la vérité dans le jugement, ce sont elles, les propositions qui sont qualifiées de vraies ou fausses.

Celles-ci ne sont pas une composition d'actes psychiques, de représentation ou de croyances, mais de concepts ; car elles sont pour lui prémisses dans la logique et conséquences dans le jugement qui découle de ces mêmes propositions.

Les propositions sont dans ce sens des matériaux de raisonnement, car ici apparaît la différence entre les actes du raisonner et leurs contenus :

> Ici également apparaît de nouveau la différence entre les actes du raisonner et leurs contenus en tant qu'unités, les raisonnements, c'est-à-dire les *significations* identiques de certains énoncés complexes. Le rapport de conséquence nécessaire qui constitue la forme du raisonnement n'est pas un enchaînement empirico-psychologique de vécus de jugement, mais une relation idéale entre des significations possibles d'énoncés, entre des propositions. Il « existe », ou « il y a », cela veut dire : cela a une validité (*es gilt*) et la validité (*Geltung*) est quelque chose qui est sans aucune relation essentielle avec celui qui juge empiriquement. Quand le physicien déduit,

[196] E. HUSSERL, *Recherches Logiques 2 Recherches pour la phénoménologie et la théorie de la connaissance, première partie, Recherches I et II, op. cit.*, p. 107.

des lois du levier, de la loi de la pesanteur, etc., le fonctionnement d'une machine, il vit assurément en lui-même toutes sortes d'actes subjectifs. Mais ce *qu*'il pense et relie en une unité, ce sont des concepts et des propositions avec leurs relations objectives. Aux enchantements subjectifs des pensées correspond ici une unité de signification objective (c'est-à-dire se conformant adéquatement à l'objectivité « donnée » dans l'évidence), unité qui est ce qu'elle est, qu'on l'actualise dans l'acte de penser ou non.[197]

Dans les actes du raisonnement et leurs contenus comme entités liées, la relation existante est idéale ; cela est aussi le cas entre les énoncés et les propositions. Ce n'est pas une déduction empirique qui établit nécessairement cette unité, mais des concepts dans leurs relations objectives. De la subjectivité, nous arrivons à une unité de signification purement objective. Celle-ci répond à *l'adaequatio* ou correspondance à une certaine objectivité reçue d'une manière évidente. C'est aussi cette unité qui demeure ce qu'elle est intrinsèquement, qu'elle soit actualisée ou non.

La langue dans ce sens véhicule un système objectif de pensée basée sur les propositions concrètes. La compréhension de ce caractère des propositions nous aidera plus tard à saisir la pensée d'Adolf Reinach.

L'étude de la langue comme système nous aide aussi à comprendre l'opposition à la précompréhension par rapport à nos idées et à nos mots.

III.16. L'opposition à la précompréhension par rapport à nos idées et à nos mots

Dans la nécessaire distinction entre l'expression et la signification comme unités idéales, le point de vue subjectif cède le pas au point de vue objectif :

> Nous passons, par conséquent, de la relation réelle entre les actes à la relation idéale entre leurs objets, ou encore leurs contenus. Le point de vue subjectif fait place au point de vue objectif. L'idéalité du rapport entre expression et signification se manifeste aussi tôt, en ce qui concerne ces deux termes, par ce fait que, quand nous nous demandons quelle est la signification d'une expression quelconque (par exemple celle de rester quadratique), nous ne visons pas, bien entendu, par expression le phénomène phonique extériorisé *hic et nunc*, le son fugitif qui ne se reproduit jamais d'une manière identique.[198]

La notion de précompréhension héritée du « Cercle herméneutique » de Schleiermacher en rapport avec nos mots et nos idées trouve ici une

---

[197] *Idem*, p. 108.

[198] E. HUSSERL, *Recherches Logiques 2 Recherches pour la phénoménologie et la théorie de la connaissance, première partie, Recherches I et II, op. cit.*, p. 49.

certaine opposition. La subjectivité cède le pas à l'objectivité ; nous passons de l'idéalisme au réalisme. Car pour accueillir la réalité de la vie et des *Erlebnisse* personnels, Husserl parle de *Anschauung* phénoménologique dans une vision eidétique, tout en étant dans un contexte d'un continuel « retour aux choses-mêmes ».[199] Dans un *Erfüllung :* un « remplissement » de l'idée :

> Dans la théorie de l'abstraction depuis Locke, le problème de *l'abstraction au sens d'une concentration de l'attention faisant ressortir* ces *« contenus abstraits »*, est confondu avec le problème de *l'abstraction au sens de la formation des concepts.* A ce dernier point de vue, il s'agit, ou bien d'une analyse descriptive d'essence de l'acte dans lequel nous prenons d'une manière évidente conscience d'une espèce, ou bien de l'élucidation de la signification d'un nom général par un retour à l'intuition remplissante.[200]

Cet *Erfüllung* découlant de l'analyse descriptive de l'essence de l'acte nous aide à comprendre le passage du « remplissement » des intuitions qui désormais deviennent concrètes avec des contenus partiels abstraits.[201]

Ceci nous aide à l'analyse de la dimension vitale existentielle qui est pré catégorielle de nos concepts.

III.17. La dimension vitale existentielle : pré catégorielle de nos concepts

Husserl précise la coutume de considérer un esprit ayant une intuition universelle (*Allerschauen*) comme étant un idéal logique.[202] Il est à préciser que cela n'est possible qu'à certaines suppositions :

1. Avoir un savoir universel : *Allwissen ;*
2. Avoir une pensée universelle : *Allerdenken ;*
3. Avoir une connaissance universelle : *Allerkennen.*[203]

L'idéal logique d'Husserl trouve ici un sens. La vérité qui est le but ultime de toute recherche a un fondement et une validité nécessaires à partir de son caractère universel. Mais cela ne s'effectue pas seulement sur la base d'une pensée vide, bien qu'étant adéquate :

> Nous nous le représentons, par conséquent, comme un esprit qui ne se manifeste pas dans le simple acte d'intuitionner (vide de pensée, bien

[199] Cf. G. MURA, *Introduzione all'ermeneutica veritativa, op. cit.*, p. 181 : « Per cogliere la realtà della vita e degli Erlebnisse personali, Husserl aveva parlato di Anschauung fenomenologica, di visione eidetica, pur in un contesto di continuo « ritorno alle cose stesse » e quindi di « riempimento » (*Erfüllung*) dell'idea ».

[200] E. HUSSERL, *Recherches Logiques 2 Recherches pour la phénoménologie et la théorie de la connaissance, première partie, Recherches I et II, op. cit.*, p. 249.

[201] *Ibidem*

[202] *Idem*, p. 197.

[203] *Ibidem*

qu'adéquat), mais qui donne aussi une forme catégoriale à ses intuitions, les relie synthétiquement et trouve dès lors, dans ses intuitions ainsi formées et reliées, l'ultime remplissement de ses intentions de pensée, réalisant par là l'idéal de la connaissance universelle (*Allerkenntnis*). C'est pourquoi nous devons dire : le but, la vraie connaissance, ce n'est pas la simple intuition, mais l'intuition adéquate ayant revêtu une forme catégoriale et s'adaptant ainsi parfaitement à la pensée qui puise son évidence dans l'intuition. C'est seulement à l'extérieur de la sphère de la connaissance par la pensée que « l'économie de pensée », qui est bien plutôt une économie de la connaissance, a un sens, et se trouve alors aussi le vaste champ d'application qui est le sien.[204]

C'est l'intuition adéquate, une pensée pleine « Remplie » qui peut, selon Husserl, avoir un sens sur le vaste champ de la connaissance. En d'autres termes, c'est la dimension vitale existentielle qui précède nos catégories et nos concepts. Car, notre vision subjective ne saurait dans ce sens précéder la réalité vitale. C'est pourquoi, à partir du langage, nous pouvons arriver à l'analyse du monde de la vie : *Lebenswelt.*

III.18. L'analyse du *Lebenswelt* : fondement des signifiants des intuitions eidétiques mais aussi du langage

Le *Lebenswelt :* monde de la vie est le lieu, dans le contexte historique, dans lequel se fondent les signifiants des intuitions eidétiques et du langage d'après Husserl, comme nous avons eu à le souligner au (1. 14-15 de ce paragraphe). Mais :

> Si nous nous apparaissons à nous-mêmes comme membres du monde phénoménal, les choses physiques et psychiques (les corps et les personnes) apparaissent dans une relation physique et psychique à notre moi phénoménal. Cette relation de *l'objet phénoménal* (qu'on appelle volontiers également contenu de conscience) au *sujet phénoménal* (moi comme *personne empirique,* comme chose) doit, bien entendu, *être distinguée de la relation du contenu de conscience, au sens de vécu que nous lui avons donné, à la conscience au sens de l'unité des contenus de conscience* (c'est-à-dire de composante phénoménologique du moi empirique).[205]

Cela voudrait dire que l'appartenance au monde phénoménal : corps et personnes, choses physiques et psychiques est une appartenance réelle. Ces choses appartiennent au moi phénoménal, que l'on peut qualifier en langage pauvre de culture phénoménale. Appartenir à une race, un territoire, une histoire ; parler une langue spécifique à laquelle on est né, implique que ces éléments physiques et psychiques

---

[204] *Idem,* pp. 197-198.

[205] E. HUSSERL, *Recherches Logiques 2 Recherches pour la phénoménologie et la théorie de la connaissance, première partie, Recherches I et II, op. cit.,* p. 149.

apparaissent dans notre moi phénoménal. C'est une relation physique et psychique du contenu de conscience.

Au dernier paragraphe du chapitre II, nous passons à la compréhension de la méthode phénoménologique de Göttingen.

PARAGRAPHE IV. La méthode husserlienne et l'école de Göttingen

IV.1. Edmund Husserl et l'invention de la phénoménologie

La phénoménologie de Husserl naît à partir de deux prétentions[206] :

1. Rétablir la dignité et l'autonomie de la logique pure ;
2. Rétablir la dignité de l'ontologie déclinée au matériel.

La phénoménologie s'écartait de l'idéalisme kantien et néokantien. Edith Stein y voyait une « nouvelle scolastique ».[207] Pour elle, la nouvelle vision s'éloignait du sujet pour se ramener aux « choses-mêmes ». Elle était contre le psychologisme et le scepticisme, mais reconnaîtra l'ego transcendantal dans la seconde phase de son élan transformateur.[208] La réduction et *l'épochè* seront à la base du nouveau rapport entre le monde et le sujet. Mais la question qui se poserait ici serait celle de savoir réellement ce que c'est que la phénoménologie.

IV.1.1. Qu'est-ce que la phénoménologie ? *Über Phänomenologie*

Was bedeutet Phänomenologie ?

Nous soulignons de nouveau que le mot ne naît pas avec Husserl. Avant lui Kant, Hegel, Fichte et Schopenhauer pour ne citer que ceux-là en avaient déjà donné une définition. Husserl par contre en fera l'objet de sa nouvelle recherche basée sur l'intentionnalité.[209] Car pour lui, le trait distinctif des vécus qu'on pourrait tenir véritablement pour le thème central de la phénoménologie serait orienté « objectivement » et qualifié d'intentionnalité. C'est cette caractéristique eidétique qui concerne la sphère des vécus en général. Dans la mesure où tous les vécus : actes, participent en quelque manière à l'intentionnalité, quoique

---

[206] Cf. P. MAYRBOFER, in J. BENOIST, J-F. KERVEGAN, *Adolf Reinach, entre droit et phénoménologie, de l'ontologie normative à la théorie du droit, op. cit.*, p. 3.

[207] E. STEIN, *Aus dem Leben einer jüdischen Familie,* Louvain-Freiburg, 1965, p. 174.

[208] P. MAYRBOFFER, in J. BENOIST, J-F. KERVEGAN, *Adolf Reinach, entre droit et phénoménologie, de l'ontologie normative à la théorie du droit, op. cit.*, p. 3.

[209] Cf. *Jahrbuch fur Philosophie und phänomenologische Forschung : Annales de philosophie et de recherche phénoménologique,* t. I, 1913, pp. 531-550, le chercheur peut le trouver dans la Bibliothèque d'Etat de München.

nous ne puissions dire de *tout* vécu qu'il a une intentionnalité. C'est l'intentionnalité qui caractérise la *conscience* au sens fort et qui autorise en même temps de traiter tout le flux du vécu comme un flux de conscience et comme l'unité *d'une conscience.*[210]

Rechercher l'intentionnalité dans une seule et même conscience. Mais comment faire ?

1. 1er Axe : Rechercher l'intentionnalité (*Das Meinen*)

Dans ce premier Axe d'Edmund Husserl qui consiste à rechercher l'intentionnalité, il s'agit de considérer l'individualité des consciences.[211] Le travail du chercheur ici sera celui de décliner cette intentionnalité.

2. 2è Axe : Comprendre l'intuition (*intuitiv verstehen)*[212]

En recherchant cette intuition première, on finit par comprendre le motif de l'intentionnalité. Qu'est-ce qui a bien pu être à la base de l'intentionnalité ?

3. 3è Axe : Trouver l'objet de l'intuition (*intuitiv vorgehen*) [213]

Procéder par la méthode intuitive en retrouvant l'objet de la motivation, et voici ce que Husserl donne comme essai de définition de sa méthode :

> Les objets vers lesquels s'oriente la recherche de la logique pure sont donnés tout d'abord sous le vêtement grammatical. Pour parler plus exactement, ils sont donnés comme enrobés pour ainsi dire dans des vécus psychiques concrets, qui, dans leur fonction d'intention de signification ou de remplissement de signification – à ce dernier point de vue comme intuition servant soit à illustrer soit à créer une évidence – relèvent de certaines expressions linguistiques et forment avec elles une unité phénoménologique. Il appartient au logicien de dégager de ces unités phénoménologiques complexes, des composantes qui l'intéressent, donc, en première ligne, les caractères d'actes dans lesquels s'accomplissent les opérations de représentation, de jugement, de connaissance, et de les étudier au moyen d'une analyse descriptive, dans la mesure où cela est profitable à l'avancement de ses taches proprement logiques. Du fait que ce qui est théorique « se réalise » en certains vécus psychiques, qu'il nous est donné en eux sur le mode du cas singulier, il ne faut nullement conclure immédiatement, comme si cela allait de soi, que ces vécus psychiques valent obligatoirement comme les objets primaires des investigations logiques. Ce n'est pas le jugement psychologique, c'est-à-dire le phénomène psychique

---

[210] Cf. E. HUSSERL, *Ideen I,* 1913, tr. fr. P. Ricœur : *Idées directrices pour une phénoménologie,* Paris, éd. Gallimard, 1950, p. 283.

[211] Cf. J. BENOIST, *Reinach et la visée (Das Meinen) : décliner l'intentionnalité,* in *Adolf Reinach : philosophie du langage, droit, ontologie, op. cit.*, pp. 23-26.

[212] *Ibidem :* « Il arrive à Husserl d'employer ainsi ce terme, donc d'une façon absolument générale, pour caractériser ce qu'il appelle (et ce Reinach, après lui, appelle) intentionnalité », p. 23.

[213] *Idem,* pp. 23-24 : « Ce passage, d'entrée de jeu, tiré du Reinach d'avant Reinach (c'est-à-dire d'avant la collaboration avec Husserl, introduit le *Meinen* comme une énigme : le *Meinen* est quelque chose de tout à fait spécifique, et nouveau à un certain stade du développement de l'individu ».

concret, qui intéresse en premier lieu et à proprement parler le pur logicien, mais le jugement logique, c'est-à-dire la signification identique de l'énoncé, qui est une face des multiples vécus de jugement que distingue très nettement la description. Naturellement à cette unité idéale correspond un certain caractère commun qu'on retrouve partout dans les vécus singuliers. Comme cependant ce n'est pas le concept qui importe au pur logicien, mais l'idée qui y correspond, le général qui est saisi dans l'abstraction, il n'a, semble-t-il, aucune raison d'abandonner le terrain de l'abstraction, et, au lieu de l'idée, de prendre bien plutôt le vécu concret comme but et centre d'intérêt de ses recherches.[214]

Dans la présentation de : *I fondamenti a priori del diritto civile*, Bruno Falconi fait une analyse profonde de la principale œuvre de Reinach. Avec lui, nous avons une des meilleures approches de la phénoménologie.[215] Pour lui, à partir du titre, Reinach donne le ton sur deux points essentiels de son œuvre, à savoir : *Phénoménologie* et *a priori*. Ce lien est présent dans les contenus mêmes du travail que Reinach dédie au droit. Mais ceux-ci sont aussi à qualifier dans leur sens original et dans leur sphère d'expression.[216] Ce sont deux termes qui ne peuvent être compris que dans leur domaine d'expression. La phénoménologie de Reinach se situe donc dans la direction de Husserl et reprise par Heidegger. La rencontre avec ce travail ne saurait échapper à la nécessité scientifique de la confrontation entre les diverses écoles de phénoménologie. Elle est celle du langage juridique.[217]

En faisant un retour en arrière, la phénoménologie connaît son premier grand débat avec la philosophie moderne. C'est Hegel qui lancera cette réflexion en 1807 dans son œuvre intitulée, *Phénoménologie de l'esprit, Phänomenologie des Geistes*.[218] Dans sa phénoménologie, il faut

---

[214] E. HUSSERL, *Recherches Logiques 2 Recherches pour la phénoménologie et la théorie de la connaissance, première partie, Recherches I et II, Introduction.*

[215] Cf. A. REINACH, *I fondamenti a priori del diritto civile, op. cit.*, V-XVIII.

[216] *Idem :* « Il titolo originale e quello dell'edizione italiana sono legati dalla funzione che svolge la ricerca dell' *a priori* nel procedere della fenomenologia. Questo legame è presente nei contenuti stessi del lavoro che Reinach dedica al diritto. Fenomenologia ed a priori sono, però, termini ambientati in un insieme e solo in esso hanno il loro senso ».

[217] *Ibidem :* « La fenomenologia di Reinach si situa nella direzione avviata da Husserl e poi ripresa originalmente da Heidegger. L'incontro con il lavoro di Reinach non può evitare il confronto con quanto ancora oggi invita alla chiarificazione di ciò che si intende comunicare con il termine "fenomenologia", presente nell'espressione "fenomenologia del diritto" ».

[218] *Ibidem :* « Il primo impiego del termine "fenomenologia" si ha, nella filosofia moderna, con la pubblicazione nel 1807 della "Fenomenologia dello spirito" di Hegel. Questa opera non è una fenomenologia che vuole avere come suo specifico oggetto lo spirito, diversamente da altre ricerche fenomenologiche che vogliono avere oggetti specifici, come il diritto, l'arte, la religione, l'economia, etc. Nell'opera di Hegel, la "Fenomenologia" è il movimento stesso dello spirito, il suo comporsi nell'unità del divenire altro da sé e del pervenire a se stesso.
Cf. HEGEL, *Phänomenologie des Geistes*, Hamburg, 1952, p. 12.

savoir s'éloigner du savoir fini qui consiste à accéder au savoir infini et au savoir absolu. La Phénoménologie dans ce sens devient un dépassement pour rejoindre l'infini.

Après Hegel, viendront Husserl et Heidegger. Leur phénoménologie se dirigera vers les choses mêmes. Son nouveau caractère deviendra, soit descriptif, soit analytique.[219] Le phénomène devient fruit d'une rencontre avec l'analyse des éléments qui le constituent. Ensuite il devient un problème de Méthode. Celle de la description et de l'analyse, et à ce titre ne pourrait être orientée d'un point de vue d'une vision de l'homme, de la société avec ses règles juridiques et ses situations politiques.[220] Pour cela, nous pouvons qualifier la phénoménologie d'Husserl comme « Formelle » et celle de Heidegger « philosophique ».[221]

Reinach entend rencontrer le phénomène juridique en le libérant des concepts courants, pour la plupart dus aux sentiments subjectifs des modalités des préjugés qui le lient. Dans la promesse, il faut montrer la chose, pour en accueillir les relations d'essence immédiatement évidentes qui constituent les lois sociales.[222]

---

[219] *Idem,* VI : « Oltre questo impiego in Hegel, il termine "fenomenologia" entra nel pensiero contemporaneo con le direzioni di Husserl ed Heidegger ed ha il suo carattere principale nel volgersi "alle cose stesse", allontanandosi sai dalla principalità del soggetto che le incontra e sia dall'assolutezza di quel sapere ove avrebbe superamento la falsa verità della loro finitezza.
La ricerca fenomenologica viene a specificarsi per il comporsi di due dimensioni : quella descrittiva e quella analitica ; si ha un descrivere il fenomeno che avviene mediante l'incontralo con l'analisi degli elementi che lo costituiscono. Questa direzione è cosi indicata da Heidegger : « prima della parola e dell'espressione, sempre in primo luogo i fenomeni e poi i concetti ».

[220] Cf. A. REINACH, *I fondamenti a priori del diritto civile, op. cit.*, VII : « In quanto è il "come", ossia il metodo della descrizione e dell'analisi, la fenomenologia non può essere orientata da "un punto di vista", da una "visione" dell'uomo, della società, delle sue regole giuridiche e delle sue istituzioni politiche. Questa concezione della ricerca fenomenologica è già leggibile nelle due parti che compongono l'espressione "fenomenologica": "fainomenon" e "logos". Con "fainomenon" è nominato ciò che si mostra da se stesso, che viene alla luce ; con "logos" è indicato il discorso intenso – secondo la visione di Aristotele – nel senso di un "apofainestai" : lasciare vedere-presentare qualcosa nella comunicazione con gli altri, nell'esercizio in comune della parola, svolgendo la connessione tra "logos" e "foné".

[221] *Idem,* XII : « Nel lavoro filosofico sul diritto, la ricerca fenomenologica ha un riferimento di rilievo nella "fenomenologia del diritto" di Reinach, che costituisce anche un luogo idoneo per la discussione delle due direzioni, che sono state rispettivamente indicate come "fenomenologia formale", riferibile ad Husserl e "fenomenologia filosofica", riferibile ad Heidegger. Reinach intende incontrare il "diritto" liberandolo dai "concetti correnti, dai mascheramenti dovuti al sentire soggettivo, dalle varie modalità di pre-giudizi, che costringono a distorcere e sviare lo sguardo. Il risultato della fenomenologia del diritto di Reinach è costituito – come accade esemplarmente nella sua analisi promessa – dal mostrare la "cosa stessa", cosi da cogliere quelle relazioni di essenza immediatamente evidenti, che costituendo le leggi della vita sociale, hanno una rilevanza specificamente giuridica ».

[222] Cf. A. REINACH, *Sämtliche Werke, op. cit.*, p 531 : « Meine Herren ! Ich habe mir nicht zur Aufgabe gestellt, Ihnen zu sagen, was Phänomenologie ist ; sondern ich möchte

IV.1.2. L'influence de la phénoménologie sur les jeunes philosophes

La fameuse invasion de Göttingen par München témoigne de cette grande influence d'Husserl sur ses élèves et sur la nouvelle génération. Les jeunes philosophes qui suivaient Husserl marquent leur point de vue dans une préface collective sur le *Jahrbuch fur Philosophie und Phänomenologische Forsung.* Les noms des préfaciers ou fondateurs sont : Husserl, Geiger, Pfänder, Reinach et Scheler.[223] A travers celle-ci, c'est l'expression d'une conviction commune que le nouveau tournant philosophique ne se fera qu'à partir du fameux retour aux choses : *Zurück.* Retour en d'autres termes aux « Sources originaires de l'intuition (*Anschauung*) ». Mais l'arrivée de Reinach à Göttingen ne sera pas toujours la bienvenue : il constatera un changement majeur dans les idées d'Husserl qui se tourne vers l'école de Marburg. Un débat animera les différences entre les points de vue.[224]

Trois courants philosophiques procéderont d'Husserl dans le classement d'Hedwig Conrad-Martius[225] :

1. Tradition de München-Göttingen ;
2. Orientation transcendantale ;
3. Philosophie existentielle de Heidegger.

Ils ne se comprennent plus entre eux, dès qu'ils se donnent comme des métaphysiques. Ils parlent des langues différentes. Cela n'est pourtant pas nécessaire. Étant donné que là comme ici il s'agit de vrais phénomènes, qui

---

versuchen, mit Ihnen phänomenologisch denken. Über Phänomenologie zu reden ist das Müsigeste von der Welt, solange das fehlt, was allen Reden die konkrete Fülle und Anschaulichkeit erst geben kann : der phänomenologische Blick und die phänomenologische Einstellung. Denn das ist der wesentliche Punkt : Nicht um ein System von philosophischen Sätzen und Wahrheiten handelt es sich bei der Phänomenologie – um ein System von Sätzen, an welche alle glauben müssten, die sich Phänomenologie nennen, und die sehr abweicht von der Art, wie wir in den meisten Wissenschaften arbeiten und arbeiten müssen. So will ich denn heute eine Reihe philosophischer Probleme mit Ihnen berühren, in der Hoffnung, das es Ihnen an dieser oder jener Stelle aufleuchtet, was das Eigenartige phänomenologischer Einstellung ist – dann erst ist die Grundlage für weitere Diskussionen gegeben ».

[223] Cf. J. BENOIST, in *Les Études Philosophiques ; Adolf Reinach : philosophie du langage, droit, ontologie, op. cit.*, p. 3 : Ils partageaient « l'opinion qu'à la phénoménologie appartenait un champ scientifique illimité, qui devrait être rendu fertile pour ses propres recherches et celles des autres sciences – partout où étaient en question des principes ».

[224] *Idem,* p. 4 : « Quand Adolf Reinach et Thomas Conrad sont venus à Göttingen en 1907, ils ont remarqué que Husserl « avait considérablement changé depuis les rencontres à Munich ». Reinach reprochait à Husserl un tournant vers l'école de Marburg. Dès lors un débat intense séparait les philosophes Husserl, Fink et Landgrebe à Freiburg et Reinach, Pfänder, Daubert, etc. Ce débat sera manifesté seulement beaucoup plus tard dans des témoignages écrits, après la mort de Reinach ».

[225] HEDWIG CONRAD-MARTIUS, *Die Transzendentale und die ontologische Phänomenologie*, in *Schriften zur Philosophie,* München, 1965, p. 175, cité par J. Bénoîst, in *Les Études Philosophiques ; Adolf Reinach : philosophie du langage, droit, ontologie, op. cit.*, p. 3.

sont aperçus dans leur *eidos*, ils pourraient être compris par tous ceux qui possèdent un regard pour les essences.[226]

Si nous pouvons parler des différences entre Reinach et Husserl, elles ne peuvent être perçues qu'à ce niveau. Car la vie très brève du disciple ne laisse pas la possibilité d'entrevoir une contradiction ouverte entre les deux. Mais la déduction logique nous conduit à cette compréhension de ce qui anime Reinach, c'est-à-dire : philosopher dans le sens d'une phénoménologie des actes juridiques.

Ceci étant, nous pouvons entrer dans la connaissance de la méthode d'Edmund Husserl.

IV.2. La méthode d'Husserl

Pour lui, toute démarche philosophique part de sa décision initiale. Car celui qui veut philosopher doit se replier sur soi-même, pour chercher à renverser les connaissances scientifiques jusqu'ici admises : « Quiconque veut vraiment devenir philosophe devra « une fois dans sa vie » se replier sur soi-même et, au-dedans de soi, tenter de renverser toutes les sciences admises jusqu'ici et tenter de les reconstruire ».[227]

Husserl expose sa méthode phénoménologique en s'appuyant sur René Descartes :

> Les impulsions nouvelles que la phénoménologie a reçues, elle les doit à René Descartes, le plus grand penseur de la France. C'est par l'étude de ses Méditations que la phénoménologie naissante s'est transformée en un type nouveau de philosophie transcendantale. [...] Descartes inaugure un type nouveau de philosophie. Avec lui la philosophie change totalement d'allure et passe radicalement de l'objectivisme naïf au subjectivisme transcendantal.[228]

La grande question est la suivante : quelle est l'intention ou la décision de l'auteur ? C'est ici que l'on peut arriver à comprendre les deux grandes étapes de sa Méthode :

1. Recherche d'un fondement absolu, « apodictique » ;
2. Une méthode d'investigation permettant d'avancer dans ses recherches.[229]

C'est pourquoi il donne environ quatre grands principes pour la phénoménologie transcendantale :

---

[226] *Ibidem.*

[227] E. HUSSERL, *Méditations cartésiennes, Introduction*, tr., fr. Emmanuel Lévinas, Paris, éd. Vrin, 1947. L'original se trouve dans, vol 1, Husserliana *op. cit.* Staatsbibliothek München. Les traductions françaises sont l'œuvre d'Emmanuel Levinas.

[228] ---, *Méditations cartésiennes, op. cit. Introduction.*

[229] Cf. Www.biographie.net/Edmund-Husserl <02.02.2012> : Cette première recherche aidera Reinach à poser en tout premier lieu les fondements *a priori* du langage juridique. Ceux-ci sont nécessaires pour bâtir « l'édifice » qu'est la philosophie.

1. Intentionnalité : c'est la conscience orientée vers un objet ;
2. La réduction phénoménologique ou *épochè :* mettre entre parenthèses les connaissances, le jugement, les hypothèses, les opinions etc., dans l'unique but d'arriver à des conclusions universelles ;
3. Le *cogito :* notion empruntée à Descartes. C'est le moi transcendantal ;
4. Le *Zurück :* le retour aux choses-mêmes de la conscience. Les choses telles qu'elles se présentent dans la conscience.[230]

Cette méthode vaut pour toute la grande œuvre d'Husserl sur les *Recherches Logiques.*

IV.3. La méthode des *Recherches Logiques*

Celle-ci suit l'esprit d'Edmund Husserl sur la phénoménologie que nous avons tenté d'expliquer au paragraphe 3 (trois) de ce chapitre. Cette volumineuse et non moins facile opération est subdivisée en 3 (trois) tomes.

1. Tome I : il traite surtout de la logique, du psychologisme philosophique et des syllogismes. Divisé en huit chapitres, il est le moyen par lequel le mathématicien Husserl fait son entrée en philosophie.
2. Tome I I : c'est un des plus déterminants pour la compréhension de la méthode husserlienne. C'est lui qui commence à traiter le sujet même de la phénoménologie en entrant dans la voie de la philosophie même du langage, dans l'analyse concrète du sens et des vécus et contenus des intentions. Dans ce tome, nous avons affaire à quatre *Recherches.*
3. Tome III : dans la première section, il traite des éléments d'élucidation d'une phénoménologie de la connaissance, au sujet des intentions et des remplissements objectivants et dans la seconde, des intuitions sensibles et des intuitions catégoriales.[231]

La méthode de *Recherches Logiques* sera donc celle qui aura une grande influence sur Reinach et sur les membres du « Cercle phénoménologique de Göttingen ». Celle-ci sera différente dans les *Ideen* de Husserl.

---

[230] Cf. Www.biographie.net/Edmund-Husserl <03.02.2012>.

[231] Cf. E. HUSSERL, *Les Recherches Logiques,* t. I, t. II, vol.1 &2, t. III, tr., Hubert, Elie, Lothar Kelkel & René Schérer. Paris, 1ère éd. PUF. 1963.

IV.4. La seconde méthode des *Ideen*

Les Idées directrices pour une phénoménologie pure et une philosophie phénoménologique : Ideen zu einer reinen Phänomenologie und phänomenologischen Philosophie.[232] Dans ce nouveau tournant vers la fameuse école néokantienne de Marburg, c'est le sujet transcendantal qui se trouve au fondement de la donation à travers le langage. Ici, il n'est pas difficile de comprendre que Husserl devient de moins en moins phénoménologue.

En effet, dans la première section de cette œuvre intitulée : « Les essences de la connaissance des essences », Husserl traite du fond expérimental des choses dans leur aspect constitutif. Il y traite plusieurs thèmes : la causalité, l'espace, le temps, la quantité, la qualité etc., qui sont un ensemble des propriétés constitutives des choses expérimentales. Nous sommes ici dans l'étude des « essences » ou ontologique :

> L'*ontologie matérielle*, c'est-à-dire régionale, qui s'attache à différentes zones de l'expérience empirique et essaye de penser leur fond eidétique constitutif. Par exemple, l'essence du rouge, c'est la qualité. Ce qui n'est pas sans rappeler les catégories kantiennes.
> *L'ontologie formelle*, un cran au dessus de l'ontologie matérielle, qui elle, s'attache à penser l'essence de l'ontologie matérielle, l'essence des essences si j'ose dire. Par exemple, si l'essence du rouge, c'est la qualité, l'essence de la qualité, c'est une forme vide en relation logique avec une autre.[233]

Si Husserl dans les *Recherches Logiques* était contraire à l'idéalisme kantien, les *Ideen* sont par contre ce *Zurück : Retour* à Kant.

La « *Philautarchie* » d'Husserl inspirée de sa phénoménologie pure vise ici le *Noème : le vécu* ; la *Noèse : l'acte mental* et l'*Hylé :* matière ; au niveau de leur interaction fondamentale.

C'est dans la troisième section qu'Husserl va spécifier sa pensée sur les *Ideen :*

1. La *Hylé*, c'est la matière, c'est les data des sens (data de couleurs, de toucher, de sons...). Ces éléments ont, en soi, rien d'intentionnel. Pour notre exemple, en l'occurrence, il s'agirait de la pure succession de sons. Si l'on y regarde de plus près, le pur vécu que constitue la *Hylé* s'enracine dans le temps, par la succession d'impressions sensorielles, par le flux des esquisses.
2. La *Noèse*, c'est la « donation de sens » [*Sinngebung*], la forme apposée à la *matière hylétique* ; c'est le sujet qui se pose sur les data. Je n'entends pas une pure succession de sons puisque je suis un

[232] Cf. E. HUSSERL, *Ideen zu einer reinen Phänomenologie und phänomenologischen Philosophie,* I, II und III Bucher, Halle, 1913, in Staatsbibliothek München.
[233] Cf., www.digression.forum.actif.net/t85-husserl-ideen : <03.02.2012>, *article* de Bergame sur la *Philautarchie* d'Husserl : 21 septembre 2007.

sujet plongé dans le monde, dans la culture. Bref, la *Noèse*, c'est le sujet posé sur les data.

3. A partir de là, l'un ne va pas sans l'autre : « *le flux de l'être phénoménologique a une couche matérielle et une couche noétique* ». Mais dans la sphère du sujet, il y a bien plus que des sensations et bien plus que du sujet : il y a de l'objet. Il y a le représenté, le signifié, le *Cogitatum*. C'est qu'ouvre le §88 :
4. Le *Noème*, c'est l'objet visé, représenté, signifié. C'est le noyau de ma perception qui conserve sa valeur d'objet réel (dans le champ de la sphère monadique bien sûr). C'est l'objet *5è Symphonie,* que je ne peux diluer dans le sens ni les sensations, qui subsiste et résiste malgré toutes les réductions possibles. Le *Noème* est à la fois la Noétique ce que le représenté est à la représentation : son point de butée.[234]

La matière, la donation du sens et l'objet visé, sont pour les *Ideen*, des éléments ou « lieux » nécessaires à la méthode de la seconde « phénoménologie d'Husserl ». Apparemment, comme nous l'avons déjà souligné, il aura été à l'opposé de la phénoménologie dans cette nouvelle méthode ressortie de l'école de Marburg.

Après avoir parcouru les deux étapes d'Husserl, il convient pour nous de comprendre et d'interpréter l'actualité de la méthode de l'école de Göttingen.

IV.5. L'actualité de la méthode de Göttingen

A titre de rappel, la phénoménologie est née dans un contexte de crise de fondements de la science ainsi que de la philosophie.[235]

D'une part, c'est le *Zurück* qui caractérise cette méthode originale d'Husserl face au positivisme régnant ; après le modernisme et la crise de la métaphysique aristotélicienne et thomiste, Husserl vient démontrer que l'entreprise de la philosophie est toujours d'actualité. Son enquête est de donner une réponse concrète à cette crise des sciences européennes. L'œuvre de la philosophie comme « science rigoureuse » ne s'arrête pas à la connaissance des sciences expérimentales, mais s'étale à l'ensemble des productions de l'esprit.

---

[234] Cf., www.digression.forum.actif.net/t85-husserl-ideen : <03.02.2012>, *article* de Bergame sur la *Philautarchie* d'Husserl E. HUSSERL, *Ideen III*, *op. cit.* p. 294 : à partir de cette analyse nous pouvons comprendre effectivement que le flux de l'être phénoménologique a une couche *matérielle* et une couche *noétique*, c'est-à-dire, une méthode qui n'est pas *sui generis*, mais qui en elle-même contient un legs historique. A partir de l'hylémorphisme grecque, Husserl tente d'extraire de la matière une essence transcendantale tout à fait idéelle. Après avoir objectivé le Noème dans Les *Recherches Logiques*, il tente dans les *Ideen* de l'idéaliser à la suite de Kant.

[235] Cf. www.antiseche.com; <03.02.2012>, André Lalande, *Vocabulaire technologique et critique de la philosophie*, Paris, éd. PUF, 1926 : définition de la phénoménologie.

C'est pourquoi, en réhabilitant *le vécu : Noème* et le concret, *la matière : l'Hylè*, la phénoménologie ne renonce pas pour autant à son entreprise qui est celle d'être une science rationnellement rigoureuse. Bien qu'en l'adaptant à des langages propres, toutes les formes « existentialistes heideggériennes et gadamériennes » ne perdront pas de vue cette approche husserlienne :

1. Phénoménologie de l'affectivité de Heidegger ;
2. Phénoménologie de l'ontologie de Gadamer ;
3. Et toute la richesse du nouveau vocabulaire de l'herméneutique née de la phénoménologie : L'horizon, la rencontre, la donation l'événement, la tolérance, l'ouverture, le dialogue de Gadamer etc.

La phénoménologie continue d'être d'actualité à travers l'influence qu'elle a sur plusieurs philosophes de tous bords. A Bruxelles comme partout dans les facultés de philosophies allemandes et autrichiennes, pour ne citer que celles-là, Husserl est enseigné. L'intérêt pour ses études se note à travers le nombre croissant des thèses de doctorats produites à Bruxelles et dans plusieurs universités.

DEUXIÈME CHAPITRE

La phénoménologie husserlienne de l'École de Göttingen : applications méthodologiques et epistémologiques

PARAGRAPHE I : Applications de la méthode phénoménologique

L'application de la méthode phénoménologique de Göttingen permet une forte éclosion de grands penseurs qui ont su transformer le monde philosophique. Avec eux, il y a le développement de plusieurs secteurs tels que : la philosophie de l'homme, la philosophie du langage, la philosophie politique et sans oublier la philosophie du droit dont l'un des meilleurs exposants sera Adolf Reinach.

I.1. La philosophie de l'homme ou anthropologie (Ses grands représentants)

Cette philosophie occupe une place importante dans le cadre de la phénoménologie de Husserl. C'est pourquoi, Édith Stein, Martin Heidegger et Hans Georg Gadamer auront fortement marqué son approfondissement.

I.1.1. Édith-Stein (1891-1942)

Il est de notre intérêt de nous arrêter sur la riche personnalité d'Édith Stein. Juive allemande, née le 12 octobre 1891 à Breslau dans l'Empire allemand[236], elle est déportée au camp de concentration d'Auschwitz le 02 août 1942 et tuée le 09 août 1942. Elle passe par une période d'athéisme à l'université de Breslau avant de se convertir au catholicisme en 1921.[237] Comme nous l'avons souligné à l'introduction,

---

236 Aujourd'hui, cette partie de l'Allemagne, (l'ancienne Prusse) appartient à la Pologne et s'appelle Wroclaw.

237 Cf. J. BOUFLET, *Edith Stein : philosophe crucifiée*, Paris, éd. Presses de la Renaissance, 1998. Cf. JEAN PAUL II, *Lettre Apostolique* sous forme de *Motu Proprio :* Proclamation d'Édith Stein, sainte Bénédicte de la Croix ; Co-Patronne d'Europe avec sainte Brigitte de Suède et sainte Catherine de Sienne, le 01 octobre 1999.

c'est la mort d'Adolf Reinach en 1917 qui viendra provoquer en elle l'expérience de la Croix. Une véritable douleur qui la traverse en voyant la souffrance d'Anna Reinach la veuve de son professeur baptisé lui au protestantisme le 09 avril 1916.[238] Sans oublier ses racines judaïques, la lecture de sainte Thérèse d'Avila marquera beaucoup le cheminement spirituel de la recherche de la vérité chrétienne.

Dans le fameux « Cercle Phénoménologique de Göttingen », Édith Stein fréquentera les phénoménologues croyants et chrétiens à l'instar de Reinach et surtout de Max Scheler qui, à travers son œuvre : *Le formalisme en éthique et l'éthique matérielle des valeurs* de 1913-1916, aura une influence certaine sur le choix anthropologique et phénoménologique d'Édith Stein.[239] C'est un de ses amis, Georg Moskiewicz qui l'aidera à faire son inscription à Göttingen et à faire partie de ce cercle des piliers de la phénoménologie qui sont : Edmund Husserl[240], Adolf Reinach et surtout Max Scheler. Mais, nous n'oublions pas le conflit né entre Scheler et Gadamer au sujet de la phénoménologie et de la philosophie en général, lorsque ce dernier ne le qualifiera pas comme étant philosophe et ne saura pas où le situer.[241] Édith Stein quant à elle trouvera précieux le travail de Max Scheler qui inspirera ses travaux sur « L'empathie » : *Einfühlung* (ce qu'on ressent à l'intérieur) ; Robert Vischer (1847-1933), philosophe allemand en sera son créateur afin de désigner une empathie esthétique pour accéder à la compréhension du sens d'une œuvre d'art.[242] « L'empathie » vient du grec ἐν, *dans*, c'est-à-dire, à l'intérieur, au-dedans et πάθος, *souffrance*, douleur, c'est le caractère de ce qui est éprouvé, de ce que vit un individu dans ses sentiments, ses émotions et ses états mentaux non émotionnels comme les croyances.[243] C'est pourquoi, sur la base des travaux de Theodor Lipps, Adolf Reinach aidera Édith Stein à passer avec brio son examen d'État en novembre 1914.[244]

---

[238] Cf. A. REINACH, *Sämtliche Werke, Textkritische Ausgabe in 2 Bänden, op. cit.*, p. 789.

[239] Cf. A. UWE et M. AMATA NEYER, *Edith Stein une femme dans le siècle*, Paris, éd. La Flèche, tr. J. C. LATTES, 2002, p. 63.

[240] Cf. EDITH STEIN, *Correspondance I, 1917-1932*, Mayenne, éd. Cerf, 2009, p. 52. Après sa soutenance de thèse Edith Stein sera la collaboratrice d'Husserl.

[241] Cf. H-G. GADAMER in G. REALE/D. ANTISERI, *Il pensiero occidentale dalle origini ad oggi 3 edizione ampliata e aggiornata*, éd., Scuola 2005, p. 447 : « Può sembrare incredibile, eppure se oggi si interroga un giovane o anche un anziano, interessato alla filosofia, si scopre che non sa chi sia Max Scheler. Vi potrà dire molto vagamente ch'egli era un pensatore cattolico, autore di un'importante « etica materiale dei valori », e apparteneva in qualche modo al movimento fenomenologico che aveva in Husserl il suo fondatore e in Heidegger, *right* or *wrong*, il suo continuatore. In ogni caso, la coscienza filosofica contemporanea non riserva a Scheler una presenza paragonabile a quella di Husserl o di Heidegger. Come mai ? Chi era realmente Max Scheler ? »

[242] Cf. EDITH STEIN, *La Femme et sa destinée*, Paris, éd. Amiot–Dumont, 1956, p. 46.

[243] Cf. www.empathie.fr, <01.02.2012> : *L'Empathie.*

[244] Cf. www.dictionnaire.sensagent.com, <01.02.2012>, Édith Stein : « Édith Stein décide alors de préparer son examen d'État, première étape avant la thèse. Elle suit les

En 1917, certainement après la mort de Reinach, elle suivra Husserl à Freiburg où elle obtiendra une mention de *Summa Cum Laude* lors de sa soutenance de thèse doctorale.

Elle sera intitulée : *Sur le problème de l'empathie :* « Une expérience, dira-t-elle, *sui generis*, l'expérience de l'état de conscience d'autrui en général [...] l'expérience qu'un moi en général a d'un autre moi semblable à celui-ci ».[245]

Sa recherche phénoménologique et anthropologique aura entre autre comme objet :

1. La personne humaine[246];
2. Les relations interpersonnelles ;
3. La communauté d'appartenance (le peuple, le groupe religieux etc.)[247] ;
4. Le sens des valeurs[248] ;
5. La liberté ;
6. Le refus de l'idéologie totalitaire, etc.

L'*Einfühlung* d'Édith Stein est une analyse de l'expérience intersubjective comme donnée de l'intuition et de rigueur scientifique permettant de saisir ce que vit l'autre subjectivité. Par elle, la personne humaine peut s'enrichir par la connaissance et apprendre à se connaître elle-même lorsqu'elle se met au contact des autres personnes humaines. C'est pourquoi, par le moyen de l'empathie, même si nous ne vivons pas une certaine expérience, nous avons ce pouvoir de découvrir un certain nombre de choses en nous.[249] Édith Stein précise sa pensée par cette affirmation :

> Par l'empathie, je peux vivre des valeurs et découvrir des strates correspondantes de ma personne, qui n'ont pas encore eu l'occasion d'être dévoilées par ce que j'ai vécu de manière originaire. Celui qui n'a jamais vu le danger de près peut, en réalisant la situation d'un autre par empathie, découvrir qu'il est lui-même lâche ou courageux. En revanche, ce qui

---

conférences de Max Scheler, qui organise ses allocutions à partir de son nouvel essai intitulé « le formalisme en éthique et l'éthique matérielle des valeurs » (1913-1916), et à la lecture duquel Édith Stein trouve de nombreuses inspirations pour ses travaux sur l'empathie. Malgré de grosses difficultés, elle poursuit ses études avec l'aide de Reinach. L'examen est prévu pour novembre 1914 ».

[245] EDITH STEIN, *Correspondance I, 1917-1932, op. cit.*, pp. 49-50.

[246] ---, *Edith Stein Werke : Œuvre d'Édith Stein*, Paris, éd. Cerf, 2009, p. 143, *Welt und Person : Le monde et la personne*, vol. VI, Freiburg 1962.

[247] *Idem, Aus dem Leben einer jüdischen Familie – Das Leben Edith Steins*, Louvain/Freiburg, 1965, pp. 162, 163, 237.

[248] Cf. C. RASTOIN, *Édith Stein : enquête sur la Source*, Paris, éd. Cerf, 2007 : Extrait de la thèse d'Édith Stein (1917): *Zum Problem der Einfühlung*, chapitre IV, § 7, « Les types de personnes et les conditions pour pouvoir comprendre par empathie des personnes », cité p. 46.

[249] Cf. ÉDITH STEIN, *La Femme et sa destinée*, Paris, éd. Amiot-Dumont, 1956, pp. 37-40.

contredit ma propre structure d'expériences, je ne peux pas le « remplir » mais je peux me le représenter de ma manière vide, abstraite.[250]

En procédant par la méthode de la représentation abstraite, je ne pourrais pas procéder au « remplissement », mais devant ce qui contredit ma propre structure d'expériences. Par empathie, je suis en mesure de vivre les valeurs sans les avoir expérimentés « une manière originaire ». C'est pourquoi, l'ouverture aux autres nous aide à mieux connaître la réalité : « Seul celui qui vit lui-même comme personne, comme unité de sens, peut comprendre d'autres personnes ».[251]

Il faut accepter les choses extérieures telles qu'elles sont en elles-mêmes. Ce n'est pas le moi (dans sa subjectivité) qui fonde la connaissance, elle est extérieure à nous et nous devons la laisser se « manifester » à nous et non nous enfermer sur nos particularismes. Dans le cas contraire : « Nous nous emmurons dans la prison de nos particularismes ».[252]

La pensée d'Édith Stein est attirée par la compréhension de la personne humaine sans aucun préjugé. Il faut aller vers « les choses-mêmes » de la conscience à la manière de son maître Husserl en mettant entre parenthèses l'être pensé de manière naturaliste. Dans ses investigations, elle ne laisse aucun problème existentiel de côté. Édith Stein se préoccupe en même temps de la dignité de la personne humaine en général et celle de la femme en particulier. C'est pourquoi, après la mort d'Husserl, Édith Stein continuera avec ses recherches phénoménologiques avec Heidegger pour qui elle sera une bonne collaboratrice avant sa prise du voile chez les carmélites, le 14 octobre 1933.

Édith Stein et Heidegger auront-ils, sur le plan existentiel, la même vision des choses phénoménologiques ? De la phénoménologie de l'empathie d'Edith Stein, nous entrons dans la philosophie du langage de l'ouverture du *Dasein* de Heidegger.

I.1.2. Confrontation ; Martin Heidegger avec la pensée Edith Stein

Dans Être *et Temps : Sein und Zeit*, Heidegger lutte contre l'anthropologie traditionnelle. Il déclare à cet effet :

> L'anthropologie traditionnelle implique la définition de l'homme : *zóon lógon échon* interprétée en *animal rationale*, le vivant doué de raison. Mais le genre d'être du *zóon* est entendu ici au sens d'être là-devant, de ce qui se présente. Le *lógos* est un équipement supérieur dont le genre d'être reste aussi obscur que celui de l'étant qui en est ainsi composé [...] Les origines dont relève

---

[250] C. RASTOIN, *Edith Stein : enquête sur la Source*, Paris, éd. Cerf, 2007, pp. 167-168 et 46.
[251] *Idem.*
[252] *Idem*, p. 46.

l'anthropologie traditionnelle, la définition grecque et la directive théologique, montrent bien qu'en s'attardant à déterminer l'étant « homme » dans son essence, on a laissé dans l'oubli la question de son être, cet être étant plutôt conçu comme « allant de soi » au sens de l'être-là-devant du reste des choses créés.[253]

A partir de cette définition, nous pouvons comprendre que le but recherché par la nouvelle anthropologie de Martin Heidegger, à la suite d'Edmund Husserl comporte le « retour » à l'être-là au devant des choses qu'il a créées. C'est le *Dasein* qui l'intéresse dans sa démarche anthropologique. Car, c'est à partir du langage que l'être a la capacité de s'ouvrir aux autres :

> C'est principalement dans son rapport avec le langage que le *Dasein* différe plus de ce qui va être son statut dans la suite de l'œuvre de Heidegger. Dans le §34, le langage apparaît pour la première fois de manière thématique dans *Sein und Zeit :* « que la langue *ne* devienne *que maintenant* notre thème, cela doit indiquer que ce phénomène a ses racines dans la constitution existentielle de l'ouverture du *Dasein* ». Le langage en tant que *Rede* est un constituant fondamental de la communication, le partage du sens annoncé : En tant que possibilité de joindre de sens, la totalité des mots est « à la main ». Le *Dasein* possède langage. Sa « vérité », on pourrait dire, se trouve nécessairement attaché à la structure pragmatique-existentiale de l'être-au-monde.[254]

L'anthropologie de Heidegger prend pour fondement à toute communication ou ouverture, le langage ; être au monde prend tout son sens profond dans le langage. C'est celui-ci qui constitue pour la nouvelle anthropologie de Heidegger la vérité du *Dasein.* C'est pourquoi, selon lui, l'existence par le biais du langage s'intensifie par cette ouverture aux autres, afin de comprendre leur être personnel. La recherche ne s'effectue plus comme dans l'anthropologie traditionnelle à la recherche des essences premières, elle reste désormais attachée à la « structure pragmatique » de l'existence de l'être au monde.

I.2. La philosophie du langage

Généralement, le champ d'intérêt de la philosophie du langage selon les *Recherches Logiques* sera principalement axé sur :

1. La signification et la référence au sens ;
2. L'apprentissage, processus de création et usage du langage ;

---

[253] Cf. M. HEIDEGGER, *Sein und Zeit,* Paris, éd. Gallimard, 1986, §10, in www.europhilosophie.eu <13.02.2012>.

[254] Cf. Www.europhilosophie.eu <13.02.2012>.

3. La compréhension, la communication, l'interprétation et la traduction de la langue[255].

Bien que le champ de la philosophie du langage ait son origine dans l'antiquité, particulièrement avec Platon et Aristote, la phénoménologie d'Edmund Husserl viendra ouvrir un nouveau champ à travers son concept de « l'intentionnalité », sans oublier l'ontologie « fondement ». Sur le plan analytique, les travaux de Reinach auront précédé ceux des Anglo-Saxons : John Rogers Searle et avant lui Austin.[256] Dans une de ses œuvres maîtresses : *Sens et expression*[257], John Searle à la suite d'Austin[258], classifie et distingue les actes du langage :

1. Les actes assertifs qui engagent le locuteur sur la véracité de la proposition énoncée ; exemple : l'information donnée par le locuteur ;
2. Les actes directifs par lesquels le locuteur veut obtenir de son destinataire quelque chose ; exemple : la demande ;
3. Les actes promissifs au moyen desquels le locuteur s'engage sur le déroulement de l'action ; exemple : la promesse ;
4. Les actes expressifs qui expriment le moment psychologique du locuteur ou l'expression du sentiment ; exemple : le remerciement ;
5. Les actes déclaratifs modifiant un état institutionnel des choses ; exemple : la déclaration de guerre.[259]

Mais pour la philosophie du langage, l'auteur qui nous intéresse ici est Martin Heidegger dans son développement à la suite d'Edmund Husserl.

I.2.1. Martin Heidegger

La différence fondamentale entre Husserl et Heidegger réside sur leur herméneutique. Si Husserl parle d'une « herméneutique transcendantale », Heidegger, lui, parlera d'une « herméneutique ontologique », en d'autres termes de « l'herméneutique de l'effectivité ».[260]

---

[255] Cf. E. HUSSERL, *Recherches Logiques 2 Recherches pour la phénoménologie et la théorie de la connaissance, première partie, Recherches I et II, op. cit.*, p. 107.

[256] Cf. J. R. SEARLE, né le 31 juillet 1932 à Denver au Colorado américain, est philosophe particulièrement intéressé par la philosophie du langage et à celle de l'esprit.

[257] Cf., J. SEARLE, *Sens et expression,* Paris, éd. Minuit 1982, pp. 41-44, et *La construction de la réalité sociale,* Gallimard, 1998.

[258] Cf. AUSTIN, *Quand dire c'est faire,* Paris, éd. Seuil, 1979.

[259] Cf. J. SEARLE, *Les actes de langage, essai de philosophie du langage,* tr., fr., par H. P. HERMANN, Paris, coll., Savoir, 2009 ; on peut aussi trouver un développement dans www.frpapers.com <04.02.2012>.

[260] G. MURA, *Introduzione all'ermeneutica veritativa, op. cit.*, pp. 174-179 : « Le radici e l'impostazione fondamentale di quanto costituirà fino a Ricœur il rapporto tra fenomenologia ed ermeneutica, vanno ricercate in quello che è stato definito "il maggior

Avec lui, nous pouvons parler d'une démarche qui part de la logique à l'ontologie. En effet, dans ses premiers écrits :

1. *Die Lehre vom Urteil im Psychologismus*, 1914 ;
2. *Die Kategorien und Bedeutungslehre des Duns Scotus*, 1916 ;
3. *Vom Wesen des Grundes*, 1929.

Heidegger part de la logique afin d'arriver à la présence des choses mêmes, des *étants* qui sont des vérités *ontiques*. Cette présence suppose à son tour la compréhension de l'être même des *étants* qui est la vérité ontologique. C'est pourquoi dans le *Sein und Zeit : Être et Temps*, sa principale découverte sera le *Dasein*, l'étant qui est en lui-même une compréhension de l'être qui est l'homme, l'être ayant conscience de lui-même. Un être présent au monde. Heidegger élimine le primat de la gnoséologie car, pour lui, il ne s'agit pas de démontrer l'existence du monde, mais de démontrer une vérité ontologique des *étants* dans le monde.[261] Dans ses œuvres successives, Heidegger se basera en profondeur sur la différence entre étant et être, parce que l'ouverture de l'être qui se révèle ne sera plus sa principale préoccupation, et aussi parce que les philosophes font de plus en plus une adaptation de la phénoménologie à cette différence.

Il est important de souligner que jusqu'à Paul Ricœur, le rapport entre Phénoménologie et Herméneutique sera basé sur ses instances eidétiques et de vérité. Heidegger reconnaît que c'est Husserl qui lui a ouvert les yeux sur le vaste champ de la philosophie du langage et sur la phénoménologie. Dès 1923, Heidegger commence à montrer ses distances vis-à-vis d'Husserl, dans ce que Mura essaie de comparer entre Platon et Parménide, sans lequel la pensée de Platon n'aurait pu être instituée. C'est en 1923, dans la publication de ses leçons avec

---

laboratorio filosofico del Novecento" (Mazzarella, 1993, 19), ovvero le lezioni che Heidegger tenne a Friburgo dal 1919 al 1923, le quali non solo preparano la stesura di *Essere e Tempo* del 1927, ma aprono le varie strade della filosofia del XX secolo proprio a partire dal rapporto tra ermeneutica e fenomenologia. Queste lezioni, pubblicate nel 1923 con il titolo Ontologie. *Hermeneutik der Faktizität*, sono state pubblicate in italiano con il titolo : Ontologia. Ermeneutica della effettività a cura di Eugenio Mazzarella (Napoli 1992). In particolare, nella *Prefazione* al corso tenuto nel semestre estivo del 1923, e intitolato Ontologie, Heidegger chiarisce una volta per tutte il debito che sente di avere nei confronti di quattro maestri : "Compagno di ricerca è stato il giovane Lutero e modello Aristotele che quello odiava. Alcune scosse le diede Kierkegaard e gli occhi me li ha aperti Husserl » (Heidegger, 1992, 13). E soprattutto la confessione del debito nei confronti di Husserl che risulta significativa, per il fatto che già a partire dal 1923 Heidegger comincia a mostrare che il suo modo di intendere la fenomenologia non è lo stesso delle Ricerche Logiche ; proprio attraverso la fenomenologia egli sa guadare oltre Husserl, ovvero ciò che Husserl stesso non sarebbe riuscito a comprendere, - e ciò in modo remotamente analogo al "parricidio" compiuto da Platone nei confronti di Parmenide, senza il quale tuttavia nemmeno il pensiero platonico si sarebbe potuto istituire ».

[261] Cf. G. MURA, *Introduzione all'ermeneutica veritativa, op. cit.*, pp. 174 et 179, en référence à HEIDEGGER, *Sein und Zeit*, 1927, p. 205.

comme titre : *Ontologie. Hermeneutik der Faktizität*, traduit en italien sur le titre de : *Ontologia. Ermeneutica della effettività* par Eugenio Mazzarella (Naples 1992), que Heidegger reconnaît dans la *Préface* ses dettes vis-à-vis de quatre maîtres : Luther, Aristote, Kierkegaard et Husserl, celui qui a ouvert ses yeux.

En effet, d'après Gerald L. Bruns[262], l'herméneutique est une tradition de pensée ou de réflexion philosophique qui tente de clarifier le concept du *comprendre* en allemand : *verstehen.* Si la théorie transcendantale de l'herméneutique d'Husserl enseigne que la compréhension s'effectue dans le rapport des signifiants que les esprits ont lorsqu'ils se communiquent d'une manière universelle (conscience individuelle), l'herméneutique ontologique quant à elle stipule que, comprendre n'est pas seulement une question de la conscience individuelle ou de l'intellect dans sa relation à l'être, mais est vice-versa l'expression de notre mode existentiel.[263]

DASEIN : DA, LA' ; *SEIN*, ETRE : en d'autres termes : être-là ; en italien : *ESSERCI.* Le *Dasein* devient ontologique d'après Heidegger. La vérité devient une *Révélation : a-letheia* ; elle n'est plus *adaequatio* qui est à la base de la philosophie herméneutique, mais étant un phénomène qui se manifeste en soi, elle n'est plus une *correspondance* ou *adéquation :* propriétés logiques du jugement, mais plutôt faire ressortir l'étant de son enfermement et le faire voir en le découvrant : *alethés.*[264]

C'est pourquoi, pour Heidegger, la vérité aura ce caractère révélateur et le *logos* sera un « laisser voir » et un « laisser percevoir l'étant » qui se manifeste.[265] Le *Logos* traditionnellement compris comme *apophantique* ou *déclaratif* n'est plus considéré comme lieu primaire de la vérité.[266] Heidegger prend le phénomène dans son être propre : *auf das Sein hin.*[267]

---

[262] Cf. G. L. BRUNS, *Ermeneutica antica e moderna*, 1998 : « L'ermeneutica è una tradizione di pensiero e di riflessione filosofica che tenta di chiarire il concetto del *comprendere* (*verstehen*). Che cosa significa trarre senso da qualcosa, sia esso una poesia, un testo di legge, umana, un linguaggio, una cultura estranea o se stessi ? »

[263] Cf. G. MURA, *Introduzione all'ermeneutica veritativa, op. cit.*, p. 176 : « Comprendere non è solo questione della coscienza o di un intelletto puri nella loro relazione all'essere, ma è viceversa espressione del nostro modo esistenziale, e non solo intellettuale, di essere situati–ossia di vivere, agire, pensare, sentire – nell'essere ».

[264] *Idem*, pp. 172-173 : « E in tal modo pone il fondamento di quella nozione di verità come "svelamento" (*a-letheia*) e non più solo come adaequatio, che è alla base della nuova filosofia ermeneutica. Essendo il fenomeno "ciò che si manifesta in se stesso", anche la verità che attiene al *logos* non significa solamente "corrispondenza" e "adeguazione", che sono proprietà logiche del giudizio, ma piuttosto "trarre fuori l'ente di cui si discorre dal suo nascondimento e lasciarlo vedere come non nascosto (*alethés*), scoprirlo"» (Heidegger, 1976, 53).

[265] *Ibidem.*

[266] Cf. G. MURA, *Introduzione all'ermeneutica veritativa, op. cit.*, p. 172.

[267] Cf. J. L. MARION, *Réduction et Donation. Recherches sur Husserl, Heidegger et la phénoménologie*, 1989 : il y parle de la métamorphose herméneutique de la phénoménologie.

Car pour lui, il faudrait arriver à une profonde ontologie de l'existence. Il faudrait aussi comprendre la vie non pas à travers les catégories transcendantales, mais en elle-même. Et c'est ici que l'on pourrait comprendre *l'Hermeneutik der Faktizität : herméneutique de l'effectivité*, dans une rencontre-compréhension.[268] Car, Heidegger aura comme principale préoccupation cette situation de l'homme qui vient avant toute théorie « Préthéorique ». Sa réalité est pleinement historique et individuelle.

Heidegger pose comme nécessité l'herméneutique de l'intuition : *Hermeneutische Intuition*, capable de comprendre la réalité individuelle, existentielle et historique.[269] Parce qu'au centre du problème de Heidegger sur la compréhension, il y a cette question de Dilthey sur une connaissance individuelle capable de connaître objectivement une individualité extérieure et constituée d'un mode différent du sein.[270]

Dans son opposition au transcendantalisme hérité d'Husserl, Heidegger veut aller plus loin pour ne pas limiter la compréhension de la vie : *Das Leben*, aux seules catégories transcendantales. Mais en elle-même, dans ce qui était originaire à la phénoménologie, c'est-à-dire sa réalité effective aujourd'hui héréditée par l'herméneutique.[271]

Dans sa Présentation de l'œuvre de Reinach, Bruno Romano souligne en effet la phénoménologie dans la direction commencée par Husserl et reprise par Heidegger.[272] Avec la nouveauté de Reinach, on ne saurait éviter ce qu'on entend dans la confrontation du terme « phénoménologie » présent dans l'expression « phénoménologie du droit ».

---

[268] Cf. G. MURA, *Introduzione all'ermeneutica veritativa, op. cit.*, p. 181 : « E questo è il progetto di un "ermeneutica dell'effettività" *Hermeneutik der Faktizität* capace di andare oltre ogni forma di trascendentalismo della coscienza, nella direzione di un incontro-comprensione della vita e della situazione dell'uomo, la sua situazione preteoretica, la sua realtà pienamente storica e individuale ».

[269] *Ibidem.*

[270] *Ibidem :* « Al centro del problema del "comprendere", per Heidegger, resta sempre attuale la domanda di Dilthey : "Come può una conoscenza oggettiva individualmente costituita giungere ad una conoscenza oggettiva di una individualità estranea costituita in modo affatto diverso ? »

[271] *Ibidem :* « Per Heidegger l'opposizione al trascendentalismo risiede nella necessità di andare oltre, per comprendere la vita non solo attraverso categorie trascendentali, ma in se stessa, nella sua realtà effettiva, quale era originariamente il compito della fenomenologia, ora ereditato dall'ermeneutica ».

[272] Cf. A. REINACH, *I fondamenti a priori del diritto civile, op. cit.*, *Presentazione* V : « La fenomenologia di Reinach si situa nella direzione avviata da Husserl e poi ripresa originalmente da Heidegger. L'incontro con il lavoro di Reinach non può evitare il confronto con quanto ancora oggi invita alla chiarificazione di ciò che si intende comunicare con il termine 'fenomenologia', presente nell'espressione 'fenomenologia del diritto' ».

I.2.2. Hans Georg Gadamer (1900-2002)

Il sera l'élève de Heidegger à la suite de Husserl, dans sa grande œuvre, *Wahrheit und Methode : Vérité et Méthode*[273] qui est éditée en 1960 après *Sein und Zeit : Être et Temps* de 1926 de Heidegger. En cherchant à tracer les grandes lignes de l'herméneutique, Gadamer tente de trouver une voie pouvant aider à résoudre le fameux combat entre « la Vérité » et « la méthode » en philosophie.[274]

Dans son herméneutique du dialogue, Gadamer définit le processus de la compréhension comme étant un ensemble qui n'est pas seulement existentiel, mais aussi : historique, linguistique et dialectique.[275] C'est pourquoi, son herméneutique possède un caractère « dialogique ».[276] Celui-ci est nécessaire pour une ouverture face à la complexité de la postmodernité. L'herméneutique de Gadamer devient dynamique et non structurelle, car elle est analytique et descriptive, parce qu'elle développe la compréhension ontologique en elle-même. Cette dialectique telle qu'elle apparaît dans les études platoniques permet de revenir sur les aspects de caractère d'expérience, de rencontre et surtout de « fusion des horizons », qui sont propres à la dialectique en général et de la « dialogique platonicienne » en particulier. A la suite de Heidegger, il s'agit de stabiliser le rapport entre « existence historique » et « compréhension herméneutique ». Il est néanmoins essentiel de noter que cela se fait sur la base du fameux « Cercle herméneutique », qui est celui de la précompréhension dans un ensemble de parties et d'un « Tout » qui veut dire totalité de la compréhension non seulement existentielle, mais aussi de la concrète historicité de l'existence. Comme Heidegger et Dilthey, Gadamer tient en considération le véritable problème de la « conscience historique ».

---

[273] Cf. H. G. GADAMER, *Wahrheit und Methode : Vérité et Méthode*, Les grandes lignes d'une herméneutique philosophique, Paris, éd. Seuil, 1996.

[274] Cf. Site Web de l'université de Genève : www.laprocure.com <08.02.2012>.

[275] Cf. G. MURA, *Introduzione all'ermeneutica veritativa, op. cit.*, p. 188 : « Comprendere, per Gadamer, costituisce un evento non solo esistenziale, ma insieme storico, linguistico e dialettico ».

[276] *Ibidem :* « L'ermeneutica di Gadamer possiede un carattere "dialogico" e dinamico, e non strutturale, analitico e descrittivo, perché sviluppa la comprensione ontologica di Heidegger all'interno di una ermeneutica che egli stesso definisce "dialettica" o "dialogica". E tale elemento "dialettico" – come appare dagli Studi Platonici (1983) – consiste nell'assunzione del carattere di esperienza, incontro, "fusione di orizzonti", proprio della "dialettica", e della "dialogica platonica", all'interno delle strutture esistenziali del comprendere proprie di Heidegger. Per questo il rapporto tra "esistenza storica" e "comprensione ermeneutica" viene stabilito da Gadamer sulla base di una precomprensione non solamente esistenziale, ma sul fondamento di "preconcetti" conoscivi legati alla concreta storicità dell'esistenza, e di cui nessun cammino autenticamente ermeneutico si può liberare con un salto in una impossibile purezza concettuale ».

Gadamer entre ici dans le vif du sujet qui nous intéresse. Il entre dans la phénoménologie husserlienne qui est celle du vécu de la « conscience » en voulant approfondir son aspect « historique ». Il affirme après Heidegger que notre précompréhension est insérée dans une tradition culturelle. Nos préjugés ne sont pas seulement des choses abstraites ou purement ontologiques, mais ils sont aussi des produits d'une histoire.[277]

Cette analyse de Gadamer sera d'une originalité certaine. De telle sorte que la science théologique cherchera à intégrer et à renforcer la « tradition ». Car, nous sommes ici dans la pleine compréhension de la tradition culturelle qui aide le phénoménologue à comprendre toutes les parties du « Cercle herméneutique » de Schleiermacher ; c'est le *Wirkungsgeschichtliche Bewusstsein*[278] qui indique l'ensemble de la conscience et les modalités opérant pour la bonne compréhension herméneutique.[279] Parce que dans *Wahrheit und Methode : Vérité et Méthode,* le moyen par excellence par lequel on peut saisir la vérité est le langage. Et il propose deux étapes fondamentales pour le faire avec méthode :

1. Les interprétations du texte tout au long de l'histoire pour comprendre les besoins existentiels de l'époque. Ceux-ci sont parfois liés à la culture, à la religion, à l'économie [...] pour celui qui lit le texte ou pour la communauté qui s'intéresse au texte ;
2. L'application ou l'actualisation du texte dans un contexte existentiel, culturel et historique.[280]

A la suite de la phénoménologie d'Husserl, *Vérité et Méthode* de Gadamer, aide à comprendre l'*Erklären : (expliquer) l'explication* et l'*Applicationsleistung : la réussite ou les performances de l'application.* Ce qui nous fait entrer dans la compréhension de la philosophie de la nature.

---

[277] *Idem*, pp. 188-189 : « Gadamer giunge ad affermare cosi, a differenza di Heidegger, che la nostra precomprensione non è solamente di tipo esistenziale o ontologico, ma che essa è pienamente inserita in una "tradizione" culturale, la quale ne costituisce il vero orizzonte storico. I nostri pregiudizi non sono qualcosa di astratto o di puramente ontologico, ma possono sorgere in noi perché prodotti da una storia che è la "tradizione", intesa prevalentemente come "tradizione culturale di appartenenza". E per questo, loro innestarsi nella tradizione storica, essi non si rivolgono al passato storico quasi sorgendo dal nulla della nostra presente soggettività, ma essi riconoscono, nella storia, proprio quegli elementi della tradizione che vi sono presenti e che l'hanno mediata fino a noi. E stata soprattutto la teologia a recepire l'importanza di questo recupero della "tradizione" nell'ermeneutica gadameriana ; sebbene nella nozione di "tradizione" è da ravvisare anche un'affinità non solo apparente con l'Hermeneutica Historiae" vichiana ».

[278] *Ibidem*

[279] Cf. H. G. GADAMER, *Wahrheit und Methode, op. cit.*, pp. 442, 443, 447 et 542.

[280] Cf. G. MURA, *Introduzione all'ermeneutica veritativa, op. cit.*, p. 189.

I.3. Philosophie de la nature

C'est un courant philosophique qui aura pour but de passer outre la philosophie idéaliste d'Emmanuel Kant. Martius sera une des figures les plus marquantes de cette philosophie dans la nouvelle philosophie phénoménologique.

I.3.1. Hedwig-Conrad Martius

Hedwig Conrad-Martius est née à Berlin le 27 février 1888 et est décédée à Starnberg le 15 février 1966. Sa grand-mère juive fut déportée par les Nazi. Elle-même se convertit au protestantisme. Après ses brillantes études sur la littérature classique (grecque et romaine), elle fit son entrée à l'université d'État de Munich : Ludwig Maximilian Universität, faculté de philosophie. Elle les continuera à Göttingen sous les auspices de Husserl et d'Adolf Reinach qu'elle qualifiera de *phénoménologue par excellence.*[281] Elle se mariera avec Theodor Conrad, le grand confident de Reinach à partir duquel nous recevrons la plupart de ses lettres qui expriment non seulement son évolution intellectuelle mais aussi ses sentiments de satisfaction, de déception, etc.[282]

Avec Edith, Stein Hedwig Conrad-Martius était membre du fameux « Cercle phénoménologique de Göttingen ». Toutes les deux étaient très liées à Reinach, leur professeur de phénoménologie et dont elles ont conservé l'enseignement après le changement opéré par Husserl. Pendant que Stein travaillait sur l'aspect anthropologique de la phénoménologie, Conrad-Martius s'attelait à approfondir l'*ontologie de la réalité* à partir de la philosophie de la nature.[283] Si Husserl a exploré le vaste champ de la phénoménologie, il aura quand même survolé celui de l'ontologie et c'est elle qui prendra le risque de l'approfondir à la suite du maître.[284] En effet, la théorie de l'intuition eidétique ouvrait la voie à l'illusion qu'on pouvait recevoir non seulement les essences de déterminés types ou régions de réalité, mais aussi les essences des

---

[281] Cf. K. SCHUMANN et B. SCHMITH, « *Adolf Reinach : An Intellectual Biography* », in *Speech Act and Sachverhalt. Reinach and the Foundations of Realist Phenomenology, op. cit.*, p. 14 en référence au *Phenomenologist Movement*, p. 191.

[282] *Idem :* Theodor Conrad est une des sources de la Biographie et de la bibliographie de Reinach, Cf., p. 1 : note de bas de page. Même document, pp. 3, 5, 7, 8, 11, 13, etc.

[283] Cf. S. COUTRINE-DENAMY, *Trois femmes dans de sombres temps, Edith Stein, Hannah Arendt, Simone Weil ou amor fati, amor mundi,* Paris, éd. Albin Michel, 2002, p. 29.

[284] Cf. S. VANNI ROVIGHI, *Ontologia,* in, www.treccani.it <31.01.2012>, *l'enciclopedia italiana :* « La teoria dell'intuizione eidetica apriva la strada all'illusione che si potessero cogliere le essenze di determinati tipi o regioni di realtà, e anche le essenze di aspetti fondamentali del mondo corporeo, indipendentemente dai procedimenti scientifici. Su questo terreno si avventurò specialmente H. C. Martius (1888-1966), mentre l'indagine sulle ontologie regionali si dimostrò più feconda nel mondo umano ed ebbe applicazioni all'etica (specialmente con M. Scheler, 1874-1928), all'estetica (R. Ingarden, 1893-1970) e alla filosofia della religione ».

aspects fondamentaux du monde corporel, indépendamment des procédés scientifiques. C'est sur ce terrain que s'aventurera Conrad-Martius et sur lequel elle construit une véritable métaphysique[285] de la phénoménologie. Mais avant de comprendre sa pensée, il serait néanmoins intéressant de comprendre ce qu'est la philosophie de la nature.

La *Naturphilosophie* : philosophie de la nature est un fort courant de philosophie dont les protagonistes seront entre autres Goethe, Hegel et Schelling. Ils auront comme objectif de dépasser Emmanuel Kant dans son idéalisme transcendantal non favorable aux spéculations et constructions philosophiques sur la nature elle-même, à cause des limites liées à l'entendement. Les fondateurs de la philosophie de la nature chercheront à réconcilier Kant avec Spinoza. Mais le positivisme d'Auguste Comte, la phénoménologie d'Edmund Husserl et Paul Nartop viendront réduire la philosophie de la nature à sa plus simple expression. Dans leurs démarches respectives, ils chercheront à distinguer la rigueur du raisonnement scientifique aux spéculations métaphysiques. Le positivisme, en particulier, qualifiera la philosophie de la nature d'être une mystique irrationnelle et une théosophie sans fondements scientifiques.[286]

De nos jours néanmoins, c'est la *Naturphilosophie* sous forme d'une philosophie matérialiste qui combat en même temps le positivisme et l'idéalisme. A ce titre, la grande œuvre de H. C. Martius peut être d'une grande nécessité pour comprendre l'ampleur du problème.[287] Dans un article intitulé : *Heidegger et le tournant herméneutique de la phénoménologie*, D. Seron souligne le projet d'une métaphysique de la phénoménologie entamée par Conrad-Martius pour souligner l'œuvre inachevée de son maître Husserl.[288]

En effet, elle part des *Recherches Logiques* pour effectuer « un retour aux choses de la métaphysique » en passant par l'étude des classiques comme Marc Aurèle, homme politique et philosophe qui a su diriger l'Empire en s'appuyant sur les vertus de la prudence, du courage, de la justice et de la tempérance à l'école des philosophes tels que Platon, Épicure, Démocrite et Héraclite. Martius soutiendra dans l'ontologie réelle que :

---

[285] Cf. H.C. MARTIUS, *Metaphysische Gespräche*, Halle 1921, in Staatsbibliothek München.

[286] Cf. www.universalis.fr, <01.02.2012>, *La philosophie de la nature.*

[287] Cf. H. C. MARTIUS, *Zur Ontologie und Erscheinungslehre der realen Außenwelt. Verbunden mit einer Kritik positivistischer Theorien*, in : *Jahrbuch für Philosophie und phänomenologische Forschung* 3, 1916, *Die erkenntnistheoretischen Grundlagen des Positivismus*, Bergzabern 1920.

[288] Cf. D. SERON, conférence dans le cycle « Retour à l'université » du Réseau Lg, Université de Liège, 28 novembre 2005 : « Le projet d'une métaphysique phénoménologique a suscité de nombreux travaux de la part de phénoménologues comme Hedwig Conrad-Martius ou Ludwig Landgrebe ».

« *Im Wahrnehmen der sich zeigenden Dinge (φαινόμενον - etwas, das sich zeigt - Phänomen) erkennen wir sie* » : dans la perception des objets qui apparaissent : (φαινόμενον : - « quelque chose » qui se manifeste- le phénomène) nous reconnaissons (pour les mêmes objets).[289]

Il y a en réalité quelque chose qui se manifeste, de la perception des objets. Ce quelque chose en d'autres termes se nomme phénomène. C'est la recherche de sa nature ontologique qui sera l'œuvre de Martius.

I.4. Philosophie politique

Pour Philippe Renault, la philosophie politique se définit comme étant la branche de la philosophie s'occupant des questions relatives au pouvoir, au gouvernement, au bien commun, à la loi, à la justice etc.[290] Dans son aspect phénoménologique de l'école husserlienne, Édith Stein sera une des grandes figures avec sa lutte pour les inégalités sociales et spécialement contre les lois discriminant les femmes.

I.4.1. Édith Stein

Elle milite pour le droit de vote des femmes en Allemagne. Ce droit est obtenu le 19 janvier 1919.[291] En effet, première femme docteur en Allemagne, Édith Stein aura pesé d'un grand poids dans la réflexion philosophique par rapport à la défense des questions liées à la condition féminine. Dans ses : *Sämtliche Werke : Œuvres Complètes*[292], elle a pour grandes motivations, la défense non seulement des droits de la femme, mais de toute sa dignité. Son principe part de l'individu dans la grande communauté humaine. Les inégalités sociales sont créées par les hommes qui, seuls, peuvent les abolir. C'est pourquoi, elle militera pour la possibilité des femmes à accéder aux différents niveaux de la connaissance universitaire[293] et à l'enseignement en Allemagne.

> Les jeunes filles passent aujourd'hui le baccalauréat et s'inscrivent à l'université en ignorant le plus souvent ce qu'il fallut de réunions, résolutions, pétitions adressées au Reichstag ou aux Staatsregierungen pour que s'ouvrent aux femmes en 1901 les portes de l'université allemande.[294]

---

[289] Cf. H. C. MARTIUS, *Realontologie*, in : *Jahrbuch für Philosophie und phänomenologische Forschung* 6, 1923, pp. 159 -333.

[290] Cf. P. RAYNAUD, *Dictionnaire de philosophie politique*, Paris, éd. PUF, 2006, p. 560.

[291] Cf. www.westfalische geschichte.org <14.02.2012>, 19 Januar 1919, Erstmaliges aktives und passives Wahlrecht fur Frauen in Deutschland : traduction française, *19 janvier 1919 ; le premier vote des femmes avec voix active et passive.*

[292] Cf. C. RASTOIN, *Edith Stein ; enquete sur la source*, Paris, 2007, pp. 167-168.

[293] Cf. Art. « Édith-Stein une pédagogie féminine », in revue *Carmel*, n° 120, juin 2006.

[294] www.asthrotheme.fr, <14.02.2012>.

L'État quant à lui doit se placer au dessus des idéologies. C'est pourquoi Édith Stein s'opposera au national socialisme allemand et aux idéologies marxistes.[295] Elle explique la nature de l'État en ces termes :

> L'essence de l'État est le pouvoir, si l'on entend par *pouvoir* la capacité de maintenir l'autonomie de l'État. L'existence de l'État a pour condition un pouvoir étatique s'originant lui-même et reconnu, c'est-à-dire en mesure d'imposer cette reconnaissance. Voilà la souveraineté (p. 13, 16-17). Édith Stein n'admet donc pas la thèse contractualiste, selon laquelle l'État est une création arbitraire, ayant pour fondement un contrat entre individus (p. 39). Cependant les individus qui composent l'État constituent une communauté maintenue par l'amitié plus encore que – dit Aristote – par la justice : cette amitié (*philia*) signifie conscience communautaire. Mais ce lien existentiel n'est cependant pas exigé par la structure étatique de l'État : un ensemble de personnes et un certain type de relation entre elles. Pour mieux situer la pensée d'Édith Stein concernant ces grandes catégories (peuple, communauté, société, État) et pour mieux percevoir sa différence, rappelons ici quelques définitions postérieures et partiellement convergentes de Maritain dans *L'homme et l'État.* « Le Corps politique ou Société politique requise par la nature et réalisée par la raison est la plus parfaite des sociétés temporelles, une réalité entièrement humaine qui tend vers un bien entièrement humain, le bien commun » ;
> L'État est seulement cette partie du corps politique dont l'objet spécial est de maintenir la loi, de promouvoir la prospérité commune et l'ordre public et d'administrer les affaires publiques ; l'État est partie ou instrument du corps politique, investi du pouvoir suprême seulement en vertu et proportion des exigences du bien commun (p. 9-13).[296]

La nature de l'État telle qu'elle est expliquée par Édith Stein apparaît comme étant porteuse d'une certaine originalité ; car c'est finalement les droits fondamentaux de la personne humaine qui sont pour elle les clés de lecture de la vérité sur l'État. Il ne devient plus une simple entité abstraite dénudée de toute nature, mais ayant un rôle bien déterminé pour les intérêts de l'ensemble.

Afin d'insérer la grande œuvre d'Édith Stein dans le panoramique historico-culturel de son temps, une lecture des études sur Thomas d'Aquin est conseillée.[297] Son camarade d'université Roman Ingarden, phénoménologue, esthéticien et ontologue polonais, né le 05 février 1893 et mort le 14 juin 1970 a été élève de Husserl à Göttingen ; c'est avec lui qu'il a passé sa thèse intitulée : *Intuition et intellect chez Henri*

---

[295] Cf. B. MARGERIE, commentaire sur Édith-Stein, *l'homme et l'État,* in www.philosophie-droit.fr <14.02.2012>.

[296] *Idem,* art., in www.philosophie-droit.asso.fr <16.02.2012>, *Édith Stein et l'État.*

[297] Cf. C. ROMANO, *Questa è la verità ! Una santa ad Auschwitz, Edith Stein,* Napoli, ed. Guida, 2011, p. 101 : « Per inserire la figura e l'opera di Edith Stein nel panorama storico-culturale del suo tempo ci sembra opportuno fornire qualche indicazione sugli studi tomistici tra il XIX e il XX secolo e parallelamente sulle iniziative del Magistero ecclesiastico a favore della filosofia tomista ».

Bergson.[298] Il fait partie de ceux qui ont connu la riche personnalité d'Édith Stein. A son sujet, il dit qu'il a connu une femme sérieuse et responsable.[299] Dans les quatorze lettres de leur correspondance que Gianfranco Bretagni sélectionne, leur amitié continue de manière épistolaire même lorsqu'Édith Stein fera son entrée au Carmel :

> Le quattordici lettere di Edith Stein all'amico e filosofo polacco Roman Ingarden, selezionate e ora disponibili anche in traduzione italiana, consentono una accurata ricognizione di quel teso e complesso *humus* esistenziale e culturale entro il quale operò la pensatrice, allieva e poi assistente di Edmund Husserl e trucidata nel 1942 nel lager nazista di Auschwitz-Birchenau. L'epistolario selezionato, facente parte di un più ampio *corpus*, copre un arco temporale dal febbraio 1917 all'estate del 1937, ma va detto preliminarmente che la maggior parte delle lettere – tredici – sono scritte nel periodo dal 1917 al 1925, mentre l'ultima, più tarda, risale al periodo in cui la Stein era già entrata nel monastero del Carmelo a Colonia. Dal reticolo delle lettere emerge una fitta tramatura di relazioni, contatti, nomi e situazioni che fecero da sfondo a quella avventura spirituale, unica e solitaria, fatta di aspirazioni e sconfitte, speranze e cadute, cui Édith Stein fu diretta protagonista.[300]

Pour ce qui est de son œuvre phénoménologique, il va contre le nouveau tournant transcendantal d'Husserl. Sa phénoménologie reste celle des *Recherches Logiques* basée sur le réalisme. C'est pourquoi dans ses œuvres traduites en français, nous notons particulièrement celle qui traite de la responsabilité.[301] Bien que partageant les mêmes idées philosophiques, Ingarden émettra ses réserves vis-à-vis de la religion chrétienne.

Mais pour Stein, la philosophie chrétienne sera le support de sa vision de l'État qui a aussi pour mission l'enseignement, la formation et l'éducation qui sont des termes approfondis par la philosophie de l'éducation en général et dans le cadre de la phénoménologie, par le philosophe Emmanuel Mounier.

---

[298] Cf. E. STEIN, *Correspondance* vol. I, 1917-1933, tr., fr. Cécile Rastoin Paris, éd. Cerf, 2009, p. 55 : Édith Stein y explique la soutenance de thèse de Roman Ingarden le 16 janvier 1918.

[299] Cf. C. ROMANO, *Questa è la verità ! Una santa ad Auschwitz, Edith Stein, op. cit.*, p. 93 : « Ho conosciuto in lei una donna altamente dotata, seria e responsabile. Anche in seguito mi apparve sempre una persona pura, interiormente ricca e vera, sulla quale si poteva fare pieno affidamento. In piena coscienza ha scelto la strada filosofico-scientifica prima e quella religiosa poi, dove ha trovato anche la vera felicità ».

[300] Cf. www.gienfrancobertagni.it <16.02.2012>.

[301] Cf. R. INGARDEN, *De la responsabilité. Ses fondements ontiques*, tr. Ph. Secretan, Paris, éd. L'Harmathan, 1993.

I.5. Philosophie de l'éducation

Partant toujours de la fameuse visée intentionnelle phénoménologique, la philosophie de l'éducation part des attentes de l'enfant dans son éducation. Nous allons essayer de présenter brièvement la phénoménologie d'Emmanuel Mounier qui a exploré ce domaine délicat.

I.5.1. Emmanuel Mounier

Il est surtout connu pour son personnalisme, et voici ce que dit de lui *l'Encyclopédie Universalis :*

> Philosophe, grande figure de la scène intellectuelle des années 1930-1940, influencé à la fois par Henri Bergson et Charles Péguy, Emmanuel Mounier (1905-1950) a recherché, avec la revue Esprit (1932) et l'incessante promotion de ce courant de pensée attaché à tenir à distance les impasses idéologiques et politiques à la fois du fascisme et du communisme, à mettre en avant une doctrine fondée sur la fraternité et la pluralité.[302]

Philosophe français né à Grenoble en 1905 et mort en 1950, Emmanuel Mounier est considéré dans l'histoire de la philosophie comme étant le père du personnalisme.[303] A la suite de la phénoménologie de Husserl, Mounier est sensible à la dimension communautaire de la personne humaine. Son personnalisme explore les domaines de la vie en société. Car la personne subjective devrait sortir de son individualisme pour s'intégrer dans le corps social, mais pas à la manière du socialisme. Sa phénoménologie engage : « l'individu pour la société et la société pour la personne ».[304] C'est pourquoi, si la personne dans son *Ego : Je*, vit dans chacun de ses actes elle est donc en mesure de se « responsabiliser » : en d'autres termes « de se reprendre, de se ressaisir en vue de se ramasser sur un centre, de s'unifier ».[305]

Dans sa grande œuvre, Mounier croit aux valeurs de la personne humaine qui est capable, dans la philosophie de l'éducation, de se prendre en charge, tout en intégrant son groupe social. La personne est diverse et une ; elle est donc un centre de plusieurs intérêts qui peuvent varier selon les situations et les époques.

---

302 www.universalis.fr <15.02.2012>.

303 *Idem :* « Le mot 'personnalisme' (...) a reparu en France vers 1930 pour désigner les premières recherches de la revue Esprit autour de la crise politique et spirituelle qui éclatait alors en Europe. Le Vocabulaire philosophique de Lalande (PUF) lui donne droit de citer dans sa 5e édition de 1947. Mais ce qu'on appelle aujourd'hui le personnalisme n'est rien moins qu'une nouveauté. L'univers de la personne, c'est l'univers de l'homme ».

304 www.actuphilosophie.org <15.02.2012>.

305 E. MOUNIER, *Le personnalisme*, Paris, éd. PUF, 1949, p. 87.

Ce paragraphe nous aura aidés à parcourir les principaux représentants de la phénoménologie de Husserl de l'école de Göttingen. Nous avons eu une certaine idée de la phénoménologie sur les différents secteurs de la philosophie : le langage, l'anthropologie et l'éducation entre autres. Comme le dit si bien Carla Romano, le terme phénoménologie vient d'une part de l'école de Wolf. Il a été utilisé par Kant et Hegel ; mais aujourd'hui, c'est surtout l'école husserlienne qui en a fait parler le plus à travers les fameuses *Recherches Logiques.*[306] Celles-ci ont eu comme principaux supports et continuateurs les disciples de Husserl, à savoir, Scheler, Hartmann, Stein, Conrad-Martius, Reinach et les autres. La phénoménologie husserlienne s'est beaucoup distancée du positivisme et de l'empirisme, parce que Husserl propose une méthode qui va vers les choses elles mêmes. C'est pourquoi, le deuxième paragraphe nous aidera à faire un *excursus historique* de ce qu'on entend par philosophie du droit jusqu'à la phénoménologie.

PARAGRAPHE II. La philosophie du droit : son bref excursus historique jusqu'à la phénoménologie

Comme toute science, la philosophie du droit a une histoire. Nous ne saurions en faire une recherche rigoureuse sans aller à ses origines romaines. En effet, c'est à Rome que la science juridique trouve une de ses meilleures définitions comme nous le verrons dans ce chapitre. L'importance de ce paragraphe tient au fait que, pour comprendre la théorie de Reinach, il faut faire une certaine économie de l'histoire du droit romain.

II.1. Le droit romain

Le droit romain a une subdivision interne en diverses périodes qui ont contribué à son évolution ; et pour une meilleure compréhension de l'évolution du droit romain, Stankiewich le divise en quatre périodes[307]:

[306] Cf. C. ROMANO, *Questa è la verità ! Una santa ad Auschwitz, Edith Stein, op. cit.*, p. 98 : « Il termine « fenomenologia », che è stato probabilmente coniato nella scuola wolfiana, viene usato da diversi pensatori quali Kant, Hegel, ma l'unica nozione oggi viva è quella rimasta legata a Edmund Husserl con le sue Ricerche Logiche (1900-1901) e da lui stesso sviluppata nelle opere successive e continuata dai suoi discepoli Scheler, Hartmann, Stein, Conrad-Martius, Reinach e altri ».

[307] Cf. A. STANKIEWICH, *Appunti sulle fonti e sulle istituzioni di diritto romano,* dispensa ad uso degli studenti, Pontificia università della santa croce, Roma, 2006, pp. 9-15 : Il diritto romano storico « è l'esperienza giuridica romana » o il diritto che ebbe vita in Roma antica dalle origini (754 o 753 a.C.) sino alla morte di Giustiniano (565 d.C.), caratterizzata "da una pluralità di ordini giuridici entro comuni determinati politiche,

1. L'antiquité monarchique (754-510) avant Jésus-Christ.
2. La République (510-27) avant Jésus-Christ.
3. La principauté (27 avant Jésus-Christ 284 après Jésus-Christ).
4. La monarchie absolue (284-476 ; 565 après Jésus-Christ.[308]

Dans la période de la République, avec l'admission de la *Plèbe*[309] à la citoyenneté « civitas », Rome devient « res publica Romanorum », de la moitié du IVe siècle jusqu'à la fin du Ier siècle avant le Christ. La caractéristique du gouvernement est son ouverture démocratique à l'image des voisins grecs. Mais cette démocratie dure peu avec l'arrivée au pouvoir du prince (principauté) de 27 a.C à l'An 284 a.C. De la protection juridique de la chose publique, nous passons à la protection du Prince : *Princeps*. Cette période fera néanmoins éclore un droit philosophiquement pensé.[310] Notre auteur rappelle la distinction des trois types de connaissances selon (Garcia Garrido) :

1. La connaissance abstraite des vérités absolues (la *Sophia* ou la *sagesse*) ;
2. La science pratique (la *prudentia* ou *prudence*) ;
3. La technique de l'application de la pratique (la *tekné : ars* latin ou *art*).

La fameuse définition du droit d'après Celste cité par Ulpien (de son vrai nom Ulpianus) *Digeste* 1.1.1.1 nous est aussi donnée pendant cette période :

> Nam ut eleganter Celsus definit, ius est ars boni et aequi. Cujus aequi notitiam profitemur, aequumm ab iniquo separantes, licitum ab illicito discernentes, bonos non solum metu poenarum, verum etiam praemiorum quoque exhortatione efficere cupientes.[311]

La traduction dépend du sens donné au droit par Celsius, comme synonyme de la jurisprudence ou de la science du droit. Une jurisprudence qui est un art : une technique du bien et du juste, ou alors, l'ensemble des normes liées à la conduite humaine. Le droit devient donc un système du bien et du juste d'après Puliese cité par Garcia Garrino.

Une étape importante dans l'effort de définition sera aussi faite par Ulpien :

> Iustitia est constans et perpetua voluntas ius suum cuique tribuendi. Iusris praecepta sunt haec : honeste vivere, alterum non laedere, suum cuique

---

geografiche e cronologiche" (Riccobono) ; è il diritto romano nella sua storicità, « diritto romano dei Romani » (Orestano) ».

[308] *Ibidem.*

[309] La Plèbe (du latin plebs, plebis) est la masse pauvre de l'ancienne Rome.

[310] Ulpien cité par A. STANKIEWICH, *op. cit.*, p. 13.

[311] A. STANKIEWICH, *Appunti sulle fonti e sulle istituzioni di diritto romano, op. cit.,* 13.

tribuere. Iurisprudentia est divinarum atque humanarum rerum notitia, iusti atque iniusti scientia.[312]

Un essai de traduction nous fait comprendre que la justice est la constante et perpétuelle volonté de donner à chaque personne ce qui est sien, ce qui lui appartient. Les préceptes de la justice sont : vivre honnêtement, ne pas nuire à autrui et donner à chacun ce qui lui revient. La jurisprudence quant à elle est la connaissance des choses divines et humaines, la science du juste et de l'injuste. Ce qui fait la grande nouveauté ici chez les romains, c'est l'intérêt qui se recentre sur *la chose : res.*[313] Si cette chose est comprise dans le sens des échanges commerciaux, (car Rome devient un grand centre commercial), elle inclura plus tard : les *universitas rerum*, comme les *universitas personnarum :* les ensembles des choses, comme les ensembles des personnes.

Comme le droit, la justice est la volonté de donner à chaque personne ce qui lui appartient (*la chose : res*); et la jurisprudence en devient non seulement une connaissance, mais en plus un art au vu des romains. Ce qui intéresse ici notre étude est « l'inspiration éthique du droit » chez les romains et la notion de « l'aequitas », qui est, d'après saint Cyprien : « iustitia dulcore misericordiae temperata ».[314] Si le droit est le respect de la règle chez les romains, il est aussi et surtout pour la jurisprudence la volonté manifeste de donner à chaque personne ce qui lui appartient. C'est ce que nous essayerons d'expliquer dans les lignes qui suivent à savoir ce qu'est cette chose et comment elle est conçue philosophiquement dans la tradition des romains ?

---

[312] *Ibidem*

[313] J. HERVADA, *Introduzione critica al diritto naturale*, Milano, éd. Giuffrè 1990, p. 30 : « ciò che justo » : ce qui est juste est l'objet de la justice. Cette définition du juste que tente de donner Javier Hervada se situe en droite ligne avec toute la tradition juridique née à Rome. C'est la *res*, la chose qui intéresse le droit et surtout la justice. Car si la justice parfaite consiste à donner à chaque personne ce qui lui appartient, toute la problématique de notre auteur est de souligner une chose qui existe en dehors de toute norme. Elle appartient à un propriétaire. Le développement de la critique du droit naturel engagé dans ce sens par Hervada trouvera une plus grande ouverture avec le travail de Reinach.

[314] *Idem*, p. 15. Elle n'est plus l'adéquation de la norme aux exigences des rapports juridiques particuliers et la recherche d'un équilibre parfait entre le fait et le jugement dur, rigide, mais il devenait clément, miséricordieux dans le sens chrétien du mot et recherchait aussi la magnanimité et le pardon. Ce n'est plus seulement le courant volontariste qui dominait la pensée juridique, mais la tempérance dans l'interprétation du droit en général. Cette notion d'équité domine encore non seulement le droit canonique, mais aussi le système de la *Common Law* anglaise et américaine. Le juge a la capacité de tenir compte de certaines circonstances dans l'interprétation de la loi.

II.1.2. La Tradition « romanistique »

Ce sont les expériences juridiques ou le complexe d'expériences ou des phénomènes juridiques développés en Europe continentale par rapport à la compilation justinienne (*Corpus Iuris Civilis*).[315] Réné David et Camille Jauffret-Spinosi affirment que le droit comparé peut être étudié dans l'interdisciplinarité : « Le droit comparé peut être utilisé dans les recherches qui concernent l'histoire, la philosophie ou la théorie générale du droit ».[316] C'est pourquoi, ils qualifient l'étude de la tradition romano-germanique comme étant l'une des plus anciennes dans l'histoire et la philosophie du droit :

> La famille romano-germanique a derrière elle une longue histoire. Elle se relie au droit de la Rome ancienne, mais une évolution plus que millénaire a éloigné de façon considérable non seulement les règles de fond et de procédure, mais la conception même que l'on entretient du droit et de la règle de droit de ce qui était admis au temps d'Auguste ou de Justinien. Les droits de la famille romano-germanique sont les continuateurs du droit romain, dont ils ont parfait l'évolution ; ils n'en sont en aucune façon la copie, d'autant plus que beaucoup de leurs éléments proviennent de sources autres que le droit romain.[317]

Aujourd'hui, lorsqu'on parle de l'expérience du droit, on ne saurait se passer du droit romain, car il aura marqué la tradition juridique de l'occident et même au niveau international. Passé de l'Empire romain à l'époque médiévale, nous allons essayer d'expliquer pourquoi il devenu, par ce passage, le droit commun européen.

II.2. Le droit commun européen

Il est l'élaboration des sources romano-justiniennes du « Corpus iuris » en dehors des parties non connues des glossateurs, et en plus de l'« Athenticum », des « Livres feudorum » des constitutions des nouveaux empereurs médiévaux.[318] Au Moyen Age, l'enseignement du droit et de

---

[315] Cf. A. STANKIEWICH, *Appunti sulle fonti e sulle istituzioni di diritto romano, op. cit.*, p. 2.

[316] Cf. R. DAVID, C. JAUFFRET-SPINOSI, *Les grands systèmes de droit contemporains*, Paris, 11e éd. Dalloz, 2002, p. 3 : « C'est sous cet aspect qu'il a fait reconnaître, au XIXe siècle, son importance. A la suite de Montesquieu, que l'on a appelé parfois, non sans quelque exagération, l'ancêtre du droit comparé, il est devenu de mode, au XIXe siècle, de brosser de vastes fresques historico-philosophiques de l'évolution du droit, dans la perspective des idées de progrès et de l'évolution auxquelles les esprits, alors, étaient acquis. Le droit des peuples les plus divers est mis à contribution pour esquisser de grands tableaux historiques, à travers lesquels se profile le progrès de l'humanité ; partant des coutumes de tribus primitives, appelées à illustrer les origines du droit, le juriste est conduit à s'émerveiller en contemplant le droit des peuples les plus avancés dans la civilisation moderne ».

[317] R. DAVID, C. JAUFFRET-SPINOSI, *Les grands systèmes de droit contemporains, op. cit.*, p. 25.

[318] Cf. A. STANKIEWICH, *Appunti sulle fonti e sulle istituzioni di diritto romano, op. cit.*, p. 2.

sa philosophie dans les universités n'adopte pas la même méthode que celle que nous connaissons aujourd'hui. En effet l'Italie et la France n'avaient pas un droit national :

> Comment aurait-on pu organiser au Moyen Age, du reste, un enseignement du droit axé sur ce que nous appelons aujourd'hui le droit positif ? Celui-ci, dans la plupart des pays, se présentait sous un aspect chaotique, incertain, extrêmement morcelé, parfois barbare. L'Italie et la France, d'où part le modèle des études nouvelles, n'avaient pas de droit national ; le régime féodal continuait à régner dans ces pays, où ne s'affirmait encore aucun souverain général incontesté. La situation était la même en Espagne, au Portugal, où les rois n'étaient guère que les chefs d'une coalition toujours précaire contre les musulmans. La *Common Law* commençait à peine à se dégager et à évincer les coutumes locales en Angleterre. A peine à rester des écoles locales de procédure, sans prestige, sans rayonnement, et sans moyens, les universités devaient enseigner autre chose que le droit local. Au surplus, c'est précisément pour dépasser ce droit local, pour s'élever au-dessus de coutumes arriérées et insuffisantes que la renaissance des études de droit romain s'est produite. Aucune université européenne ne va donc prendre pour base de son enseignement le droit coutumier local ; celui-ci, aux yeux de l'université, n'exprime pas la justice, ce n'est pas vraiment du droit : « non est proprie jus, sed fex », dit sans ménagement un auteur allemand.[319]

Dans les universités de Paris, Bologne, Napoli etc., le « droit romain » continuera d'être enseigné communément, tout en y faisant l'unité des enseignements. La majorité des universités étant sous contrôle de l'Église, il y aura également l'influence de ce droit romain dans le droit interne dit canonique.

II.3. Le droit romain et le droit canonique

Nous lisons bien dans la préface du *Code de droit canonique* de 1983 que, depuis les temps antiques, l'Église a coutume de rassembler les canons des conciles pour mieux les connaître ; leur application et surtout leur observation par les prêtres était toujours rappelée par le pape Célestin aux évêques de la Puglia en Italie.[320] Au XIIe siècle, grâce

---

[319] R. DAVID, C. JAUFFRET-SPINOSI, *Les grands systèmes de droit contemporains*, *op. cit.*, pp. 32-33.

[320] Cf. *Codice di diritto canonico e leggi complementari commentato*, 1983, présenté par Juan Ignacio Arietta, Roma, 3a ed. Coletti, 2010 : « Fin dai tempi della Chiesa primitiva invalse la consuetudine di raccogliere in unità i sacri canoni, perché la loro conoscenza, la loro applicazione e fedele osservanza risultassero più facili, in special modo per i sacri ministri, poiché, come già ammoniva il Papa Calestino in una lettera ai Vescovi costituiti nelle Puglie e nella Calabria "a nessun sacerdote è lecito ignorare i suoi canoni » (2& luglio 429. Cf. Jaffé n. 371 ; Mansi, IV, col. 469) ; con queste parole è consonanza il IV Concilio di Teledo (a. 633), il quale, dopo la reintegrazione della disciplina ecclesiastica nel regno dei Visigoti, liberato dall'arianismo, stabiliva : « i sacerdoti conoscano le Sacre

au travail de collection que la tradition reconnaît au Moine Gratien, l'Église a pu réunir un ensemble de lois et de collections dans ce qu'elle a pu appeler, le fameux Décret de Gratien.[321] Le droit romain a su faire son chemin à l'intérieur de l'Église jusqu'à la nouvelle théologie de Vatican II qui aura influencé dans la rédaction du Code de 1983 promulgué par Jean Paul II. De nos jours, le droit romain continue à être enseigné dans les universités ecclésiastiques et Pontificales.

Après avoir souligné l'importance du droit romain dans le droit canonique, il convient pour nous de comprendre la « romanistique » moderne ou le droit romain à l'époque moderne.

II.3.1. La « romanistique » moderne

C'est l'étude du droit romain historique, c'est-à-dire : du « droit romain des romains ».[322] La philosophie du droit et l'histoire trouvent ici une véritable matière pour la recherche.

Scritture e i canoni » poiché « l'ignoranza, madre di tutti gli errori, è da evitare specialmente nei sacerdoti di Dio » (can. 25 : Mansi, X, col. 627). In realtà, nel corso dei primi dieci secoli fiorirono quasi innumerevoli collezioni di leggi ecclesiastiche, per lo più composte per iniziativa privata, nelle quali erano contenute prevalentemente le norme date dai Concili e dai Romani Pontefici, come pure altre desunte da fonti di minore importanza. A metà del sec. XII tale miriade di collezioni e di norme, non raramente contrarie tra di loro, fu riorganizzata, sempre per iniziativa privata, ad opera del monaco Graziano, in una raccolta unitaria di leggi e di collezioni (« Concordia discordantium canonum »). Questa « concordia », che successivamente ebbe il nome di *Decretum Gratiani*, costitui la prima parte di quella grande collezione di leggi che, sull'esempio del *Corpus Iuris Civili* dell'imperatore Giustiniano, fu chiamata Corpus Iuris Canonici, e conteneva le leggi che per circa due secoli erano emanate dalla suprema autorità dei romani Pontefici, con l'aiuto di esperti canonisti, denominati i « glossatori ».Quest Corpus di leggi, oltre al Decretum Gratiani nel quale erano contenute le leggi precedenti, consta del Liber Extra di Gregorio IX, del Liber VI di Bonifacio VIII, delle Clementinae, cioè della collezione di Clemente V promulgata da Giovanni XXII, alle quali si aggiungono le *Extravagantes communes,* decretali di diversi Romani Pontefici mai riunite in una collezione autentica. Il diritto ecclesiastico, compreso in questo corpo di leggi, costituisce il « diritto classico » della Chiesa cattolica e viene comunemente chiamato con tale nome ».

Lire aussi, A. STANKIEWICH, *Appunti sulle fonti e sulle istituzioni di diritto romano, op. cit.,* pp. 3-7

[321] Le *Décret de Gratien* est l'œuvre célèbre attribuée par la tradition canonique au moine Gratien. Ce Décret est devenu l'une des sources du droit canonique.

[322] Cf. A. STANKIEWICH, *Appunti sulle fonti e sulle istituzioni di diritto romano, op. cit.*, p. 3 : « L'indirizzo storico-critico è dominate, anche se i mezzi di indagine tendono alla riscoperta di ogni aspetto della vita giuridica romana formataci da fonti giuridiche ed extra-giuridiche. Si discosta dall'identificazione del diritto romano con il *Corpus iuris*, "quel monumento di sapienza legislativa" quel « diritto » in assoluto, "per eccellenza", talvolta identificato con la *ratio scripta* (Orestano), come anche dalla concezione « normativa » del diritto romano immessa nel tempo presente (valore di paradigma precettivo) ».

II.3.2. La Pandectiste

Elle est l'ultérieure élaboration doctrinale du droit romain Justinien et du droit commun développé en Allemagne. Elle sera en grande partie l'œuvre de Savigny.[323] Nous l'approfondirons au IIIe paragraphe.

II.4. La tripartition du droit romain

D'après les *Iustiniani Institutiones : Les Intstitutions de Justinnien,* le droit romain est composé de trois parties : « Omne autem ius quo utimur, vel ad personas pertinet vel ad res vel ad actiones »[324] :

1. *Personae :* physiques et juridiques ;
2. *Res :* mobiles et immobiles ;
3. *Actiones :* civiles et pénales.[325]

Le peronnes, les choses et les actions font partie du contenu des *Institutions impériales.* Cette tripartition sera au cœur même des *Recherches* de Reinach. Le fameux *Zurück* de Husserl trouvera dans le Droit civil allemand inspiré en grande partie par les Pandectes, les choses que la phénoménologie cherchera à comprendre et interpréter le langage juridique.

II.4.1. La propriété

Pour Javier Hervada, la propriété entendue comme *res : chose,* n'est pas à être considérée par les romains du point de vue de la loi, encore moins être limitée d'un point de vue du droit positif ; mais elle doit uniquement être comprise comme *res iusta.*[326] Les Pandectistes font très souvent référence à ce passage du *Digeste :*

> Nous disons avec raison qu'un fonds de terre nous appartient en totalité, lors même que l'usufruit appartient à un autre ; parce que l'usufruit ne fait pas partie de la propriété, mais de la servitude, comme une voie, un chemin. Ainsi, c'est donc avec raison que nous disons qu'un fonds nous appartient en entier quand aucune portion de ce fonds ne peut être dite à un autre.[327]

A partir de cette définition, on comprend aisément qu'il s'agit ici du statut d'une propriété privée liée au droit à la jouissance de ses biens,

---

[323] *Idem,* p. 2.
[324] *Idem,* p. 65.
[325] *Idem,* p. 80.
[326] J. HERVADA, *Introduzione critica al diritto naturale, op. cit.,* pp. 27-32.
[327] J. BENOIST, J-F. KERVEGAN, *Adolf Reinach, entre droit et phénoménologie, op. cit.,* pp. 119-120. *Le Digeste* ou *Pandectes* de l'Empereur Justinien, titre 16, « De la signification des termes », alinéa 25, Paul au livre 21 de l'Édit, repris entre autres dans Bernhard Windscheid, *Lehrbuch der Pandektenrechts : Manuel du droit des Pandectes,* 1re éd. 1862, 9è éd. 1906, Livre III, « Le droit des choses », ch. 4, « La propriété », section 1, « Concept, contenu, objet », § 167, pp. 856-860, note ».

même s'ils sont cédés à un tiers. Si la propriété se voit particulièrement protégée par le droit positif, elle aura également besoin d'une certaine disposition nécessaire au devoir-être.

II.4.2. La disposition

Elle rentre dans la compréhension de la distinction entre le *ius publicum* et *le ius privatum.*[328] C'est le moyen par lequel le *ius* a une tutelle ; en d'autres termes, c'est la titularisation des biens. C'est cet ensemble du droit positif et de la jurisprudence romaine qui vise à protéger les personnes et les choses.

II.4.3. La prétention

En parlant de la prétention, nous allons la limiter à ce que nous entendons dans le droit romain par *action.* En effet, la fameuse définition de l'action remonte à Celse : « Nihil aliud est actio quam ius quod sibi debeatur, iudicio persequendi »[329]: l'action en justice n'est rien d'autre que le droit de réclamer ce qui est dû au propriétaire. Ici, nous nous retrouvons normalement dans le cadre judiciaire que nous aurons à expliciter avec Reinach. Cet historique nous permet de rentrer aux origines du problème dans le droit romain.

II.4.4. L'obligation

Elle est comprise comme un devoir juridique et moral, de la part de celui qui promet et de la part de celui qui prétend dans le droit romain.[330] Si le droit positif romain insiste sur *le juste* et *l'injuste*, c'est d'abord pour aller dans sa logique de donner à chaque personne ce qui lui appartient et ce dans la justice commutative, distributive et légale. C'est pourquoi, de l'obligation juridique purement positive, Adolf Reinach nous fera comprendre que celle-ci doit être comprise à partir de son expression linguistique.

---

[328] Cf. A. STANKIEWICH, *Appunti sulle fonti e sulle istituzioni di diritto romano, op. cit.*, pp. 83-86 : « Partizione romana del diritto ».
[329] *Idem*, p. 94 : Celso (Lib.3 Dig. D.44.7.51) et les *Institutions* de Justinnien.
[330] Cf. A. STANKIEWICH, *Appunti sulle fonti e sulle istituzioni di diritto romano, op. cit.*, p.105 : Le rôle de *l'arbiter* ou du *iudex : juge* était celui d'intimer le débiteur à rembouser sa dette.

II.5. Thomas d'Aquin et le droit

C'est *l'Ethique à Nicomaque*[331] qui est sa source d'inspiration en ce qui concerne le droit. En effet, lorsque Aristote parle de la visibilité de l'amitié, il entre dans le langage du réel : c'est-à-dire celui de *la res : la chose réelle.*[332] La *res* que la phénoménologie peut qualifier de nos jours comme étant le vécu. La conception du droit chez Thomas d'Aquin est donc réaliste à la suite de la définition romaine *du droit : du Ius*. D'après Lachance (1899-1963), professeur de la philosophie du langage à l'université de Montréal et de la philosophie thomiste à l'Angelicum de Rome, Thomas d'Aquin considère le droit comme étant à la fois objet de relation et une mesure dans le sens de la division.[333] Il est important de noter qu'il ne se définit pas comme étant un juriste mais comme un théologien, car toute sa démarche se trouve exposée dans sa fameuse *Somme Théologique*[334]*: ipsam rem iustam* (question 57) :

> La justice, parmi les autres vertus, a pour fonction propre d'ordonner l'homme en ce qui est relatif à autrui. En effet, elle implique une certaine égalité, comme son nom lui-même l'indique : ce qui s'égale « s'ajuste", dit-on communément ; or l'égalité se définit par rapport à autrui. Les autres vertus au contraire ne perfectionnent l'homme que dans ce qui le concerne personnellement. Ainsi donc, ce qui est droit dans les œuvres de ces vertus, et à quoi tend l'intention vertueuse comme à son objet propre, ne se définit

---

[331]Cf. ARISTOTE, *Ethique à Nicomaque*, Livre V, tr., fr. Jean Cachia, Paris, éd. Ellipses, 1998, ch. 1-10. Ce qui est mis en évidence chez Aristote, ce sont les problèmes de justice en politique. C'est pourquoi, il distingue surtout deux aspects de la justice : celle commutative dans la vie communautaire et celle distributive dans ce que l'État doit aux citoyens « Le juste est le bien politique, à savoir l'avantage commun ». Notre thèse ne vise pas un développement de cette conception de la justice chez Aristote qui mériterait un développement volumineux. Mais la distinction faite par Aristote dans *l'éthique à Nicomaque* est fondamentale dans la compréhension du droit chez saint Thomas d'Aquin.

[332] Cf. B. SERE, *De la vérité en amitié. Une phénoménologie médiévale du sentiment dans les commentaires de l'Éthique à Nicomaque (XIIIe-XVe siècle)*, in www.cairn.info/article.php : « À partir de l'axiome aristotélicien sur la visibilité de l'amitié, les médiévaux envisagent une théorie du signe au cœur du champ éthique ; se rejoignent ainsi la sphère épistémologique (théorie de la connaissance sur les *signa* et la *res*) et la sphère éthique (considérations morales sur la volonté et l'intention dans le cadre de la communauté sociale). De manière inédite, l'amitié aristotélicienne induit cette rencontre : comment l'intériorité du sentiment amical qui a son siège dans la volonté peut-elle se manifester, extérieurement, en des signes visibles et explicites ? Quels sont les signes d'une amitié vraie ? En outre, comment l'intimité, qu'exige impérieusement toute relation amicale authentique, peut-elle s'exhiber en publicité aux yeux de tous dans cette « société du paraître » qu'est la société médiévale ? À l'appui des commentaires sur l'*Éthique* de 1250 à 1440 environ, la présente étude tente de répondre en trois points : la visibilité de l'amitié en ses signes ; la vérité de l'amitié et la question de la dissociation de l'être et du paraître ; la crédibilité de l'amitié et son enjeu social ».

[333] Cf. L. LACHANCE, *Le concept de droit selon Aristote et saint Thomas*, Ottawa, éd. Du Lévrier, 1948, pp. 25-26.

[334] THOMAS D'AQUIN, *Summa theologica : La Somme théologique*, question 57.

que par rapport au sujet vertueux, tandis que le droit, dans les œuvres de justice, est constitué par son rapport avec autrui, même abstraction faite du sujet ; en effet, nous appelons juste dans notre action ce qui correspond à autre chose selon une certaine égalité, par exemple le paiement du salaire qui est dû en raison d'un service. En conséquence, on appelle juste, avec tout la rectitude de justice que cela comporte, le terni auquel aboutit l'acte de la vertu de justice, sans même considérer la façon dont le sujet l'accomplit alors que, pour les autres vertus, c'est au contraire la façon dont le sujet agit qui sert à déterminer la rectitude de ce qu'il fait. C'est pourquoi l'objet de la justice, contrairement à des autres vertus, se détermine en lui-même spécialement, et porte le nom de juste. Et précisément le droit. Celui-ci est donc bien l'objet de la justice.[335]

Nous allons limiter sa pensée juridique à l'essentiel de ce que nous trouvons utile pour notre thèse à savoir une *Théorie a priori du langage juridique* dans la perspective d'Adolf Reinach. Tout élargissement du thème nous éloignera de l'objectif poursuivi.

II.6. La phénoménologie d'Emmanuel Kant

Il est considéré comme étant le père du « criticisme ». Dans *la critique de la raison pure* Kant appellera *phénomène*, l'objet indéterminé d'une intuition empirique :

L'effet produit par un objet sur la capacité de représentation, dans la mesure où nous sommes affectés par lui, est une sensation. L'intuition qui se rapporte à l'objet à travers une sensation s'appelle empirique. L'objet indéterminé d'une intuition empirique s'appelle phénomène.[336]

Dans la *critique de la raison pratique*[337], Kant opposera le *Phänomen : Erscheinung*, au *noumène : Noumena.* C'est pourquoi, au sujet de la loi, comme nous le verrons au paragraphe III, l'analyse de Kant se limitera à *l'Ethos* de la loi positive comme des lois *a priori.* Toute la phénoménologie de Kant sera caractérisée par l'idéalisme et subira la critique radicale de Hegel.

II.7. La critique de Hegel

La critique de Hegel ira surtout à l'encontre des positions kantiennes. Dans la philosophie moderne et en parlant de la philosophie du droit,

---

[335] *Ibidem,* Cf. T. M. ZIGLIARA, *Summa philosophica in usum scholarum,* vol. III *Philosophia moralis seu ethica et jus naturae, op. cit.,* Pars II, II, *La justice,* Question 57 : le droit.
[336] Cf. E. KANT, *Critique de la raison pure, op. cit.,* p. 117.
[337] ---, *Critique de la raison pratique, op. cit.,* pp. 92, 209-210.

Hegel avec sa *Phénoménologie de l'Esprit : Phanomenologie des Geistes*[338], sera celui qui utilisera le terme « Phénoménologie » en 1807. Cette œuvre n'est pas une phénoménologie qui voudrait avoir comme objet spécifique l'esprit, contrairement aux autres recherches phénoménologiques qui veulent avoir des objets spécifiques comme le droit, l'art, la religion, l'économie, etc.[339] L'œuvre de Hegel détermine que c'est toujours le même esprit qui est en mouvement dans sa phénoménologie. La philosophie comme science s'éloigne du « savoir infini ». Avec Hegel, c'est le processus du « dépassement » de la partialité pour rejoindre le « savoir absolu ».

La nouveauté de Husserl et de Heidegger est de définir le phénomène comme cherchant à *se tourner vers les choses-mêmes*. Par cette méthode, le phénomène s'éloigne de la primauté du subjectif qui le rencontre et du « savoir absolu ».[340]

II.8. Le Néokantisme et le tournant amorcé par Husserl

« *Zurück zu Kant* » : *le Retour à Kant.*[341] Après plusieurs critiques et spécialement celle de Hegel, un nouveau courant cherchera à récupérer

---

[338] Cf. G.W. F. HEGEL, *Phanomenologie des Geistes, La Phénoménologie de l'Esprit,* tr. B. Bourgeois, Paris, éd. Vrin, 1920, 701 p.

[339] Cf. A. REINACH, *I fondamenti a priori del diritto civile, op. cit., Presentazione* V-VI : « Il primo impiego del termine 'fenomenologia' si ha, nella filosofia moderna, con la pubblicazione nel 1807 della 'fenomenologia dello spirito' di Hegel. Questa opera non è una fenomenologia che vuole avere oggetti specifici, come il diritto, l'arte, la religione, l'economia, etc. Nell'opera di Hegel, la 'fenomenologia' è il movimento stesso dello spirito, il suo comporsi nell'unità del divenire altro da sé e del pervenire a se stesso. Con la sua 'fenomenologia dello spirito', Hegel intende portare la filosofia « alla forma della scienza » in modo da pervenire ad una filosofia che « sia in grado di deporre il nome di amore del sapere per essere vero sapere ». Nel muovere verso il vero sapere, Hegel vuole pervenire al 'sistema della scienza'. La fenomenologia dello spirito' è lo svolgersi della filosofia come quello allontanarsi dal 'sapere finito', al 'sapere assoluto'. Questo primo impiego del termine 'fenomenologia' è ambientato nella visione hegeliana della verità come 'intero' ed è pertanto orientato verso un senso della 'fenomenologia' ove 'fainomenon' e 'logos' sono nominati nel processo di superamento della parzialità della 'relazione finita' nella 'relazione infinità'. Nel coincidere di 'fainomenon' e 'logos' si ha, per la 'fenomenologia' di Hegel, il raggiungere l'infinitezza come verità della finitezza ; i due termini coincidono nell'essere sapere assoluto, spirito che si sa come spirito ».

[340] *Ibidem :* « Oltre questo impiego in Hegel, il termine 'fenomenologia' entra nel pensiero contemporaneo con le direzioni di Husserl ed Heidegger ed ha il suo carattere principale nel volgersi 'alle cose stesse', allontanandosi sia dalla principalità del soggetto che le incontra e sia dall'assolutezza di quel sapere ove avrebbe superato la falsa verità della loro finitezza ».

[341] Le mot d'ordre du néokantisme sera le Retour à Kant, à cause de plusieurs raisons dues en partie à l'inefficacité de la philosophie de Hegel de trouver des solutions face aux nouveaux problèmes du XIXe siècle. La mort de Hegel aura eu beaucoup de critique de la part du monde philosophique. Hermann Kohen sera considéré par plusieurs comme étant le fondateur de ce nouveau courant, avec sa publication du célèbre : *Kants Theorie*

la philosophie kantienne pour l'adapter au contexte philosophique ayant beaucoup pris ses distances vis-à-vis de Kant. Le néokantisme traite entre autre des fondements transcendantaux de la connaissance scientifique :

> Le néo-kantisme, et singulièrement le néo-kantisme de l'école de Marbourg, fondée par Hermann Cohen, se veut d'abord et avant tout une réflexion sur le fait de la science, et principalement de la science physico-mathématique de la nature. « Quiconque nous est lié, écrivent Cohen et Paul Natorp en lançant le journal de l'école de Marbourg, s'en tient avec nous à la fondation de la méthode transcendantale. La philosophie est liée, selon nous, au fait de la science, selon la manière dont elle s'élabore elle-même. La philosophie est par conséquent la théorie des principes de la science, et plus généralement de toute la culture ». D'une façon générale, les néo-kantiens de Marbourg.[342]

Paul Nartop (1854-1924)[343] aura eu une certaine influence sur la jeune génération des philosophes de son époque. S'il cherchera à défendre l'idéalisme kantien en partant du fameux « *Zurück zu Kant* », Husserl lui, avec la nouvelle phénoménologie parlera du « *Zurück Zu den sachen selbt* » : *Retour aux choses elles-mêmes.* D'abord en contradiction avec Paul Natorp dans ses *Recherches Logiques*, Husserl rentrera plus tard à l'école du néokantisme de Marburg toujours sur l'influence de ce même Natorp, d'où sa nouvelle orientation sur les *Ideen.*

PARAGRAPHE III. Le contexte historique et philosophique

Nous limiterons ce paragraphe essentiellement au contexte allemand à partir duquel Adolf Reinach est formé. C'est toujours dans ce contexte qu'il aura contribué à la conception de sa théorie *a priori* du droit. La phénoménologie qui y naît sera, sous l'impulsion de Husserl essentiellement contre non seulement le courant idéaliste kantien, mais aussi contre un certain positivisme juridique. Nous partirons donc de l'histoire pour aboutir à la nouvelle pensée de Reinach qui aura connu toutes ces influences de la pensée philosophique allemande.

---

der Erfahrung : La Théorie kantienne de l'expérience, 1871, tr., fr. E. Dufour et J. Servois, Paris, éd. Cerf, 2001.

[342] www.universalis.fr <19.02.2012>.

[343] Cf. P. NATORP, *Gesammelte Abhandlungen zur Sozialpadagogik,* 3 vols 1907, in Staatsbibliothek Muenchen.

III.1. L'état de la philosophie allemande face aux mutations historiques

De René Descartes (1596-1650) à Emmanuel Kant (1724-1804), la philosophie connaîtra la naissance du *Modernisme* après la période historique de l'*Illuminisme*. L'heure est à la subjectivité de la raison après les grandes constructions Métaphysiques. Comme nous le verrons dans ce paragraphe, *La Critique de la Raison Pure*[344] et celle de *La Raison Pratique*[345] viennent bouleverser les habitudes *habitus* et le mode de penser et de construire selon la méthode philosophique. En Allemagne et dans la période allant de la naissance de Kant à la mort de Reinach, plusieurs philosophes font œuvre de grande évolution dans toutes les segmentations du vaste domaine philosophique. C'est pourquoi certains grands noms ayant marqué cette période sont à citer dans notre domaine de travail sur la philosophie du langage : Emmanuel Kant (1724-1804), Georg Wilhelm Friedrich Hegel (1770-1831), Friedrich

---

[344] Cf. E. KANT, *Critique de la raison pure, op. cit.*, pp. 25-26 : Déconstruire le projet de système : « Cerner la position du criticisme, c'est tout d'abord enregistrer une thèse qui est sans doute devenue aujourd'hui la moins spécifiquement kantienne, mais qui, en 1781, était porteuse d'un véritable cran d'arrêt à toute une dynamique interne de la philosophie moderne. Cette première thèse est celle dont, entre les deux éditions de la critique de la raison pure, les Prolégomènes ont fourni l'expression la plus ramassée : « La totalité de toute expérience possible (- le système) n'est pas elle-même une expérience » [...] Ainsi, la systématisation ne saurait-elle constituer qu'un travail infini, impossible à achever par la constitution d'un savoir qui put prétendre légitimement être un savoir de la totalité des objets (ou de leurs connaissances), donc un savoir absolu ».

[345] Cf. E. KANT, *Critique de la raison pratique, op. cit.*, pp. 9-11 : « *La Critique de la raison pratique* (1788) présente un paradoxe : elle est centre de la philosophie critique, et pourtant elle n'était pas prévue, en tant que telle, sous la forme et avec le titre que nous lui connaissons, après la parution de la *Critique de la raison pure* (1781). Le projet d'écrire cette critique n'a pris forme, semble-t-il, dans l'esprit de Kant, qu'après la rédaction de la Préface de la deuxième édition de la Critique de la raison pure – préface datée d'avril 1787- même si son contenu était déjà élaboré pour une grande part avant cette date, notamment dans sa *Fondation de la métaphysique des mœurs* (1785). Or, Kant écrit à Christian Gottfried Schutz, le 25 juin 1787 : « Ma *Critique de la raison pratique* est presque achevée, tant et si bien que je pense l'envoyer la semaine prochaine à Halle pour l'impression. Mieux que toutes les controverses avec Feder et Abel [...], *elle démontrera et rendra compréhensible la restitution, grâce à la raison pure pratique, de ce que j'ai refusé à la raison spéculative ainsi que la possibilité de la raison pure pratique* » ; et à Ludwig Heinrich Jakob, le 11 septembre (?) 1787 : « *Ma Critique de la raison pratique* est en ce moment chez Grunert [l'imprimeur]. Elle contient beaucoup de choses qui peuvent remédier aux incompréhensions de la raison théologique » [...] On peut donc émettre l'hypothèse que c'est le travail de rédaction de cette Préface de la deuxième édition qui a fait prendre conscience à Kant de la nécessité de repenser et de préciser la présentation de l'ensemble de son projet critique, puisque l'examen de la question : « *Que dois-je faire ?* » a des conséquences décisives concernant la question : « *Que puis-je savoir ?* » La nouveauté de la *Critique de la raison pratique* réside dans cette remise en chantier de l'ensemble de la présentation de la conception kantienne de la raison à partir du rôle constitutif, pour la pratique, de la raison pure, laquelle n'a qu'un rôle régulateur dans la connaissance théorique ».

Wilhelm Nietzsche (1844-1900), Karl Heinrich Marx (1818-1883), Wilhelm Dilthey (1833-1911), Edmund Husserl (1859-1938), Adolf Reinach (1883-1917), Édith Stein (1891-1942) [...] Ils vont transformer la vision du monde dans une Allemagne en pleine mutation industrielle, économique et surtout politique.

La pensée juridique allemande à l'époque des *Fondements a priori du Droit civil* connaît de grands noms entre 1911 et 1913, jusqu'à Kelsen vers 1930, tels que :

1. Hans Kelsen avec son ouvrage : *Hauptprobleme der Staatsrechtslehre entwickelt aus der Lehre vom Rechtsatze : les principaux problèmes de la doctrine d'État de droit développée à partir de la doctrine de la proposition de loi ;*
2. Max Weber : *Wirtschaft und Gesellschaft* : *L'économie et le social ;*
3. Ehrlich : *Grundlegung der Soziologie des Rechts : La Fondation de la sociologie du droit.*

Cette liste n'est pas exhaustive par rapport à tous les philosophes du droit. Des échanges et des liens se multiplient entre juristes et philosophes autrichiens et allemands. C'est pourquoi le droit comme science et la philosophie auront établi un grand débat sur la théorie du droit.

III.1.1. Le contexte politique : recherche de l'unité de l'Allemagne

Cette recherche est le fruit non seulement d'une formation juridique authentique, mais aussi d'une volonté politique inaugurée en 1867 par Bismarck comme nous l'avons précisé plus haut. Ceci nous permet de parcourir brièvement les dernières grandes étapes de l'unité allemande :

1867 : 21 États constituent la Confédération de l'Allemagne du Nord. Le Président en est Guillaume 1er et le Chancelier Bismarck. Celui-ci gouverne par décrets sans dialogue, ni opposition.

1806 : Création de la confédération du Rhin, sous l'influence française. Fin du Saint Empire romain Germanique.

1815 : Congrès de Vienne : création de la Confédération Germanique.

1828-1834 : Formation d'un *Zollverein* allemand (union douanière) excluant l'Autriche, par conclusion des traités entre la Prusse et d'autres États.

1848 : Insurrections révolutionnaires. Réunion à Francfort d'un Parlement élu, chargé d'élaborer une constitution.

1849 : Convention d'Olmutz obtenue par l'Autriche, dissolvant l'union restreinte et rétablissant la Confédération Germanique.

1853 : Renouvellement du *Zollverein.*

1862 : Bismarck, premier ministre du roi de Prusse.

1866 : Victoire prussienne sur l'Autriche à Sadowa.

1870-1871 : Guerre franco-allemande.

Le 18 janvier 1871 : l'Empire allemand : *Kaiserreich* est proclamé État Fédéral avec 540.700 km^2 et 25 États. Sa Constitution adoptée est celle qui vient de l'Allemagne du Nord, car les États catholiques du sud, spécialement la Bavière, se sont longtemps opposés à cette unification.

1871 : Commencement par le Chancelier Bismarck de la *Kulturkampf* ou « combat pour la civilisation ». Bismarck contre l'Église catholique.

Le 11 mars 1871 : Décret sur le contrôle des écoles par l'État.

Le 10 décembre 1871 : Décret sur la prison des prédicateurs qui critiquent l'État.

Le 04 juillet 1872 : Décret sur l'expulsion des Jésuites.

Mai 1873 : Décret sur la suppression des petits séminaires, contrôle de la formation et la nomination du clergé.

1875 : Décret sur l'Expulsion des congrégations religieuses : leurs biens, écoles et couvents sont confisqués.

Le 06 février 1875 : Décret sur l'obligation du mariage civil dans l'Empire allemand.

1876 : l'allemand devient l'unique langue administrative.

Le 18 mars 1890 : Bismarck est démissionné.

1882 : la Prusse recommence à payer les traitements ecclésiastiques.

1883 : les évêques n'ont plus à soumettre les nominations des curés aux autorités civiles.

1886 : Kronprinz Frédéric demande une audience pontificale, plus de 1500 prêtres expulsés reviennent et les congrégations religieuses peuvent rentrer d'exil à l'exception des jésuites qui devront attendre 1903.

1888, 1893 et 1903 : Guillaume II rendra visite au Pape.[346]

III.2. Présentation des différentes écoles juridiques, les trois grands courants

Avec Bismarck[347], (de son nom intégral : Otto Eduard Leopold von Bismarck-Schonhausen), le modèle politique et juridique inauguré en

[346] Cf. *Encyclopaedia Universalis, Unité allemande, Repères chronologiques (1806-1945)*, par Sylvain Venayre, http://www.universalis.fr, <31.01.2012>.

[347] Cf. C. MOZGOVINE, *De Abdallah à Zorrino, Dictionnaire des noms propres*, Paris, éd., Casterman, 1992 (283 pages), in http://www.linternaute.com/biographie/otto-von-bismarck/ <31.01.2012>: « Otto von Bismarck, né à Schönhausen (Allemagne) le 01/04/1815 ; Mort à Friedrichsruh (Allemagne) le 30/07/1898. Il débute sa carrière politique comme élu de l'extrême droite au Landtag en 1847. Il met en œuvre une politique conservatrice et monarchiste en tant que parlementaire prussien (1851), ambassadeur en Russie (1859-1862) et en France (1862) puis 1er ministre et ministre des affaires étrangères sous Guillaume Ier (1862). Cette dernière fonction lui permet de chercher à constituer des alliances avec la France, la Russie et l'Angleterre. Le projet de

1867 est la monarchie constitutionnelle autoritaire.[348] Il cherchera à construire un pouvoir politique central fort. C'est pourquoi, la conséquence immédiate de cette volonté politique est la naissance d'un processus de codification visant à unifier le droit. En 1896, le *Reichstag*[349] adopte le *Bürgerliches Gesetzbuch* (*BGB*) : *Code civil allemand* promulgué vers la fin du XIXe siècle et entré en vigueur le 1er janvier 1900. Comme tout changement apporte toujours des critiques sévères, une grande activité philosophique naîtra pour apprécier ou pour remettre en cause la nécessité d'une unification du Code. Le travail des écoles philosophiques du droit suivra essentiellement des méthodes propres. C'est pourquoi, chaque école aura son mode critique et sa méthode d'interprétation. Ici, nous ne sommes pas seulement sur la technique pure du mécanisme juridique, mais nous assistons aussi à une floraison des théories sur la matière juridique. Il serait important d'en faire une sérieuse étude herméneutique. Plusieurs écoles se mettront à l'œuvre[350], et Helmut Coing historien du droit en distingue trois :

1. L'école historique du droit avec comme pourfendeur, Friedrich Carl von Savigny.
2. Les Pandectes sont les héritiers directs de Savigny et Puchta et militent pour la jurisprudence du concept : *Begriffsjurisprudenz*.
3. Deux avatars suivront : L'*Interressenjuriprudenz* (La jurisprudence de l'intérêt) et la *Geltungsjurisprudenz* (La jurisprudence de la valeur).

Ces écoles accompagnent chacune les grandes étapes du processus de la codification du droit.

Bismarck est d'unifier l'Allemagne sous la gouvernance de la Prusse, et pour cela, la guerre contre l'Autriche, grande puissance voisine, lui paraît inéluctable. Il la déclenche en 1866, et sa victoire lui permet d'annexer une partie de l'Autriche et de former la Confédération d'Allemagne du Nord, dirigée par la Prusse. Bismarck déclenche ensuite une guerre contre la France en 1870. Cette guerre et la victoire prussienne qui la conclue rallient les États du Sud à ceux du Nord. Le 18 janvier 1871, l'Empire allemand est ainsi proclamé. Bismarck est Chancelier du second Reich et Président du Conseil de Prusse, ce qui lui donne un pouvoir immense. Il met en place un système de protection sociale mais réprime cependant le mouvement socialiste. Il crée la triple Alliance en 1884 et se lançe dans une politique coloniale qui, le plaçant en désaccord avec le nouvel empereur Guillaume II, précipitera sa chute politique en 1890 ».

[348] Cf. A. REINACH, *Les fondements a priori du Droit civil, op. cit.*, p. 11.

[349] Assemblée nationale allemande.

[350] Cf. H. COING, *Europäisches Privatrecht (1800-1914)*, II, XIX. (Beck, 1989), § 1 « die Rechtswissenschaft im deutschen Rechtskreis », p. 39-45.
Cf. COING und WILHELM, Editions, *Wissenschaft und Kodifikation des Privatrechts* im 19. Jahrhundert, Kostermann, Frankfurt, 6 vol., 1974-1982.
Cf. M. JOHN, *Politics and the Law in late nineteenth Century Germany, The origins of the Civil Code*, Clarendon Press, Oxford, 1989.

III.2.1. L'école historique du droit

Friedrich Carl von Savigny[351], né le 21 février 1779 à Francfort-sur-le-Main et mort le 25 octobre 1861 à Berlin est le fondateur de l'école historique du droit allemand. Enseignant du droit pénal, du droit commun « Pandekten », et du droit romain, il deviendra en 1843 ministre de la justice en Prusse et participe à la réforme du droit allemand et à la création de cette école historique. Son originalité se fera dans la formulation de la règle du conflit de la loi dans les règlements des litiges au niveau international. Cette règle abstraite stipule que les contrats sont soumis à la loi choisie par les contractants, c'est pourquoi elle se veut abstraite, bilatérale, non nationaliste et neutre. Antoni Stankiewich dira de l'école pandectisque qu'elle est la dernière élaboration du droit romain justinien et du droit commun développé en Allemagne.[352] Il qualifie cette école comme étant celle qui aura produit une des meilleures interprétations du génie romain pur. Avec celle-ci, nous assistons à un système des théories générales, des schémas logiques et des abstractions conceptuelles. Parmi les autres noms qui auront formé celle-ci, nous avons, Puchta, Goschen, Keller, Vangerow, Brinz, Dernburg, Windscheid, etc.

L'école historique du droit minimise l'importance du *Code* pour privilégier l'histoire et les institutions. Pour Savigny, « les bons juristes sont plus importants que les lois générales ».[353] C'est pourquoi sa méthode qui est une synthèse historique et systématique du droit va aboutir au courant herméneutique de la science des Pandectes.

III.2.2. Les Pandectes : école de prédilection, le droit romain

Les Pandectes sont les héritiers directs de Savigny et de Georg Friedrich Puchta.[354] Ce dernier est né en Bavière le 31 août 1798 et est mort le 08 janvier 1846. A la lecture de Savigny, Puchta découvre la richesse du droit romain. Son travail s'appuiera sur l'essence même de ce

---

351 Cf. F. K., VON SAVIGNY, *System des heutigen Römischen Rechts.* (en 8 vols.), Vol. I. Berlin 1840 seconde éd. 1981, p. 222, *Vom Beruf unserer Zeit für Gesetzgebung und Rechtswissenschaft.* Heidelberg 1814, various reprints, critical edition in F. C. von Savigny. *Politik und Neuere Legislationen. Materialien zum "Geist der Gesetzgebung".* H. Akamatsu, J. Rückert (ed.). Frankfurt-am-Main 2005, p. 21.

352 Cf. A., STANKIEWICH, *Appunti sulle fonti e sulle istituzioni di diritto romano, op. cit.*, pp. 2-3 : « Pandettista. E l'ulteriore elaborazione dottrinale del diritto romano giustinianeo e del diritto comune sviluppatasi in Germania ad opera della scuola storica tedesca (sec. XIX ; Savigny), nella funzione normativa delle fonti romane, considerata allora "una delle interpretazioni più alte e genuine" del diritto romano "puro" o storico (Orsestano), con la formazione di un sistema di teorie generali, di schemi logici, e di astrazioni concettuali (Puchta, Goschen, Keller, Vangerow, Brinz, Dernburg, Windscheid, ecc.) »

353 Cf. A. REINACH, *Les fondements a priori du Droit civil, op. cit.*, p.12.

354 Cf. GEORG FRIEDRICH PUCHTA, *Lehrbuch der Pandekten* Leipzig, 1838, *Kursus der Institutionen* (Leipzig, 1841–1847, *Das Gewohnheitsrecht* (Erlangen, 1828–1837).

droit à travers ses concepts. Pour ce qui est de la méthode, les Pandectes exposent les Institutions du droit privé romain dans leur formation historique. Cette partie de l'histoire du droit s'appuie sur le *Digeste* ou *Pandectes.*[355]

Dans l'analyse de Savigny, c'est l'élément subjectif qui a le primat sur la norme : « Si l'on considère l'état juridique, la manière dont il nous entoure et nous pénètre de tous côtés, il nous apparaît d'abord comme l'expression du pouvoir qui revient à la personne seule : un domaine où sa volonté gouverne ».[356]

Les Pandectistes font référence en la matière à un des passages du *Digeste* sur le statut de la propriété privée des droits de jouissance par l'usufruit cédé à un autre[357] :

> Nous disons avec raison qu'un fonds de terre nous appartient en totalité, lors même que l'usufruit appartient à un autre ; parce que l'usufruit ne fait pas partie de la propriété, mais de la servitude, comme une voie, un chemin. Ainsi, c'est donc avec raison que nous disons qu'un fonds nous appartient en entier quand aucune portion de ce fonds ne peut être dite à un autre.[358]

C'est pourquoi, l'école des Pandectes et ses avatars approfondiront la jurisprudence du concept : *Begriffsjurisprudenz ;* la jurisprudence de l'intérêt : l'*Interressenjurisprudenz* et la jurisprudence de la valeur : *Geldtungsjurisprudenz* pour une interprétation centrée tantôt sur la valeur, tantôt sur l'intérêt du Code. Qu'est-ce que la *Begriffsjurisprudenz* ?

III.2.3. La *Begriffsjurisprudenz* : la jurisprudence du concept

Le droit subjectif étant l'expression de la liberté humaine, il est par conséquent le lieu sur lequel les rapports juridiques et les catégories vont s'identifier chez les Pandectes. Ils établiront une différence entre la déclaration de volonté : *Willenserklänrung* et l'acte juridique *Rechtsgeschäft.*[359] Toutes les deux se focalisent sur une interprétation personnaliste et volontariste de l'exercice du droit. A la

---

[355] Cf. A. STANKIEWICH, *Appunti sulle fonti e sulle istituzioni di diritto romano, op. cit.*, pp. 8-10. C'est cette méthode qui fournira l'essentiel dans le processus de codification de la majorité des États allemands jusqu'à la fin du siècle.

[356] SAVIGNY, *System des heutigen römanischen Rechts*, 1840, I, p. 7 cité par Coing in A. REINACH, *Les fondements a priori du Droit civil, op. cit.*, p. 13.

[357] J. BENOIST, J-F. KERVEGAN, *Adolf Reinach, entre droit et phénoménologie, de l'ontologie normative à la théorie du droit, op. cit.*, p. 119.

[358] *Digeste* ou *Pandectes de* l'Empereur Justinien, titre 16, « De la signification des termes », alinéa 25, Paul au livre 21 de l'Édit, repris entre autres dans *Bernhard Windscheid, Lehrbuch des Pandektenrechts* [Manuel du droit des Pandectes], 1ère édition, 1862, 9è édition, 1906, Livre III, « Le droit des choses », ch. 4, « La propriété », section 1, « Concept, contenu, objet », § 167, pp. 856-860, note.

[359] Cf. A. REINACH, *Les fondements a priori du Droit civil, op. cit.*, p. 13.

Begriffsjurisprudenz sont attachés plusieurs juristes : Ihering, Brenner, Becker, plus tard Laband et von Gierek.[360]

Nous nous arrêterons sur Rudolf von Ihering, juriste allemand. Né à Aurich le 22 août 1818 et mort à Göttingen en septembre 1892, il est le fondateur de l'école moderne de la sociologie et de l'histoire du droit. Dans sa grande œuvre : *Der Kampf ums Recht*[361]: *La lutte pour les droits,* il souligne le caractère coercitif ou contraignant du droit, car une règle de droit sans aucune contrainte n'aurait pas de support et un fondement : « C'est un feu qui ne brûle pas, c'est un flambeau qui n'éclaire pas ».[362]

L'image du feu est fondamentale pour lui, car il brûle pour purifier et corrige les manquements ou les déviations. L'image de la lumière est similaire à l'éclairage en rapport avec les obscurités de l'ignorance. Car en matière de logique judiciaire, et à la suite de la tradition commune, un adage ne dit-il pas : *Nemo censentur ignorare legem : Nul n'est censé ignorer la loi ?*[363]

C'est une fiction ou un principe qui voudrait que chaque citoyen en droit pénal puisse être soumis à des sanctions après un crime ou un délit. Le contraire voudrait que, devant un tribunal tous puissent déclarer une ignorance de la règle pour se dérober à la sanction. Toute règle par conséquent perdrait toute son *efficacité juridique.* Par contre, connaître la loi ne voudrait pas dire que chaque citoyen ou chaque individu, quel que soit le lieu et les circonstances dans lesquelles il se trouve, puisse en connaître par mémoire les différentes règles. C'est pourquoi, pour protéger les droits des justifiables, Ihering considère le formalisme comme principe essentiel du droit : « Ennemis de l'arbitraire, la forme est la sœur jumelle de la liberté ».[364]

Pour lui, liberté et formalisme vont de pair, dans le sens où l'un engendre l'autre. L'existence de l'un appelle celle de l'autre.

La *Begriffsjurisprudenz* est la montée du formalisme juridique après la floraison de l'école historique subjective du droit :

> Sa méthode consiste essentiellement à élaborer au-dessus des normes positives un système de concepts susceptibles de rendre compte de l'essence des institutions juridiques, et d'en retravailler les prémisses et les propositions. L'application d'une technique logique à une discipline normative n'est pas sans imposer de profonds remaniements à toute la jurisprudence : on distingue alors une jurisprudence inférieure et supérieure, la première chargée de l'interprétation des propositions de droit élémentaire

---

[360] *Ibidem*

[361] Cf. R. VON IHERING, *Der Kampf uns Recht,* Vienne Autriche, tr. fr. OCTAVE DE MEULENAERE, Paris, éd. Marescq Ainé, 1890, et réédition *La lutte pour le droit,* Paris, éd. Dalloz, 2006, 178 p.

[362] R. VON IHERING, cité par X. LABBEE, *Introduction générale au droit, Pour une approche éthique,* Paris, éd. Septentrion, 2010, p. 18.

[363] Cet adage n'est pas coercitif en soi mais aide à un bon ordre juridique.

[364] R. VON IHERING, www.academon.fr : <31.01.2012>.

(*Rechtssatze :* en réalité des normes hypothétiquement fondées), la seconde, de la construction d'une méta-théorie qui procède, elle, selon des principes logiques.[365]

Ici, le formalisme ou positivisme juridique renforce les institutions et la volonté du législateur. En effet, dans la jurisprudence inférieure, l'interprétation est faite sur des propositions des droits élémentaires qui se fondent à partir des hypothèses, c'est-à-dire des droits qui ne sont pas d'une certaine manière d'interprétation stricte. Par contre, la jurisprudence supérieure procède par principes logiques. Les lois sont interprétées avec rigueur et sévérité.

Voici comment procède Ihering dans son positivisme : « Grâce à la combinaison d'éléments différents, la science juridique est en mesure de créer de nouveaux concepts et de nouvelles propositions juridiques : les concepts sont productifs, ils s'accouplent et produisent des nouveaux ».[366]

C'est le caractère changeant des concepts juridiques selon les circonstances sociologiques et politiques. Il y a ici le principe de l'union des concepts et leur reproduction ; car ils s'accouplent et sont capables de produire des nouveaux. En d'autres termes, en créant de nouveaux concepts et de nouvelles propositions juridiques, la science du droit est capable d'une théorie des concepts innovatrice : c'est la jurisprudence des concepts.

Dans une compréhension philosophique, la loi conceptuelle a le primat sur le sujet et non le contraire. Le formalisme prend une certaine méthode qui allie le « normativisme » et la logique.

Or, telle n'est pas l'intention, encore moins, la méthode « phénoménologique » de Savigny dans la fondation de l'école historique du droit. Nous analyserons plus loin avec Reinach et Kelsen les limites d'une telle opération du positivisme juridique.[367]

Avant d'aborder la recherche de l'unité dans la codification allemande, analysons un peu les doctrines sur les intérêts pragmatiques :

1. *l'Interressenjurisprudenz ;*
2. *La Geltungsjurisprudenz.*

---

[365] *Ibidem*

[366] *Ibidem,* Cf. RUDOLF VON JHERING, *Geist des romanischen Rechts,* cité par CLAUDE WITZ, *Droit privé allemand, 1. Actes juridiques, droits subjectifs,* éd. Litec, 1992, p. 65.

[367] Cf. A. REINACH, *Einleitung in der Philosophie, Sämtliche Werke,* p. 453, cela serait une interprétation liée au « tact scientifique ». Et H. KELSEN, *Théorie pure du droit,* LGDJ, Paris, éd. Brulant, 1999, p. 342 : ici elle est « une fiction dont la science du droit se sert pour maintenir l'idéal d'une sécurité juridique ».

III.2.4. L'*Interressenjurisprudenz* : la Jurisprudence de l'intérêt

C'est l'entrée de la philosophie utilitariste de Jérémy Bentham en Allemagne vers 1870[368] qui en fera le lit. Bentham est né le 15 février 1748 à Londres et mort dans la même ville le 06 juin 1832. Théoricien de la philosophie du droit, il est reconnu comme étant le père de l'utilitarisme. Sa pensée consiste au fait que chaque individu doit procéder à un calcul *hédoniste*, en posant des actions qui lui portent plus de bonheur. Chaque action posée dans un temps et dans un espace donné contient en elle-même des effets positifs et négatifs à des degrés divers. C'est pourquoi, il souhaite que la liberté individuelle soit au fondement de l'action. En Allemagne, c'est Ihering qui en premier lieu écrit ceci dans la seconde partie de son livre[369] : « C'est le but, et non la logique, qui est créateur de l'essence du droit. Il n'est pas de règle de droit qui ne doive son origine à un but, c'est-à-dire à un mobile concret ».

La norme apparaît comme étant le fruit d'une décision juridique venant répondre à un conflit d'intérêts économiques et d'autres litiges. La jurisprudence de l'intérêt est donc principalement orientée vers une interprétation pragmatique du Code en l'orientant vers le droit commercial. C'est la *théorie du contrat* pouvant être modifié, renouvelé ou annulé par les parties. N'oublions pas qu'ici, nous sommes en pleine période de l'essor industriel allemand. Cette doctrine aura pour principaux relayeurs en Allemagne : Binding, Thon, Kohler et Wach.[370] Née de l'école historique du droit, elle aura parallèlement à son innovation contractuelle une méthode différente représentée par l'école de la *Geldtungsjurisprudenz*.

III.2.5. La *Geltungsjurisprudenz*, la Jurisprudence de la valeur

Par contre, la jurisprudence de la valeur procède par la *théorie de l'obligation.*[371] Contrairement au principe général de l'intérêt avancé par l'*Interressenjurisprudenz,* ou jurisprudence de l'intérêt, elle s'appuiera sur : « L'importance des mobiles et motifs de nature morale censés modérer le principe général de l'intérêt adopté par les utilitaristes ».[372]

L'importance des mobiles et motifs moraux recherche certainement dans l'interprétation le bien de l'autre. Cette recherche modère en elle-même le caractère technique de l'intérêt. Elle aura pour promoteurs :

---

[368] Cf. J. BENTHAM, *Œuvres complètes*, publiées à Bruxelles en 1845. C. LAVAL, *Jeremy Bentham, les artifices du capitalisme,* Paris, éd. PUF, coll « Philosophiques », 2003, 127 p.

[369] R., VON IHERING, *Der Zweck im Recht,* I, VIII, cité par Witz, *op. cit.*, p. 65, in A. REINACH, *Les fondements a priori du Droit civil, op. cit.*, p.14.

[370] Cf. A. REINACH, *Les fondements a priori du Droit civil, op. cit.*, p. 14.

[371] *Ibidem*

[372] *Ibidem*

Rudolf Bierling et Adolf Merkel (théorie de la reconnaissance du positivisme psychologisant), Jellineck (autorité de l'État), Lipps et Schuppe (psychologie et contrat).[373]

Le positivisme psychologisant procède par la théorie de la reconnaissance. Celle-ci fait régresser la tendance générale de l'évolution du positivisme. Au delà des faits et de la loi à interpréter, la mesure de l'acte moral aide à comprendre les mobiles ou les conditions et les motifs ou les raisons qui ont donné lieu à l'agir individuel ou collectif. Le même positivisme psychologisant donnera un statut réel à la notion de l'autorité et surtout celle de l'État. Place est donnée ici au social et non seulement à l'économie. Enfin la *Geldtungsjurisprudenz* connaîtra son apogée avec les théories psychologistes et contractualistes de l'obligation.

A travers ces écoles du droit, c'est tout le système juridique allemand qui connaîtra des mutations à cause de leur influence :

1. L'École de l'histoire du droit ;
2. Les Pandectes[374] ;
3. La jurisprudence du concept ;
4. La jurisprudence de l'intérêt ;
5. Et la jurisprudence de la valeur aura une certaine influence dans le processus de recherche d'unité dans la codification allemande.

---

[373] *Ibidem*, p. 14.

[374] Cf. J. BENOIST, J-F. KERVEGAN, *Adolf Reinach, entre droit et phénoménologie, de l'ontologie normative à la théorie du droit*, *op. cit.*, p. 117 : « L'évolution de la science des Pandectistes dans le domaine du droit réel se marque par l'élaboration progressive et conflictuelle d'un concept abstrait de la propriété distingué et même séparé de la relation de possession, sur des bases plutôt étrangères à la perspective originaire et originale de l'École historique du droit, représentée par Savigny. Quand Savigny s'avère beaucoup plus proche de Kant en interprétant la relation de propriété comme une possession nouménale, une souveraineté sur un espace physique délimité par une reconnaissance collective en fonction d'un principe d'égalisation, les Pandectistes sont plutôt préoccupés par le rapport de la propriété à l'ensemble des droits sur les choses, possession comprise. Leur problème est le suivant : la propriété correspond-elle à l'énumération de tous les droits possibles sur une chose ? Est-elle un droit abstrait ou d'ordre supérieur irréductible à cette énumération ? Ce faisant, l'école de Pandectistes substitue à la question de la genèse de la propriété celle de la délimitation de son contenu, qui n'avait pas été vraiment envisagée par l'École historique, puisque celle-ci rattachait trop aisément la propriété au droit de possession.
L'élaboration par les Pandectistes d'un concept abstrait de propriété occupe bien deux générations : elle correspond, du point de vue institutionnel, à une phase importante de promotion et de rédaction d'un Code que l'École historique avait jugé superflu, et du point de vue méthodologique, à l'abandon du paradigme historiciste. Deux figures l'encadrent : Puchta, héritier direct de Savigny et premier représentant de la pandectistique dans son acception moderne, et Windscheid, figure importante de la rédaction du Code civil (de ses premiers brouillons en tout cas) et aboutissement de sa systématique, soit entre 1838-1880 ».

III.3. Recherche de l'unité dans la codification allemande

Devant ces écoles juridiques, nous avons une diversité des Codes :

1. Code de Napoléon 1804, en vigueur au XIXe siècle dans la plus grande partie de l'Allemagne occidentale, en Alsace et en Westphalie ;
2. Code Bavarois de 1756 ;
3. Code Prussien 1794 ;
4. Le droit coutumier.

En Allemagne, ces Codes coexistent et peuvent être appliqués parfois dans un même État et dans d'autres circonscriptions administratives. C'est pourquoi, l'Allemagne aura besoin d'homogénéiser ses juridictions administratives et juridiques disparates. La recherche de l'unification sera effectuée en trois étapes :

1. 1871 Proclamation de l'Empire allemand : application de la *Constitution* des États du Nord (Prusse). Une application dictée par Bismarck avec un style autoritaire ;
2. 1896 Adoption par le *Reichstag* du *Bürgerliches Gesetzbuch* (*BGB*) : *Code Civil allemand* ;
3. 1er janvier 1900 Entrée en vigueur du *BGB*.

III.4. Formation du Code civil allemand *: Bürgerliches Gesetzbuch, BGB ; mit den Nebengesetzen zum Verbraucherschutz, Mietrecht und Familienrecht*

Nous n'entrons pas ici dans l'histoire, mais nous voulons souligner les aspects philosophiques et épistémologiques du *BGB :*

1. Il ne prend pas acte de l'essor industriel ;
2. L'émergence d'une classe ouvrière n'est pas prise en considération ;
3. L'économie agraire y est dominante ;
4. Les préoccupations sociales ainsi que les relations de travail restent indéterminées.[375]

---

[375] Cf. A. REINACH, *Les fondements a priori du Droit civil, op. cit.*, p. 14-15 : « Au début du XXe siècle, le socle sur lequel repose la positivité du droit est donc double : une dogmatique juridique héritée de la *Begriffsjurisprudenz,* et une théorie utilitariste de l'économie et du social. Le Code lui-même, s'il reflète très largement ces conceptions libérales, ne semble pas prendre acte, toutefois, de l'essor industriel et de l'émergence d'une classe ouvrière. L'économie agraire y reste très nettement dominante et les préoccupations sociales et relations de travail, indéterminées. L'adoption du BGB et son entrée en vigueur le 1er janvier 1900, à la demande expresse de l'Empereur, ne mettent pas pour autant fin aux querelles et aux disputes de doctes, bien au contraire : le Code devient le support et le motif de toutes les constructions théoriques du début du siècle, jusqu'à l'effondrement du régime wilhelminien ».

En filigrane, on constate que le nouveau Code ne tient pas en grande considération les aspects psychologiques, économiques liés à l'essor industriel et sociologiques liés aux rapports de travail et de la société. Il serait l'émanation d'une volonté de l'Empereur préoccupé par l'unité et non d'un support juridique capable de répondre efficacement aux besoins du peuple. On dénote ici une insuffisance de rigueur philosophique en général et une grande tendance à privilégier le domaine agraire lié au bénéfice. Ce sont ces insuffisances qui seraient une des causes de la chute du régime wilhelminien.

La première analyse philosophique du *BGB* nous fait essayer de comprendre un des motifs du travail d'Adolf Reinach sur la philosophie du langage juridique en rapport avec le premier Code de l'Allemagne unifiée. Il s'agit pour nous de comprendre la notion du principe de normativité.

III.5. Le principe de la normativité

Avant de parler de ce principe, il conviendrait de comprendre ce que sont les sciences normatives afin d'en dégager un sens philosophique :

1. L'esthétique, la logique et la morale sont pour Wundt[376] des « sciences normatives » ou descriptives. Celles-ci énoncent des lois et leurs principes ;
2. La logique permet de juger la valeur d'une connaissance ;
3. L'esthétique, la beauté d'une œuvre ;
4. Et la morale, la moralité d'une action dans le cadre du bien ou du mal.

Dans ces sciences normatives, l'on peut se permettre d'émettre des « jugements *a priori* », comme le posera Emmanuel Kant pour ce qui est de la morale :

> Les concepts du bien et du mal déterminent d'abord un objet pour la volonté. Mais ils sont eux-mêmes soumis à une règle pratique de la raison qui, si elle est raison pure, détermine la volonté *a priori* relativement à son ob-jet [...] La faculté de juger de la raison pratique pure est donc confrontée précisément aux mêmes difficultés que celle de la raison théorique pure, cette dernière ayant disposé cependant d'un moyen de se sortir de ces difficultés : à savoir que, comme il s'agissait, relativement à l'usage théorique, d'intuitions auxquelles pouvaient être appliqués des concepts purs de l'entendement, de telles intuitions (toutefois seulement d'ob-jets des sens) peuvent cependant être données *a priori*, partant, en ce qui concerne la connexion en telles du divers, conformément (comme *schèmes*) aux concepts purs *a priori* de l'entendement. Par contre, quant à l'objet, le bien moral est quelque chose de suprasensible, ce qui fait qu'on ne peut trouver pour lui,

[376] Cf. WILHELM MAXIMILIAN WUNDT est psychologue et philosophe allemand est né le 16 août 1832 à Mannheim et mort le 31 août 1920 à Grossbothen.

dans une intuition sensible, quelque chose qui lui corresponde, et la faculté de juger sous des lois de la raison pratique pure semble par là confrontée à des difficultés particulières, qui tiennent à ce qu'une loi de la liberté doit être appliquée à des actions, en tant qu'elles sont des événements arrivant dans le monde sensible, et qui donc, en tant que tels, font partie de la nature.[377]

Dès 1795, Kant manifeste sa méfiance entre les *normes éthiques* et les *normes juridiques.*[378] Il veut clairement distinguer les normes éthiques des normes juridiques dans leur nature autonome. C'est pourquoi, il en détermine un principe pour la normativité : « le principe U » :

> Entend souligner et rendre compte de la spécificité des normes juridiques et établir leur pleine autonomie à l'égard de l'éthique. Ce qui, bien entendu, rend d'autant plus aiguë la question de la détermination d'un principe ultime de la normativité, susceptible d'assurer l'unité du champ pratique ou de la « morale » au sens de Kant. A cette question, Kant donne une réponse sans ambiguïté, mais qui comporte des contraintes fortes. Il y a bien un « principe suprême de la moralité », mais ce principe est de nature purement « formelle » : le principe U » (dans les termes d'Apel et Habermas), selon lequel une proposition normative (quelle que soit sa « matière », en particulier : qu'elle porte sur des « objets » juridiques ou éthiques) est valide si elle est universalisable.[379]

Soit X (A, m) : P (A, m) ; A désigne une personne et M une maxime ou un *ressort : Triebfeder*, qui énonce un projet d'une action dont l'universalité doit être établie ; lorsqu'il s'agit de la différence *matérielle* de contenu, à savoir sur les types d'objets pratiques et des propositions normatives ayant trait à eux, il ne serait pas possible de l'assigner avec précision. Pour Kant, la différence entre droit (normes juridiques) et éthique (normes éthiques) ne vise pas ici les « objets de la législation », mais le type de législation.[380] Comment le sujet se rapporte-t-il directement aux normes en question de manière directe et comment perçoit-il indirectement les objets sur lesquelles portent ces normes ?

---

[377] E. KANT, *Critique de la raison pratique,* présentation et traduction par J.-P. FUSSLER, Paris, éd. GF Flammarion, 2003, pp. 174-176. La bibliographie de Kant est nombreuse. Pour ce qui intéresse notre sujet, on peut consulter ces ouvrages : *Histoire universelle de la nature et théorie du ciel* (1755), *De la forme et des principes du monde sensible et intelligible* (1770), *Critique de la raison pure* (1781), *Prolégomènes à toute métaphysique future* (1783), *Réponse à la question « Qu'est-ce que les Lumières ?»* (1784), *Idée d'une histoire universelle au point de vue cosmopolite* (1784), *Fondements de la métaphysique des mœurs* (1785), *Critique de la raison pratique* (1788), *De l'usage des principes téléologiques en philosophie* (1788) *Critique de la faculté de juger* (1790), *La Religion dans les limites de la simple raison* (1793), *Projet de paix perpétuelle* (1795), *Métaphysique des mœurs* (1797), *Anthropologie* (1798), *Logique* (1800), www.atheisme.free.fr <26.03.2012>.

[378] J. BENOIST, J-F. KERVEGAN, *Adolf Reinach, entre droit et phénoménologie, de l'ontologie normative à la théorie du droit*, Paris, éd. CNRS, 2008, p. 21.

[379] *Ibidem*, pp. 21-22.

[380] Cf. J. BENOIST, J-F. KERVEGAN, *Adolf Reinach, entre droit et phénoménologie, de l'ontologie normative à la théorie du droit*, Paris, éd. CNRS, 2008, p. 22.

Trois observations ressortiraient de cette analyse kantienne :

L'unité « principielle » du champ normatif : présentation d'une proposition universelle sous trois variantes - « Tout A doit m » (OBLIGATION) - « Il est permis à tout A et p » (LICEITE) - « Il est interdit à tout A de q » (PROSCRIPTION).

Cette unité est compatible avec une différenciation des espaces normatifs. La distinction se faisant entre normes « intérieures » ou intériorisées de l'éthique. Une différenciation non matérielle mais formelle, car elle ne se rapporte pas sur des contenus ou des domaines normatifs, mais beaucoup plus sur le type de rapport entre le sujet et la normativité ou avec la norme : « C'est une différence entre « extériorité » et « intériorité » de la législation comme telle par rapport au sujet ».[381]

La normativité est donc le caractère légal lié à la conformité des lois universelles. Nous reviendrons plus dans les détails sur cette distinction opérée par Emmanuel Kant. Mais, dans une explication philosophique « lato sensus » : du sens large, c'est le respect du aux règles du droit. Dans la philosophie du langage juridique, on dirait encore avec Vedel que toute langue s'impose aux sujets d'une manière individuelle ou collective (universelle). C'est un système préétabli des règles qui donne une orientation au discours.[382] Et en parlant du discours, nous le traitons dans le cadre de la philosophie du langage juridique car le principe de normativité ne rentre pas dans le cadre d'une innovation : elle est une application de la norme. A ce titre, M. Berriat pourrait nous aider à comprendre sa nature :

> Dans quelques genres que l'on compose, l'élocution est une des parties de l'art d'écrire, auxquelles on doit le plus s'attacher surtout lorsqu'il s'agit d'ouvrages où l'on a pour but d'exciter les passions, de toucher le cœur, de flatter l'esprit, de séduire, pour ainsi dire, la raison ; et par conséquent des ouvrages propres au barreau, non moins que de ceux de la chaire et du théâtre. C'est une vérité reconnue par tous les grands maîtres ; elle n'a pas besoin de démonstration ; si quelqu'un essayait de la contester, il suffirait sans doute, pour le réduire au silence, de lui rappeler que tous ceux qui se sont fait un nom dans l'art noble et difficile de la défense des citoyens, ont brillé par le style ; de lui citer parmi les anciens, Démosthène et Eschèmes, Cicéron, Linguet, Loiseau de Mauléon, Dupaty, Target, Desèze, etc., quoique nous nous gardions pourtant de les mettre sur la même ligne que les quatre grands orateurs de la Grèce et de Rome.[383]

Cette citation nous fait comprendre le lien structurel entre norme juridique, norme morale et discours. Leur distinction ne nous fait pas

---

[381] Cf. A. REINACH, *Les fondements a priori du Droit civil*, *op. cit.*, pp 22-23.

[382] Cf. G. GULVICTH, (dir.), *Traité de sociologie*, tome II, Paris, éd. PUF. 1968, p. 265.

[383] Cf. M. BERRIAT-SAINT-PRIX, *Discours sur les vices du langage judiciaire,* Paris, éd. Imprimerie et Fonderie, discours prononcé le 24 août 1807, lors de la séance de clôture de l'École de droit de Grenoble, publié dans le Magasin Encyclopédique de Millin en 1800 et réimprimé dans le journal des Avoués en 1835.

oublier le caractère fondamental du discours fondé selon Aristote sur l'*Ethos* et le *Pathos.* Mais c'est surtout la lecture de David Hume qui focalisera les prémices de la pensée d'Adolf Reinach.

III.5.1. La grande synthèse classique d'Emmanuel Kant sur la philosophie du droit

Certains peuvent penser à la pauvreté du langage juridique d'Emmanuel Kant, mais ils ignorent peut-être que celui-ci aura contribué grandement en cette matière. Ses grandes synthèses sont basées essentiellement sur la connaissance en générale et surtout sur les méthodes analytique et synthétique qui auront une influence certaine sur notre auteur Adolf Reinach. Celle-ci sera-t-elle positive ou négative ? Reinach adhère-t-il ou non au « formalisme juridique kantien ? » Son *a priori* sera-t-il le même que celui de Kant ?

Nous essayerons d'en analyser le contenu dans le paragraphe suivant, par rapport à la différence entre la connaissance pure et la connaissance pratique.

III.5.2. Connaissance pure et connaissance pratique

Pour Kant, notre connaissance commence toujours avec l'expérience. Le pouvoir de connaître ne peut être mis en éveil que par l'intermédiaire d'objets sensibles. Ces objets, non seulement peuvent produire des représentations, mais ils sont aussi capables de mettre en mouvement l'activité de notre entendement pour comparer, relier, séparer, et surtout élaborer « la matière brute des impressions sensibles en une connaissance des objets qui s'appelle expérience ? » C'est pourquoi, il est de toute certitude que du point de vue chronologique, aucune connaissance ne pourrait précéder l'expérience. Elle est fondamentale pour un commencement du processus d'élaboration de la connaissance :

> Que toute notre connaissance commence par l'expérience, il n'y a absolument aucun doute ; car par quoi le pouvoir de connaître devrait-il être éveillé et mis en exercice, si cela ne se produisait pas par l'intermédiaire d'objets qui affectent nos sens et qui, pour une part, produisent d'eux-mêmes des représentations, tandis que, pour une autre part, ils mettent en mouvement l'activité de notre entendement pour comparer ces représentations, les relier ou les séparer, et élaborer ainsi la matière brute des impressions sensibles en une connaissance des objets, qui s'appelle expérience ? En ce sens, *d'un point de vue chronologique*, nulle connaissance ne précède en nous l'expérience, et c'est avec celle-ci que toute connaissance commence.[384]

[384] E. KANT, *Critique de la Raison pure, op. cit.*, p. 93.

Ce sont les objets qui se présentent à nous, à nos sens qui nous font accéder à la connaissance. Pour lui, ce sont eux qui produisent des représentations. C'est pourquoi, le travail intellectuel consiste à les élaborer, les relier et les séparer dans l'unique but d'élaborer la matière brute pour une connaissance de ces objets. Mais ce n'est pas pour autant que la totalité de la connaissance dérive par le biais de l'expérience. Il y a en effet, une connaissance indépendante de toute expérience que Kant appelle connaissance *a priori* :

> C'est par conséquent, pour le moins, une question qui acquiert d'être examinée de plus près, et dont on ne saurait se débarrasser en la renvoyant à ce qui apparaît d'emblée, que celle de savoir s'il y a une telle connaissance, indépendante de l'expérience et même de toutes les impressions des sens. On nomme de semblables connaissances *a priori*, et on les distingue des connaissances empiriques, lesquelles possèdent leur source *a posteriori*, c'est-à-dire dans l'expérience.[385]

La différence entre les deux types de connaissances serait donc au niveau de l'*a priori* et de l'*a posteriori*. *A priori*, pour les connaissances : indépendantes de l'expérience :

> Nous les dérivons, selon Kant, d'une règle universelle que nous avons empruntée elle-même à l'expérience. Ainsi dit-on de quelqu'un qui a miné les fondations de sa maison qu'il pouvait savoir *a priori* qu'elle s'effondrerait, c'est-à-dire qu'il n'avait pas besoin d'attendre l'expérience de son effondrement effectif. Reste qu'il ne pouvait pourtant pas non plus le savoir totalement *a priori*.[386]

En d'autres termes, les connaissances *a priori* dérivent de ce « principe U » emprunté lui-même à l'expérience. En prenant cet exemple, l'on comprend exactement que l'*a priori* se présente à la raison pour être élaboré par elle. Comment un homme raisonnable peut-il miner sa maison, étant conscient lui-même des conséquences négatives de son acte ? Si l'une des finalités du jugement de l'homme est le bien, alors, celui-ci serait d'abord au service du sujet qui pose l'acte. Il n'a pas besoin de l'expérience pour comprendre les conséquences de son action nocive pour lui-même et pour autrui. Reste aussi pour lui qu'il ne pouvait pas le savoir totalement *a priori*. D'où cette nécessité pour Kant de l'élaboration d'un raisonnement sur le plan des concepts et sur le plan pratique.

Descartes avant lui aura parlé du « bon sens » dans le *Discours de la Méthode*.[387] Tous les hommes en sont dotés. Mais d'après lui, le

---

[385] *Idem*, pp. 93-94.

[386] *Ibidem*

[387] R. DESCARTES, *Discours de la Méthode*, Paris, éd. G.. Flammarion/Philosophie, 2000, 189 p : « le bon sens est la chose du monde la mieux partagée ; car chacun pense en être si bien pourvu que ceux mêmes qui sont les plus difficiles à contenter en toute autre chose n'ont point coutume d'en désirer plus qu'ils ont. En quoi il n'est pas vraisemblable

problème se situerait au niveau de la puissance de bien juger le vrai d'avec le faux. Il ne suffit donc pas d'avoir l'esprit bon, le principal est sa bonne application. Et pour cela, il en faut une bonne Méthode. Descartes en énumère donc les principales articulations appelées règles de la Méthode :

> Comme la multitude des lois fournit souvent des excuses aux vices, en sorte qu'un état est bien mieux réglé lorsque, n'en ayant que fort peu, elles y sont fort étroitement observées ; ainsi, au lieu de ce grand nombre de préceptes dont la logique est composée, je crus que j'aurais assez des quatre suivants, pourvu que je prisse une ferme et constante résolution de ne pas manquer une seule fois à les observer.[388]

L'évidence :

> Le premier était de ne recevoir jamais aucune chose pour vraie que je ne la connusse évidemment être telle ; c'est-à-dire, d'éviter soigneusement la précipitation et la prévention, et de ne comprendre rien de plus en mes jugements que ce qui se présenterait si clairement et si distinctement à mon esprit, que je n'eusse aucune occasion de le mettre en doute.

L'analyse :

> Le second, de diviser chacune des difficultés que j'examinerais, en autant de parcelles qu'il se pourrait, et qu'il serait requis pour les mieux résoudre.

La synthèse et le raisonnement :

> Le troisième, de conduire par ordre mes pensées, en commençant par les objets les plus simples et les plus aisés à connaître, pour monter peu à peu comme par degrés jusques à la connaissance des plus composés, et supposant même de l'ordre entre ceux qui ne se précèdent point naturellement les uns les autres.

Le dénombrement :

> Et le dernier, de faire partout des dénombrements si entiers et des revues si générales, que je fusse assuré de ne rien omettre.[389]

Cette parenthèse nous permet de comprendre le lien qui existe entre Descartes et Kant dans ce que l'un qualifiera de « *Bon sens : gesunder Menschenverstand* » et que l'autre nommera « *Raison : Vernunft* ».[390] Les

---

que tous se trompent ; mais plutôt cela témoigne que la puissance de bien juger et distinguer *le vrai d'avec le faux*, qui est proprement ce qu'on nomme bon sens ou la raison, est naturellement égale en tous les hommes ; et ainsi que la diversité de nos opinions ne vient pas de ce que les uns sont plus raisonnables que les autres, mais seulement de ce que nous conduisons nos pensées par diverses voies, et ne considérons pas les mêmes choses. Car ce n'est pas assez d'avoir l'esprit bon, mais le principal est de l'appliquer bien ».

[388] R. DESCARTES, *Discours sur la Méthode deuxième partie, op. cit.*, pp. 22-23.

[389] *Ibidem.*

[390] M. FICHANT J.-L. MARION (dir.), *Descartes en Kant*, Paris, éd. PUF. 2006, 551p.

études faites par les Universités de Lecce en Italie et de Paris Sorbonne en France en 2004, lors du deuxième centenaire de la mort de Kant, montrent effectivement cette continuité et discontinuité de Descartes à Kant.[391] La méthode de Lecce s'appuyant surtout sur le caractère d'investigation de la Méthode cartésienne. Si Kant est préoccupé par la notion du *Bien* dans *la Critique de la Raison Pratique*, Descartes lui aura été influencé par celle du *Vrai* dans *Le Discours de la Méthode.*

Après avoir fait cette brève analyse sur la connaissance *a priori*, nous entrons maintenant sur la compréhension de la connaissance *a posteriori*. Ceci pour les connaissances empiriques, liées à l'expérience. Nous n'entrerons pas dans l'exposition de la nécessité pour la philosophie d'avoir une science qui détermine la possibilité, les principes et l'étendue des connaissances *a priori* d'après Kant ; mais notre méthode est d'établir la différence fondamentale entre la *connaissance pure* et la *connaissance pratique.*

1. La connaissance pure :

Kant parle des concepts purs de l'entendement se rapportant *a priori* aux objets de l'intuition en général. Il appelle ces concepts après Aristote : « Catégories ». Mais, il ne poursuivra pas la même finalité que la sienne. Il en fait toute une Table.

TABLE DES CATEGORIES[392] :

1
De la quantité
Unité
Pluralité
Totalité

2
De la relation
Réalité
Négociation
Limitation

3
De la quantité
Inhérence et subsistance
(*substantia et accidens*)
Causalité et dépendance
(Cause et effet)
Communauté
(Action réciproque entre
L'agent et le patient)

---

[391] Cf. Università degli studi di Lecce, Centro Interdipartimentale di Studi su Descartes e il Seicento, *Convegno Internazionale Descartes e Kant*, Lecce, 11, 12, 13 novembre 2004.

[392] E. KANT, *Critique de la Raison pure, op. cit.*, p. 163.

4

De la modalité

Possibilité – Impossibilité

Existence – Non-existence

Nécessité – Contingence

Cette division des catégories se fait à travers le principe commun qui est le « pouvoir de juger » ou pouvoir de penser et de raisonner. Cette liste n'est pas exhaustive, elle représente les concepts fondamentaux selon Aristote.[393] Ces catégories sont des concepts purs que l'entendement contient *a priori*. C'est à travers elles qu'il serait en mesure de comprendre ou penser quelque chose dans le divers de l'intuition :

> Les catégories ne se confondent pas, quant à leur origine, sur la sensibilité, comme c'est le cas des formes de l'intuition, l'espace et le temps : elles semblent donc permettre une application élargie au-delà de tous les objets des sens. Seulement, elles ne sont, en ce qui les concerne, rien que des formes de la pensée, contenant seulement le pouvoir logique d'unir *a priori* dans une conscience le donné intuitif en sa diversité, et dès lors qu'on leur enlève la seule intuition qui nous soit possible, elles possèdent moins de signification encore que ces formes sensibles pures à travers lesquelles du moins, en tout cas, un objet nous est donné, alors qu'une modalité, spécifique à notre entendement, de procéder à la liaison du divers ne signifie absolument ce divers peut être donné. Cependant, quand nous désignons certains objets, en tant que phénomène, comme des êtres des sens (*phaenomena*) en distinguant la manière dont nous les intuitionnons de la façon dont ils sont en eux-mêmes constitués, nous avons déjà l'idée d'opposer pour ainsi dire à de tels phénomènes, et d'appeler êtres de l'entendement (*noumena*), ou bien les mêmes objets considérés selon cette constitution intrinsèque, bien que nous n'en ayons pas d'intuition sous ce rapport, ou bien encore d'autres choses possibles qui ne sont aucunement des pensées par l'entendement. La question se pose alors de savoir si nos concepts purs de l'entendement ne pourraient pas avoir, vis-à-vis de ces objets, une signification et en être une sorte de connaissance.[394]

2. La connaissance pratique :

Dans sa « Métaphysique du droit »[395], Kant parle de l'*a priori* formel. Il pose le problème fondamental dans la production ou dans la validation des normes qui soient purement rationnelles et non conçues comme étant des normes qui sont le fruit d'une pression sociale :

> Au delà des styles doctrinaux, la grande différence entre la théorie *a priori* du droit de Reinach et de la « Métaphysique du droit » de Kant (elle-même

[393] *Idem.*, p. 164.

[394] *Idem*, pp. 302-304.

[395] E. KANT, *Die Metaphysik der Sitten : Fondation de la métaphysique des mœurs,* paru en 1796, tr., fr., par Alain Renault, Paris, éd. Flammarion, 1994.

partie intégrante de la philosophie pratique transcendantale) tient au statut de l'*a priori* normatif, c'est-à-dire à la détermination des conditions dans lesquelles il est (ou non) possible de produire ou de valider des normes qui soient « purement rationnelles », et par conséquent ne se puissent être conçues comme l'effet d'une forme de pression sociale. Pour Kant, il n'y a d'a *priori* que formel, et ceci aussi bien dans le domaine théorique-cognitif que dans le domaine pratique-normatif.[396]

C'est en effet le « Principe U » qui doit garantir les propositions normatives. L'*a priori* ne pouvant être que formel dans le domaine théorico-cognitif (philosophie spéculative) et pratique-normatif (philosophie pratique). La grande synthèse de Kant se basera sur les conséquences qu'aura la philosophie pratique dans son double volet juridique et éthique :

> Toutes ces choses sont assez connues. Moins commentées, en revanche, sont les conséquences qu'a pour la philosophie pratique (dans son double volet juridique et éthiques) la conception kantienne du principe de la normativité comme un principe « formel » à l'œuvre de manière homogène dans tout le champ de la philosophie morale au sens extensif du terme. Ces conséquences sont les suivantes -et elles vont d'une certaine manière nous ramener à Reinach.[397]

Cette approche (éthico-juridique) nous amène à la compréhension des normes éthiques et des normes juridiques.

III.5.2.1. Les normes éthiques et les normes juridiques

Kant souligne en effet ici les conséquences de la philosophie pratique dans ses aspects éthiques et juridiques. Le fondement de la validité des normes (éthiques ou juridiques) étant leur nature formelle, leur contenu doit être comme un donné et non posé ou déduit rationnellement. Il est donné non pas dans un sens où il proviendrait à titre d'exemple d'un savoir ou d'une connaissance dont les produits devraient seulement être vérifiés.[398]

---

[396] Adolf Reinach : *philosophie du langage, droit, ontologie*, in *Les Études Philosophiques*, Février 2005, RONAN DE CALAN, *Causalité et nécessité matérielle : Reinach lecteur de Hume*, p. 27

[397] J. BENOIST, J-F. KERVEGAN, *Adolf Reinach, entre droit et phénoménologie, de l'ontologie normative à la théorie du droit*, *op. cit.*, p. 23.

[398] *Ibidem* : « Puisque l'unique fondement de la vérité des normes (éthique ou juridiques) est de nature « formelle » (il s'agit d'un simple test d'universalisation ou d'universabilité), le contenu (la « matière ») des normes juridiques et éthiques doit être considéré non comme donné. Donné, mais pas au sens où il proviendrait par exemple d'une connaissance ou d'un savoir dont les produits auraient seulement à être vérifiés quant à leur conformité à une certaine règle : au sens où il est « est là ». « Il y a » des propositions normatives (qui ont des propositions aux deux sens du terme), et le test d'universalisation qu'est le « principe U » vient seulement « après-coup » (après-coup

Il y a des propositions normatives qui le sont aux deux sens du terme et le fameux test d'universalisation qu'est « le principe U » devient *de facto* logique, voir aussi chronologique, en faisant le départ entre les « normes-candidates valides » et celles qui ne le seraient pas. La problématique serait celle de connaître l'origine des propositions normatives. Ici, la solution de Kant se fait de manière théorique et nécessite une assignation du lieu de provenance des maximes pratiques des ces propositions normatives.

Quelle serait donc la loi fondamentale de la raison pratique pure ? Elle serait la suivante : « Agis de telle sorte que la maxime de ta volonté puisse être toujours valoir en même temps comme principe d'une législation universelle ».[399]

Le *Sollen* pour Kant est une contrainte objective : *objektive Nötigung* de l'action : *Handling* :

> Pour un être chez qui la raison n'est pas le seul principe déterminant de la volonté, cette règle constitue un impératif, c'est-à-dire une règle qui est désignée par un devoir exprimant la contrainte objective qui impose l'action (*die objektive Nötigung der Handlung*), et elle signifie que, si la raison déterminait entièrement la volonté, l'action aurait lieu infailliblement d'après cette règle.[400]

Pour Kant, la géométrie possède des propositions pratiques ou postulats ne contenant que la supposition de quelque chose que l'on peut faire, au cas où celle-ci serait obligée d'être faite. Et celles-ci sont les seules que la géométrie possède au sujet de notre existence. Elles sont des règles pratiques sous une condition problématique de notre volonté. Mais la règle fondamentale de la *raison pratique pure* stipule qu'on doit absolument agir d'une manière inconditionnée.

Cette raison pratique est représentée *a priori* comme proposition pratique catégorique par l'intermédiaire de laquelle la volonté est absolument, immédiatement et objectivement déterminée par la loi fondamentale de la raison pratique pure. Elle est pure et immédiatement législatrice, parce qu'indépendante des conditions empiriques.[401] Elle est indépendante du droit positif, parce que la législation universelle de Kant n'entre pas uniquement dans le cadre d'un formalisme juridique ; c'est pourquoi il parle de l'agir de l'homme qui devrait surpasser la législation écrite. C'est en quelque sorte ce volet qui établira la différence entre la Raison pure et la Raison pratique. Si la connaissance pure peut être l'objet d'une pure spéculation, la capacité de production

---

logique, mais sans doute aussi chronologique) faire le départ entre les normes-candidates valides et celles qui ne le sont pas ».

[399] E. KANT, *Critique de la raison pratique, op. cit.*, p. 126.

[400] E. KANT, *Critique de la raison Pure, op. cit.*, p. 628.

[401] E. KANT, *Critique de la raison pratique, op. cit.*, pp.130-131

de la raison à produire ou à reconnaître les propositions normatives serait en quelque sorte la *raison pure :*

> Mais il faut bien remarquer, pour regarder sans se méprendre cette loi comme *donnée*, que ce n'est pas un fait empirique, mais le fait unique de la raison pure, qui se fait connaître par là comme originairement législatrice. La raison pure seule est pratique par elle-même et donne (à l'homme) une loi universelle, que nous appelons la *loi morale.*[402]

La loi morale découle donc de l'universalité et le principe de la moralité a des fondements pratiques matériels de la détermination qui sont d'après Kant[403] :

Subjectifs Objectifs

Externes	*Externes*	*Internes*	*Externes*	*Externes*
L'éducation (selon Montaigne)	La constitution civile (Selon Mandeville)	Le sentiment physique (selon Epicure)	Le sentiment moral (selon Hutcheson)	La perfection (selon Wolff et les Stoïciens) *Internes* La volonté de Dieu (selon Crusius et d'autres moralistes théologiens)

Les principes subjectifs (externes et internes) qui sont placés au côté gauche sont empiriques et ne peuvent pas nous produire un principe universel sur lequel la moralité peut s'appuyer. Ceux du côté droit, qui sont objectifs (externes et internes) par contre trouvent leur fondement sur la raison. Avec Kant, nous allons explorer au point suivant le vaste domaine des lois. Cette division est celle de Jean-Pierre Fussler.[404]

III.6. Qu'est-ce que la loi : *Gesetz* ?

Selon Kant, la loi est une *proposition-fondamentale pratique* qui renferme une détermination générale de la volonté. Cette détermination est elle-même dépendante de plusieurs règles pratiques. Ces règles sont des maximes ou elles gardent leur caractère subjectif, lorsque la condition est regardée par le sujet comme valable pour sa volonté. Ces

---

[402] *Idem*, p. 128.
[403] *Idem*, p. 139.
[404] *Ibidem*

propositions-fondamentales pratiques deviennent objectives au moment où cette condition est valable pour la volonté de tout être raisonnable.

> Des *propositions-fondamentales* pratiques sont des propositions renfermant une détermination générale de la volonté, détermination dont dépendent plusieurs règles pratiques. Elles sont subjectives, ou sont des maximes, lorsque la condition n'est regardée par le sujet comme valable que pour sa volonté ; mais elles sont objectives, ou sont des lois pratiques, lorsque cette condition est reconnue comme objective, c'est-à-dire comme valable pour la volonté de tout être raisonnable.[405]

En disant par exemple à quelqu'un qu'il ne devrait jamais faire une promesse mensongère, nous avons, dans ce cas précis, une règle qui concerne sa volonté. Ses intentions peuvent être réalisées ou pas, cela concerne son vouloir confirmé par cette règle *a priori*. Mais si cette règle est pratiquement juste, alors, elle devient une loi parce qu'elle devient un impératif catégorique.[406]

III.6.1. Loi d'un monde intelligible

Kant nous ramène ici aux postulats de la *Raison pratique pure* en général qui sont liés à la *proposition-fondamentale de la moralité*, qui n'est pas à considérer comme étant un postulat, mais une loi par laquelle la raison pourrait déterminer la volonté. Et ceux-ci sont :

1. *L'existence de Dieu* : nécessité de la condition d'un monde qui soit le Souverain Bien indépendant : *Selbständigen* ;
2. *L'immortalité :* condition nécessaire de l'appropriation de la durée de l'accomplissement de la loi morale ;
3. *La liberté :* nécessité de l'indépendance à l'égard du monde sensible et du pouvoir de détermination de notre volonté.

III.6.2. Unique idée de la raison douée de la réalité objective

Les « trois concepts » à savoir : DIEU, La LIBERTE et L'IMMORTALITE, pris de manière isolée ne peuvent pas répondre à l'unique idée d'une raison douée de la réalité objective. Mais, c'est le

---

[405] *Idem,* p. 109.

[406] *Idem,* p. 112 : « Dites maintenant à quelqu'un qu'il ne doit jamais faire des promesses mensongères ; on a, dans ce cas, une règle qui concerne uniquement sa volonté, que les intentions que l'homme peut avoir puissent ou non être réalisées par cette dernière ; c'est le simple vouloir qui est ce qui doit être déterminé tout à fait *a priori* par cette règle. S'il se trouve alors que cette règle soit pratiquement juste, alors c'est une loi, parce qu'elle est un impératif catégorique. Donc, les lois pratiques ne se rapportent qu'à la volonté, sans considération de ce qui peut être accompli par sa causalité, et l'on peut faire abstraction de cette dernière (en tant qu'appartenant au monde des sens) pour les atteindre dans leur pureté ».

concept de liberté qui constitue *la clé de voûte de l'édifice du système de la raison pure :*

> Le concept de la liberté, en tant que la réalité en est prouvée par une loi apodictique de la raison pratique, constitue ainsi *la clé de voûte de l'édifice entier d'un système de la raison pure*, y compris de la raison spéculative, et de tous les autres concepts (ceux de Dieu et de l'immortalité) qui, en tant que simples idées, ne trouvent pas d'appui dans la raison spéculative, se rattachent maintenant à ce concept et acquièrent avec lui et par lui consistance et réalité objective, ce qui veut dire que leur possibilité est prouvée par ceci que la liberté est effectivement réelle ; car cette idée se révèle par la loi morale.[407]

III.6.3. Clé de voûte du système

L'expression : *clé de voûte de l'édifice entier d'un système de la raison pure* pour Kant veut recentrer la place de l'idée de la liberté dans la critique de la Raison pure et pratique. Elle est la condition de la loi morale que nous devons savoir *a priori*. Son ignorance pourrait créer un dysfonctionnement non seulement dans l'ordre, mais aussi dans l'ossature de l'édifice. Sans elle, la raison perd tout fondement. Kant fait une description et une analyse de la loi morale *Sittengesetz, moralisches Gesetz* : Ratio *cognoscendi* de la liberté.[408] *Sittengesetz* veut souligner selon une certaine interprétation le caractère moral de la loi. Une loi rationnelle qui n'entrave pas la liberté.

Catégories de lois

Tableau des catégories de la liberté[409]
1.
De la quantité
Subjectif, suivant des maximes (*opinions*
De l'individu *concernant ce qu'il veut*).
Objectif, suivant des principes (*préceptes*).
Principes *a priori* objectifs aussi bien que
Subjectifs de la liberté (*lois*).

---

[407] *Idem*, p. 90:

[408] *Ibidem* : « Mais la liberté est aussi la seule parmi toutes les idées de la raison spéculative dont nous savons *a priori* la possibilité sans toutefois la pénétrer, parce qu'elle est la condition la loi morale, dont nous avons le savoir. Les idées de Dieu et de l'immortalité ne sont cependant pas des conditions de la loi morale, mais des conditions de l'objet nécessaire d'une volonté déterminée par cette loi, c'est-à-dire du simple usage pratique de notre raison pure ; aussi ne pouvons-nous affirmer connaître et pénétrer, je ne veux pas seulement dire la réalité effective des idées, mais aussi même ne serait-ce que leur possibilité. Mais elles sont toutefois les conditions de l'application de la volonté moralement déterminée à son objet qui lui est donné *a priori* (le souverain bien). »

[409] *Idem*, pp. 172-174.

2
De la qualité
Règles pratiques du faire (*Praeceptivae*).
Règles pratiques d'abstention (*Prohibitivae*).
Règles pratiques pour les à Exceptions (*exceptivae*)

3
De la relation
A la *personnalité*.

A l'*état* de la personne.

Réciproque, d'une personne l'état des autres

4.
De la modalité
Le *permis* et le *défendu*.
Le *devoir* et *ce qui est contraire au devoir*.
Devoir parfait et devoir imparfait.

Cette table des catégories de la liberté est relative aux concepts du Bien et du mal. Les quatre points fondamentaux étant : *la quantité, la qualité, la relation, et la modalité*, le tableau illustrerait en lui-même des concepts pratique que Kant dénomme élémentaires.[410]

Avec Jean-François Kervégan, nous dirons que :

> Ce n'est pas ici le lieu d'examiner la stratification du concept kantien de liberté (liberté négative-liberté positive ; liberté cosmologique-liberté pratique ; liberté transcendantale). Notons simplement que la doctrine du « fait de la raison », introduite dans la Critique de la raison pratique, se présente comme une preuve simultanée et paradoxale et de la liberté pratique, et de la liberté transcendantale. On peut d'ailleurs demander si, en définitive, elles ne se confondent pas, en sorte que la liberté s'identifierait en fin de compte à la capacité de conférer une validité (une universalité, une conformité à la rationalité) à des propositions normatives issues de la "raison commune".[411]

a. Négative-liberté
b. Cosmologique-liberté
c. Transcendantale-liberté ;

Sont autant de stratifications du concept liberté, qui en fin de compte conférerait une certaine validité aux propositions normatives issues de la raison commune. Mais, ceci ne serait qu'un fait d'apparence. Ces propositions sont bel et bien le fruit d'une élaboration rigoureuse de la critique de la raison pratique. Les différentes normes éthiques objectives devraient de manière réaliste répondre à leur *a priori :*

> Seule leur validité (formelle) peut faire l'objet d'une mesure objective et d'une épreuve rationnelle ; quant à leur « matière », comme dit Kant, elle est

---

[410] E. KANT, *Critique de la Raison pratique, op. cit.*, p. 173.

[411] J. BENOIST, J-F. KERVEGAN, *Adolf Reinach, entre droit et phénoménologie, de l'ontologie normative à la théorie du droit, op. cit.*, p. 24.

là. Ce qui revient à dire – tel est fond, le sens de la distinction entre « ressort » subjectif et loi objective – que la raison pratique, unique pouvoir normatif dont nous disposons, n'a pas vocation à produire des contenus normatifs déterminés (quant à leur « matière », mais reconnaître leur validité : l'impératif catégorique (plus exactement : la loi morale, qui est le versant positif) est une règle ou une procédure de reconnaissance.[412]

La matière des contenus normatifs est là selon Kant, mais c'est leur validité, leur formalité qui peut être l'objet d'une mesure objective et d'une épreuve rationnelle. La différence entre le subjectif et l'objectif dans la norme est que la raison pratique ne peut pas par vocation produire des contenus normatifs déterminés. La raison pratique peut simplement reconnaître leur validité.

Les normes éthiques et les normes juridiques qui trouvent un point de rencontre à travers le concept kantien de la liberté contiennent une différence essentielle sur la forme. Si la conscience du sujet est interpellée par la loi éthique, la loi juridique reste beaucoup plus interpellée dans le processus de sa formation ; et le sujet appelé à obéir aux normes législatives se voit davantage mis devant l'importance de la compréhension du concept de liberté. C'est elle, cette liberté, qui est le fondement de l'édifice : toute la morale.

Par là, Kant aura contribué à construire une solide éthique dans le processus de formation des lois et aussi dans l'application de celles-ci. Comment donc comprendre la différence entre l'*a priori* de Kant et celui de Reinach ?

III.7. La différence entre Kant et Reinach

La différence fondamentale de l'*a priori* de Kant et celui de Reinach, comme nous le verrons au quatrième paragraphe, sera basée sur :

1. *L'ETHOS* de Kant
2. *L'ONTHOS* de Reinach

Si Kant se préoccupe du caractère *éthique* des lois, Reinach se préoccupera de leur caractère *ontologique*. Notre travail consistera non seulement à procéder à sa DESCRIPTION, mais aussi à son approfondissement SPECULATIF, selon la méthode d'Adolf Reinach.

Ceci nous permet de comprendre la synthèse entre Kant et Kelsen, faite par Herbert Spiegelbert.

[412] *Idem*, p. 25.

III.8. La grande synthèse contemporaine de Kelsen sur la philosophie du droit

Hans Kelsen conçoit les propositions juridiques : *Rechtssatze* dont la forme canonique est « *Wenn* A, *soll* B *sein* », comme étant un *sollen déontique*. C'est pourquoi, il serait difficile de concevoir une proposition de droit sans devoir juridique et non seulement moral : « La fonction essentielle de la proposition de droit consiste en ce qu'elle statue un devoir juridique (*eine RechtspftICHt statuiert*). Pas de proposition de droit sans devoir juridique ».[413]

La norme aura donc pour finalité ce *devoir être*[414] dans la conduite humaine. Avec Kelsen, nous rentrons dans l'état des choses décrétées.[415] Nous essayerons de comprendre la distinction entre : *Sein*, *Sollen*, *Seinsatze* et *Sollsatze.*

---

[413] Cf. J. BENOIST, J-F. KERVEGAN, *Adolf Reinach, entre droit et phénoménologie, de l'ontologie normative à la théorie du droit, op. cit.*, p. 56.

[414] Cf. C. EISENMANN, *Science du droit et sociologie dans la pensée de Kelsen.* Colloque de Strasbourg (« Méthode sociologique et droit »), novembre 1956, Bibliothèque Cujas (Paris) [Version publiée : *Méthode sociologique et droit. Annales de la Faculté de droit et des sciences politiques et économiques de Strasbourg* V, Paris, Dalloz, 1958]. Eisnmann réaffirmait dans ce texte, après Kelsen, que la science du droit est normative : « elle a des normes pour matière objet » (p. 61, n. 2). Mais elle n'est pas *normatrice* pour les raisons suivantes, indiquées par Eisenmann : comme l'enseigne la *Théorie pure du droit* de Kelsen, la science du droit s'abstient de prescrire une conduite déterminée (contrairement, peut-on ajouter, à la vulgate véhiculée hier comme aujourd'hui par les critiques hâtives du kelsénisme), et elle s'abstient aussi d'édicter une norme quelconque relative à la conduite (c'est l'affaire des autorités politiques). Le « normateur » au sens d'Eisenmann peut caractériser les approches jus naturalistes aussi bien que des approches philosophiques qui visent à orienter la formation « en première personne » de jugements de valeur, de jugements évaluatifs ou de jugements sur l'action souhaitable (par ex. dans les « théories de la justice »). On doit cependant s'abstenir d'en étendre le domaine aux théories qui se bornent à analyser les rapports entre de tels jugements, ou bien leurs rapports avec des formes définies d'organisation sociale, politique ou économique. La nécessité de relier les jugements en question à des hypothèses sur les comportements prévisibles *dans le cadre des institutions* (établi par le droit positif) peut aussi, dans les études contemporaines, conduire à réintroduire la référence à la théorie « positive » au sein même des études normatives sur les mérites comparés des formes d'organisation. Voir en ce sens la critique générale de la distinction usuelle entre théories descriptives et théories normatives des institutions par Jean-François Lasier, in *Le vote et la règle majoritaire,* Paris, CNRS Editions, 2004, pp. 14-16. Voir aussi david Austen-Smith et Jeffery S. Banks, *Positive Political Theory,* I, Ann Arbor, University of Michigan Press, 1999. Toutes ces références sont tirées in J. BENOIST, J-F. KERVEGAN, *Adolf Reinach, entre droit et phénoménologie, op. cit.*, p. 184.

[415] *Ibidem,* p. 56, note de bas de page : « Quand Kelsen affirme que le *Sollen* des propositions juridiques est un *Sollen* déontique, ce *Sollen* déontique semble prétendre quelque chose qui ne regarde pas directement l'acte de disposition [*Bestimmungsakt*], mais plutôt l'état des choses [*Sachverhalt*] décrété, ou bien, dans le lexique de Reinach, le contenu de la disposition ».

III.9. Kelsen, la distinction du *Sein* et du *Sollen*

Sein : Être, et *Sollen :* Devoir. « *Wenn* A, *soll* B *sein* », en d'autres termes, « Si A, doit B être » : si A est, alors B doit être : est une proposition juridique impérative pour Kelsen.[416] L'être de la loi trouve sa valeur dans le *sollen déontique.*[417] Devoir juridique nécessaire pour l'existence d'une loi. Autrement, le devoir serait seulement moral. L'homme a ce devoir juridique de se conduire d'une certaine manière.

Sollen : Kelsen distingue deux sens du *Sollen,* un *déontique* et l'autre *thétique* avec une référence au verbe anglais « *ought* ». Le devoir être (*Sollen thétique*) de la sanction n'est pas substantiel et n'implique pas automatiquement le devoir (*Sollen déontique*) dans la déclaration d'une sanction et son application. C'est un devoir adéontique, et la sanction reste un objet d'*ascription thétique,* et pas celui d'une *prescription déontique*[418] *:*

> If the legal norm is expressed by saying that when certain conditions are fulfilled the organ ought to order and execute the sanction, then the word « ought » only denotes the specific sense in which the sanction is « stipulated », « provided », « determined », in the norm. Nothing is thereby said on the question of whether the organ is « obligated » to enact the sanction.[419]

C'est Spiegelbert qui viendra faire la synthèse entre Kant et Kelsen.

III.10. Le point de vue d'Herbert Spiegelberg : synthèse entre Kant et Kelsen ?

Si pour Kant, le « *Sollen* » exprime une contrainte objective que chaque impératif impose à l'agent, Kelsen par contre voit dans le *Sollen* une *ascription thétique* sans aucune *prescription déontique*[420]:

> Dans le langage normatif [...] le verbe « *Sollen* » apparaît fréquemment, sans qu'un être ou un faire [« *ein Sein oder ein Tun* »] soient caractérisés

---

[416] Cf. H. KELSEN, *Hautprobleme der Staatsrechtslehre entwicket aus der Lehre vom Rechtssatze,* Tübingen, éd. Mohr, 1923, p. 312.

[417] Cf. H. KELSEN, *Reine Rechtslehere,* Vienne éd., Franz Deuticke, 1960 ; tr., fr. par Charles Eisenmann, Paris, éd. Dalloz, 1962, p. 6 : « La fonction essentielle de la proposition de droit consiste en ce qu'elle statue un devoir juridique (*eine Rechtspflicht statuiert*). Pas de proposition de droit sans devoir juridique ».

[418] *Idem,* p. 57. Cf. Intervention de PAOLO DI LUCIA : *Devoir adéontique : Reinach, Spiegelberg, Kelsen,* pp. 51-57.

[419] H. KELSEN, *General Theory of Law and State,* Cambridge, éd. Havary University Press, 1945, p. 60.

[420] Cf. H. SPIEGELBERG, est né à Strasbourg en Alsace. Philosophe américain, il aura beaucoup écrit sur le « Mouvement Phénoménologique ». Il a fait ses études à Munich, Heidelberg et Freiburg en Allemagne. Il a fait la connaissance d'Husserl et d'autres philosophes européens à Munich. Sa phénoménologie sera de tendance analytique.

directement comme dus [« *als gesollt* »], sans qu'il soit possible de déterminer à la façon kantienne aucune contrainte objective [*objektive Notigung*] de l'action [*Handlung*]. Cela arrive quand, par exemple, le législateur :
A. crée un pouvoir normatif [*Dürfen*],
B. attribue une prétention [*Anspruch*] ou une permission [*Erlaubnis*],
C. délimite une frontière [*Grenze*],
D. constitue une fondation [*Stiftung*].[421]

C'est pourquoi, dira-t-il en référence au nécessaire passage à faire entre le point de vue de la logique traditionnelle de Kant et celui de Kelsen : « Il y a encore un tiers (et pas seulement un tiers) entre le jugement et l'ordre. Pour pouvoir voir cela, il faut cependant avoir dépassé le point de vue de la logique traditionnelle ».[422]

Ce troisième paragraphe nous aura aidés à faire un parcours historique de certains auteurs ayant contribué à l'émergence de la pensée phénoménologique.

PARAGRAPHE IV. La nouveauté d'Adolf Reinach

Die apriorischen Grundlagen des bürgerlichen Rechts : Les fondements a priori du droit, auteur de la « théorie des actes sociaux »

Cette œuvre sera au centre de notre thèse. Néanmoins, nous pouvons déjà présenter un aspect particulier qui est celui de la nouvelle « théorie des actes sociaux ». Jocelyn Bénoîst et Jean-François Kervégan trouvent son intérêt dans sa tentative sans précédent et sans suite. Avant Reinach, aucun philosophe ni phénoménologue ne l'avait réalisée et après lui, rares seront ceux qui essayeront d'atteindre son originalité.

Son édition originale produite en 1913, la même année que le *Jahrbuch für Philosophie und phänomenologische Forschung*, met en relief l'énigme problème des rapports entre le droit et la phénoménologie :

> Dans le petit livre dont la contingence de l'histoire aura en définitive fait le chef d'œuvre prématurément interrompue. *Les fondements a priori du Droit civil* (1913), Adolf Reinach affronte directement ce domaine particulier, qu'il décrit comme un domaine ontologique spécifique. La parution en 2004 de la traduction française, par Ronan Calan, de ce texte qui représente très certainement un des sommets de la réflexion philosophique sur le droit au XXe siècle et en général, constitue aujourd'hui l'occasion de donner enfin toute l'attention qu'elle mérite à une entreprise théorique tout à fait exceptionnelle. Ce qui fait l'intérêt de ce petit essai, c'est une tentative sans précédent, et en un sens sans suite, de dégager pour le droit un champ de

---

[421] J. BENOIST, J-F. KERVEGAN, *Adolf Reinach, entre droit et phénoménologie, op. cit.*, p. 54.
[422] *Idem*, p.51.

réalité propre. Plusieurs des contributions ici réunies s'arrêteront aux différents aspects de cette invention ontologique.[423]

La difficile œuvre d'Adolf Reinach est sans précédent. Jusqu'à nos jours, il paraît être ardu de trouver une telle intuition.

IV.1. Adolf Reinach

Jocelyn Benoist affirme ceci :

Adolf Reinach fut l'un des élèves les plus proches de Husserl (il fut son assistant dans les années qui précèdent la Première Guerre mondiale, et le coéditeur du *Jahrbuch* à son lancement) et probablement son meilleur élève. Seule sa mort précoce au front en 1917 à l'âge de 34 ans l'empêcha d'occuper la place qui semblait l'attendre dans la philosophie du XXe siècle, à égalité avec un Scheler ou un Heidegger.[424]

Ni Scheler, ni Heidegger, ne pouvaient égaler Reinach au niveau de la relation et au niveau du rendement académique. Deux choses marqueraient l'attention du lecteur ici :

1. Élève le plus proche ;
2. Meilleur élève.

En d'autres termes, au niveau de la connaissance, l'élève le plus proche est celui qui connaît mieux son maître et qui peut aussi mieux l'interpréter et l'imiter. Le meilleur élève est aussi celui qui donne satisfaction à son maître. Comme nous l'avons souligné à l'introduction, Adolf Reinach adhère ainsi à la *Théorie de la Conscience* d'Husserl qui est celle des *Recherches Logiques*. Car, pour lui, il est absolument nécessaire de comprendre les consciences dans leur individualité, en recherchant à

[423] J. BENOIST, J-F. KERVEGAN, *Adolf Reinach, entre droit et phénoménologie, de l'ontologie normative à la théorie du droit, op. cit.*, p, (pp, 8-9), ils parlent de la nécessaire distanciation à faire par rapport au droit positif : « Naturellement, une telle « naïveté » (résolue) qui consiste à prendre le « donné » juridique au pied de la lettre, et donc à le faire uniformément manifestation d'un être, de certaines « entités » (telles que « droits », « obligations ») que prendrait en charge le droit positif, ne va pas dans le sens de plus grande pente de la philosophie juridique du XXe siècle, dans laquelle, contre ce qui devait être perçu comme un essentialisme, le positivisme devait bientôt s'imposer comme dominant, sous l'ombre gigantesque de Kelsen. D'où probablement, au-delà de l'anonymat d'une mort prématurée, la raison du long oubli, à peu près général, de Reinach chez les philosophes du droit. Un point de vue réaliste en droit, qui refuse toute forme de réduction conventionnaliste, ou qui, à travers la notion de « disposition » (*Bestimmung*), réintroduit dans la convention même une forme de substantialité, en la faisant elle-même instituant d'objets – et en en présupposant pour ce faire d'autres, qu'elle n'institue pas – a appelé, et appellera encore durablement, sans doute pour de bonnes raisons, la méfiance ».

[424] J., BENOIST, in *Les Études Philosophiques ; Adolf Reinach : philosophie du langage, droit, ontologie, op. cit.*, p. 1.

décliner leur intuition et en retrouvant l'objet même de cette intuition. Ainsi dans sa recherche, Reinach aura plusieurs casquettes :

1. Phénoménologue ;
2. Philosophe du droit ;
3. Philosophe du langage ;
4. Métaphysicien.[425]

A partir du *BGB* allemand, il réussit un tour de force en donnant à la phénoménologie une nouvelle assise sur le plan de l'herméneutique des actes sociaux, qui sont eux-mêmes reconnus comme actes juridiques ontologiques.

IV.1.1. Brève présentation de la structure de l'œuvre

Son œuvre est subdivisée en trois chapitres :

1. Chapitre I : *Prétention, obligation et promesse : Anspruch, Verbindlichkeit und Versprechen*

Dans ce chapitre, notre auteur procède par une large définition des mots et en fait une longue analyse.

2. Chapitre II : *Fondations de la théorie a priori du droit : Grundlinien der apriorischen Rechtslehre*

C'est dans ce chapitre qu'il arrive à l'explication de la nature même des Fondations *a priori* du droit.

3. Chapitre III : *La théorie a priori du droit et le droit positif : Die apriorische Rechtslehre und das positive Recht*,

Dans ce chapitre conclusif, Reinach fait une excellente analyse comparative entre la nouvelle théorie *a priori* et le droit positif.

Au troisième chapitre de notre thèse, nous procéderons à une étude en profondeur de cette œuvre qui nous est au centre de notre recherche. Mais avant d'y arriver, la question que nous nous posons est celle de savoir quelle est en fait la nouveauté de Reinach ?

---

[425] *Ibidem,*: « Pourtant, dans l'incandescence de sa trop brève trajectoire, Reinach, phénoménologue, philosophe du droit, philosophe du langage et métaphysicien en définitive, a déjà fait deux legs à cette philosophie du XXe siècle, legs dont le fait qu'il ait fallu attendre le développement plus récent de certaines philosophies de type analytique pour en mesurer la portée ne fait que souligner l'importance : 1 / une théorie des états de choses comme contreparties ontologiques des jugements, exposée dans son magnifique essai de 1911 « Contribution à la théorie du jugement négatif », théorie foisonnante et autrement développée que celle de son maître Husserl ; 2 / l'esquisse d'une théorie des « actes de langage » (que Reinach ne nomme pas encore ainsi, mais « actes sociaux ») dans ce qui devait, par la force des choses, rester son chef-d'œuvre à savoir l'essai sur *Les fondements a priori du Droit civil* de 1913. Au point de rencontre entre philosophie du langage de type phénoménologique et ontologie, Reinach mettait donc ainsi en avant ce qui allait devenir deux des concepts fondamentaux de la philosophie contemporaine, en offrant dans chaque cas une analyse conceptuelle précise et rigoureuse à fondement descriptif ».

IV.1.2. Reinach : invention d'une phénoménologie originelle fondée sur l'analyse conceptuelle et sur la description eidétique

La nouveauté de Reinach se fondera sur l'invention d'une phénoménologie originelle basée sur l'analyse conceptuelle et sur la description eidétique :

> Hedwig Conrad-Martius se souvient de l'importance de la phénoménologie pure-eidétique (*Wesensforschung*) pour le « Cercle de Göttingen ». Alors que Husserl a montré que l'eidétique était plutôt un moyen intermédiaire du concept de l'intentionnalité et de la catégorialité en se consacrant à la phénoménologie « transcendantale » comme retour à la *prima Philosophia,* l'eidétique était pour Reinach, Martius et les autres : « la délivrance de tous les préjugés criticistes, épistémologistes, psychologiques, historiques et tous les autres imposés par l'histoire ». Reinach souligne que la doctrine des essences ne s'accomplit pas dans des recherches sur la signification et Martius, par exemple, réfléchit encore dans *Uber das Wesen* sur la différence « entre les essences et le sens ». Reinach donne une image historique de la relation entre la doctrine des essences et l'analyse de signification.[426]

1. L'analyse conceptuelle de l'eidétique est pour Reinach cette délivrance des préjugés criticistes, épistémologistes, psychologistes, historiques et des autres qui nous ont été imposés tout le long de l'histoire.
2. La doctrine des essences ne peut s'accomplir sur la recherche de la signification.[427] La démarche de Platon nous sert d'exemple lorsqu'il part directement de l'intuition directe des idées. Il veut attraper directement les essences comme elles sont. Ce n'est donc pas sur les mots et les signifiés qu'on en donne mais l'intuition directe pour en rechercher l'intentionnalité.

IV.1.3. De la « conscience pure » à « l'essence » des réalités concernées

En d'autres termes nous pouvons dire, que Reinach passe d'une philosophie idéelle à une philosophie réaliste comme nous avons pu le voir à la suite d'une brève analyse de la différence entre Descartes –

---

[426] J., BENOIST, in *Les Études Philosophiques ; Adolf Reinach : philosophie du langage, droit, ontologie, op. cit.*, p. 11.

[427] Cf. A. REINACH, *Über Phänomenologie, SW*, p. 542, tr. Études de J. Benoist et Kervegan : « Il s'agit dans un certain sens du pas de Socrate à Platon, qui est en question ici. L'analyse des significations était l'affaire de Socrate quand il s'est promené dans les rues d'Athènes en se demandant : tu parles de telle et telle chose, qu'est-ce que tu vises avec ça ? Ici, il faut clarifier les incertitudes et les contraintes du signifié – une procédure qui d'ailleurs n'a vraiment rien à voir avec la définition et l'induction. Platon par contre ne part pas des mots et des signifiés, son but est l'intuition directe des idées, attraper immédiatement des essences comme telles ».

Kant et Hume - Husserl. Deux courants diamétralement opposés quant aux approches sur la phénoménologie du droit. Reinach dira plus tard :

> La philosophie, comme ontologie [*ontologie*] ou théorie *a priori* de l'objet [*apriorischen GegenStandesehre*], a affaire à l'analyse de tous les types possibles d'objets en tant que tels. Nous verrons qu'elle rencontre bien ici un nouveau type d'objets [*neue Art von Gegenstand*], à savoir des objets qui n'appartiennent pas au sens propre à la nature, qui ne sont ni physiques, ni psychiques, et qui se distinguent de tous les objets idéels [*ideelle Gegenstand*] par leur temporalité [*Zeitlichkeit*].[428]

Cette découverte des objets juridiques par Reinach peut être considérée comme une véritable révolution sur le champ de la phénoménologie du droit. Celle-ci nous a conduits à essayer de comprendre la phénoménologie husserlienne de l'école de Göttingen et ses applications épistémologiques. C'est pourquoi, l'analyse de Josélyn Benoist pourrait nous aider avant d'entrer dans le vif de notre sujet à comprendre l'importance et l'originalité de Reinach dans le réalisme du langage juridique :

> Adolf Reinach, élève important de Husserl mais fauché prématurément par la guerre, revient aujourd'hui quelque peu à la mode, porté par les revendications d'une phénoménologie analytique « réaliste », qui entend bien utiliser cette référence dans sa polémique contre une phénoménologie continentale supposée constitutivement « idéaliste ». Reinach serait censé alors représenter une autre voie possible de la phénoménologie, celle que, malheureusement, elle n'a pas empruntée, du fait du « tournant idéaliste » que lui a imprimé son père fondateur, Husserl.[429]

---

[428] A. REINACH, *Les fondements a priori du Droit civil, op. cit.*, p. 44, cité par L. PASSERI GLAZEL, in J. BENOIST, J-F. KERVEGAN, *Adolf Reinach, entre droit et phénoménologie, de l'ontologie normative à la théorie du droit, op. cit.*, p. 72. Pour fixer cette pensée de Reinach il faudrait comprendre cette analyse de G., LORINI, dans ce même ouvrage : « Quelques années avant la publication de l'œuvre d'Adolf Reinach, *Die apriorischen Grundlagen des bürgerlichen Rechtes* (1913), dans les deux essais *Uber Gegenstand höherer Ordnung und deren Verhältnis zur inneren Wahrnehmung* (1899) et *Uber Gegenstand theorie* (1904), Alexius von Meinong (le fondateur de la *Gegenstand Theorie*, la théorie des objets : les objets réels (une maison, un chronomètre, un livre, une couleur, un son, etc.). Presque au même moment, la même distinction se trouve aussi chez Edmund Husserl (le maître de Reinach) dans les *Prolegomena zur reinen Logik* (1900). Dans sa recherche sur les fondements *a priori* du Droit civil, Adolf Reinach rencontre un nouveau type d'objectivités, une nouvelle catégorie d'objets, des objets qui ne sont pas réductibles aux deux catégories distinguées par Meinong et par Husserl. Il s'agit des objets juridiques, qu'il appelle « *rechtliche Gebilde* ». Reinach soutient que la découverte de ces objets juridiques est fondamentale pour l'ontologie en tant que théorie *a priori* de l'objet. En effet, cette découverte d'un troisième type d'objets (qui ne sont ni réels, ni idéels) ouvre une nouvelle direction de recherche philosophique. »

[429] J. BENOIST, *Reinach et la visée (Das Meinen) : décliner l'intentionnalité*, in *Adolf Reinach : philosophie du langage, droit, ontologie, op. cit.*, p. 19.

Il est clairement dit que Reinach revient à la mode dans la phénoménologie. Devant la propension idéaliste continentale, le courant réaliste ou analytique retrouve dans ce disciple d'Husserl, un point d'appui sur lequel il peut bâtir sa nouvelle démarche phénoménologique. En effet la controverse ou la polémique instaurée dans la phénoménologie pourrait aussi nous aider à comprendre le rapport entre Reinach et Kant. Car bien que n'étant pas contemporains, Kant aura eu une certaine influence sur la démarche de Reinach par rapport au concept d'*a priori*.

IV.2. Le rapport entre Adolf Reinach et Emmanuel Kant

Si les deux piliers de Reinach sont : l'autonomie et l'objectivité du droit, sa démarche vise la découverte de l'*ONTHOS* de la loi ; Kant dans son *a priori*, aura cherché avant lui l'*ETHOS* de cette loi, car pour lui, la maxime de la loi fondamentale de la raison pratique pure demeure un agir universel comme nous l'avons souligné : « Agis de telle sorte que la maxime de ta volonté puisse être toujours valoir en même temps comme principe d'une législation universelle ».[430]

C'est pourquoi, l'étude du caractère *éthique* des lois sera au fondement de la recherche de Kant, tandis qu'Adolf Reinach se préoccupera de leur *ontologie*. A ce titre nous verrons que Reinach, sans exclure la démarche de Kant, lui sera redevable à plus d'un titre, en commençant par le concept de l'*a priori* en lui-même où il trouvera des lieux de « récupération de Kant ». Mais ici, il s'agit non seulement des êtres juridiques qui dépendent de la volonté, mais aussi du langage qui accompagne ces êtres qui naissent, connaissent des changements et peuvent également disparaître. Ceci nous aide à comprendre les vérités dites *a priori*.

Au terme de ce deuxième chapitre dans lequel nous avons eu à comprendre le contexte historique allemand où Reinach développe sa pensée, nous arrivons au troisième chapitre dans lequel nous entrons au cœur même de notre thèse doctorale. Les deux premiers chapitres nous ont aidés à approfondir ce contexte historique allemand et surtout l'influence de sa pensée due à la philosophie allemande en général et celle de l'école phénoménologique de Göttingen en particulier. Husserl qui aura marqué sa phénoménologie sera beaucoup suivi dans ses *Recherches Logiques* jusqu'à ce que lui même qualifiera dans l'éloge funèbre de Reinach comme *tentative absolument inédite* sur la philosophie du droit sur la base d'une *phénoménologie pure*, par rapport à *la théorie a priori du droit*. A la fin de ces deux chapitres, nous nous serons arrêtés non seulement sur les aspects *descriptifs et historiques* de la

[430] E., KANT, *Critique de la raison pratique*, *op. cit.*, p.126.

phénoménologie et du langage juridique, mais aussi sur leur caractère *spéculatif*. Parce qu'il est important de souligner que nous avons fait une entrée fulgurante sur les principales problématiques de la philosophie du droit. Et puisqu'il ne faut pas s'éloigner de la matière principale qui est la notre, c'est-à-dire l'herméneutique, ce processus nous a permis de spéculer brièvement avec Husserl et Reinach sur l'interprétation des autres visions critiques nées de la phénoménologie transcendantale et des théories des concepts pandectistes du droit en Allemagne.

Avant d'entrer au cœur du troisième chapitre, il convient d'avertir le lecteur que sans avoir lu et relu les *Recherches Logiques* d'Edmund Husserl, la lecture et la compréhension de Reinach sera une œuvre superficielle. Car, son originalité n'échappe pas à l'influence de ces *Recherches Logiques*. Ce sont elles qui marquent dans un sens ou dans un autre la démarcation entre la phénoménologie réaliste et la phénoménologie idéaliste.

TROISIÈME CHAPITRE

Les caractéristiques fondamentales de la recherche d'Adolf Reinach : le rapport entre le droit et le langage

PARAGRAPHE I. La doctrine a *priori* du droit : Introduction des lois eidétiques avec validité conditionnée

Dans ce chapitre divisé en VII (sept) paragraphes, nous insistons d'abord sur l'introduction du livre de Reinach pour en comprendre brièvement sa substance et ses différentes motivations au premier paragraphe. Ensuite les cinq suivants vont en droite ligne avec la structure de l'auteur. Au dernier chapitre, nous revenons sur une explication de l'analyse de Reinach confrontée à d'autres courants de pensées.

Ceci dit, l'idée d'une *théorie a priori du droit* d'après Adolf Reinach naît du fait que le droit positif se trouve en perpétuel mouvement et en perpétuelle évolution de telle manière que les institutions juridiques naissent, disparaissent et se transforment. On aura donc des difficultés pour définir un droit positif qui ne fasse pas défaut à un autre droit. Il serait impossible de trouver une définition qui nous renverrait à une autre. Ce qui fixe la mesure du caractère évolutif du droit positif est en partie lié avec les représentations morales d'une époque. Les rapports et les besoins anthropologiques qui sont en perpétuel changement nous font comprendre philosophiquement le caractère phénoménologique du langage juridique qui est toujours en perpétuel changement.[431]

Nous avons donc d'un côté les représentations morales d'une époque, et de l'autre, les besoins économiques liés à la situation économique, politique et sociale dans un contexte déterminé. C'est

---

[431] A. REINACH, *Sämtliche Werke, op. cit.,* p. 141 : « Das positive Recht befindet sich in ständigem Fluss und ständiger Entwicklung. Rechtsinstitute entstehen und vergehen und verändern sich. Kaum eine Bestimmung eines positiven Rechtes ist zu finden, die nicht in irgendeinen anderen fehlte, und schlechthin keine ist zu finden, die nicht als in einem anderen fehlenden gedacht werden könnte. Maßgebend für die Rechtsentwicklung sind die jeweiligen sittlichen Anschauungen und in noch höheren Masse ständig wechselnden wirtschaftlichen Verhältnisse und Bedürfnisse ».

pourquoi le droit positif est sujet à un continuel changement. Les « institutions juridiques naissent, disparaissent et se transforment », cela rend en quelque sorte difficile une définition du droit positif. Les propositions du droit positif se distinguent pour cette raison d'une manière essentielle de celle de la science. Par exemple « 2 x 2 = 4 », cette relation n'est pas intuitive car elle subsiste indépendamment de l'intuition. Elle le demeure indépendamment de la reconnaissance des hommes d'un temps.[432]

A partir de ce point de vue, il serait compréhensible d'admettre le fait qu'il n'y a pas en soi sur le plan du droit positif, des lois juridiques uniques et valides d'une manière extra temporelle, comme nous l'avons posé sur les propositions mathématiques. Nous pouvons certes obtenir des concepts généraux qui peuvent fonder un Code juridique à travers ces déterminations particulières. Cela est la résultante d'un raisonnement inductif. Même ces concepts fondamentaux peuvent être substitués par une autre époque.

C'est pourquoi, il serait possible de proposer l'existence de certaines lois *a priori* qui ne dépendent pas des conditions économiques d'une époque déterminée. Comme il en est des lois juridiques, il en serait aussi de leurs éléments qui sont des concepts juridiques. Ceux-ci sont créés à partir de situations juridiques qui produisent le droit. Lorsque nous parlons des concepts comme la propriété, la prétention, l'obligation, la représentation et d'autres concepts similaires, le droit ne les trouvent pas tous faits.[433]

Nous trouvons des lois similaires par essence dans les nombres ou des figures géométriques. Cela voudrait dire en d'autres termes que ces entités juridiques ont leur existence indépendamment du positivisme. Ce qui est de ces entités vaut aussi pour les propositions *a priori*. Ici, nous ne sommes pas purement dans un cadre de la précompréhension liée aux préjugés. Notre intention est de soutenir le caractère *a priori* des propositions du droit positif.

Adolf Reinach ne part pas *ex-nihilo*, il décolle sur la situation juridique allemande de l'année 1900. C'est la première codification du Droit civil appelée : *Bürgerliches Gesetzbuch : BGB*. Comme nous avons déjà eu à le souligner aux deux premiers chapitres, ce sont les insuffisances de ce *Code Civil allemand* qui seront en grande partie liées à la critique opérée par le philosophe Reinach. C'est cette base nécessaire qui évitera d'arriver à certaines incompréhensions. C'est à sa maîtrise

[432] Cf. A. REINACH, *Sämtliche Werke, op. cit.* ; p. 141 : « So unterscheiden sich die positivrechtlichen Sätze ganz wesentlich von den Sätzen der Wissenschaft. Dass 2+2=4 ist, das ist ein Zusammenhang, der von manchen Subjekten vielleicht nicht eigne(686) sehen wird, der aber unabhängig vor allen Einsehen besteht, unabhängig von der Setzung der Menschen und unabhängig von dem Wechsel der zeit ».

[433] Cf. ZITELMANN, *Irrtum und Rechtsgeschäft*, p.17, in A. REINACH, *Les fondements a priori du Droit civil, op. cit.*, p. 40.

que nous arrivons à comprendre son intention sur une théorie du *langage a priori* du droit. Il est toujours nécessaire et fondamental d'avertir encore ceux qui nous lisent que nous faisons une thèse sur *le langage du Droit civil* et non seulement sur *la philosophie du droit.* Certes une bonne partie de celle-ci est liée à cet aspect mais, ne se limite pas uniquement à cela. Cela nous évite des incompréhensions inutiles, risquant de bloquer le développement d'une pensée tout à fait originale d'Adolf Reinach.

I.1. L'intention de l'auteur

Notre intention, explique l'auteur, est de rendre intelligible certaines lignes de l'évolution du droit à partir de la sphère *a priori*. Cette évolution ne vient pas en nous comme une simple objection de la philosophie du droit de son époque. Mais, un riche développement servant à la construction d'un nouveau champ philosophique, appelé *ontologie du droit*, ou *théorie a priori du droit :*

> Nous avons précisément l'intention de rendre compte de certaines lignes de développement du droit à partir de la sphère *a priori*. Que l'on ne nous oppose pas alors ces évolutions comme des obstacles à notre théorie. Depuis trop longtemps déjà on a insisté avec la plus grande rigueur sur ce seul point, se privant par là-même d'un monde tout à la fois beau et riche.[434].

Sur cette base, l'auteur a des motifs qui soulignent le caractère critique sur le Code civil allemand (*BGB*). L'auteur arrive à énoncer le caractère ontologique de certaines lois : que celles-ci soient temporelles ou éternelles et indépendantes de notre connaissance, comme dans le cadre des lois mathématiques. Les entités juridiques énoncées par l'auteur ouvrent un champ nouveau à la philosophie. C'est une ontologie, en d'autres termes une théorie *a priori* de l'objet qui s'occupe de l'analyse de diverses possibilités de ces mêmes objets.

Avant Adolf Reinach, Emmanuel Kant aura balisé ce terrain des *lois a priori de nature synthétique*. Kant limitera la sphère de ces propositions à une philosophie tout à fait idéaliste. Avec la nouvelle philosophie réaliste de Reinach, les doutes sur les lois *a priori* sont confirmés par la découverte de la doctrine *a priori* du droit.

Reinach nous conduit sur un terrain d'une « ontologie régionale ». En effet, nous rentrons dans la phénoménologie même du droit : c'est le fameux « Zurück » : le retour aux choses mêmes du droit.

---

[434] A. REINACH, *Sämtliche Werke, op. cit.,* p. 147 : « Wir haben ja die Absicht, gewisse Linnen der Rechtsentwicklung aus der apriorischen Sphäre heraus verständlich zu machen. Dann darf man uns auch nicht eben diese Entwicklung als Einwand entgegenhalten. Lange genug schon hat man sich durch die starre Einstellung auf diesen einen Punkt den Blick in eine schöne und reiche Welt verschlossen.

I.1.1. La phénoménologie du droit

D'après l'analyse de Bruno Romano dans la *Présentation* des *Fondements a priori du Droit civil*[435], il s'agit d'analyser les lois *a priori* des phénomènes juridiques. Notre auteur, s'il faut le rappeler, est disciple d'Edmund Husserl. Il crée un champ nouveau dans l'analyse des actes juridiques :

> Disciple de Husserl, Reinach engage la phénoménologie sur le terrain des actes juridiques et plus généralement des « actes sociaux » et des objets spécifiques qui en sont les produits. L'analyse phénoménologique s'applique donc, et la chose est tout à fait nouvelle, à distinguer les actes sociaux proprement dits (un commandement, une promesse, etc.) des expériences individuelles qui les accompagnent, afin d'isoler les structures *a priori* qui sont au principe même du droit positif, qui en constituent la matière même.[436]

Ce terrain nouveau de la phénoménologie des actes juridiques et des actes sociaux confère à la philosophie du droit une analyse en profondeur des objets produits par ceux-ci. Reinach découvre l'ontologie des productions que la philosophie du droit n'avait jusque là pas encore explorées. Par l'analyse phénoménologique des actes sociaux, c'est aussi la découverte d'une herméneutique anthropologie qui accompagne les intentions des actes juridiques. Parce qu'il faudrait désormais distinguer ces actes proprement dits des expériences dans le vécu individuel qui sous entendent les paroles qui les accompagnent. L'œuvre phénoménologique de notre auteur cherchera à isoler les structures mêmes de ces actes qui se trouvent dans l'être même de tout droit positif. La démarche philosophique ici consiste à rentrer aux principes des apparences du droit positif. La matière de la phénoménologie devient pour Reinach, l'ontologie même des actes juridiques.

La composante herméneutique ou linguistique qui en serait l'expression emmènera l'auteur dans un autre champ de l'analyse philosophique et linguistique qui se base sur les énoncés appelés « performatifs » :

C'est la raison pour laquelle le travail de Reinach s'inscrit également dans un champ d'analyse philosophique et linguistique centré sur les énoncés dits « performatifs », baptisés ainsi par Austin quelques décennies plus tard et définis comme des énoncés servant à effectuer une action. Tout en produisant une description magistrale de ce type d'énoncé, Reinach les attache à une théorie ontologique des structures

---

[435] A. REINACH, *I fondamenti a priori del diritto civile, op. cit., Présentation* de Daniela Falconi XIII : « L'incontro con la fenomenologia del diritto di Reinach con il costituirsi di una concezione della ricerca fenomenologica intesa quale via per la formazione di una fenomenologia regionale ».

[436] *Idem.,* commentaire sur la dernière page de couverture.

qui n'est pas du tout envisagée dans l'horizon théorique austinnien.[437] C'est ici que la philosophie du langage Anglo-saxonne américaine rentre en dialogue parfois conflictuel avec celle continentale. Nous le verrons concrètement au quatrième chapitre.

Mais avant d'entrer dans l'étude compréhensive des « actes sociaux » ou « actes juridiques », nous nous permettons d'abord d'analyser la force liante des contrats, celle qui nous permettra d'entrer dans le vif du sujet.

I.1.2. La force liante des contrats

Elle est un facteur qui trouve son fondement dans la liberté des contractants « arbitrée » par le Code des normes positives dont la jurisprudence en est le garant. Cette force se trouve renforcée par le fait que le droit positif leur confère une exécution par la contrainte :

> Lorsque deux choses sont propriété de deux personnes, que chacune d'entre elle désire la chose qui est sous la souveraineté de l'autre et se déclare prête, pour l'obtenir, à renoncer à la sienne propre, l'échange immédiat des deux choses est le moyen de satisfaire le désir des deux personnes. Il en est de même avec l'échange de services, ou de choses et de services ou plus encore. Qu'en est-il cependant, lorsque la première prestation peut suivre immédiatement, alors que la seconde n'est possible que plus tard ? Doit-on renoncer à tout échange ? Cela signifierait une limitation insupportable des rapports marchands. D'un autre côté, la situation du premier parti, qui a déjà accompli son service et en attend les suites, serait tout à fait périlleuse. Dans la plupart des cas, le second parti, dont le désir a été comblé, se soucierait peu du désir de l'autre. Là encore, on ne peut attendre d'aide que de l'établissement d'un droit positif. Les individus sont en effet contraints d'accomplir les prestations attendues.[438]

Tous les contractants sont contraints à réaliser leurs prestations à cause des mesures coercitives, car leur non réalisation conduit à des

---

[437] S. LAUGIER, *Actes de langage et états de choses : Austin et Reinach*, in *Les Etudes philosophiques*, février 2005, *Adolf Reinach : philosophie du langage, droit, ontologie, op. cit.*, pp. 73-97.

[438] A. REINACH, *Les fondements a priori du Droit civil, op. cit.*, p. 41, *Sämtliche Werke, op. cit.*, pp. 142-143 : « Wo zwei Sachen im Herrschaftsbereiche zweier Personen stehen und jede von ihnen die im Bereiche des anderen stehende Sache begehrt und um ihretwillen auf die eigene zu verzichten bereit ist, ist der sofortige Austausch beider Sachen das gebende Mittel, um dem Begehren beider Erfüllung zu bieten. Ähnlich steht es mit dem Austausch von Diesten oder von Sachen und Diensten und dgl. mehr. Wie ist es aber, wenn die eine Leistung sofort erfolgen kann, die andere aber erst später möglich ist ? Soll hier auf jeden Austausch verzichtet werden ? Das würde eine unerträgliche Verkehrsbeschränkung bedeuten. Andererseits aber wäre die Lage der einen Partei, welche ihre Leistung bereits vollzogen hat und nun die Gegenleistung erwartet, auf das äußerte gefährdet. In den meisten Fällen wohl würde sich die Gegenpartei, deren Begehren nun erfüllt ist, um jenes Begehren wenig kümmern. Auch hier ist Hilfe nur von der Setzung des positiven Rechtes zu erwarten. Die einzelnen Menschen werden gezwungen, die in Aussicht gestellten Leistungen zu vollziehen ».

conséquences pénales. Ces conséquences qui découlent de la jurisprudence sont protégées par un support efficace et permanent du droit positif. L'exemple que Reinach prend pour illustrer la force liante des contrats est celui du bail à loyer.[439]

Mais dans le processus d'une phénoménologie du droit, il est primordial de souligner que la démarche philosophique de Reinach s'oppose à tout formalisme. Ici, le défi à réaliser est de donner un contenu philosophique aux lois, car la matière même d'une loi est liée aux rapports factuels et historiquement contextualisés. Ce ne sont pas les principes qui sont à la base d'une adéquation entre le respect strict de la règle et la jurisprudence, mais il s'agit d'éviter tout conventionnalisme. Car celui-ci conduit à une inefficacité des actes juridiques :

> Le droit positif engendre, par sa toute puissance, les prétentions des uns et les obligations des autres. C'est là, et là seulement que réside la force liante du contrat, en ce que le droit positif exige son accomplissement. Le vieux problème que le droit naturel a vu au-delà, dans la contrainte même que supposent la promesse et le contrat n'est en vérité, d'après cette conception, qu'un problème apparent et vide.[440]

Par sa nature, le caractère tout puissant du droit positif crée des obligations et des prétentions des différentes parties. Et lorsque nous pouvons parler de cette force coercitive, il est évident de procéder par une analyse philosophiquement pensée. Les « actes juridiques » se vident

---

[439] *Idem*, pp. 192-193 : Bail à loyer (*Miete*), bail à ferme (*Pacht*) : le contrat : Le contrat de bail à loyer, ou contrat de louage ou location (Mietvertag) est un contrat à titre onéreux par lequel le bailleur (Vermieter) s'engage à laisser au preneur l'usage d'une chose ou d'un ensemble de choses. (§ 535' du BGB). Ce contrat a efficacité juridique sur tous les biens susceptibles d'être loués. Outre les normes générales qui s'y appliquent, on trouve des dispositions spéciales visant des catégories plus étroites, comme les biens immobiliers ou immeubles, les locaux, les logements. Selon le BGB, le bailleur doit, dans un tel contrat, abandonner la chose au locataire, c'est-à-dire lui en conférer la possession, pour un temps indéterminé. Il doit lui en garantir l'usage, ce qui suppose l'élimination des préjudices qui pourraient lui être portés, maintenir la chose en état, etc. Le contrat de bail à ferme (*Pachtvertrag*) permet au preneur d'utiliser la chose comme le ferait le locataire, mais en outre d'en percevoir les fruits résultat d'une exploitation régulière. Sur la différence entre bail à loyer et bail à ferme, le commentaire du § 535 par le comité de législation étrangère est très éclairant : « La pensée du Code a été de faire la différence entre les contrats où le bailleur concède la jouissance de l'usage seul (art. 459), et ceux où il concède la jouissance de l'usage et des fruits (art.581) : dans la première catégorie ne peuvent entrer que des objets matériels, tandis que la seconde comprend indistinctement des biens corporels et des biens incorporels (droit de chasse, de pèche, etc.) » (Code Civil allemand, t. II, p. 77-78).

[440] *Idem*, *Sämtliche Werke*, *op. cit.*, p. 143 : « Das positive Recht erzeugt durch seine alles ergreifende Macht einen Anspruch der einen und eine Verbindlichkeit der anderen Partei. Darin und nur darin liegt die bindende Kraft der Verträge, dass das positive Recht ihre Erfüllung erzwingt. Das Problem, welches das alte Naturrecht darüberhinaus noch in der Bindung durch Versprechungen und Verträge gesehen hat, ist nach dieser Anschauung in Wahrheit ein leeres Scheinproblem ».

de leur substance et deviennent une simple réponse à la peur de se voir contraint d'exécuter l'acte.

En retenant néanmoins que les contrats trouvent leur force dans le caractère coercitif du droit positif, à la suite de la thèse de Reinach, nous entrerons dans la sphère de ce qui marque leur raison d'être et leur naissance dans les formations juridiques.

I.2. Les prétentions et les obligations : formations juridiques

Les concepts et les propositions de droit sont des facteurs qui instituent le droit. Ceux-ci participent aux formations juridiques qui sont la création du droit positif. Le droit trouve des concepts qui servent à la codification. Comme nous l'avons souligné plus haut, le processus historique de l'empire allemand a donné naissance à la science historique du droit. La controverse entre les concepts et les normes juridiques se trouvent dans le fait que le droit ne crée pas les concepts, mais il s'en sert pour sa constitution. Les prétentions[441] et les obligations considérées comme des formations juridiques sont générées par des actes sociaux.

Adolf Reinach prend un exemple sur les maisons et les arbres qui ont en eux-mêmes une existence indépendante. Car, on peut percevoir qu'un arbre a fleuri et qu'une maison est peinte en blanc ou en une autre couleur. Cette perception est le fruit d'un acte sensible, c'est-à-dire de l'observation. L'arbre et la maison existent indépendamment de notre jugement :

---

[441] Cf. A. REINACH, *Les fondements a priori du Droit civil, op. cit.*, p. 197 : Prétention (*Anspruch*) : selon le § 194 du BGB, la prétention désigne « le droit d'exiger d'un autre un fait ou une abstention ». La prétention englobe donc tous les rapports d'obligation, parmi eux la créance. Quand la créance n'est qu'une technique limitée au droit des obligations, la prétention s'étend également aux droits des choses. Ainsi – et Reinach l'évoque – selon les § 985 et 986 du BGB, le propriétaire est en droit de réclamer la restitution d'une chose au possesseur non fondé à la posséder. Il est alors titulaire d'une prétention à la restitution. La prétention a donc une double dimension : celle d'une prérogative et la possibilité de réclamer justice. « Le concept de prétention du BGB désigne donc à la fois une position juridique de droit matériel et son prolongement procédural » (Claude Witz, *op. cit.*, p.476). Le Comité de législation commente ainsi le § 194 : « la doctrine allemande a donc imaginé une notion intermédiaire entre le rapport de droit qui constitue le droit subjectif de l'individu et l'action qui sera le moyen de poursuites procédurales mis à sa disposition, notion incarnée dans l'*Anspruch*, expression pour laquelle il est difficile de trouver une traduction corrélative. Faute de mieux, il a fallu adopter l'expression malheureusement un peu vague de « prétention », laquelle ne répond à rien dans notre langue juridique ; elle a le mérite de ne pas se confondre avec le droit lui-même et d'écarter l'idée d'une action à l'état de poursuite. […] On a voulu désigner par là non pas le rapport juridique dans son ensemble, mais la faculté qui peut naître de ce rapport lui-même d'avoir à élever une revendication contre quelqu'un en vue d'exiger de lui tel ou tel fait compris dans le contenu du droit » (*Code civil allemand*, t.I.p.257).

Les formations juridiques, comme par exemple la prétention et l'obligation ont une existence indépendante comme les maisons et les arbres. A ce dernier, on rattache en général tout ce qu'on parvient du monde extérieur par les actes de la perception sensible et de l'observation : on perçoit donc qu'un arbre est en fleur, une maison peinte en blanc. Ces prédications ne se font pas sur la nature de l'arbre et de la maison en tant que tel. Les arbres peuvent ne pas fleurir, les maisons peuvent avoir d'autres couleurs-ce ne sont pas des états de choses nécessaires que nous saisissons au moyen de ces perceptions. Ce ne sont pas non plus des états des choses universelles, dans la mesure où les deux prédications ne s'appliquent qu'a un unique arbre et à unique maison, sans qu'il soit légitime de les étendre à tout ce qui est arbre et tout ce qui maison. Il en va autrement des propositions qui concernent des formations juridiques. Ici, il n'y a pas de monde extérieur face auquel nous nous tenions, et duquel nous puissions discerner toutes sortes d'état de choses.[442]

Les prédications ne trouvent pas leur fondement au niveau de la nature même d'un arbre et d'une maison, car ceux-ci ne peuvent ne pas fleurir ou avoir d'autres couleurs. Ce que nous voyons par les moyens de nos sens n'est pas nécessaire pour qualifier l'état des choses. Nous ne sommes pas ici face à une grande quantité d'arbres ou à un grand nombre de maisons pour poser un état de choses universelles. L'arbre est unique, la maison également. Cette démarche procède par un mode inductif et non déductif par rapport au jugement. Les prédications, au contraire, devraient arriver à des conclusions universelles. Ce qui poserait donc une certaine fragilité face au contenu des états de choses. C'est pourquoi, les formations juridiques seraient contraires dans une large mesure aux propositions juridiques. Qu'est-ce que Reinach entend par application des propositions *a priori* ?

I.2.1. L'application des propositions *a priori*

Après avoir dépassé cette difficulté, Reinach arrive à une nouvelle possibilité dans l'exploration de l'essence même de ces formations

---

[442] A. REINACH, *Les fondements a priori du Droit civil, op. cit.*, p.42, *Sämtliche Werke, op. cit.*, p 143 : « Wir werden von hier aus weitergehen müssen. Rechtliche Gebilde, so sagten wir, Ansprüche und Verbindlichkeiten z.B. haben ihr unabhängiges Sein, wie Häuser und Bäume. Von diesen letzteren gilt allerlei, was wir in Akten sinnlicher Wahrnehmung und Beobachtung aus der Welt da draußen ablesen können : Irgendein Baum wird als blühend erfasst, irgendein Haus ist weiß gestrichen. In der Beschaffenheit von Baum und Haus als solchen gründen diese Prädikationen nicht. Bäume brauchen nicht zu blühen. Häuser können andere Farbe tragen –es sind keine notwendigen Sachverhalte, welche wir in jenen. Wahrnehmungen erfassen. Es sind auch keine (689) allgemeinen Sachverhalte, insofern die beiden Prädikationen nur einzelne Bäumen und den einzelnen Hause zukommen, ohne dass wir das Recht haben, sie auf alles auszudehnen, was Baum ist oder Haus. Ganz anders steht es um die Sätze, welche von jenen rechtlichen Gebilde gelten. Hier gibt es keine Welt, vor der wir stehen, uns aus der wir allerlei Sachverhalte herauszulesen vermögen ; hier steht uns eine andere, tiefere Möglichkeit zu Gebote ».

juridiques. Il les compare à l'essence des nombres et des figures géométriques dans leur caractère universel. Les rapports seuls ne suffisent plus, mais aussi le fondement essentiel lié aux « états de choses ». C'est pourquoi, dira t-il que ces propositions juridiques *a priori* s'appliquent aux formations juridiques :

> Que, dans le monde extérieur, les objets quelconques se tiennent les uns à côté des autres, ceci pour constituer un état de choses unique et fortuit. Qu'un acte de réconciliation puisse mettre fin à une prétention, ceci se fonde sur l'essence de la prétention en tant que tel, et il vaut par là pas nécessairement et universellement. Aux formations juridiques s'appliquent des propositions *a priori* ; cette apriorité ne vaut que rien de sombre et de mystique. Elle se rapporte au simple fait que nous venons d'évoquer. Tout état de choses universelles et nécessaires, dans le sens évoqué plus haut, est, d'après notre terminologie, défini comme *a priori*. Nous verrons qu'il existe un vaste domaine de telles propositions *a priori* qu'on peut formuler avec rigueur, et dont peut saisir l'évidence, et qui sont indépendantes de toute conscience qui les appréhende, et par-dessus tout indépendant de tout droit positif, tout comme les formations juridiques auxquelles elles s'appliquent.[443]

D'après cette citation, nous commençons à entrer dans le cœur même du rapport entre la promesse, la prétention et l'obligation à partir de la perception des choses liées les unes aux autres, mais nous n'arrivons pas encore à des conclusions philosophiques. Par contre, notre démarche consiste à comprendre le contenu même des « états des choses » que nous développerons plus tard. L'auteur souligne bien que, même si un acte de renonciation est à l'origine d'une fin d'une prétention, ceci vient confirmer la nature même de l'essence de celle-ci. Cette démarche est nécessaire et universelle ; c'est pourquoi souligner l'*apriorité* des propositions qui s'applique aux formations juridiques ne dénote aucune obscurité dans la démarche phénoménologique, au contraire, « tout état de choses » nécessaire et universel se définit comme *a priori*.

---

[443] A. REINACH, *Les fondements a priori du Droit civil*, *op. cit.*, pp. 42-43, *Sämtliche Werke*, *op. cit.* ; p 144 : « Dass irgendwelche Gegenstände in der Welt nebeneinander liegen, ist ein einzelner und zufälliger Sachverhalt. Dass ein Anspruchs durch einen Akt des Verzichtes erlischt, gründet im Wesen des Anspruch als solchem und gilt daher notwendig und allgemein. Von den rechtlichen Gebilden gelten apriorischen Sätze. Diese Priorität soll nichts Dunkles und Mystischen besagen, sie ist an den schlichten Tatsachen orientiert, die wir erwähnt haben : jeder Sachverhalt im eingegebenen Sinne allgemein ist und notwendig besteht, wird von uns als ein apriorischer bezeichnet. Wir werden sehen, dass es eine reiche Fülle solcher apriorischer Sätze gibt, streng formatierbar und evident einsichtig, unabhängig von allem erfassenden Bewusstsein, unabhängig nach vor allen Dingen von jedem positivem Recht, genauso wie die rechtlichen Gebilde von denen sie gelten ».

Dans une autre note explicative, Ronan de Calan[444] dira qu'on doit se contenter d'insister sur le fait que l'*apriorité* dans son sens originel ne s'applique absolument pas aux propositions, aux jugements, ou à la connaissance.[445] Par contre, elle s'applique à *l'état de choses* telles qu'elles se posent et telles qu'elles sont jugées et connues. C'est l'être qui est jugé, c'est aussi le même être qui est connu. Il serait donc important de souligner que l'universalité devrait affirmer que cet être se fonde dans le sens de ce à quoi se réfère le sujet. Il existe un domaine élargi des propositions *a priori* qui sont indépendantes de toute conscience qui les perçoit. C'est pour cette raison qu'elle serait indépendante sur le plan phénoménologique de tout droit positif. Ce qui est dit de ces propositions vaut également pour les formations juridiques auxquelles elles s'appliquent.

La problématique qui se poserait ici serait d'établir une distinction entre *l'a priori* et l'empirique.

I.2.2. Distinction entre *a priori* et empirique

Entre *a priori* et *empirique*, la nette distinction qui s'opère est celle de voir que *l'ontologie régionale* de notre auteur doit affronter dans sa démarche *l'empirisme* et *les courants philosophiques idéalistes*. Reinach observe qu'il y a beaucoup de préjugés entre les juristes au sujet de l'existence des propositions *a priori*, formulées de manière intuitive. La distinction entre *a priori* et empirique se vérifie au niveau des lois que notre auteur qualifie d'éternelles et celles du droit positif :

> Que le droit positif trouve ses dispositions dans une absolue liberté, liant de pures nécessités économiques, des représentations morales du moment etc., et sans égard pour la sphère du droit *a priori* que nous avons en vue, tout cela nous le reconnaissons naturellement tout à fait. Le droit positif peut, selon son bon plaisir, dévier des formes essentielles de légalité qui valent pour les formations juridiques – bien que cela constitue un problème en soi, que de rendre compte de la possibilité même de cette déviation.[446]

---

[444] RONAN CALAN est actuellement maître de conférence à l'université de Paris I. Il est aussi membre de l'IHPST (Institut d'histoire et de sciences et des techniques). C'est lui qui a traduit *Die apriorischen Grundlagen des Bürgerlichen Rechtes : Les fondements a priori du Droit civil* de Reinach.

[445] A. REINACH, *Les fondements a priori du Droit civil, op. cit.*, p. 43, note de bas de page.

[446] A. REINACH, *Les fondements a priori du Droit civil, op. cit.*, pp. 43-44, *Sämtliche Werke, op. cit.* ; p. 145 : « Dass das positive Recht seine Bestimmungen in absoluter Freiheit trifft, rein auf die wirtschaftlichen Bedürfnisse, auf die jeweiligen staatlichen Anschauungen u. dgl. fußend, ungebunden durch die Sprache apriorischer Gesetze, welche wir im Auge haben, erkennen wir natürlich vollkommen an. Das positive Recht kann nach Belieben abweichen von den Wesensgesetzlichkeiten, welche von den rechtlichen Gebilden gelten – wobei es freilich ein eigenes Problem ist, die Möglichkeit solcher Abweichungen verständlich zu machen ».

Cette nette distinction entre *a priori* et empirique réside dans ce que Reinach qualifie de concepts fondamentaux. Ceux-ci n'ont pas une existence juridique positive, car ils ne seront jamais créés par le droit à partir de l'expérience. Tout comme ces lois qui demeurent éternelles, car elles ne sont pas des produits de notre capacité déductive liée à l'appréhension humaine. C'est ainsi que dans sa démarche, *la théorie aprioristique* cherchera à prouver leur existence non positive. C'est ce qui nous permet de comprendre que les concepts fondamentaux du droit ont une existence non positive d'après la théorie de Reinach.

I.2.3. Les concepts fondamentaux du droit ont une existence non positive

La compréhension de cette affirmation de Reinach va contre la conception de son époque et de certains autres philosophes du droit après lui. C'est ici même le nœud de toute la démarche de notre auteur, qui n'avait jamais eu de précédent :

> Nous voulons simplement affirmer – et nous voudrions insister lourdement sur ce point : ce qu'on appelle les concepts fondamentaux spécifiques au droit ont une existence indépendante des sciences mathématiques. Le droit peut bien les aménager et les remanier comme il l'entend : ceux-ci seront découverts par lui, et non pas créés. Et plus encore : dans ces formations juridiques, certaines lois sont valables éternellement et sont indépendantes de notre appréhension, tout comme les lois des mathématiques. Le droit positif peut les incorporer dans sa propre sphère, il peut aussi dévier d'elles. Mais même lorsqu'il les retourne en leur contraire, il ne peut les atteindre dans leur propriété constitutive.[447]

Parler des fondements *a priori* du droit, c'est parler de l'existence et de l'origine de ceux-ci ; c'est-à-dire des lois. Le réalisme de Reinach veut se démarquer de tout positivisme juridique. Tous ceux qui ont fait et ceux qui feront une critique à son œuvre doivent comprendre ces fondamentaux. Autant il y a des lois créées par le droit positif, autant il y a des lois qui ne sont pas limitées en soi par un système juridique. D'ailleurs, Reinach déclarera plus tard la non immixtion de la théorie *a priori* sur le droit positif, car ces lois sont valables d'une manière

---

[447] A. REINACH, *Les fondements a priori du Droit civil, op. cit.*, p. 44, *Sämtliche Werke, op. cit.*, p. 145 « Nur das eine behaupten wir – und - darauf legen wir allerdings das größte Gewicht : Die sog. spezifisch rechtlichen Grundbegririffe haben ein außer positiv-rechtliches Sein, genauso wie die Zahlen ein Sein unabhängig von der mathematischen Wissenschaft besitzen. Das positive Recht mag sie ausgestalten und umgestalten, wie es will : sie selbst werden von ihm vorgefunden, nicht erzeugt. Und ferner : Es gelten von diesen rechtlichen Gebilden ewige Gesetze, welche unabhängig sind von unserem Erfassen, genauso wie die Gesetze der Mathematik. Das positive Recht kann sie in seine Sphäre übernehmen, es kann auch von ihnen abweichen. Aber selbst wo es sie in ihr Gegenteil verkehrt, vermag es ihren Eigenbestand nicht zu berühren ».

éternelle. Comme des axiomes mathématiques, elles précèdent le droit positif qui, par voie objective et réaliste, doit les reconnaître. De telle manière que si celui-ci va contrent-elles, il ne saurait détruire leur propriété constitutive. C'est pourquoi, la théorie *a priori* mérite son indépendance vis-à-vis du droit positif :

> Comme l'indépendance du droit positif à l'égard de la théorie *a priori* du droit, nous devons également mettre en avant avec la plus grande insistance l'indépendance de cette théorie à l'égard de tout droit positif. Il existe en effet de larges domaines de l'existence sociale qui ne sont pas concernés par les normes du droit positif. Pourtant, là encore on trouve ces formations définies habituellement comme spécifiquement juridiques, dont nous affirmons l'indépendance à l'égard du droit positif, et là encore sont applicables ces lois *a priori*. Comme leur forme générale présente un intérêt pour la théorie de l'objet et la théorie de la reconnaissance, de même, leur contenu sera ici particulièrement significatif pour la sociologie. Associées à d'autres lois, elles représentent l'*a priori* des rapports sociaux extérieurs à toute règle de droit positif.[448]

Pour Reinach, il y a des domaines sociaux dans lesquels, la loi positive n'a aucune influence. Ce qui voudrait dire en d'autres termes que, la matière à laquelle s'adresse la théorie *a priori* n'est pas seulement liée au droit positif, mais elle s'étend à la sociologie, c'est-à-dire aux actes sociaux qui naissent des rapports sociaux. Nous le verrons en profondeur au deuxième paragraphe. Il convient pour nous de comprendre une certaine clarification de la nécessité immanente qui naît à travers les actes sociaux.

I.2.4. La clarification immanente et intuitive

Adolf Reinach veut d'une manière absolue affirmer le caractère immanent de la théorie *a priori* du droit vis-à-vis de tout droit positif :

> Un homme fait une promesse à un autre homme. Un effet spécifique résulte de ce processus, tout à fait étranger à ceux que suscite une communication d'un homme avec un autre ou l'expression d'une demande. La promesse crée un lien particulier entre deux personnes, en vert duquel –pour l'exprimer très grossièrement – la première personne peut exiger quelque chose et la seconde est contrainte de l'accomplir ou de l'accorder. Ce lien apparaît comme la conséquence, et aussi bien comme le produit de la promesse. D'après son essence même, il tolère n'importe quel délai.

[448] *Ibidem, Sämtliche Werke, op. cit.*, pp. 145-146 : « Neben einer Mathematik und reiner Naturwissenschaft gibt es auch eine reine Rechtswissenschaft, wie jene zusammengefügten streng apriorischen und synthetischen Sätze, und als Grundlage dienend für nicht aprioristische ja sogar außerhalb des Gegensatzes von Apriorischen und Empirischen stehende Disziplinen. Ihre Sätze werden freilich nicht wie die Sätze der reinen Mathematik und Naturwissenschaft unverändert übernommen. Sie machen zwar unser positives Recht und unsere positive Rechtwissenschaft allererste möglich, aber nur umgestaltet und modifiziert vermögen sie, in sie einzugehen ».

Toutefois une nécessité immanente le pousse à trouver une fin ou une résolution. Nous voyons plusieurs chemins qui conduisent à cette résolution. Le contenu de la promesse est réalisé : de cette façon cette relation semble avoir trouvé sa fin naturelle. Le bénéficiaire de la promesse renonce ; l'obligé se rétracte : même sous ces deux formes, et sous certaines conditions, une promesse peut prendre fin, bien que d'une manière apparemment moins naturelle.[449]

Une fois qu'un acte social naît, il nécessite une fin ou une résolution. Dans le cas de la promesse, son essence réclame sa réalisation ou sa fin. Au cas où son contenu trouve une bonne fin, naturellement aucune prétention ne sera réclamée. Au cas où son bénéficiaire renonce, celui qui a promis ne sent plus ce devoir d'accomplir sa promesse. Ainsi, acte social peut toujours prendre fin à travers certaines autres conditions. C'est pourquoi, il serait nécessaire d'élucider le caractère prénormatif des lois.

I.2.5. Le caractère prénormatif des lois

Reinach entend par formations juridiques les actes qui participent à la formation des normes. Ainsi, si ces formations trouvent leur existence en dehors du droit positif, il en va de même pour les lois :

> Si les formations juridiques existent bien indépendamment du droit positif, elles sont par lui présupposées et utilisées. Ainsi leur analyse, l'explication purement immanente, intuitive de leur être, seront de la plus grande signification pour les disciplines du droit positif. Mais même les lois qui se fondent sur leur essence jouent à l'intérieur du droit positif un bien plus grand rôle que l'on est porté à croire. On sait combien il est souvent question dans la jurisprudence de propositions qui, sans constituer un droit écrit, « se comprennent d'elles-mêmes » ou « sont données dans la nature des choses », et autres expressions de ce type. Dans la quasi-totalité des cas, il ne s'agit pas, comme on l'a pensé, de propositions dont l'efficacité ou la justice sont parfaitement évidentes, mais bien plutôt de formes de légalité de la

---

[449] A. REINACH, *Les fondements a priori du Droit civil*, *op. cit.*, p. 47, *Sämtliche Werke*, *op. cit.*, p. 147 : « Ein Mensch erteil einem anderen ein Versprechen. Eine eigenartige Wirkung geht von diesem Vorgange aus, eine ganz andere, als wenn etwa ein Mensch dem anderen eine Mitteilung macht oder eine Bitte ausspricht. Das Versprechen schafft eine eigentümliche Verbindung zwischen zwei Personen, kraft deren, um es zunächst ganz roh auszudrücken, die eine etwas verlangen darf und die andere verpflichtet ist, es zu leisten oder zu gewähren. Diese Verbindung erscheint als Folge, als Produkt gleichsam des Versprechens. Sie lässt ihrem Wesen nach eine beliebig lange Dauer zu, andererseits aber scheint ihr die Tendenz immanent zu sein, ein Ende und eine Auslösung zu erfahren. Wir sehen verschiedene Wege, die zu einem solchen Ende führen können. Der Versprechensinhalt wird geleistet ; hiermit scheint jenes Verhältnis sein natürliches Ende zu finden. Der Versprechensempfänger verzichtet ; der Versprechende widerruft. Auch hierdurch kann unter Umständen ein Erlöschen eintreten, wenn auch in einer Weise, die uns weniger naturgemäß erscheint ».

théorie *a priori* du droit. Ce sont vraiment des propositions qui s'ordonnent à la « nature » ou à l'« essence » des concepts en question.[450]

En prenant l'exemple de la jurisprudence, on y trouve des propositions qui se comprennent d'elles-mêmes et aussi par la nature des choses. Notre auteur, définit par ce type de propositions, les formes « de la légalité de la théorie *a priori* du droit ». Ce caractère prénormatif des lois nous permet de comprendre l'existence des lois éternelles.

I.2.6. Les lois éternelles

Reinach parle d'une catégorie des lois éternelles et indépendantes, qui serait équivalente sur le plan des exemples aux lois mathématiques : « Et plus encore : dans ces formations juridiques, certaines lois sont valables éternellement et sont indépendantes de notre appréhension, tout comme les lois des mathématiques ».[451]

Certainement les positivistes trouveront cette affirmation lourde de sens et de conséquences dans la philosophie du langage juridique. Car, même si le droit positif ne reconnaît pas leur existence, il ne pourrait pas atteindre leur propriété constitutive. Elles ont une constitution ontologique qui précède tout droit positif. C'est ce qui nous aide à comprendre l'ontologie des lois.

I.2.6.1. L'ontologie des lois

C'est une nouvelle étude qui s'ouvre à la philosophie à partir de *l'ontologie régionale* ou de la théorie *a priori*.

> S'il existe en soi des formations juridiques, alors la philosophie s'ouvre ici un nouveau domaine. A titre d'ontologie ou de théorie de l'objet *a priori*, la philosophie a affaire à l'analyse de tous les types possibles d'objets. Nous verrons qu'elle rencontre bien ici un nouveau type d'objets, à savoir des objets qui n'appartiennent pas à la nature au sens propre, qui ne sont ni

---

[450] A. REINACH, *Les fondements a priori du Droit civil, op. cit.*, pp. 45, *Sämtliche Werke, op. cit.* ; p. 146 : « Die rechtlichen Gebilde bestehen unabhängig vom positivem Rechte, sie werden aber von ihm vorausgesetzt und benutzt. So kann ihre Analyse, die rein immanente, intuitive Klärung ihres Wesens, von Bedeutung werden für die positiv-rechtlichen Disziplinen. Aber auch die Gesetze, die in ihrem Wesen gründen, spielen innerhalb des positiven Rechtes eine weit grössere Rolle, als man ahnen mag. Man weiß, wie häufig in der Jurisprudenz von Sätzen die Rede ist, die, ohne geschrieben Recht zu sein, « sich » von selbst verstehen « oder » sich aus der Natur der Sache ergeben « und was [692] dergleichen Wendungen mehr sind. In den weitaus meisten Fällen handelt es sich dabei nicht, wie man gemeint hat, um Sätze, der Zweckmässigkeiten der apriorischen Rechtslehre. Es sind wirklich Satze, die sich aus der » Natur « oder dem » Wesen « in der Frage stehenden Begriffe ergeben ».

[451] Cf. A. REINACH, *Les fondements a priori du Droit civil, op. cit.*, pp. 43-44, *Sämtliche Werke, op. cit.* ; p. 145 : « Es gelten von diesen rechtlichen Gebilden ewige Gesetze, welche unabhäntig sind von unserem Erfassen, genauso wie die Gesetze der Mathematik ».

psychiques, et qui se distinguent de tous les objets idéels par leur temporalité. Même les lois qui s'appliquent à ces objets sont du plus grand intérêt philosophique. Ce sont des lois *a priori*, et en fait, on peut l'ajouter, des lois *a priori* de nature synthétique. Pour peu qu'on ait jusqu'à présent encore le moindre doute quant au fait que Kant a bien trop restreint le domaine de ces propositions, un tel doute sera levé par la découverte d'une théorie *a priori* du droit.[452]

Reinach affirme ici la nature illimitée du champ des recherches de la philosophie. Le nouveau domaine qui s'ouvre pour elle à partir de la théorie *a priori* est celui de l'analyse d'une multiplicité d'objets. Ce sont des objets qui ne sont ni du domaine de la psychologie, ni de celui de l'idéalisme. Sans le dire, notre auteur va contre les théories psychologiques de son maître Theodor Lipps et de l'idéalisme kantien et néo-kantien. C'est une grande révolution qui s'annonce sur le plan philosophique avec cette découverte des lois *a priori* de nature synthétique.

I.2.6.2. Les lois *a priori* de nature synthétique

Dans son réalisme logique, et à la suite de son maître Husserl, notre auteur n'admet pas que la logique soit une discipline purement normative. Elle est également ontologique et plus encore, fondée dans cette ontologie :

> Si on veut comprendre le traitement que Reinach fait subir aux disciplines normatives, telles le droit, il est indispensable de dire quelques mots de son réalisme logique. Comme son maître Husserl, Reinach combat l'idée suivant laquelle la logique serait principalement une discipline normative. Selon lui les « normes logiques » sont « quelque chose de secondaire ». Ces normes, comme telles, « renvoient à quelque chose qui les fonde, à des énoncés théoriques plus profonds » (*weisen auf Fundierendes, auf tiefere theoretische Satze zuruck*).[453]

Les normes logiques trouvent leur fondement dans des énoncés plus profonds. Leur caractère est *a posteriori* ou *secondaire.*

---

[452] *Ibidem :* « Gibt es in dieser Weise an sich seiende rechtliche Gebilde, so eröffnet sich hier der Philosophie ein neues Gebiet. Als Ontologie oder apriorische Gegenstandeslehre hat sie sich mit der Analyse aller möglichen Gegenstandesarten als solcher zu befassen. Wir werden sehen, dass [691] sie hier auf eine ganz neue Art von Gegenaständen trifft, auf Gegenstände, welche nicht zur Natur im eigentlichen Sinne gehören, die weder physisch noch psychisch sind, und die sich zugleich auch von allen ideellen Gegenständen gelten, sind von höchstem philosophischen Interesse. Es sind apriorische Gesetze synthetischer Natur. Konnte schon bisher kein Zweifel darüber herrschen, dass Kant die Sphäre dieser Sätze viel zu eng begrenzt hat, so wird dieser Zweifel durch die Aufdeckung der apriorischen Rechtslehre durchaus bestätigt ».

[453] J. BENOIST, *Adolf Reinach, Entre droit et phénoménologie, op. cit.*, p. 31.

Que faut-il entendre par « formations juridiques », en ce sens hyper général qui se veut indépendant de la particularité de tel ou tel droit positif ? Reinach développera, dans Les fondements *a priori* du Droit civil, une analyse centrée sur les concepts de prétention (*Anspruch*) et d'obligation (*Verbindlichkeit*). Celles-ci sont censées avoir « leur être indépendant (*ihr unabhängiges Sein*), comme les maisons et les arbres ». Ces êtres constituent l'objet d'une discipline *a priori* dans la mesure où ils témoignent d'une certaine légalité intrinsèque. Celle-ci n'est pas la seule légalité formelle de la logique (logique de la contradiction), mais légalité matérielle, synthétique *a priori* au sens introduit par Husserl dans *la IIIe Recherche Logique.* Cela signifie que cette légalité est inscrite dans l'essence particulière des êtres concernés. Ainsi par exemple « qu'un acte de renonciation puisse mettre fin à une prétention, ceci se fonde sur l'essence de la prétention en tant que telle, et vaut par conséquent nécessairement et universellement ».[454]

La légalité dont parle Reinach n'est pas uniquement formelle, elle est aussi matérielle dans son caractère synthétique *a priori.* Ce sens a été introduit par son maître Husserl. C'est un sens qui est inscrit dans la légalité par essence des êtres concernés. Ceci vaut une manière nécessaire et universelle. Cette analyse du caractère synthétique *a priori* de la loi, nous amène à comprendre la théorie des actes linguistiques sur des énoncés dits performatifs.

I.3. La théorie des actes linguistiques sur des énoncés dits performatifs

La théorie *a priori* touche surtout les énoncés dits performatifs :

> Voici quelque chose que nous savons être une promesse ou plutôt croyons savoir être telle. Que cette promesse soit énoncée, alors quelque chose de nouveau vient au monde. Il naît, d'un côté une prétention, de l'autre une obligation. Quelles sont ces formations étranges ? Il est manifeste qu'elles ne sont pas rien. Comment pourrait-on suspendre un rien par la renonciation, la rétraction ou l'accomplissement ? Mais elles ne se laissent ramener à aucune des catégories qui nous sont habituelles. Elles ne sont rien de physique ou de physicaliste ; cela est certain. On pourrait être tenté de les décrire comme quelque chose de psychique, comme les expériences (*Erlebnisse* : états de conscience) de celui qui a la prétention ou l'obligation ne peuvent-elles pas rester plusieurs années inchangées ? Existe-t-il des expériences de ce type ?[455]

Ces énoncés ne sont rien de physique ou de psychique. Pour lui certainement, l'acte de langage qui constitue ou engendre une promesse

---

[454] *Idem*, pp. 32-33.

[455] S. LAUGIER, *Actes de langage et états de choses : Austin et Reinach*, in *Les Études philosophiques*, février 2005, *Adolf Reinach : philosophie du langage, droit, ontologie, op. cit.*, p. 80.

ne peut être une description de la réalité physique ou mentale. Ce qui implique automatiquement la priorité logique du concept *eidos* sur l'acte juridique.

I.3.1. Priorité logique (du concept *eidos* sur l'acte juridique)

Reinach soutien l'essence *eidétique* de la norme. Ce qui sera différent de ceux qui soutiendront l'essence *eidonomique* de la norme. Nous le verrons au VIIe paragraphe :

> Très sensible au risque de toute subjectivation de *l'a priori*, Reinach prétend avoir déterminé la nature *a priori* de certaines connexions exhibé un certain nombre de lois, purifié la norme juridique d'éléments qui lui sont étrangers et détecté « le modèle, *l'eidos* de la norme, c'est-à-dire son essence eidétique ». Cette recherche « purement immanente » est ultimement légitimée par une donation, qui lui offre « l'explication intuitive de l'être de quelques concepts juridiques clés ». Par où cette élucidation du procès de l'élaboration du droit tel qu'il existe dans les faits l'introduit in fine à une théorie générale des systèmes normatifs.[456]

L'eidétique de Reinach prend son fondement dans l'immanence de la norme en soi avant toute reconnaissance positive. Nous sommes ici en face d'une herméneutique de la donation que développera plus tard Heidegger.[457] C'est par le biais de cette donation que sa compréhension

---

[456] J. CANTEGREIL, *Actes de langage et états de choses : Austin et Reinach,* in *Les Études philosophiques*, février 2005, *Adolf Reinach : philosophie du langage, droit, ontologie, op. cit.*, pp. 103-104.

[457] G. MURA, *Introduzione all'ermeneutica veritativa, op. cit.,* pp. 182 [...] 184 : « Husserl non ha esaurito interamente nel compito assegnandogli da Dilthey ; nel senso che la fenomenologia, se intesa come intuizione ermeneutica, può costituire realmente quella *Anschauung* dell'io storico effettivo che fa emergere il significato dell'esserci effettivo dell'uomo come senso del vissuto, ben al di là e più profondamente dell'intuizione fenomenologica ed eideitica, limitata dal suo progetto di *eidos* causale ed oggettivante. L'ermeneutica, per Heidegger, fa emergere l'esserci dell'uomo rispetto all'essere : l'intuizione ermeneutica farà quindi tutt'uno con l'ontologia. E *Ontologie* è in effetti il titolo dell'ultimo dei corsi tenuti a Friburgo da Heidegger, dedicato a porre le basi ermeneutiche per interpretare la stessa storia della filosofia, intesa come condensazione di quelle esperienze fondatevi, ovvero il *faktisches Leben,* la vita effettiva dell'esserci storico e mondanamente situato dell'uomo, che costituisce la vera *Sache* della filosofia. Anche in questa "logica esistenziale", *Logik existenziell* (e Logica era infatti il primo titolo del corso), torna un'idea centrale di Dilthey, per il quale la filosofia è un'azione che porta a coscienza e pensa a fondo la vita, cioè il soggetto nelle sue relazioni come vitalità [...] La comprensione ontologica può superare dunque il trascendentalismo della fenomenologia di Husserl solo se, proprio in base all'esigenza husserliana delle Ricerche Logiche, torna alle cose stesse, all'uomo effettivo sempre nell'orizzonte dell'ermeneutica dell'effettività lo stesso incontro con l'altro uomo è già evento, *Ereignis,* dell'essere, che pertanto non può essere afferrato in modo apodittico e definitivo, per il fatto che nella comprensione si gioca anche la libertà di colui che comprende e di colui che è compreso di riandare e ritornare sempre a ciò che si è compreso una volta ».

et sa reconnaissance pourraient produire immédiatement les *effets essentiels* de l'acte juridique.

I.3.2. La production des effets essentiels de l'acte juridique est immédiate

Comme nous le verrons encore au paragraphe VII de ce chapitre, la production des *effets essentiels* de l'acte juridique est immédiate chez Reinach :

> On accorde généralement que les relations causales qui lient des phénomènes extérieurs ne consistent pas en des rapports essentiels immédiatement évidents et nécessaires. Quelle que soit la façon dont nous en sommes venus à énoncer la proposition que le feu brûle, pour parler comme Hume, il ne tient à l'essence du nombre 3 qu'il soit plus grand que le nombre 2. Que la relation causale ne soit pas une relation d'idée nécessaire est indubitable. Il serait pourtant erroné d'étendre cette proposition à toute forme de rapport entre des existants temporels. Le fondement de la prétention et de l'obligation est la promesse. C'est à partir d'elle que naissent, comme nous allons le démonter, prétention et obligation ; nous pouvons tenir cela pour évident, dans la mesure où nous représentons très bien ce qu'est une promesse, et saisissons qu'il appartient à l'essence même de cet acte qu'il puisse créer, sous certaines conditions, une prétention et une obligation. Dans ce cas-là, ce n'est en aucun cas l'expérience qui nous enseignerait la relation existentielle de ces formations ou qui aurait le moindre rôle dans leur élaboration ; il s'agit bien plutôt d'un rapport d'essence immédiatement évident et nécessaire.[458]

Nous le répétons dans ce paragraphe que ce n'est pas l'expérience qui crée le rapport causal entre l'acte juridique et son effet essentiel, ou encore d'après certaines situations, des formations juridiques ou normes produisant des effets essentiels de l'acte. Comme le dit Reinach, nous sommes ici dans un rapport d'essence nécessaire et immédiatement évident. Il s'agit d'une production juridique existant avant le droit positif. C'est ce lien qui nous aide à esquisser l'analyse philosophique des énoncés.

I.3.2.1. L'analyse philosophique des énoncés

L'œuvre de Reinach suivra dans ce sens, la méthode de son maître Husserl ; d'une part une analyse philosophique des énoncés et d'autre part, une analyse purement linguistique. Philosophiquement, nous le constatons, notre auteur pense phénoménologiquement les énoncés des actes sociaux :

[458] A. REINACH, *Les fondements a priori du Droit civil*, *op. cit.*, p. 55.

Reinach ne théorise pas sur la phénoménologie mais s'exerce à « *penser* phénoménologiquement ». Pour aller à l'essentiel, il aperçoit que par la promesse « arrivent dans le monde quelque chose de nouveau », i.e., une « relation particulière » *[eigentunmliche Verbindung]* entre deux personnes : le créancier *[der Adressant]*, qui est en droit d'exiger une créance et le titulaire de l'obligation *[der Träger]*, qui doit lui obéir (là est l'obligation) du simple fait de cette promesse. Cette « relation particulière » étant « la conséquence et le produit de la promesse », Reinach porte son attention sur la promesse en tant qu'elle génère créance et obligation. Il découvre alors qu'il est de son essence de pouvoir durer, d'avoir une fin et d'avoir une résolution *[geleistet wird]*, mais il ne peut dépasser ce constat par une simple intuition. Dans la mesure où la conclusion de la promesse précède la relation qu'elle institue, deux voies de recherches sont en effet concevables.[459]

Ces deux voies sont liées pour la première aux productions ou effets de la promesse, à savoir : prétention et obligation ; et l'autre à l'analyse philosophique même de l'être de ces énoncés.[460]

Ce qui préoccupe la démarche de Reinach dans sa découverte est lié à la durée, la fin, la réalisation ou la non réalisation de la promesse. Car les conclusions de la promesse précèdent la relation qu'elle institue. C'est pourquoi, toute analyse herméneutique de la théorie *a priori* partirait aussi d'une certaine étude philologique liée à la linguistique des énoncés.

I.3.2.2. L'analyse linguistique des énoncés

Pour ce qui est de l'analyse linguistique, comme nous le verrons au deuxième paragraphe de ce chapitre, c'est à partir d'elle que naîtront les différentes querelles entre la philosophie du langage continentale et celle américaine. En effet, dans son étude sur les actes du langage et les états de choses Sandra Laugier essaye de faire une comparaison entre Reinach et Austin. Le mérite ici est de souligner avec détermination que c'est Reinach qui en est chronologiquement fondateur :

> La confrontation d'Austin à Reinach permet aussi de montrer, par delà le paradigme de la promesse, les enjeux de la théorie austinienne : en rapprochant Reinach et Austin, et en faisant ainsi des performatifs des « actes sociaux », les partisans du « réalisme phénoménologique » négligent la dimension proprement linguistique de l'invention d'Austin, mais aussi la critique, inséparable de sa théorie des performatifs, de la notion même d'état de choses et son rejet général du représentationalisme. Mais par là, ils négligent aussi des aspects importants de la théorie de Reinach, notamment

[459] J. CANTEGREIL, *Adolf Reinach, Entre droit et phénoménologie, op. cit.*, p. 101.
[460] *Ibidem*

sa dé-mentalisation de l'acte social et sa mise en cause avant l'heure du non-cognivisme contemporain d'inspiration humenienne.[461]

Il s'agit bel et bien de cette polémique sur le langage sur les énoncés dits performatifs. Doit-on limiter leur analyse sur un caractère purement matériel ou ontologique d'après la longue tradition herméneutique continentale ? Pour Austin, ces énoncés servent à effectuer une action.

I.4. Les énoncés servant à effectuer une action selon Austin

Le langage juridique était-il au centre des préoccupations d'Austin ? Personne ne peut le déduire ; les ressemblances entre sa démarche et celle de Reinach ne laissent pas le lecteur conclure automatiquement qu'Austin partage entièrement la nouvelle ontologie régionale d'Adolf Reinach :

> On associe parfois Reinach et Austin dans leur découverte des performatifs, à savoir d'un certain type d'action linguistique et d'acte social. Il n'y a, précisons-le d'emblée, aucune raison de penser qu'Austin ait eu connaissance des textes de Reinach (bien qu'il y ait aussi des raisons de penser que sa connaissance de la philosophie de la langue allemande ne se limitât pas à Frege). Notre but ici est de présenter non seulement des similarités entre ces deux philosophes, qui sont évidentes, mais aussi des différences, et surtout des problèmes suscités par ces ressemblances et différences, et non résolus encore, que pose le rapport entre langage et action.[462]

Ce n'est pas d'abord l'action qui est visée par Reinach d'après sa méthode, mais la compréhension même des actes sociaux dans leur essence. Une compréhension visant aussi une reconnaissance conduisant à l'action. C'est pourquoi, après avoir compris cette analyse des énoncés de la théorie ontologique, il convient également de comprendre ses structures.

I.4.1. La théorie ontologique des structures *a priori*

D'après notre auteur : « On ne peut rendre raison de la raison de la structure du droit positif qu'à travers la structure de la sphère non positive ».[463] La théorie ontologique des structures *a priori* nous permet de comprendre brièvement la méthode de Reinach. En effet, celle-ci,

---

[461] S. LAUGIER, *Actes de langage et états de choses : Austin et Reinach,* in *Les Etudes philosophiques,* février 2005, *Adolf Reinach : philosophie du langage, droit, ontologie, op. cit.*, p. 73.

[462] S. LAUGIER, *Actes de langage et états de choses : Austin et Reinach,* in *Les Études philosophiques,* février 2005, *Adolf Reinach : philosophie du langage, droit, ontologie, op. cit.*, p. 73.

[463] A. REINACH, *Les fondements a priori du Droit civil, op. cit.*, p. 45.

d'après la division de Régis Sponsard[464] procède par cinq moments ou cinq règles :

1. Première règle : Tu chercheras les rapports d'essence, les lois d'essence ;
2. Deuxième règle : Tu t'efforceras de désactiver l'aveuglante proximité qui rend difficile l'identification des lois d'essence à la fois si proches et si lointaines ;
3. Troisième règle : Tu te déferreras le plus possible des croyances aveugles de l'habitude ;
4. Quatrième règle : Tu te rendras disponible au donné pour l'accueillir ;
5. Cinquième règle : Tu ne chercheras pas toujours à définir ou bien à expliquer mais à « intuitionner ».

Sponsard, au regard de l'œuvre de Reinach sur Les fondements *a priori* du Droit civil, pose l'impossibilité d'être reinachien en droit :

> Au regard de l'ontologie du droit retenue par Adolf Reinach, des caractéristiques de la théorie « *a priori* du droit », de la « science pure du droit », on pourrait, à la lumière des principes méthodologiques dégagés, se poser la question de savoir de quelle discipline relèverait aujourd'hui une telle démarche reinachienne ? Quelle est l'identité épistémologique de cette dernière ? Reinach devrait-il être rattaché à un centre de recherche de philosophie, de sociologie du droit, de Droit civil *etc.* ? Mais peut-on véritablement être reinachien en droit ? [...] C'est, dès lors, la question même de savoir ce que serait être reinachien aujourd'hui, en Droit civil ou en droit public, qui semble problématique.[465]

L'étude approfondie de l'œuvre de Reinach nous dira-t-elle le contraire ? En effet, la lecture survolée d'Adolf Reinach pourrait influencer tout lecteur à tirer une conclusion saugrenue de la philosophie du langage juridique de notre auteur. Limiter ce travail de qualité sur l'épistémologie du Droit civil ou public comporte un risque énorme pour qui ne s'est pas habitué à l'exercice d'une étude sérieuse en herméneutique. Nous essayerons d'analyser au paragraphe II les actes sociaux dans leur rapport avec les actes linguistiques.

PARAGRAPHE II. Les « actes sociaux » : leur rapport avec les « actes linguistiques »

A titre de rappel, nous avons vu avec Heidegger la primauté des phénomènes sur les concepts : Questa direzione è cosi indicata da Heidegger : « prima della parola e dell'espressione, sempre in primo

---

[464] Cf. R. PONSARD, *Adolf Reinach, Entre droit et phénoménologie, op. cit.*, pp. 168-174.
[465] *Idem*, pp. 174-178.

luogo i fenomeni e poi i concetti ».[466] La phénoménologie indiquée par Husserl redonne à la philosophie le chemin qui lui fut assigné dans sa démarche réaliste. C'est pourquoi, pour Reinach c'est à partir de l'acte social que nous arrivons à comprendre le langage juridique qui découle des rapports sociaux :

> L'acte social est un acte spirituel (*geistigahoo*), en ce qu'il dispose de toutes les propriétés du *Meinen* (incarnation linguistique, spontanéité dans l'orientation, nature ponctuelle dans l'ordre temporel) auxquelles s'ajoutent des caractéristiques sociales (orientation vers autrui et nécessité d'être perçu par lui). C'est donc un *acte de langage* au sens le plus large qu'on puisse accorder à ce terme, et pour autant qu'on affranchisse la dimension d'acte positif causal. S'y ajoute une critique en règle des notions d'acte juridique et de déclaration de volonté, notions centrales du droit privé, dans lesquelles la jurisprudence a insufflé une doctrine, somme toute très classique, de la cause finale.[467]

Nous comprenons ici que l'acte juridique est d'abord un acte de langage, vu sur le plan de la société. Le droit a toujours cherché à explorer le délicat domaine des rapports entre l'acte juridique et la déclaration de volonté. Si nous avons évoqué les notions de causalité, c'est pour comprendre la finalité même de l'acte juridique. Dans ce paragraphe nous essayerons de comprendre avec Reinach, le nouveau concept des « actes sociaux ».

II.1. Les « actes sociaux » : un nouveau concept

Reinach est le créateur de ce nouveau concept. Voici ce qu'il en donne comme définition :

> Nous appellerons actes spontanés et nécessitant une perception d'autrui des actes sociaux. Que tous les actes impliquant autrui ne sont pas des actes nécessitant une perception, nous l'avons vu avec l'exemple du pardon. Nous le verrons plus loin que tous les actes nécessitant une perception ne sont pas des actes impliquant autrui. C'est pourtant d'après la nécessité de cette perception que l'on définira le concept d'acte social [...] Les actes sociaux ne pourraient réaliser leur fonction de communication entre individus s'ils n'en venaient à s'extérioriser d'une certaine manière. Comme tous les vécus d'autrui, les actes sociaux ne peuvent être saisis que du point de vue physique ; ils nécessitent une certaine extériorité pour être compris. Les vécus auxquels aucune extériorisation n'est nécessaire peuvent se dérouler sans jamais être révélés. Les actes sociaux, au contraire, on une face interne et une face externe, semblables à une âme et un corps. Le corps de l'acte

[466] A. REINACH, *I fondamenti a priori del diritto civile, op. cit.*, VII.
[467] *Idem*, p. 29, *Introduction* de Ronan De Calan.

social peut varier à souhait pour une même âme. Un ordre peut s'exprimer par la mine, par des gestes ou par des mots ».[468]

Nous pouvons retenir ici quatre principaux facteurs :
1. Altérité des « actes sociaux » ;
2. Leur perception ;
3. Leur conception phénoménologique ;
4. Et leur extériorisation.

Nous avons à faire aux rapports humains desquels naissent des actes, par exemple une promesse qui naît d'une déclaration de volonté. D'abord, d'un vécu intentionnel intérieur d'une volonté de promettre, ensuite d'une expression linguistique pour que l'autre la perçoive, pour qu'à la fin, elle puisse se réaliser. Leur conception phénoménologique serait essentiellement le travail herméneutique de compréhension et d'interprétation qui se démarque plus ou moins d'une simple analyse du droit positif.

A ce titre, qu'il nous ait permis de comprendre l'activité intérieure du sujet qui se manifeste à travers ce que Reinach établit comme différence entre les : « actes sociaux » et non « actes spontanés ».

II.1.2. Les « actes spontanés » (activité intérieure du sujet)

La honte, la colère etc., qui sont des affects ne sont pas à confondre avec des « actes sociaux » qui produisent des effets juridiques :

> On ne doit pas confondre l'expression des *actes sociaux* avec la manière dont certains affects, comme la honte, la colère ou l'amour, peuvent se réfléchir involontairement. L'expression de tels actes est au contraire parfaitement spontanée, et peut donner lieu à la plus grande délibération ou circonscription, selon la perspicacité du destinataire. D'un autre côté, on ne saurait la confondre avec la pure constatation de certains vécus qui se produisent effectivement ou viennent de se produire. Lorsque je dis : « j'ai peur » ou « je ne veux pas faire cela », on a là la communication d'un vécu qui peut bien s'accomplir sans être communiqué. L'acte social, au contraire, puisqu'il s'accomplit entre individus, ne peut se scinder en une réalisation effective et une constatation fortuite, mais il forme une unité indissoluble de réalisation et d'expression spontanées. L'expression de son côté n'est pas quelque chose de fortuit, mais elle est au service de l'acte social et elle est nécessaire à l'accomplissement de sa fonction de communication. Certes, des constations fortuites peuvent accompagner un acte social : « je viens de donner l'ordre de ». Ces constations se rapportent cependant à l'acte social dans son ensemble, en impliquant son extériorisation qui ne saurait être alors confondue avec elles.[469]

Reinach distingue ici la communication d'un vécu, de l'acte social qui s'opère entre les individus et qui vise une réalisation d'une chose

---

[468] *Idem*, p. 60-61.
[469] *Ibidem*

bien déterminée. L'expression se met au service de l'acte social. Dans la logique réaliste, l'acte social se matérialise ; c'est *la res ou la chose.* C'est pourquoi la spontanéité doit être distincte de l'activité, et c'est là que nous pouvons tirer dans son essence l'acte social qui s'adresse à l'autre.

II.1.3. L'altérité des « actes sociaux »

Deux choses sont fondamentales ici :

1. Orientation vers un autre sujet ;
2. La nécessité d'une perception :

L'orientation vers un autre sujet, la nécessité d'une perception est pour chaque acte social absolument essentielle. Que l'acte soit extériorisé, cela n'est requis que parce que le sujet qui en éprouve les effets ne peut parvenir à saisir un vécu psychique qu'à partir de fondements physiques.[470]

L'intentionnalité de l'acte, sa perception et sa matérialisation de doivent participer à un processus interne lié à la *Phronesis*. Et c'est ici qu'on peut saisir en suivant la tradition juridique occidentale la nouveauté de Reinach. C'est, non seulement honnêteté et vérité de l'acte, mais surtout son essence qui précède sa constitution. C'est une vérité qui précède la constitution de tout acte juridique. La phénoménologie entre ici dans l'herméneutique ontologie des actes sociaux. Il serait donc convenant de comprendre la distinction entre avoir une résolution et prendre une résolution.

II.2. La distinction entre avoir une résolution et prendre une résolution

Cette distinction se fonde dans le *Je* qui prend finalement la décision :

> Nous distinguons le fait d'être résolu, qu'il soit actuel ou inactuel, de l'acte de prendre une résolution, comme un état se distingue du vécu ponctuel qui lui est ou peut lui être présupposé. Et c'est précisément là, dans l'acte de prendre une résolution, que nous trouvons ce que nous cherchions : un acte de Je et par là un acte spontané. Les exemples de tels actes viennent alors en foule : se décider, préférer, pardonner, louer, blâmer, prétendre, interroger, commander, etc. Si l'on considère ces cas d'un peu plus près, on remarque une différence essentielle, et c'est cette différence qui nous importe à présent.[471]

C'est un *Je* qui se révèle actif. Entre le temps d'avoir une idée et celui de prendre une résolution, plusieurs facteurs psychologiques et contextuels peuvent entrer en jeu. Que nous soyons dans un cadre

---

[470] *Idem*, p. 61.
[471] *Idem*, p. 59.

individuel ou collectif, il y a toujours à distinguer le moment volontaire (expression) et celui de la mise décisionnelle de la volonté sur le plan juridique. Cette décision, comme nous le voyons, sera aussi une activité intérieure et extérieure.

II.2.1. La décision (activité intérieure et extérieure)

Rentrer dans la compréhension par exemple de l'acte de décider ou de donner un ordre serait faire œuvre d'analyse concrète de la distinction entre les actes spontanés et les actes sociaux proprement dits :

> L'acte de décider est un acte interne. Il peut être réalisé sans être annoncé, ou sans nécessiter une telle annonce. Certes on peut manifester sa décision par sa mine ou par des gestes ; je peux également la communiquer, en faire part à d'autres, si je le veux. Pour autant, ces manifestations ne sont évidement pas nécessaires, ni essentielles à l'acte. La décision peut se conclure de manière purement interne, elle peut rester en soi, sans manifestation extérieure d'aucune sorte. On voit immédiatement qu'il en va tout autrement d'autres actes spontanés. Un ordre, une requête ou autre ne peuvent être accomplis de manière purement interne.[472]

La décision peut se manifester par un langage écrit, verbal ou gestuel, mais ce qui est important ici, c'est de comprendre sa différence avec les autres actes spontanés. Un ordre, une requête etc., sont un type d'acte qui ne peut uniquement pas rester perçu au niveau interne. Ce qui nous permet d'analyser la perception des « actes spontanés ».

II.3. La perception des « actes sociaux »

Une certaine critique limiterait encore cette interprétation de Reinach purement sur le plan du droit positif ; mais son herméneutique nous fait comprendre son langage phénoménologique. En d'autres termes, l'acte de pardonner par exemple n'a pas uniquement sa validité dans sa perception, mais celle-ci se trouve dans sa nature même saisi. On peut pardonner à une personne décédée sans l'exprimer par des paroles ou par des actes. C'est une activité qui peut être purement intérieure :

> Comme l'acte de prendre une résolution, de même, l'acte de pardonner à autrui peut être accompli de manière purement interne et sans communication. L'ordre au contraire s'annonce par l'adresse à un autre, il le saisit, tout comme il est dans sa nature même d'être saisi par l'autre. Jamais nous ne donnerons d'ordre si nous sommes surs que le sujet auquel nous nous adressons est incapable d'en prendre conscience. Il est dans la nature

[472] *Ibidem*

même de l'ordre qu'il soit entendu. Il arrive bien sûr que des ordres soient énoncés sans être entendus. Dans ce cas, ils ont failli à leur tache. Ils sont comme des javelots qui tombent au sol, sans avoir atteint leur cible.[473]

Par contre d'autres actes sociaux comme l'ordre doivent être perçus pour leur efficacité juridique ; et de préférence celui qui les émet devrait prendre le soin de les manifester par écrit. D'où l'importance de la compréhension des actes sociaux.

II.3.1. La manifestation des « actes sociaux »

C'est la traduction italienne que nous avons retenu comme étant la meilleure, elle traduit en d'autres termes ce que nous venons de citer en français :

> Il corpo de gli atti sociali può, in larga misura, variare, mentre l'anima rimane la stessa. Il comando può manifestarsi attraverso espressioni del volto, mediante dei gesti, oppure con delle parole. La manifestazione degli atti sociali non deve essere confusa con il modo involontario in cui, alcune esperienze interiori come il pudore, l'ira o l'amore, possono riflettersi all'esterno. La loro manifestazione è, al contrario, volontaria e viene scelta con molta accortezza e riflessione in accordo con le capacità di comprensione del destinatario.[474]

Le corps des actes sociaux peut varier dans une large mesure, mais son âme reste unique. C'est le destinataire qui est visé dans l'acte de décider ou de donner un ordre. A la différence de la traduction française qui parle de « cible : objectif », celle italienne prend bien soin de traduire fidèlement la pensée de l'auteur : « ohne ihr Ziel zu erreichen », qui veut dire littéralement : sans atteindre leur objectif. Et, puisque nous sommes en herméneutique, la traduction italienne dit : « con la capacità di comprensione del destinatario ». Il faut avoir effectivement cette capacité de produire un acte social, et le destinataire doit être en mesure de comprendre la nature de l'acte social. Par exemple, on peut posséder la possibilité d'acquérir un bien futur et promettre de l'offrir sans condition à un tiers. Celui-ci doit être en mesure de comprendre que le bien est à acquérir ; et c'est après cette acquisition qu'il peut être donné, malgré la promesse. Celui qui reçoit la promesse doit comprendre le langage.

C'est la raison pour laquelle l'ontologie des « actes sociaux » doit être comprise à partir du langage.

---

[473] *Idem,* p. 60.

[474] A. REINACH, *I fondamenti a priori del diritto civile, op. cit.,* p. 30.

II.4. L'ontologie des « actes sociaux » : « actes linguistiques » (vécu intérieur)

Reinach est aussi allé chercher « l'ontologie des actes sociaux » dans les vécus privés de la fonction de communication qui sont d'abord intérieurs :

> Nous avons distingué aussi fermement que possible les actes sociaux de tous les vécus qui sont privées de fonction de communication. Il nous faut maintenant décrire ce fait remarquable selon lequel tous les actes sociaux présupposent de tels vécus internes. Tout acte social a, selon une légalité essentielle un fondement dans un vécu interne d'un type particulier, dont le contenu intentionnel est identique au contenu de l'acte social, ou lui est plutôt lié d'une certaine manière. L'assertion présuppose ainsi une conviction portant sur le contenu de l'assertion. L'interrogation exclut essentiellement une telle conviction et vise au contraire une incertitude quant au contenu de ce qui est dit. Dans le cas de la requête est présupposé le souhait que ce qui est demandé se réalise, plus encore, qu'il soit réalisé par celui auquel s'adresse la requête. L'ordre a pour fondement, non pas le simple souhait, mais la volonté que le destinataire réalise ce qui est exigé de lui, etc. Certains contesteront peut-être ces rapports. Certains insisteront par exemple sur les questions conventionnelles qui sont parfaitement compatibles avec une connaissance réelle du contenu en question, ou sur les requêtes hypocrites qui contredisent le vœu réel de la personne, etc. Que tout cela existe, on ne saurait le mettre en doute. Mais l'on doit considérer qu'il ne s'agit pas ici de questions ou de requêtes véritables, ni véritablement expérimentées. Il existe des mutations spécifiques des actes sociaux ; à côté de leur véritable mise en œuvre, il existe des mises en œuvres apparentes, des pales substituts sans vie aucune - semblables à l'ombre au regard de la chose incarnée. On ne saurait croire en pareils cas que seuls les mots, qui accompagnent habituellement la véritable mise en œuvre de tels actes, ont été prononcés. C'est plus que cela. Les actes ont beau être réalisés, il ne s'agit pourtant que d'une réalisation apparente ; le sujet agissant tente de les faire passer pour authentiques.[475]

Lorsque Reinach affirme que tout acte social a un fondement dans le vécu d'un individu ; et que ce fondement se trouve dans un contenu intentionnel qui est identique au contenu de l'acte social, cela veut dire que, l'intention qui accompagne les paroles doit être cohérente avec l'acte social. La volonté de l'exécutant d'un ordre par exemple doit être conforme à l'acte réalisé. Ce qui nous aide à comprendre la validité des actes sociaux.

---

[475] A. REINACH, *Les fondements a priori du Droit civil*, *op. cit.*, p. 62-63.

II.5. Leur validité est toujours conditionnée par la présence des possibilités d'élimination

Une validité conditionnée ou inconditionnée veut dire en d'autres termes que certains actes sociaux ont toujours des possibilités d'être éliminés ou d'être exécutés :

> Les actes sociaux sont encore l'objet d'une série de modifications. Nous distinguons d'abord entre le caractère inconditionné et le caractère conditionné des actes sociaux. Il existe un simple ordre, ou une simple requête, comme il existe un ordre et une requête « pour le cas où ». Tous les actes sociaux ne sont naturellement pas sujets à cette modification ; ainsi, l'assertion « pour le cas où » n'est pas possible en ce sens.[476]

Ceci nous permet de comprendre les trois classes d'actes sociaux que propose Reinach :

1. Les actes sociaux simples ;
2. Les actes sociaux qui présupposent d'autres actes sociaux ;
3. Les actes sociaux qui visent d'autres actes sociaux ou d'autres activités.[477]

Tout ceci démontre la diversité des actes sociaux. Nous nous arrêtons sur ceux qui sont conditionnés et sur ceux qui ne sont pas conditionnés.

II.5.1. Les « actes sociaux » conditionnés

Ils sont des actes qui nécessitent un comportement de la part des deux parties :

> La distinction devient seulement compréhensible lorsqu'on songe qu'une efficacité peut résulter d'actes sociaux déterminés. Qu'un ou qu'une demande soient énoncés, et quelque chose du monde est changé. Un comportement déterminé apparaît donc comme exigé ou requis, et sous des conditions précises, qui sont établies essentiellement, comme lorsque, par exemple, le destinataire de l'ordre a accompli un acte social de soumission à l'égard de celui qui l'énonce et qu'il en résulte de la part de celui-ci une obligation d'un certain type. L'assertion, qui ne possède pas une telle efficacité, n'admet pas un tel conditionnement. Dans le cas de l'ordre et de la requête conditionnée, l'efficacité est rendue dépendante d'un événement futur.[478]

Dans le langage juridique en général, la condition regarde toujours le futur pour certains actes sociaux conditionnés. C'est pourquoi, les effets juridiques d'un tel acte rendu dépendant d'un événement futur tiennent

[476] *Idem*, pp. 63-64.
[477] *Idem*, p. 62.
[478] A. REINACH, *Les fondements a priori du Droit civil*, *op. cit.*, p. 64.

toujours compte du moment *in fieri*, c'est-à-dire au moment même où se réalise l'acte social en présence de deux ou de plusieurs volontés.

II.5.2. Les « actes sociaux » inconditionnés

Ce sont des actes qui nécessitent une mise en œuvre conforme à leur obtention :

> Les actes sociaux conditionnés sont accomplis, mais dans leur mise en œuvre, leur efficacité est liée à ce qui se produit après eux. On ne doit pas confondre cette réalisation à proprement parler sous conditions avec l'annonce d'une réalisation à venir. Il n'est pas question de la réalisation à venir. Avec l'occurrence de l'événement, il en est de l'efficacité de l'acte – sans la moindre contribution supplémentaire du porteur de l'acte conditionné – comme si un acte inconditionné venait d'être accompli. Tant que l'événement ne s'est pas produit, il en est comme si aucun acte n'avait été accompli.[479]

Dans ce sens, même s'ils ne sont pas conditionnés, leur réalisation dépend des effets qu'ils sont sensés produire. Car tant que l'événement ne s'est pas produit, c'est comme si l'acte n'a jamais été accompli. Il est aussi important de savoir que la condition peut être suspensive ou résolutive.

II.5.2.1. La condition suspensive et la condition résolutive

L'ensemble des actes sociaux inconditionnés mais avec un contenu conditionné, permet de comprendre cette différence entre la suspension et la résolution :

> Nell'insieme dei comandi incondizionati con contenuto condizionato, inoltre, possiamo distinguere tra una condizione sospensiva e una risolutoria. Il commando di fare qualcosa fintantoché non sopraggiunga un evento produce, immediatamente, un'obbligazione, che si estingue con l'accadere dell'evento. Nel comando condizionato, invece, non esiste differenza tra condizione sospensiva e condizione risolutoria.[480]

L'ordre de réaliser quelque chose perdure jusqu'au moment où l'événement se produit. Le porteur de l'ordre se voit dans l'obligation de permettre la production des effets de cet ordre. Mais un autre problème qui se pose ici serait lié aux agents et aux destinataires des actes sociaux.

---

[479] *Ibidem*

[480] A. REINACH, *I fondamenti a priori del diritto civile, op. cit.*, p. 35

II.6. Les agents et les destinataires des « actes sociaux »

Ils peuvent être tous nombreux les producteurs et les destinataires des actes sociaux, mais une chose est certaine, c'est la réaffirmation de leur vécus internes qui intéresse les recherches de Reinach :

> Les actes sociaux peuvent avoir de nombreux agents et de nombreux destinataires. La seconde particularité est le propre de tels actes, alors que la première se trouve dans la sphère des pures activités extérieures et des purs vécus internes. Je puis adresser un ordre à deux ou plusieurs personnes « ensemble ». Un seul acte social s'adresse par conséquent à plusieurs sujets.[481]

Ces sont ces vécus internes qui s'expriment à travers l'objet concret. L'exemple que prend Reinach est le suivant : A et B reçoivent un ordre pour procurer une chose à X. L'obligation est unique mais deux sujets ont reçu l'ordre. Ce qui est essentiel ici c'est le contenu de l'ordre porté par deux personnes. C'est pourquoi, les effets juridiques renferment en eux-mêmes les contenus qui les déterminent.

II.7. Les « actes sociaux » propres et leurs effets

On entend par actes sociaux propres, ceux qui ont un objet propre, comme nous venons de prendre l'exemple de Reinach. Dans la logique du réalisme juridique, c'est le contenu qui est essentiel dans la compréhension et l'interprétation des actes sociaux :

> Les effets d'un tel acte sont nécessairement autres que s'il y avait autant d'actes sociaux que de destinataires. Alors que dans ce cas il y aurait un certain nombre d'obligations. Correspondant au nombre des destinataires – malgré un contenu identique -, il n'y a ici qu'une seule obligation à laquelle tous les destinataires ont part. J'ordonne à A et B de me procurer quelque chose. Aussi ne naît pas-il qu'une seule obligation, qui a pour contenu la commission dont sont chargés ensemble A et B.[482]

En élargissant cet exemple à d'autres cas, une personne morale ayant une finalité spécifique comme une autre, mais différente de part ses statuts doit agir pour atteindre uniquement sa finalité. A, B et C reçoivent l'ordre de mettre en activité la promotion des jeunes. A et B comme personnes morales peuvent exercer leurs activités en ville et C dans le monde rural.

> Bien plus complexe et intéressante nous semble être la situation dans laquelle plusieurs personnes accomplissent ensemble un acte social. Chacune des deux personnes réalise l'acte, par exemple ordonne quelque chose, et dans les deux cas cet acte s'extériorise. Mais chacune réalise l'acte

[481] *Idem,* p. 65.
[482] *Ibidem*

« en compagnie de l'autre ». Nous avons en ce cas un « contexte » très particulier. Il ne doit pas être réduit à une identité de contenu ou de destinataires ou même à la simultanéité consciente de deux activités ; dans ce cas, nous aurions bien plutôt plusieurs actes indépendants. Ici nous sommes confrontés au cas où chacun des agents réalise l'acte en union avec l'autre, où chacun est conscient de la participation de l'autre, laisse participer l'autre, et participe lui-même ; nous avons devant nous un unique acte accompli par deux ou plusieurs personnes ensemble, un acte avec plusieurs porteurs. Les effets mêmes de l'acte sont modifiés en conséquence.[483]

Chaque personne peut avoir un mode de fonctionnement différent, mais la finalité est la même pour toutes les trois. Cet exemple nous amène à comprendre comment les « actes sociaux » peuvent être assumés par un ou plusieurs représentants en distinguant leurs effets.

II.8. Les « actes sociaux » assumés par un représentant et distinction de leurs effets

Le problème qui se pose ici est l'efficacité juridique de la représentation :

Un ordre que A donne à C au nom de B, oblige C non envers A mais envers B, et garantit B et non A dans ses prétentions. Cette efficacité est naturellement liée à une double présupposition : l'ordre en tant que tel doit produire en effet sur B. On traitera plus tard de la seconde présupposition. Pour ce qui est de la première, on se contentera de remarquer que l'acte de soumission, qui peut rendre l'ordre efficace, ne doit pas être accompli au bénéfice de celui qui l'énonce (à titre de représentant), mais de celui qui est représenté par l'ordre.[484]

Le représentant donne l'ordre au nom de ; la tierce personne en droit n'a aucune prétention vis-à-vis du représentant. Car l'ordre étant émis par B, A n'en est que son porteur auprès de C. Les obligations ici partagées sont les suivantes : A doit accomplir un acte de représentation et C doit recevoir et mettre en application l'ordre de B. Le rapport direct entre B et C se manifeste dans l'acte social à travers le représentant de B ; c'est pourquoi, les effets juridiques ne lieront que B et C et non A si l'acte social est accompli conformément aux vœux de B ; d'après la conformité à la volonté de B. Une chose différente dans le cas d'un mandat :

Abbiamo qualcosa di completamente diverso quando si comanda « per mandato », oppure « nell'interesse » di un altro. In questo caso, il comando procede da colui che compie l'atto ; la situazione non cambia se un altro ne

[483] A. REINACH, *Les fondements a priori du Droit civil*, *op. cit.*, p. 65.
[484] *Idem*, p. 66.

è a conoscenza, oppure « nell'interesse » di un altro. In questo caso, il comando procede da colui che compie l'atto ; la situazione non cambia se un altro ne è a conoscenza, oppure se l'autore lo compie per mandato o nell'interesse di un altro. Anche quando un comando viene impartito sulla base di un comando precedente, si deve considerare come un comando proprio. Solo il comando « per », oppure più precisamente « a nome » di un altro ha la sua origine ultima in questa persona.[485]

Dans le cas du mandat ou de l'intérêt de l'autre, l'ordre est direct. C'est le porteur du mandat qui doit le mettre en exécution.

Cette analyse de la représentation nous permet de comprendre l'origine des prétentions et des obligations.

II.9. L'origine des prétentions et des obligations

L'obligation dans le droit romain de Justinien pourrait traduire le *Vinculum Juris*[486] *:* « l'obligation est lien de droit [*vinculum juris*] par lequel nous sommes astreints [*adstringimur*] à la nécessité de payer quelque chose [*alicuius solvendae rei*] conformément au droit de notre cité (III, 13, pr.) »[487] Lorsque Reinach parle du *Vinculum Juris*, il renvoie aux *Institutiones* du droit privé romain :

> On ne peut faire valoir l'hypothèse qu'un transfert direct aurait été conceptuellement impossible pour les romains, dans la mesure où l'obligation aurait valu à leurs yeux comme un « *juris vinculum* ». Manifestement, cela ne fait que repousser le problème. [...] si la détermination conceptuelle de l'obligation comme « *juris vinculum* » implique, comme le veut son explication, que la séparation d'avec son détenteur ne soit pas possible, se pose naturellement la question de savoir en quoi cette détermination conceptuelle est fondée. Lorsqu'on s'interroge sur la raison même pour présupposition. [...] ce transfert qualifié avec coopération du débiteur semblait impossible, parce qu'il est impossible en réalité.[488]

Si c'est l'agent qui doit soumettre le ou les destinataires en énonçant l'ordre, alors les prétentions et les obligations naissent directement :

> Supposons que le ou les destinataires se sont soumis à l'ordre énoncé par les agents. Alors, il naît de l'ordre lui-même les prétentions et les obligations correspondantes. A l'ordre d'une personne correspond une prétention. A

---

[485] A. REINACH, *I fondamenti a priori del diritto civile, op. cit.*, pp. 37-38.

[486] P-Y. QUIVIER, *A propos de la notion d'obligation : Michel Villey et Adolf Reinach*, in *Adolf Reinach Entre droit et phénoménologie, op. cit.*, p. 86. Selon Quivier, Reinach a lu la grande oeuvre du *Corpus Iuris Civilis*, c'est-à-dire, l'œuvre des *Pandectes*. Nous nous sommes assez appesantis dessus sur l'histoire de la formation du droit allemand.

[487] *Ibidem*, citation originale, Jean Gaudemet, *Droit privé romain*, 2e édition, Montchrestien, 2000, p. 253.

[488] A. REINACH, *Les fondements a priori du Droit civil, op. cit.*, p. 174.

plusieurs ordres de plusieurs personnes correspondent plusieurs prétentions. A un ordre qui est énoncé par plusieurs personnes ensemble correspond une seule prétention qui est partagée par toutes ces personnes. Ainsi l'on peut voir comment de l'idée d'actes sociaux accomplis chacun par plusieurs personnes ensemble, et dirigés vers un autre ensemble de personnes, il naît l'idée de prétentions et d'obligations qui possèdent plusieurs sujets à titre de porteurs ou de parties adverses.[489]

Reinach prend soin de préciser que d'un ordre, naît une unique prétention. Plusieurs prétentions naissent uniquement des actes sociaux qui déterminent les actions spécifiques. Ceci correspond également à ce qui pourrait naître des rapports entre plusieurs agents et plusieurs destinataires. A chaque ordre donné ne correspondra également qu'une seule prétention de la part des destinataires. Ceci nous permet brièvement de comprendre le langage des actes sociaux dans leur intentionnalité phénoménologique.

II.9.1. Le langage des « actes sociaux » : leur phénoménologie

Nous limitons la compréhension de ce langage à l'intention d'une volonté qui s'exprime à travers les actes sociaux ; et la manifestation d'une ou de plusieurs volontés :

> Nous voyons à présent très clairement combien la conception commune de la promesse comme expression d'une intention ou d'une volonté peut être trompeuse et intenable. L'expression d'une volonté a pour contenu un : je veux. On peut l'adresser à un autre, dans ce cas elle est une assertion, c'est-à-dire un acte social, mais pas une promesse. Et même le fait quelle s'adresse précisément à celui auquel le comportement qu'elle présuppose bénéficie ne fait naturellement pas de cette expression d'une volonté, mais c'est un acte spontané indépendant qui, en s'adressant à autrui, s'extériorise. Cette forme d'extériorisation peut être appelée déclaration de la promesse. Elle constitue seulement indirectement une déclaration de volonté, dans la mesure où l'acte spontané de promettre a nécessairement pour origine une volonté. Si l'on veut décrire la promesse comme une déclaration de volonté, on devra alors décrire la question comme la déclaration d'un doute ou la requête comme la déclaration d'un souhait. Le caractère mystificateur de toutes ces descriptions saute aux yeux. Le monde des rapports juridiques ne se construit pas sur d'impuissantes déclarations de volonté, comme on l'a souvent cru, mais sur la stricte efficacité légale des actes sociaux.[490]

De l'expression d'une volonté (je veux), nous commençons par comprendre une déclaration ensuite la constitution d'un acte social. Ce qui est important ici, c'est le processus constitutif de l'acte à partir du langage. De la spontanéité, le monde juridique arrive à trouver ses fondements dans la vérité de l'intention qui accompagne les gestes

---

[489] Cf. A. REINACH, *Les fondements a priori du Droit civil, op. cit.*, pp. 65-66.
[490] *Idem*, p. 67.

(l'expression du visage) et les paroles qui accompagnent la constitution de l'acte.

Ce paragraphe nous a aidé à comprendre ce que sont les « actes sociaux » dans leur constitution juridique. Leur ontologie se fonde pour cela dans un cadre du réalisme qui naît non seulement des concepts mais surtout des rapports sociaux. Mais ces rapports trouvent déjà des « êtres » qui existent de manière *a priori*. C'est-à-dire des êtres non constitués par le droit mais qui précèdent le droit positif. Le devoir du droit positif est de les reconnaître. Une reconnaissance qui s'impose par la nature même des choses. L'autre aspect sur lequel ce paragraphe prend toute son importance est la recherche de la compréhension du langage juridique. Le fameux *Zurück zu den Sachen selbst : le retour aux choses mêmes* de la phénoménologie, aux choses mêmes du droit à travers la philosophie du langage est ainsi découvert par Reinach à travers sa fameuse herméneutique du langage juridique. Husserl aura raison de dire que ce travail constitue une tentative absolument inédite parmi les esquisses de philosophie du droit présentes et passées, de réaliser, sur la base d'une phénoménologie pure, l'idée longtemps critiquée d'une théorie *a priori* du droit.[491] C'est un paragraphe qui nous aura permis d'entrer sans beaucoup de difficultés au paragraphe III qui sera fondamental pour la compréhension de notre recherche.

PARAGRAPHE III. La promesse : *Anspruch* ; la prétention : *Verbindlichkeit* et l'obligation : *Versprehen*

A travers ce paragraphe, nous allons analyser en profondeur les actes sociaux nés particulièrement de la promesse, avant de comprendre le phénomène de la prétention, d'après le *BGB*, qui est le droit d'exiger d'un autre un fait ou une abstention.[492] Et dans le sens de la compréhension de Reinach, la prétention englobe les rapports d'obligation, parmi lesquels la créance (cfr. Vocabulaire de Reinach : commentaire en appendice). C'est dans ce cadre général que nous entrerons dans l'exploration du langage juridique de la promesse, de la prétention et de l'obligation. Néanmoins, une remarque est nécessaire ici : la théorie *a priori* ne prétend pas se limiter au droit privé des contrats, elle propose un champ large qui englobe non seulement une « ontologie régionale » liée au Droit civil, mais également tout le vaste domaine de la philosophie réaliste du droit. Cette théorie pourrait même

[491] A. REINACH, *Les fondements a priori du Droit civil, op. cit.*, p. 9, citation d'Edmund Husserl : *« Adolf Reinach+ », Frankfuter Zeitung*, 6.12. 1917, repris dans Husserliana (Hua) XXV, *Aufsätze und Vorträge* (1911-1921), *op. cit.*, p. 296.

[492] G. MEIKEL, *Bürgerliches Gestzbuch, mit Verweisungen, Schreibausgabe : Code Civil allemand, op. cit.*, § 194.

s'étendre dans une certaine mesure, d'abord à la sociologie, à l'histoire du droit et à tout ce qui est en rapport avec l'étude phénoménologique.

III.1. Aperçu général

Dans un cadre général, faut-il le rappeler, la théorie des fondements *a priori* du droit naît dans un contexte de l'adoption du *BGB* ou premier *Code Civil allemand* entré en vigueur le 01 janvier 1900. Nous avons déjà eu à évoquer les circonstances historiques et les motivations ayant poussé Reinach à aller contre la mentalité positiviste de l'époque. Il s'agit pour nous dans ce paragraphe de définir et d'analyser ces situations juridiques spécifiques qui font naître la recherche sur les vécus de conscience du langage exprimé dans les « actes sociaux ».

III.1.1. Le fondement : *Grund*, de la promesse, de l'obligation et de la prétention

Pour Adolf Reinach, le fondement de la promesse se situe dans un vécu interne se rapportant à un contenu intentionnel :

> Comme tous les actes sociaux, la promesse présuppose un vécu interne qui se rapporte à un contenu intentionnel. Il s'agit, comme c'est le cas pour l'ordre, de la volonté que quelque chose se produise, naturellement pas par l'intermédiaire du destinataire mais du côté de celui qui l'énonce. Chaque promesse de se comporter d'une certaine manière présuppose nécessairement une volonté propre de se comporter ainsi.[493]

Avoir la volonté que quelque chose se produise de la part de l'énonciateur, tel est le fondement de la promesse. A son tour, comme nous le verrons, la promesse engendre la prétention et l'obligation. Mais il serait nécessaire de commencer à comprendre ce que la théorie *a priori* du droit entend par promesse.

III.2. La promesse

Voici ce que Reinach donne comme définition à la promesse :

> Qu'est-ce qu'une promesse ? La réponse la plus commune consiste à dire que la promesse est une volonté ; plus précisément, elle est une déclaration ou la communication d'une intention, à l'adresse d'un autre, et pour lui, de faire ou d'omettre de faire quelque chose. En quelle mesure cette déclaration est censée obliger l'un et autoriser l'autre, cela semble naturellement peu compréhensible. Il est en revanche certain que la simple intention de faire quelque chose n'induit pas un tel effet. Certes, un engagement psychologique particulier, une inclination à agir en conséquence

[493] A. REINACH, *Les fondements a priori du Droit civil*, *op. cit.*, p. 67.

peut bien résulter de la décision que j'ai prise. Mais cette inclination psychologique n'est certes pas une obligation objective, et elle a encore moins à voir avec la prétention objective d'un autre. Mais si c'est le cas, que peut bien changer le fait que je communique mon intention, que j'exprime auprès d'un autre ce que je veux faire pour lui ? D'un autre côté, on ne peut pas dire que la simple expression d'une résolution puisse obliger celui qui la prononce. Pourquoi cela devrait-il alors se produire lorsque le contenu de ma résolution présente un avantage pour autrui ?[494]

C'est le contenu de ma résolution qui doit avoir un avantage objectif pour autrui. Et quel sera donc ce contenu ? Est-il lié uniquement à mes gestes et paroles, ou alors réside-t-il dans ma volonté de faire ou de ne pas faire ?

III.2.1. Déclaration de la volonté de faire ou de ne pas faire

C'est pourquoi, il serait nécessaire de transcender les apparences, en allant au-delà du phénomène physique :

> C'est seulement dans la mesure où l'on reste collé à la face extérieure de la promesse, sans aller au-delà, que l'on peut en venir à la confondre avec l'expression d'une volonté. Ces mots : « je veux faire cela pour toi », peuvent faire office d'expression d'une promesse ou d'une déclaration de volonté.[495]

En se limitant aux mots que l'énonciateur prononce, on peut légalement croire à l'existence effective d'une promesse. Et c'est à partir de celle-ci que l'on pourra avoir des prétentions de la part de l'autre et des obligations juridiques de la part de l'énonciateur. Il serait donc adéquat de comprendre la différence entre la promesse et la communication.

III.2.2. Différence entre la promesse et la communication d'une décision

La promesse à la différence de la communication engage plusieurs conséquences. S'il faut la voir dans le cadre de la qualité des « actes sociaux », elle est différente de l'ordre et de la communication. Car après son émission, elle vise un certain comportement par rapport à l'énonceur :

> Revenons maintenant à notre point de départ, la promesse. Il n'est plus besoin d'expliquer très longuement les raisons pour lesquelles nous devons la considérer comme un acte social impliquant autrui. La promesse engage, semblable en cela à l'ordre et à différence de la communication, une série de conséquences. Elle aussi vise un certain comportement, naturellement pas de la part de celui qui la reçoit, mais de celui qui la donne. Cette action, à la

[494] *Idem*, p. 57.
[495] *Idem*, p. 67.

différence de la réponse à une question, n'a pas besoin d'être un acte social.[496]

Donc à la différence de la communication, elle vise un certain respect de la parole donnée. C'est une action en soi qui n'a pas besoin d'être uniquement un acte social, car elle peut aussi engager un comportement individuel sur le plan intérieur ou extérieur. La promesse ne se limite pas aux mots ni aux gestes, la volonté doit être orientée vers l'action visée par l'énonciateur ; nous nous retrouvons encore ici dans le rapport entre la *Phronesis* et le langage. En essayant de bien saisir la substance même de la promesse, nous pourrons aussi nous engager à comprendre sa réelle différence avec la communication :

> Engageons-nous à présent dans une analyse plus précise des seuls actes sociaux. Et d'abord la communication. Je puis être *convaincu* d'un état de choses quelconque et de garder en moi cette conviction. Je puis encore exprimer cette conviction par une *assertion*. Là encore nous n'avons pas de communication. Cette assertion peut s'adresser à moi-même, sans avoir d'autre destinataire. La *communication* en revanche est immanente à ce type de rapport à autrui. Il est dans son essence même de s'adresser à un autre pour lui faire part de son contenu. Qu'elle s'adresse à un autre homme, elle doit alors s'extérioriser, pour permettre au destinataire de prendre conscience de son contenu. Avec cette prise de conscience, c'est le but même de la communication qui est réalisé. La séquence qui s'ouvre avec l'émission de l'acte social se conclut immédiatement ainsi.[497]

La conviction et l'assertion ne suffisent pas pour que la communication puisse avoir son efficacité. Toutes les deux peuvent uniquement s'adresser ou se limiter à ma propre personne sans avoir besoin de destinataire. Mais la communication est en soi liée à un rapport avec autrui. C'est dans la prise de conscience avec autrui que la promesse prend toute son essence. Avec cette prise de conscience, il faut, de la part du destinataire, une nécessaire acceptation.

III.2.3. La nécessaire acceptation de la promesse

Si la promesse est un acte comportant des effets juridiques pouvant conduire à la prétention ou à l'obligation, cela justifie en partie la nécessaire acceptation de la part du destinataire :

> Si l'on se place du côté des énonciateurs de la promesse, l'on voit qu'une promesse véritable peut être réalisée et se manifester sans atteindre le sujet auquel elle est adressée. Tant que cela ne se produit pas, on peut parler de prétention et d'obligation. Il ne suffit pas non plus que le destinataire de la promesse perçoive les manifestations externes, qu'il entende les mots sans les comprendre. Il doit saisir en eux ce dont ils sont les manifestations, il

[496] A. REINACH, *Les fondements a priori du Droit civil, op. cit.*, p. 67.
[497] *Idem,* p. 62.

doit prendre connaissance de la promesse elle-même, pour le dire plus précisément, s'en rendre compte. Et à l'égard de ce dont il prend conscience, le destinataire peut se comporter de différentes manières. Il peut s'y opposer intérieurement, il peut également l'accepter intérieurement, s'y plier. Le rejet intérieur peut s'extérioriser dans un acte de refus, d'accord intérieur dans un acte de l'acceptation. Que la promesse soit simplement entendue, il en résulte du côté de l'auditeur une prétention et du côté de l'énonciateur une obligation. L'acte d'acceptation peut servir d'instance confirmatrice ; il n'aide à l'efficacité de la promesse que pour autant qu'elle est donnée « pour le cas » où elle serait acceptée. Un acte de refus, au contraire, ne donne naissance à aucune prétention ou obligation.[498]

Le tout se joue ici dans l'accord intérieur de l'énonciateur et de l'acceptation intérieure s'exprimant par des mots et des gestes extérieures de la part du destinataire. Pour mieux le comprendre, voici ce que nous dit la traduction italienne :

> Se A risponde « si » a una richiesta di B, con questo « si » non abbiamo altro che una accettazione in senso formale ; cosi accade quando A risponde « bene » alla promessa di B. Il « si » implica una promessa e il « bene » l'accettazione di una promessa quando sono usati in un senso completamente nuovo. Questa accettazione 'materiale' si riferisce solo a promesse. Al suo interno si devono compiere ulteriori distinzioni. Innanzitutto, esiste un'accettazione come stato di coscienza interiore, che comporta un « dire si » interiore, un'assenza interiore alla promessa percepita [...] Solo una mancanza di un'adeguata analisi fenomenologica poteva condurre a confondere la promessa con l'esperienza vissuta ed atto sociale. Accanto ad una accettare puramente interiore, esiste una corrispondente espressione intenta a comunicare tale esperienza vissuta. Ad un « io voglio », corrisponde un « io accetto ». In questo caso, è molto difficile decidere se sotto le stesse parole si nasconde anche un vero e proprio atto sociale dell'accettazione ; esso, in ogni caso, deve essere distinto dall'espressione.[499]

L'acceptation matérielle a aussi un contenu intérieur ; et c'est une analyse inadéquate de la phénoménologie qui pourra permettre la confusion de l'homogénéité entre l'expérience vécue et l'acte social. Avec la compréhension de l'acceptation de la promesse, nous entrons dans l'analyse des fondements de la prétention et de l'obligation.

III.2.4. La promesse comme origine de la prétention et de l'obligation

La dérivation de la prétention et de l'obligation à partir de la promesse de manière simultanée lie désormais le ou les énonciateurs et le ou les destinataires jusqu'à sa réalisation. Doit-on encore s'appesantir sur ce fondement alors que nous avons déjà longuement exposé sur cet

---

[498] Cf. A. REINACH, *Les fondements a priori du Droit civil, op. cit.,* pp. 70-71.
[499] *Idem,* p. 44-45.

aspect ? Pour Reinach, la certitude de voir une prétention et une obligation naître de la promesse apparaît comme étant une évidence :

> Avec la prise en compte de la promesse naissent – rigoureusement simultanément – la prétention et l'obligation. Ses porteur et bénéficiaires se trouvent dans la relation décrite auparavant. Nous voulons définir le rapport d'ensemble qui s'est épanoui sur les bases de la promesse comme une relation obligatoire.[500]

Cette relation peut-elle connaître une extinction ? Notre auteur répond par l'affirmative.

III.2.5. La possible extinction de la promesse : la révocation et la renonciation

Nous allons procéder par trois étapes pour justifier cette possibilité d'extinction de la promesse.[501]

La première possibilité est à voir par rapport au temps de réalisation de la promesse : « Que l'action qui préside à sa réalisation ne survienne pas dans un temps imparti, alors il se produit un changement dans la relation obligatoire : la prétention est « violée ».[502]

La deuxième est l'incapacité :

> Il est ensuite envisageable que la satisfaction de la prétention devienne impossible, soit que le porteur de l'obligation soit incapable de réaliser l'action promise, soit que – pour les obligations qui tendent en fin de compte à un succès dans la réalisation – il soit apparu impossible que, par un comportement quel qu'il soit, le succès attendu put advenir. On ne pourra pas dire que la prétention et l'obligation disparaissent par le fait même.[503]

Comme conséquence, une antinomie naîtra entre la tendance obligatoire à sa réalisation pouvant porter une satisfaction au porteur et au destinataire et une impossibilité liée aux circonstances de la réalisation. Reinach qualifie l'inutilité de la réalisation de la promesse de symptomatique, car la prétention et l'obligation sont atteintes d'une maladie incurable : « Il en résulte pour la relation obligatoire une inutilité symptomatique. La prétention et l'obligation sont atteintes d'une maladie incurable ».[504]

---

[500] A. REINACH, *Les fondements a priori du Droit civil, op. cit.*, p. 74.

[501] Cette division n'est pas celle de Reinach. Lui la réduit en deux : au niveau de la révocation et à celui de la renonciation. Nous y avons ajouté l'incapacité comme élément à part pouvant faire annuler une promesse.

[502] A. REINACH, *Les fondements a priori du Droit civil, op. cit.*, p. 74.

[503] *Idem*, p. 74-75.

[504] *Ibidem*

La troisième est l'annulation par la renonciation :

> A côté de cela, il existe encore un second type d'annulation, par la renonciation. Comme il est *a priori* de l'essence de la prétention de finir par une réalisation, il l'est également d'expirer par la renonciation du porteur de la prétention. Cette renonciation est un acte social, dont le porteur de l'obligation tient lieu de bénéficiaire. Pour la première fois, nous voyons un acte social qui se passe de la référence à un autre individu. La renonciation ne se rapporte qu'à ce à quoi l'on renonce, ici donc à la prétention, et ne s'adresse pas à une personne. Il faut bien cependant qu'il en soit fait part à quelqu'un – dans notre cas le porteur de l'obligation -, pour qu'elle soit efficace ; le besoin d'un témoin lui est essentiel. Au moment où il en est pris connaissance, la prétention et l'obligation disparaissent.[505]

Il faut préciser ici que ce n'est ni une simple renonciation, ni une simple incapacité et encore moins le temps écoulé qui peuvent simplement annuler la promesse. La promesse comme acte juridique n'est pas sujette au changement, car elle est de part sa nature non rétractable : « La promesse est en tant que telle non rétractable, aussi peu rétractable que par exemple la rétraction elle-même et la renonciation le sont ».[506] C'est toujours sur certaines conditions que l'on peut revenir sur une promesse ou sur une décision. Ceci nous permet d'analyser les différentes critiques de Reinach sur certains auteurs.

III.3. La critique de Reinach faite à Hume, Lipps et Schuppe

Reinach affirme ceci :

> On a déjà évoqué en quelle mesure la philosophie et la théorie du droit ont fait depuis bien longtemps déjà de la « liaison par la promesse » un problème. Il n'est pas trop difficile de renverser les nombreuses constructions dans lesquelles on s'est perdu. Nous voulons ici discuter trois types de théorie auxquelles on accorde une certaine importance. Il s'agit alors en premier lieu d'élargir nos considérations et de les éclairer un peu.[507]

Notre auteur considère que la voie réductrice de ses prédécesseurs sur le délicat domaine philosophique sur le droit aura fait nourrir plusieurs illusions.

III.3.1. La critique de la théorie nominaliste de David Hume

Reinach va essentiellement contre le conditionnement des « actes de l'esprit » de Hume :

---

[505] *Ibidem*
[506] *Idem,* p. 76.
[507] *Idem,* p. 77

Nous trouvons chez Hume deux propositions qui s'opposent aussi radicalement qu'il est possible à ce que nous avons établi. Une promesse, pense-t-il ainsi, n'a aucun sens, tant qu'un accord entre individu ne lui en n'a pas donné un. Et quand bien même une promesse ne serait pas dépourvue de sens, l'on ne saurait pour autant en tirer la moindre obligation morale. C'est avec la plus grande rigueur que Hume en vient au point d'où tout résulte. Si les promesses doivent avoir un sens originel, alors « un certain acte de l'esprit doit être réalisé qui accompagne les mots je promets et qui (en tant que tel) renferme en lui-même la contrainte. » Mais quel acte de l'esprit devrait-ce être ? Ce ne peut être la résolution de faire quelque chose, « car un tel acte pris seul ne produit aucune obligation » [...] Nous nous réjouissons de l'assurance avec laquelle Hume mène sa recherche sur les points essentiels : la quête de l'« acte de l'esprit » qui accompagne la promesse. Mais la posture dans laquelle Hume se place pour chercher cet acte le condamne tout de suite à l'échec.[508]

Un acte de l'esprit isolé ne peut produire aucune obligation. Un souhait non plus ne peut réaliser une quelconque action. La théorie nominaliste n'arrive pas à explorer les vécus internes de pouvoir se décider, de pouvoir souhaiter et de vouloir. Vu sur le plan phénoménologique, l'acte de promettre par contre se voit débarrassé de la volonté d'être contraint. L'énonciateur ne doit pas se sentir obligé, mais doit agir en toute liberté, pour ne pas voir l'acte juridique vidé de sa validité. La critique de cette théorie nominaliste de David Hume nous amène à comprendre celle faite au réductionnisme de Lipps.

III.3.2. La théorie psychologique de Theodor Lipps et sa critique

Ce réductionnisme de Hume stipule que la promesse n'est rien d'autre qu'une extériorisation de la volonté de faire une chose par rapport à l'intérêt de l'autre :

Comme les autres chercheurs, Lipps est d'avis que la promesse n'est rien d'autre que l'extériorisation de la volonté de faire quelque chose dans l'intérêt d'un autre. Comment, de ce que je prends une décision et qu'un autre l'apprend, peut-il en découler une obligation ? C'est également pour lui le véritable problème. Lipps s'aventure ici dans la psychologie beaucoup plus loin que les autres avant lui. Ce qu'on décrit simplement et en passant comme la connaissance de la décision d'un autre homme est analysée par lui de manière pénétrante [...] Nous ne pouvons pas en ce lieu donner leur juste valeur aux considérations psychologiques avancées par Lipps qui tombent sous le concept englobant de sympathie et connaissent une application dans des domaines nombreux et variés. Nous concerne uniquement son application au fait de la promesse et aux obligations et

[508] A. REINACH, *Les fondements a priori du Droit civil*, *op. cit.*, pp. 77-81.

prétentions qui en résultent. Nous ne croyons pas ici qu'elles rendent droit au rapport présent, d'une nature absolument particulière.[509]

La critique de Reinach se base essentiellement sur le fait qu'une bonne partie des chercheurs comme Lipps limite la promesse à une manifestation extérieure. Or la sympathie seule ne suffit pas en ce lieu, il y a aussi la nature même de la promesse qui ne se limite pas uniquement à un *vécu* ou à un *sentiment*. Reinach ira aussi contre la théorie utilitariste de Schuppe par rapport à la promesse.

III.3.3. La théorie utilitariste de Wilhelm Schuppe et sa critique

A l'inverse de Lipps, Schuppe entreprendra de montrer que l'obligation dérive de circonstances ultérieures :

> Quand Lipps explique l'obligation qui découle de notre conception de promesse en tant que telle de manière psychologique à partir des effets de la décision volontaire, et la recherche par là ses origines dans un élément placé en amont de l'acte de la promesse, Schuppe entreprend de les dériver de circonstances ultérieures : « en soi et pour soi, il ne suit du concept du vouloir et de sa déclaration aucune modification. La volonté suit naturellement les opinions et les sentiments, elle est aussi peu susceptible de rester inchangée qu'ils le sont. Le concept de devoir ne trouve ici aucune application. Et si personne ne peut se contraindre, qu'il n'ait dans le même temps une opinion ou un sentiment déterminé, alors il ne paraît pas pouvoir se contraindre à l'avenir plus longtemps à la volonté correspondante [...] On constate d'abord que la création de l'obligation et l'irrévocabilité d'une déclaration de volonté sont confondues l'une à l'autre. Les promesses sont en soi et pour soi autant contraignantes qu'irrévocables. Malgré tout, ces deux concepts doivent être distingués totalement, car il y a des obligations qui naissent de promesse révocables et d'un autre côté des promesses irrévocables qui ne créent pas immédiatement d'obligation. Le premier cas est réalisé chaque fois que le destinataire de la promesse a ménagé au promettant le droit de révoquer cette dernière. Le second cas apparaît dans les promesses conditionnées. Dans ce cas-là, la prétention et l'obligation n'apparaissent qu'à partir du moment où la condition est donnée. Mais cette promesse conditionnée est naturellement irrévocable dès le départ ; le promettant conditionnel n'a pas en lui-même le pouvoir juridique de se soustraire à l'apparition possible d'une obligation par une révocation. On voit ainsi combien le problème de la « liaison » par la promesse est posé de manière très obscure. Car cette expression comprend indistinctement l'irrévocabilité de la promesse et son pouvoir de générer des obligations.[510]

La critique de Reinach vise à démontrer qu'il y a une confusion interne dans la création de l'obligation et dans l'irrévocabilité d'une

[509] *Idem*, pp. 82-83.
[510] Cf. A. REINACH, *Les fondements a priori du Droit civil*, *op. cit.*, pp. 85-91.

déclaration de volonté. L'essentiel de la critique est de comprendre la nécessité de la distinction des deux concepts, non seulement pour éviter une confusion des expressions, mais aussi pour affirmer leur essence. Les obligations ont une origine qui surpasse toute reconnaissance utilitariste dérivée, car il faut bien cerner la nature des promesses qui peut être conditionnée ou inconditionnée.

Ce troisième paragraphe nous aura aidé à comprendre que l'obligation et la prétention sont originées par la promesse. Cependant, la démarche phénoménologique tente d'arriver à leur essence même pour justifier leur être *a priori*. Le quatrième paragraphe suit le schéma tracé par Reinach pour parvenir aux Lineamenta de la doctrine *a priori* du droit.

PARAGRAPHE IV. Les Lineamenta de la doctrine *a priori* du droit : *Grundlinien der apriorischen Rechtslehre*

Dans ce paragraphe, nous allons suivre de près le deuxième chapitre des *Fondements a priori du Droit civil* de Reinach, pour rester fidèle aux lignes tracées par lui. Les *Grundlinien der apriorischen Rechtslehre* se traduisent littéralement par : *der Grund ou die Vernuft : la Raison ; die Linie, die Linien : la ligne, les lignes ; apriorischen : a priori ; Recht : droit ; Rechtslehre : jurisprudence* ou enseignement du droit. Une des définitions qui peut être adoptée en français serait beaucoup plus proche de celle italienne : *I lineamenti fondamentali della dottrina a priori del diritto*. En d'autres termes, nous pouvons interpréter cette méthode en disant que ce sont les grandes lignes que Reinach donne par rapport à sa nouvelle théorie de la doctrine *a priori* du Droit civil. Des lignes qui sont liées à ce que nous avons eu plus haut, c'est-à-dire : une « ontologie régionale ». Ce chemin nous conduira vers la compréhension des essences des vécus de consciences qui se manifestent dans les actes juridiques.

IV.1. Les droits et les obligations : la propriété

Notre auteur définit sa priorité sur les droits et les obligations liées aux transactions sociales :

> Notre intérêt dans ces considérations va d'abord aux droits et aux obligations des *transactions sociales*. Une représentation d'ensemble devrait alors prendre en compte les formations *morales* correspondantes, car celles-ci sont aussi reconnues pour une large part par le droit positif. Que l'on se

souvienne seulement des autorisations et des devoirs qui découlent d'une certaine relation de parenté.[511]

Avant d'entrer dans les grandes lignes ou *Lineamenta* de la théorie *a priori*, il faut nécessairement comprendre que dans l'idée globale de Reinach, il faut nécessairement prendre en compte certaines formations morales, comme nous l'avons souligné dans le rapport entre le droit et la *Phronesis*, ou encore dans le caractère des liens entre *l'Ethos* et *le Pathos* de la phénoménologie des actes juridiques.

IV.1.1. La phénoménologie de la propriété

La compréhension de la phénoménologie de la propriété est fondamentale pour l'étude des *Lineamenta* de la théorie *a priori :*

> Parmi les droits sur les choses, le juriste a coutume d'en relever un seul comme le plus important et une certaine manière le fondateur : la propriété. La phénoménologie de la propriété va devoir jouer un rôle particulièrement significatif dans la théorie *a priori* du droit. Nous ne pouvons, dans notre contexte, qu'en relever quelques points principaux. Parmi les nombreux rapports possibles d'une personne à une chose, nous intéresse d'abord le rapporte pouvoir. La personne qui a un pouvoir sur une chose, peut agir sur elle selon son bon vouloir, peut l'utiliser, la modifier, la détruire. Ce pouvoir est un pouvoir physique et il se distingue totalement du pouvoir juridique que nous avons déjà rencontré précédemment.[512]

Le droit sur les choses nous mène à explorer ce vaste domaine de la phénoménologie sur leur fondement. Pour Reinach, parmi les différentes possibilités nous permettant de parler du droit sur les choses, il y a l'exemple de la propriété. Bien qu'étant un fondement, il faudrait comprendre la nature des rapports de pouvoir qui lie la propriété à la personne qui la possède. Car, elle peut bien l'utiliser, la modifier et procéder à son extinction. Il n'est pas d'abord appréhendé dans le cadre juridique, mais dans celui naturel. Ce pouvoir naturel permet aussi à l'égard de la renonciation, par exemple, de réaliser un acte. Notre auteur le qualifie de *possession :* « Le rapport de possession, qui naît d'une appropriation justifiée est légitime en soi et pour soi ».[513] L'appropriation ou la prise de possession née d'une manière légitime et fondée sur les rapports de possession, se justifie en elle-même. C'est nous allons essayer d'analyser la différence entre *les droits constitutifs : Gestaltungsrechte* et *les droits réels : Sachenrechte.*

---

[511] Cf. A. REINACH, *Les fondements a priori du Droit civil, op. cit.*, p. 94.
[512] *Ibidem*
[513] *Idem,* p. 95.

IV.1.1.1. Les droits constitutifs : *Die Gestaltungsrechte*

Une fois de plus, nous allons faire recours à la traduction italienne de l'œuvre de Reinach :

> I diritti assoluti che si riferiscono al comportamento proprio mostrano differenze molto importanti. Esistono diritti aventi efficacia giuridica immediata : il diritto alla rinuncia e alla revoca che abbiamo già incontrato e simili. Si tratta di atti sociali il cui esercizio produce un immediato effetto sulle relazioni giuridiche ; può per esempio porre fine ad esse o modificarle. I diritti che si riferiscono ad essi sono da noi designati, seguendo una diffusa terminologia giuridica, diritti costitutivi *[Gestaltungsrechte]*.[514]

Si la traduction française parle des droits formateurs, l'italienne nous semble être plus proche de l'idée même du droit constitutif. Ici, nous sommes dans la compréhension des droits absolus qui se réfèrent au comportement propre et qui en eux-mêmes présentent plusieurs distinctions significatives. A titre de rappel, il y a des droits de comportement ayant une « efficacité juridique immédiate », ce sont eux que la terminologie appelle droits constitutifs différents *des droits réels : Sachenrechte.*

IV.1.1.2. Les droits réels : Sachenrecht

C'est le droit sur les choses, c'est-à-dire, un droit qui a des effets juridiques immédiats, différents de « l'efficacité juridique immédiate » :

> Da essi distinguiamo i diritti che non hanno, in quanto tali, effetti giuridici immediati. Ci riferiamo, in particolare, a quei comportamenti che si riferiscono a cose a che rappresentano un agire con le cose. In virtù di questo rapporto anche i diritti stessi si riferiscono alle cose : li chiamiamo, perciò, *diritti reali [Sachenrechte]*. I diritti reali sono, quindi, diritti ad usare una cosa, a ricavarne i frutti, a costruirla, modificarla e simili.[515]

Ce sont les droits sur les choses, c'est-à-dire d'en user, d'en tirer les fruits, de la cultiver, etc. Les *rei :* ou *Sachen* ou *choses*, ne sont pas des entités seulement physiques. Reinach éclaircit sa pensée en disant :

> Le concept de chose ne coïncide pas avec celui de chose corporelle, même si les dispositions juridiques ont tendance à l'y restreindre. Tout ce dont il peut être fait usage, tout ce qui est utile au sens le plus large du terme, est une chose : les pommes, les maisons, l'oxygène, mais également une quantité d'électricité ou de chaleur, etc., quand sont exclus au contraire les représentations, les sentiments ou d'autres vécus, les nombres, les concepts, etc.[516]

---

[514] *Idem*, p. 77.
[515] A. REINACH, *I fondamenti a priori del diritto civile, op. cit.*, p. 95.
[516] *Ibidem*

Les choses sont multiples : matérielles et immatérielles. Mais ce qui compte pour leur compréhension, c'est le droit qu'on peut avoir sur elles. En langage simple, même la renommée lorsqu'elle est violée par un tiers peut faire objet de poursuites judiciaires. C'est ainsi que le juriste a coutume de relever la propriété comme un des droits les plus importants sur les choses.[517]

IV.1.2. La propriété

Elle est une qualité ou un attribut caractérisant une chose. Juridiquement : « elle est le droit de jouir et de disposer des choses de manière absolue ».[518] D'après le *Code Civil français*, ce droit s'applique

---

[517] *Ibidem*

[518] Cf. *Code civil français*, art. 544. Textes récurrents : *Code civil français*, Articles 538 et s., 43 et s., 711 et s., 2279 et s. *Code de la Propriété intellectuelle*. Loi n°65-557 du 10 juillet 1965 fixant le statut de la copropriété des immeubles bâtis. Décret n°67-223 du 17 mars 1967 pour l'application de la Loi ci-dessus. Décret n°2009-1204 du 9 octobre 2009 relatif à la spécialisation des juridictions en matière de propriété intellectuelle. Décret n°2009-1205 du 9 octobre 2009 fixant le siège et le ressort des juridictions en matière de propriété intellectuelle. Décret n°2010-872 du 26 juillet 2010 relatif à la procédure devant la commission de protection des droits de la Haute Autorité pour la diffusion des œuvres et la protection des droits sur internet. Décision du 20 septembre 2010 de la commission prévue à l'article L. 311-5 du *Code de la propriété intellectuelle* relative à la rémunération pour copie privée. Loi n°2011-1843 du 8 décembre 2011 relative aux certificats d'obtention végétale. Bibliographie : C. Alleaume et N. Craipeau, *Propriété intellectuelle*, Paris, éd. Montchrestien, 2009. S. Attal, *Le secret en propriété industrielle*, édité par l'auteur, 1996. S. Banget Hovasse, *La propriété littéraire et artistique en droit des successions*, thèse, Rennes I, 1990. A. R. Bertrand, *Droit d'auteur 2011-2012*, 3e édition, Paris, Dalloz, 2010. C. Colombe, *Propriété littéraire et artistique et droits voisins*, 9e éd. mise à jour, Paris, Dalloz, 1999. J-P. Chazal et S. Vicente, *Le transfert de propriété par l'effet des obligations dans le Code civil*, RTC. 2000, n°3, 477. J. Dinzin, *Les propriétés et les formes dans l'industrie*, éd. Hermann, Collection *Actualités scientifiques et industrielles*, 1949. G. Forest, *Droit de jouissance exclusif : droit réel et perpétuel*, Recueil, Paris, Dalloz, n°1, 7 janvier 2010, *Actualité jurisprudentielle*, p. 17-18, note à propos de 3e Civ. - 2 décembre 2009. A. Françon, *Cours de propriété littéraire, artistique et industrielle*, éd. Les Cours de droit, 1999. H. Gaumont-Prat, *Droit de la propriété industrielle*, 2e édition, 2009, Litec - Editions du JurisClasseur. G. Loiseau, *Renouveau du droit de propriété ?. L'appropriation des espaces virtuels par les noms de domaine, Droit et patrimoine*, 2001, n°91, p. 59. D-R. Martin, *La propriété de haut en bas*, Paris, éd. Dalloz, 19 juillet 2007, n°28, p. 1977-1983. H. Mazeaud, *Leçons de Droit civil*, 2e t. *Obligations, théorie générale. Biens, droit de propriété et ses démembrements*, 3e éd., Paris, éd. Montchrestien, 1966. B. Lotti, *Le droit de disposer de la propriété& d'autrui pour son propre compte (contribution à la distinction de la propriété et des droits réels)*, thèse Paris XI, 1999. S. Meyer, *La clause de réserve de propriété dans les relations internationales*, Paris, édité par l'auteur, 1998. S. Pavageau, *Le droit de propriété dans les jurisprudences suprêmes françaises, européennes et internationales*, t. 7- LGDJ. / Faculté de droit et des sciences sociales de Poitiers, 2006. J. Passa, *Droit de la propriété industrielle* t. 1- LGDJ. / Traités, 2006. J. Quemener-Guistetti, *La propriété des créations publicitaires : de l'acquisition des droits par l'agence à leur transmission à l'annonceur*, édité par l'auteur, 1998. I. Tosi, *Acte translatif et titularité des droits*, t. 470, LGDJ. / Thèses / Bibliothèque de droit privé - 2006. G. Zolezzi, *Théorie des droits de propriété et « salarié-*

aussi bien aux meubles comme aux immeubles. Ce droit confère au propriétaire la capacité de jouir, de modifier la chose ou de la détruire. Dans son analyse, Reinach souligne deux choses qui doivent être distinguées dans cette relation, à savoir : le pouvoir et la domination :

> Fra i diritti reali, i giuristi sono soliti considerare la proprietà come quello più importante e, in un certo senso, quello che sta alla base. La fenomenologia della proprietà dovrà rivestire, nella dottrina a priori del diritto, un ruolo particolarmente significativo. In questo contesto, possiamo soffermarci solo su alcuni dei punti più significativi. Fra tante possibili relazioni di una persona con una cosa, ci interessa, dapprima, la relazione di dominio [*Gewalt*]. La persona che ha il dominio su una cosa può proceder con essa come vuole : può usarla, può trasformarla, può distruggerla. Un tale potere [*können*] è fisico e si differenzia senz'altro dal potere giuridico che abbiamo già incontrato. Quando, ad esempio, abbiamo parlato del potere di rinunciare, non avevamo in mente il potere naturale di compiere un atto, ma piuttosto il potere, fondato nella essenza della pretesa, di annullare una relazione obbligatoria mediante l'atto. Nel potere di manipolare le cose si documenta un dominio naturale, nel potere di rinunciare o revocare si documento un potere [*Macht*] giuridico. Potere e dominio devono essere distinti chiaramente l'uno dall'altro.[519]

Die Gewalt : le pouvoir, dans ce cas, il est assimilé à la relation avec une chose sur laquelle on peut agir comme on veut : l'utiliser, la modifier, la détruire etc. C'est un pouvoir physique *können*, différent du pouvoir juridique : *elterlichegewalt* (autorité des parents sur les enfants mineurs), ou *gesetzgebendegewalt* (pouvoir législatif), *Richterlichegewalt* (pouvoir judiciaire), *vollziehendegewalt* (pouvoir exécutif). Dans le pouvoir naturel, il y a la possibilité de manipuler les choses, dans le pouvoir de révoquer, il y a la relation juridique : *Macht.* Un exemple avec *Können*[520]: *pouvoir, capacité physique, intellectuelle, autorisation, bon droit. Ich kann andern meine Hause :* je peux modifier ma maison. *Die Macht : le pouvoir* est la puissance juridique sur les personnes : *Die Entscheidung liegt in seiner Macht :* la décision est en son pouvoir[521], ou bien dans le cadre du droit international, *Die europäischen Mächte :* les puissances occidentales.[522] Ici, nous sommes dans les rapports de force.

Reinach ne manque pas de souligner qu'il serait difficile d'établir une séparation entre les choses qui se trouvent dans le pouvoir de

propriétaire majoritaire », application au rachat d'entreprise par les salariés, thèse Aix Marseille III, 1996 ; in www.dictionnaire-juridique.com <17.03.2021>.

[519] Cf. A. REINACH, *I fondamenti a priori del diritto civile, op. cit.*, p. 78.

[520] Cf. *Neu Pons, Grosswörterbuch, Französisch, Rund 300.000 Stichworter und Wendungen im Buch und auf CD-ROM mit Extraheft : Briefvorlagen, Franzosisch-Deutsch, Deutsch-Franzosisch,* Stuttgart, éd. Pons GmbH, 2009, p. 1236.

[521] *Idem*, p. 1214 a.

[522] *Ibidem*, b.

domination d'une personne et celles qui sont hors de sa puissance.[523] C'est ainsi qu'il avertit de ne pas prendre le risque de mal les interpréter :

> Une certaine indétermination est inhérente au concept de pouvoir naturel. On ne peut pas tracer rigoureusement la ligne de partage qui sépare les choses qui se trouvent sous le pouvoir qu'un individu de celles qui ne s'y trouvent pas. Mais l'indétermination en ce sens appartient à l'essence de tels concepts. Et l'on doit se garder de mal l'interpréter. Que la sphère de pouvoir d'une personne s'élargisse dans une mesure extraordinaire avec le progrès de civilisation ne modifie pas le concept de pouvoir, mais l'étendue du domaine d'objets qui tombe sous ce concept.[524]

Le problème que soulève Reinach à travers l'interprétation du concept *pouvoir* se trouve dans la sphère élargie de la compréhension *verstehen* des concepts juridiques. Si leur indétermination se situe dans leur essence et que le droit positif dans certains cas attribue arbitrairement le *Gewalt :* pouvoir à certaines personnes, alors le droit positif peut être l'objet de l'analyse critique de certains de ses concepts. Le *Besitz*[525]: *la propriété ou les biens* peut être considérée comme telle à partir du moment qu'elle se justifie légitimement en soi et pour soi :

> Senza poterci addentrare in un'analisi più precisa, designano la relazione di dominio di una persona su una cosa possesso [*Besitz*]. Il possesso non è, evidentemente, un diritto, ma una relazione di fatto, se si vuole, un fatto. Questa relazione può essere giustificata o non-giustificata ; ciò dipende dal fatto che la persona interessata abbia o no un diritto su quella relazione. Naturalmente, non si può confondere il diritto *di* possesso con il *possesso stesso*, e, tanto meno, con il diritto *al* possesso, cioè il diritto di una persona ad entrare in una relazione di dominio su una cosa ; diritto, questo, che come assoluto può essere concesso da una persona, come relativo, invece, può sorgere mediante una promessa ricevuta. La costituzione di una relazione di possesso è, come esercizio di un diritto, giustificata ; può, tuttavia, anche non esserlo (ciò vale anche per la relazione).[526]

En analysant de prêt le droit à la propriété, il est fondamental de comprendre sa constitution. Car, il ne faut pas confondre le droit de

---

[523] Cf. A. REINACH, *I fondamenti a priori del diritto civile, op. cit.*, pp. 78-79.
[524] *Idem*, p. 96.
[525] *Idem*, pp. 196-197 : Propriété (*Eigentum*) : « Le propriétaire d'une chose peut, sauf disposition contraire de la loi, et sauf l'effet des droits qui appartiennent au tiers, se comporter à l'égard de la chose comme bon lui semble et empêcher qu'aucune autre personne en fasse le moindre usage » (*Code Civil allemand*, § 903, p. 508). On n'a pas dans le BGB de définition de la propriété, à la différence de la possession. On peut induire cependant qu'on a affaire cette fois à un droit de maîtrise, et non à une maîtrise factuelle de la chose, comme dans le cas de la possession. On s'accorde donc pour comprendre sous ce terme un droit de puissance absolue et exclusive sur une chose. Sauf si la loi ou les droits d'un tiers s'y opposent, le propriétaire peut exercer son droit comme bon lui semble et s'opposer à toute intervention d'autrui.
[526] A. REINACH, *I fondamenti a priori del diritto civile, op. cit.*, p. 90.

possession à la possession elle-même de la chose. Ici, nous passons du droit naturel lié à la possession naturelle des choses au droit positif lié à la constitution du droit à la possession et à la possession même des choses. En d'autres termes, on possède naturellement un bien, on a l'intention de céder ce bien à un autre par reconnaissance, et on lui exprime une promesse. Ce dernier rentre potentiellement en possession de cette promesse par le langage de celui qui promet et qui effectivement à le pouvoir sur le bien. C'est à travers ce langage que deux choses se produisent : premièrement de la promesse naît le droit à l'obtention du bien, et deuxièmement le droit à la possession de bien. A partir des mots, des actes, une certaine relation naît entre celui qui reçoit la promesse et la chose elle-même. Des actes juridiques, nous avons des effets juridiques devant se produire. C'est ainsi que d'une intention exprimée, la phénoménologie a une matière juridique. En d'autres termes, lorsque la constitution d'une possession est justifiée, la relation à la chose l'est aussi. Ce n'est pas sa positivité ou reconnaissance qui compte ici pour sa protection, mais cela est dû pas la nature même des choses. Ce qui ne signifie pas que le droit positif n'a pas sa raison de la protéger :

> Ciò non significa che il diritto positivo non possa escludere dal suo concetto di possesso determinate relazioni di possesso e, d'altro canto, sussumere nel suo concetto di possesso casi in cui non si dà alcuna relazione di possesso (cosi ad esempio cfr. BGB § 855 da un lato, e § 857 dall'altro). Con tale costituzione del concetto di possesso il diritto positivo assolve ai propri compiti. La dottrina a priori del diritto, invece, che non ha a che fare con costruzioni, ma con relazioni di essenza intuitivamente evidenti, non si occupa di ciò. Non ci si guarda mai sufficientemente dal rischio di confondere le due sfere.[527]

Il faudra donc se garder du risque de confondre le domaine du droit positif à celui de la théorie *a priori* du droit. Car concrètement, une chose peut être sous ma domination, mais sans pour autant m'appartenir, comme vice-versa, une chose peut m'appartenir sans être sous ma domination. Cette relation n'est pas créée seulement par des conventions[528], mais elle existe et se fonde sur son essence.

D'autre part, il ne faudrait pas focaliser la relation d'essence à la domination ou au pouvoir. Car, certains philosophes et juristes soustraient l'appartenance au propriétaire à partir des structures de manière intrinsèquement nécessaire et en soi subsistante. Ils préfèrent les ranger dans la sphère du droit positif. Certains affirment aussi limiter

---

[527] *Idem,* pp. 79-80. Citation de bas de page.
[528] *Idem,* pp. 80-90.

l'appartenance à la protection. Ceci est une erreur[529]. Reinach refuse de considérer la propriété comme une somme ou une unité de tous les droits réels :

> Rifiutiamo decisamente la formulazione usuale della proprietà come *somma* od *unità* di tutti i diritti reali. Se qualcosa si fonda a priori in qualcosa d'altro, il fondamento non può mai essere costituito da ciò che è fondato. Non si tratta, qui, di un inutile gioco concettuale, ma di una importante distinzione che ha conseguenze immediate. Se la proprietà fosse la somma o l'unità di diritti, verrebbe a ridursi mediante la cessione di totalità di essi, poiché una somma scompare necessariamente con la scomparsa di tutti i diritti che vuole, la cosa, tuttavia, continua ad appartenergli esattamente allo stesso modo ; non ha alcun senso parlare di un *di più* o di un *di meno* di appartenenza. La *nuda proprietas* non implica solo che l'estinzione dei diritti trasferiti a altre persone permetta all'appartenenza di « tornare in vita », la cosa infatti, appartiene al proprietario anche nell'intervallo, esattamente come prima e dopo.[530]

Somme ou unité de tous les droits réels est une objection de Reinach sur la conception de la propriété de la part de certains philosophes ou de certains juristes. Car, le fondement ne peut pas être constitué par principe de non contradiction. La *nudas proprietas* n'implique pas seulement que l'extinction des droits transférés à d'autre personne permette leur appartenance. La chose continue d'appartenir au légitime propriétaire.

Exemple : supposons que A transfère un droit à B. B peut le transmettre de nouveau à A. Mais si B renonce à son droit alors la chose disparaît. Mais les choses sont deviennent contraires avec un droit réel au cas où la chose appartiendrait à A.[531]

La propriété prend une autre signification lorsque ce principe est énoncé : « duorum in solidum dominium esse non posse ».[532] C'est une vérité *a priori* qui se fonde sur l'essence de l'appartenance. Une chose peut en effet appartenir à un ensemble de personnes, mais selon le droit positif, il existe une seule relation d'appartenance entre chaque individu et la chose. Néanmoins : « l'exercice des droits absolus, orienté vers un comportement propre, est laissé à la discrétion de leur détenteur ».[533] Ce comportement nous amène à analyser *le Pfandrecht ou droit de gage.*

---

[529] *Idem,* p. 81 : Si les délits et les crimes comme l'assassin ont indubitablement condamnables par delà le droit positif, le vol ou une appropriation injustifiée deviennent d'après la conception commune une violation du droit positif.

[530] *Idem,* p. 83.

[531] *Ibidem*

[532] *Idem,* p. 86.

[533] *Idem,* p. 102.

IV.1.3. Le droit de gage : *Pfandrecht*

Plusieurs droits absolus découlent du droit de gage.[534] Il est lié au comportement de l'autre :

> Questi sono i fondamenti a priori del diritto di pegno [*Pfandrecht*], la cui elaborazione può presentare, naturalmente, moltissime varianti. In ogni caso, si tratta solo del fatto che quel valore, o un equivalente di esso che non è stato realizzato dal comportamento altrui, possa essere realizzato dal proprio. Il diritto che serve a questo scopo può assumere tutte le forme possibili ed immaginabili, anche se l'ordinamento giuridico potrà realizzare solo alcune delle possibilità insiste nell'idea di diritto di pegno.[535]

Les deux choses qui caractérisent ce droit de gage sont :

1. Il n'est pas rangé au niveau des droits absolus ;
2. Il ne se rapporte pas à l'usufruit ;

Par exemple : il ne se rapporte pas au droit lié à l'héritage par rapport à la superficie [*Erbbaurecht*].[536] C'est pourquoi le droit de gage ne peut pas être compris comme un nouveau droit réel avec un contenu propre. Il doit être compris comme un droit quelconque parmi les droits réels qui ont une fonction particulière.[537] Cette compréhension du droit de gage nous permet d'analyser la distinction entre le contenu conditionné et le droit conditionné.

IV.1.4. La distinction entre contenu conditionné et droit conditionné

La propriété peut aussi être considérée comme une garantie de prétention :

> Anche la proprietà può essere considerata come garanzia di una pretesa. Nel caso della semplici relazione di appartenenza non è sempre possibile una distinzione tra contenuto condizionato e diritti condizionanti. Si può certo immaginare che A trasferisca a B una cosa condizionatamente, « nel caso » che accada un certo evento. Non è ammissibile, invece, un trasferimento incondizionato con contenuto condizionato, poiché la relazione di appartenenza non possiede affatto un contenuto analogo a quello dei diritti.

---

[534] *Idem,* pp. 195-196 : Droit de gage (*Pfandrecht*): le droit de gage assure la garantie d'une créance qui existe à l'encontre du donneur de gage ou d'un tiers (art. 1204 du BGB). C'est donc un droit purement accessoire, qui dépend de la créance pour laquelle il est constitué. « Le gage donne au créancier gagiste le droit de poursuivre son paiement sur la chose mise en gage, en vendant, conformément aux dispositions des articles 1228 et suivants ; c'est là le contenu essentiel du droit de gage ; le créancier peut poursuivre son paiement sur la chose, même quand elle n'est plus entre les mains de son débiteur au moment de l'exécution » (*Code Civil allemand*, commentaire du § 1204, t. II, p.802).

[535] *Idem,* p. 88.

[536] *Ibidem.*

[537] Cf. A. REINACH, *I fondamenti a priori del diritto civile, op. cit.,* pp. 88-89.

Solo i diritti (assoluti), che derivano dall'appartenenza, possono avere un contenuto condizionato.[538]

S'il est possible d'avoir un transfert d'une chose avec une condition bien déterminée, il n'est par contre pas possible de le faire d'une manière inconditionnée. Car ce qu'on entend par droit de gage au sens strict se rapporte aux droits qui découlent de la propriété. Cette longue citation nous permet d'entrer dans la compréhension que Reinach a sur le droit positif et son interprétation sur le droit de gage :

> Qu'il nous soit permis de jeter un œil sur le droit positif, en particulier le droit du *BGB* allemand. On y parle d'acte juridique conditionnée et temporaire et l'on entend par là des actes dont l'effet est dépendant intégralement ou partiellement de l'apparition ou de la non apparition d'un événement futur inconnu, ou de l'approche d'un terme. Dans ce cas, on a affaire à des droits conditionnés (ou temporaires) dans notre sens. On distingue les actes juridiques temporaires des actes juridiques « ajournés », selon lesquels « d'après la volonté du participant, le droit en lui-même a cours immédiatement, mais son application est repoussée » (Endemann, *Lehrbuch des bürgerlichen Rechts* [Manuel de Droit civil] (1900-1903), tome I, § 79). On parle de cette manière de « créances ajournées », qui existent dès le départ, mais ne doivent arriver à échéance qu'après un certain laps de temps, déterminé ou indéterminé » (Cosack, *Lehrbuch des Deutschen bürgerlichen Rechts* [manuel de Droit civil allemand] (1898), tome I, § 62). Là dessus, nous avons deux remarques à faire : d'abord, on ne voit pas pourquoi cet ajournement devrait se limiter aux créances. Tout comme la réalisation des prétentions existantes, l'exercice d'un droit absolu peut être placé sous la dépendance d'un événement futur. Il y a donc bien des droits absolus et relatifs avec un contenu temporaire. Le contenu du droit peut ensuite ne pas se contenter d'être temporaire, mais être également conditionné. Le droit avec un contenu conditionné se rapporte au droit conditionné exactement de la manière que le droit avec un contenu temporaire se rapporte au droit temporaire. Les prescriptions que le *BGB* donne à propos des droits conditionnés sont, d'après leur sens, en partie applicables aux droits avec un contenu conditionné. Ainsi, la prescription qui pose qu'une condition entre (ou n'entre pas) en vigueur, quand son apparition est contre toute bonne foi empêchée (ou un avantage), s'applique manifestement, conformément à sa signification et à ses fins, à des actions qui, y compris contre toute bonne foi, provoquent le droit lui-même, comme à d'autres qui en amènent l'échéance. Nous laissons de côté la question de savoir où et avec quelle fréquence se produisent dans la vie pratique des cas dans lesquels c'est le contenu du droit et non le droit lui-même qui doit être de nature conditionnée. L'essentiel réside pour nous dans le fait que même certaines institutions développées par le droit positif se présentent comme des droits inconditionnés avec un contenu conditionné. Lorsque le § 1204 du *BGB* accorde au détenteur du droit de gage sur une chose mobile le droit de tirer de la chose une satisfaction, on

---

[538] *Idem*, p. 90.

pense par là à un droit qui existe inconditionnellement sur la base d'une cession (pour autant que la cession elle-même ne soit pas conditionnée), qui ne peut cependant être exercé en lui-même immédiatement mais seulement dans le cas où la prétention garantie n'est pas remplie. Par là, on affirme que toutes les dispositions qui sont applicables à des droits au contenu conditionné trouvent également une application au droit de gage, pour autant que la nature particulière de cette institution ne s'y oppose pas. On peut se poser la question suivante : faut-il reconnaître au détenteur d'un droit de gage le manque réel de satisfaction de sa prétention si l'exercice de son droit de gage lui apporte un plus grand avantage que la réalisation de sa prétention, et si en conséquence il en a rendu la réalisation impossible, contre toute bonne foi ? Un exercice du droit de gage serait dans un tel cas irrecevable, ce qui assurerait au débiteur une protection bien plus efficace qu'une prétention à obtenir compensation après vente *effective* du bien porté en gage. Le droit de gage se présente à nous comme un droit *absolu* avec un contenu conditionné. A côté de lui, le droit positif connaît également des prétentions et des obligations tout comme des droits formateurs avec des contenus conditionnés. Nous n'en relevons que deux exemples : la caution et le droit de préemption. Celui qui se porte caution est en face au créancier l'obligé d'un tiers en ce qu'il se porte garant de la réalisation de l'obligation du tiers (*BGB*, § 765). L'obligation de la caution (et la prétention corrélative) est sans aucun doute inconditionnée. Mais son actualité et son échéance dépendent d'un événement futur inconnu. Elle est donc déterminée dans son contenu. Dans le cas du droit de préemption, la loi fait la distinction la plus claire entre le droit lui-même et son exercice possible en cas d'apparition d'une certaine condition. « Qui est autorisé à la préemption vis-à-vis d'un objet peut exercer son droit de préemption dès que l'obligé a conclu un contrat de vente de cet objet avec un tiers » (§504). Le détenteur du droit de préemption a donc le droit inconditionné de réaliser un acte social avec pour effet juridique immédiat qu'il se place à l'égard du tiers avec lequel il a conclu un contrat, nous devons parler ici d'un droit formateur avec un contenu conditionné.[539]

Cette longue citation nous permet de comprendre qu'à partir d'une analyse faite par la théorie *a priori* du droit, la noble tache de la science juridique sera de construire une théorie générale avec « un contenu conditionné et rechercher dans les institutions singulières celles qui s'ordonnent à son concept ».[540]

Le droit de gage se présente ainsi comme un droit absolu avec un contenu conditionné. Le droit positif à côté de lui contient des prétentions et des obligations [*obligatorischen*] comme des droits constitutifs avec contenu conditionné. D'après Reinach, deux exemples peuvent permettre de comprendre cette similitude et cette différence entre le droit de gage et le droit positif : la caution ou garantie [*Bürgschaft*] et le droit de préemption [*Vorkaufsrecht*]. Celui qui se porte

[539] A. REINACH, *Les fondements a priori du Droit civil*, *op. cit.*, pp. 104-106.
[540] *Ibidem.*

garant est obligé à des obligations directes face au créancier. Ici, l'obligation et la prétention sont inconditionnées. Mais, son [*Faelligkeit*] actualité et son échéance dépendent en grande partie des événements futurs.[541] C'est cela qui justifie les possibilités de variation du droit de gage. En dans cette variation liée au contenu, découle une série de propositions qui apparaissent aux yeux des juristes comme des évidences. Ils doivent intéresser les philosophes « à titre de formes de légalité d'une nature analytique *a priori* ».[542] Comme nous l'avons vu avec la promesse, une proposition nous fait comprendre que la prétention peut disparaître à la suite d'une renonciation de son détenteur. Le droit de gage ne saurait plus exister et aucune prétention ne pourrait subsister avec ce renoncement.[543] Une seconde proposition basée sur un droit de gage sur sa propre propriété, nous ferait constater son impossibilité, car il ne peut y en découler aucune prétention. Reinach ne manque pas de souligner certaines contradictions du droit positif. Le BGB contient une hypothèse au profit du propriétaire :

> Il parle même d'une hypothèse au profit du propriétaire qui manque d'une prétention à garantir. « Si la créance disparaît, alors le propriétaire gagne une hypothèque ». (§ 1163, alinéa 1, p.2) Ceci semble contredire en une phrase les deux lois *a priori* établies par nous. Mais il ne se peut en être question. C'est un problème particulier - pas trop difficile à résoudre – que celui de savoir quelles considérations pratiques ont conduit le droit positif à construire le concept d'hypothèse au profit du propriétaire, et ce qui est à entendre par là. Il ne s'agit pas ici d'un droit de gage au sens propre, originaire ; et le respect de l'autorité du droit positif ne doit pas conduire à nier des propositions qui s'imposent avec l'évidence la plus absolue.[544]

D'après la traduction de Daniela Falconi et son commentaire de bas de page, il semble être impossible de parler d'un droit de relation comme un droit obligatoire :

> Non ci sembra possibile parlare del diritto di relazione come di un « diritto obbligatorio » (cfr., per esempio Cosak, vol. I, § 132, Endemann vol. I, § 162). Il testo di legge che si riferisce al suo esercizio si pronuncia in modo contrastante ; si possono adempiere pretese, ma non esercitare pretese. La pretesa obbligatoria dell'avente diritto, che deriva dall'esercizio del diritto di prelazione, non deve essere confusa con il diritto di prelazione come tale. In questo contesto non possiamo soffermarci di più sulla cosa, ma vorremmo far notare che nel confronto tra il diritto di prelazione obbligatorio e quello materiale si manifesta un significato del tutto particolare di questa ambigua coppia di opposti.[545]

---

[541] *Idem*, pp. 92-93.
[542] *Idem*, p. 106.
[543] *Idem*, p. 107.
[544] *Ibidem*.
[545] *Idem*, p. 93.

La prétention ne doit pas être confondue avec le droit de préemption : *Verkaufrecht.*[546] En confrontant le droit de préemption obligatoire, et celle matérielle, il en sort une signification tout à fait contradictoire entre les deux réalités. Le travail de la philosophie sera donc de dégager des pistes pour la compréhension des lois juridiques originaires.

IV.2. Les lois juridiques originaires

Dans l'exploration des grandes lignes de la théorie *a priori* du Droit civil, Reinach démontre l'existence des lois *a priori* avec une pertinence ou un fondement juridique :

> C'est un signe d'inculture philosophique que d'attendre des définitions là où il n'est pas possible d'en donner, ou bien là où elles ne peuvent être employées. Nous avons désigné la promesse comme un acte social et avons présenté ses présuppositions et ses effets. Ce qui différencie la promesse en tant que telle des autres actes sociaux, comme l'ordre ou la demande, on peut bien tenter de le percevoir et de le porter à l'attention d'autrui, mais cela se laisse aussi peu définir que peut se définir par exemple ce qui différencie le rouge des autres couleurs. On peut parler également, dans le cas de l'apparence, des présuppositions et d'effets conformes à une loi d'essence ; nous l'avons défini comme une relation qui s'établit entre une personne et une chose, et dont résultent tous les droits concevables sur la chose. Il n'est pas possible d'approfondir ceci, par exemple à travers la spécification de quelques éléments immanents, car il s'agit ici de quelque chose d'ultime, d'irréductible. C'est comme Descartes le remarque justement, « peut-être à compter parmi les pires erreurs que l'on puisse commettre dans la science que celle qui consiste à vouloir définir ce qui ne peut que s'intuitionner ». Dès que la question concernant l'essence de ces éléments ultimes est posée, de crainte de les percevoir directement, on se réfugie du côté des éléments extrinsèques à ces derniers que l'on se contente sciemment de tenir à distance, et l'on fait ainsi la tentative désespérée d'expliquer ce qui devrait donner de soi-même, en se référant à des éléments étrangers encore non clarifiés.[547]

Le grand danger des sciences serait donc cette volonté de se limiter seulement à l'observation et non aux essences des choses. Avant son

---

[546] Cf. Textes : Loi du 31 décembre 1921, Article 37 ; loi n°66-537 du 24 juillet 1966 (sociétés) Article 45 ; loi n°89-462 du 6 juillet 1989 (baux à loyers) Article 15 II ; loi n°2000-642 du 10 juillet 2000 ; loi n°2006-685 du 13 juin 2006. Bibliographie : *Association d'études et de recherches de l'École nationale de la magistrature (Bordeaux), Droit de préemption,* éd. ENM, 1988 ; Courrech J. *Les préemptions en Droit civil, rural et fiscal,* Masson, 1994 ; Mouloul A., *La validité des pactes d'actionnaires instituant un droit de préférence ou de préemption,* Paris, édité par l'auteur, 1993 ; Starck B. *Droit de préemption de l'enregistrement et action en rescision pour cause de lésion de plus des sept douzièmes,* 1951 ; in www.dictionnaire-juridique.com <27.03.2012>

[547] A. REINACH, *Les fondements a priori du Droit civil, op. cit.,* pp. 109-110.

œuvre, Descartes avait déjà relevé cette erreur des sciences : celle qui est de marquer une certaine distance avec ce qui devrait se donner de soi-même. Chercher à définir les concepts de droit et des obligations n'est pas la chose qui intéresse le plus Reinach :

> Rinunciamo, dunque, al tentativo di definire i concetti di diritto e di obbligazione. Non è difficile accorgersi che le definizioni usuali di « diritto soggettivo » non danno alcun contributo al nostro scopo. Come potremmo, ad esempio, caratterizzare i diritti come un « essere autorizzati a volere » [*Wollenduerfen*], se essi non si riferiscono evidentemente al volere, ma al comportamento di persone, e se il concetto di « essere autorizzati a volere » non è affatto più chiaro del concetto di essere in diritto ?[548]

Si Reinach se refuse à définir ces concepts, c'est pour créer une dynamique interne dans le domaine de la compréhension du langage juridique. C'est une véritable révolution qu'il opère dans ce domaine lié selon la Tradition du droit romain aux concepts et particulièrement celui de la volonté. Comment déterminer le droit comme un « pouvoir de vouloir » ? En effet, le droit ou les droits ne se limitent pas au vouloir d'une personne (droit subjectif), mais au comportement d'une personne. La théorie *a priori* du droit fait valoir que ce n'est pas la volonté, mais la personne qui a un pouvoir :

> Comment pourrions-nous accepter la définition : « le droit est le pouvoir ou la domination de la volonté », quand la théorie *a priori* du droit fait valoir que ce n'est pas la volonté mais la personne qui a un pouvoir et que celle-ci réalise son pouvoir non pas à travers son vouloir, mais par ses actes sociaux, et qu'enfin le pouvoir de la personne se réalisant dans les actes sociaux, et qu'enfin le pouvoir de la personne se réalisant dans les actes sociaux n'est en aucun cas identique avec son autorisation, mais est immanent à un certain type de droits – par exemple le droit de révocation.[549]

Dans sa logique, l'originalité de Reinach face à toutes les écoles positivistes de son époque est de recentrer le droit sur la personne et non sur les concepts. Le droit ne saurait se limiter à la volonté qui fait partie de la personne humaine. La personne humaine exerce ce pouvoir non seulement à travers la volonté, mais aussi à travers les « actes sociaux » :

> C'est la raison pour laquelle la majorité des nombreuses recherches approfondies sur les droits subjectifs sont inutilisables pour la théorie *a priori* du droit. Le droit subjectif au sens juridique du terme peut dépendre d'un « droit objectif » et entretenir des relations nombreuses et complexes avec lui ou avec la « volonté objective de droit » d'un pouvoir ou d'une autorité dont nous ignorons tout. Il s'agit pour nous de descendre jusqu'aux ultimes éléments juridiques qu'un tel pouvoir n'aurait pu créer, et jusqu'aux rapports

---

[548] *Idem*, p. 98.
[549] *Idem*, p. 110.

de légalité essentielle auxquelles il n'a pas besoin d'être lié, mais qu'il ne peut atteindre dans leur être éternel.[550]

A travers cette déclaration de Reinach, on constate que la plupart des résultats de recherches approfondies sur les droits subjectifs sont inutilisables pour la nouvelle théorie *a priori*, car il est question d'aller jusqu'aux rapports de « légalité essentielle ». La théorie *a priori* du droit a beaucoup plus besoin d'aller à l'être même de lois. C'est ainsi qu'à son avis, seul le concept de pouvoir juridique peut permettre de comprendre l'origine des droits et des obligations absolus.[551] C'est toujours ce concept qui permet de comprendre la transmission des droits de personne à personne[552] : « On peut le dire immédiatement : les droits et les obligations absolus ne peuvent jamais découler de promesses, car une certaine relativité est intrinsèque à toutes les formations juridiques qui en résultent ». C'est la raison pour laquelle, il existerait d'autres types d'actes auxquels ils doivent leur essence, à cause de l'hypothèse de l'existence d'une loi d'essence.[553]

C'est pourquoi, il serait envisageable de procéder par une autre hypothèse basée sur un droit absolu appartenant déjà à une personne, en mettant de côté la question de l'essence. Ici, se pose le problème du transfert.

IV.2.1. Le transfert

Il se fait d'une personne à une autre, lorsque certaines présuppositions sont remplies. Il rentre aussi dans le cadre des « actes sociaux », c'est-à-dire, des actes qui impliquent autrui. Comme acte social, il y a la nécessité d'être perçu par l'autre qui lui est fondamentale pour son existence. A la différence de la promesse, le transfert ne vise pas dans le futur une action ultérieure du transférant[554] :

> Il atteint son but ultime uniquement par lui-même et sans nécessiter une action subséquente de la personne réalisant l'acte : la persistance du droit transféré dans la personne de la partie adverse. La promesse tout comme le transfert sont des actes sociaux avec une efficacité juridique immédiate. Mais seul le transfert a atteint avec cette efficacité sa fin ultime.[555]

Ensuite, la volonté qui vise un comportement ultérieur de celui qui procède au transfert ou bien d'autrui n'est pas requise au principe même

---

[550] *Ibidem*
[551] *Idem*, p. 111.
[552] Cf. A. REINACH, *I fondamenti a priori del diritto civile*, *op. cit.*, p. 111.
[553] *Ibidem*
[554] *Ibidem*
[555] *Ibidem*

du transfert.[556] C'est pour cela que dans le transfert, il y a une exclusion du comportement de celui qui transfère son bien à un autre dans le sens de la vérité des paroles qui accompagnent l'acte, comme nous l'avons vu pour ce qui est de la promesse. Toutefois, l'hypothèse du mensonge qui pourrait accompagner l'acte doit être perçue par celui qui reçoit le transfert en bonne et due forme. Néanmoins, pour ce qui est de la capacité juridique propre dans le cas d'un transfert absolu d'un bien à un autre, il faudrait que celui qui pose l'acte puisse avoir reçu en personne la possibilité de l'accomplir. Dans le cas contraire, la possibilité de procéder par un représentant peut varier d'un espace à un autre.[557] La proposition « nemo plus iuris transferre potest quam ipse habet »[558] tient lieu ici d'une vérité *a priori*. Les implications qui en découleraient seraient les suivantes :

1. On ne peut pas transférer en soi et pour soi des droits qui ne sont pas à notre possession ;
2. On ne peut transférer que les droits que l'on possède.[559]

Dans cette logique, le transfert doit être distingué avec la cession de droit.

IV.2.2. La cession de droit

Dans les actes de transfert, il y a un mouvement d'une chose qui part de son possesseur pour passer entre les mains d'une autre personne. Ainsi, Reinach peut tirer un nouvel axiome juridique :

> Personne ne peut céder plus de pouvoir juridique qu'il n'en possède lui-même. On distingue des cas où le pouvoir cédé se réalise dans des actes que la personne réalisant la cession aurait pu accomplir (comme le transfert), d'autres cas où l'acte particulier, d'après son sens général, ne pouvait être accompli par elle (par exemple la révocation). Est commun à ces deux cas, au contraire du transfert, le fait que le domaine de pouvoir qui rend la cession possible, n'a pas besoin de disparaître dans la cession. Le porteur de

---

[556] *Ibidem* et p. 199 : Transfert (*Ubertragung*) : l'acte juridique de transfert est toujours soumis aux principes généraux qui régissent les contrats. On distingue des transferts de droits (des cessions), et des transferts de propriété, ou transferts de chose. L'article 929 pose les conditions du transfert de propriété : « Pour transférer la propriété d'une chose mobilière, il faut que le propriétaire fasse tradition de la chose à l'acquéreur, et qu'il y ait, de part et d'autre, accord des volontés pour opérer le transfert. Si l'acquéreur est déjà en possession de la chose, l'accord des volontés suffit » (*Code civil allemand*, t. II, p. 543-544). Donc le transfert de propriété d'une chose mobile ou mobilière suppose:
L'accord des volontés relativement à la mutation de propriété, acte juridique soumis aux normes qui déterminent la validité des contrats ;
La tradition de la chose de l'aliéneur à l'acquéreur ;
La qualité de propriétaire en la personne de l'acquéreur.

[557] Cf. A. REINACH, *I fondamenti a priori del diritto civile, op. cit.*, p. 112.

[558] *Ibidem*

[559] *Idem*, p. 113.

la prétention qui cède à un autre un pouvoir de révocation, peut bien encore renoncer à sa prétention.[560]

A partir de cet axiome juridique, on comprend la nature d'une cession de droit.[561] Si personne ne peut céder plus de pouvoir juridique qu'il n'en possède lui-même, celui qui porte la prétention dans le cas de la révocation pourrait bien encore renoncer à cette même prétention. Parce que dans le cadre de la révocation comme dans celui du transfert, la personne ne pourrait pas aller au-delà de ce que prescrit cette proposition. Celle-ci est liée au pouvoir réel que la personne a par rapport au transfert ou à la révocation. Ceci nous ouvre à l'analyse d'une thèse d'un grand intérêt : la propriété qui doit naître du travail.

IV.2.3. La propriété naît-elle du travail ?

Deux points de vue sont partagés sur la possibilité de naissance de la propriété à partir du travail :

> Si è spesso sostenuto il principio che la proprietà dovrebbe nascere solo sulla base del lavoro. La parola « dovrebbe » rivela che si tratta di un postulato etico che, nel porre regole concernenti le relazioni di proprietà di una comunità, si ispira a criteri morali e non di una semplice legge d'essere a priori [*wesensgesetzlichen Seinszusammenrang*]. La tesi che noi presentiamo non deve essere confusa con questa. Se anche nella creazione di cose fosse investita una certa quantità di lavoro, la proprietà della cosa non deriva certo dal fatto che è stato impegnato un certo lavoro – il trasporto di una cosa da un posto all'altro implica egualmente, un certo lavoro – ma, piuttosto, dal creare in quanto tale. Ora, il creare non è un atto diretto ad un altro e neanche sociale. Per una volta, incontriamo una relazione giuridica che non si costituisce mediante un agire (del soggetto) che necessita di essere percepito.[562]

En étudiant les lois d'essence, on constate que celle-ci naît dans sa création. Car la création n'est pas un travail orienté vers autrui, et elle n'est pas aussi un acte social. A partir de la création, nous voyons un rapport juridique se constituant dans un acte qu'un sujet peut poser sans

---

[560] *Idem*, p. 113.

[561] *Idem*, p. 193 : Cession (*Einraumung*): la cession est, dans le droit allemand, un type spécifique de transfert, à savoir un transfert de créance Cf. Droit de créance). Comme tout transfert, il s'agit alors d'un contrat passé par le créancier avec une autre personne. Certes, le contrat n'est pas le seul mode juridique par lequel une créance peut être transportée, puisque ce transfert peut se réaliser par l'effet de la loi ou l'œuvre de la justice. Mais il s'agit du procédé normal. C'est un contrat abstrait, puisqu'il est indépendant de la validité de l'acte juridique qui sert de cause. La conséquence en est l'aliénation de la créance et sa remise en la personne d'autrui, qui est posée dans le § 398 : « Une créance peut être transférée par le créancier à une autre personne par contrat passé avec celle-ci (cession). Par la conclusion du contrat, le nouveau créancier entre en lieu et place du précédent créancier » (*Code Civil allemand,* p. 567).

[562] A. REINACH, *I fondamenti a priori del diritto civile, op. cit.*, p. 112.

aucune perception d'autrui. C'est pourquoi après avoir vu les origines des droits absolus et de la propriété, il convient d'analyser les origines des obligations absolues.

IV.3. Les origines des obligations absolues

Voici une déclaration de Reinach qui nous fait comprendre cette existence des obligations absolues :

> Poniamo che esiste già una obbligazione assoluta, in tal caso, si dà anche una assunzione [*Übernahme*] dell'obbligazione da parte di un terzo e una correlativa consegna [*Übergabe*] da parte del portatore, corrisponde al trasferimento dei diritti assoluti [...] Bisogna distinguere tra l'assunzione o la consegna di obbligazioni già esistenti e l'imposizione [*Auferlegen*] o l'acquisizione [*Aufsichnehmen*] di obbligazioni che non esistono necessariamente in colui che l'impone. Esiste, evidentemente, una analogia tra l'imposizione di obbligazioni e la concessione di diritti. Nella concessione si presuppone la presenza di diritti dello stesso tipo nella persona che compie l'atto, ciò non accade, invece, nel caso dell'imposizione di obbligazioni. Non è necessario avere le obbligazioni che si intende imporre ad altri. In virtù dell'impostazione o dell'acquisizione, entrano nel mondo nuove obbligazioni che non esistevano fino a quel momento.[563]

Partant du fait qu'il existe des obligations absolues, on peut comprendre qu'elles ne dépendent pas seulement du bon vouloir de la personne qui les impose. Il existe effectivement une analogie entre l'imposition des obligations et la nécessaire connexion des droits. C'est pourquoi dans cette connexion, il y a un présupposé de la présence des droits dans la personne qui pose l'acte et qui n'est pas possible dans le cadre des obligations. On ne peut pas imposer des obligations aux autres. Ceci nous permet de procéder par une série d'exemples.

IV.4. Quelques exemples pour la compréhension

1. *La prétention change de porteur :*

Si B promet 100 marks à A et qu'il consente le transfert de la prétention qui en découle, ou alors B accepte l'acte de transfert que A a la volonté de voir réaliser pour C, la conclusion voudrait que l'acte de transfert devienne lui-même effectif. La prétention de A devient celle de C.[564]

2. *Le possible changement du destinataire du contenu de l'obligation :*

A a comme prétention le versement 100 marks par B à sa faveur. Si A peut la transférer à C, alors C gagne à ce que B verse les 100 marks à

---

[563] Cf. A. REINACH, *I fondamenti a priori del diritto civile, op. cit.,* p. 113.

[564] *Idem,* p. 122.

A. Mais la prétention ne peut passer directement à C au cas où B ne verserait pas le contenu à A.[565]

3. *Le cas où la prétention a un contenu sans destinataire :*

A transfère à C la prétention pour que B rende un service à D, et C obtient la prétention pour que B accomplisse le même service à D. Dès que le service ne s'adresse plus à D mais à A lui-même, alors le changement s'opère complètement.[566]

4. *Une autre manière d'atteindre les effets du changement :*

A promet à C ce que B peut faire pour lui. La nouvelle prétention qui naît est celle de C vis-à-vis de A, mais non vis-à-vis de B. La première est maintenue, et si l'on associe B à la transaction, si B promet le même service à C, alors A probablement peut promettre à B de renoncer à sa prétention.[567]

Pour ne pas trop nous attarder sur les exemples donnés par Reinach sur les fondements, nous prenons un autre exemple au sujet de la prétention :

> Il reste encore à examiner si une configuration particulière de l'acte fondateur de la prétention ne peut pas y contribuer. A peut faire à B la déclaration suivante : « je te promets de te verser, à toi ou à la personne que tu désigneras, une certaine somme ». Avec la promesse est confiée à B (et à lui seul) un pouvoir de transférer à une personne choisie. On peut également imaginer le cas où B dispose avec la prétention d'un pouvoir de transférer qui s'ajoute à elle de telle manière que ce pouvoir aille pour ainsi dire à chaque fois de pair avec la prétention. Ici, l'on pourrait, si l'on veut exprimer la chose adéquatement, employer ces mots : « je te promets à toi ou à toute autre personne que toi ou tes successeurs désignerons .... » Il faut bien prendre garde au fait que ce n'est pas de cette promesse que naît la prétention dans une seconde ou une tierce personne. Seule la prétention de la première personne visée découle de la promesse avec, la grâce à la forme particulière de celle-ci, un pouvoir de transférer et enfin un pouvoir de transférer ce pouvoir. Ceci constitue l'unique fondement *a priori* à partir duquel la prétention peut aller d'une personne à une autre. Avant tout, il faut établir le plus fermement possible que, dans tous ces cas, la prétention concerne toujours un service à rendre à son premier détenteur. On n'a jusqu'à présent pas clairement expliqué comment le but du transfert qualifié peut être atteint : que le service bénéficie à chaque fois au détenteur de la prétention du moment.[568]

La modification faite dans ce cas nous amène à comprendre comment la modification du contenu de la prétention est possible. Car, « une promesse ne se rapporte pas seulement à un contenu, mais elle peut également prendre en compte alternativement deux types de

---

[565] *Ibidem*

[566] *Idem*, p. 123.

[567] *Idem*, p. 124.

[568] *Idem*, pp. 124-125.

comportement ».[569] Une prise de décision pourrait être soumise à l'arbitre du promettant ou du destinataire de la promesse. Ce qui implique que la structure particulière des « obligations électives » devrait être analysée par la théorie du droit.[570]

Il est nécessaire de préciser qu'on pourrait parler des droits et obligations « éminemment personnels » en trois sens :

1. Droits moraux qui se fondent sur l'essence de la personne comme telle et sont par conséquents inséparables de cette personne ;
2. Droits moraux qui dérivent de certains faits objectifs auxquels la personne prend part et qui sont inséparables de la personne jusqu'à ce que ces faits demeurent ;
3. Droits qui sont nés de la personne à partir des actes sociaux et ne peuvent pas être ultérieurement transférés, parce que cette personne n'a pas le pouvoir de les transférer.[571] Dans ce cas, on ne pourra jamais parler d'une inséparabilité de la personne parce que la possibilité de renoncer se fonde dans l'essence des droits interpersonnels liés aux transactions. Ce qui nous permet de faire une brève analyse de la représentation.

IV.5. La représentation

La théorie *a priori* de la représentation nous permet de dévoiler ses fondements :

> Si nous essayons à présent de soumettre à un examen plus approfondi un concept fondamental du droit positif, le juriste ne peut s'attendre ici à une « théorie » de la représentation dans *son sens*. Il ne peut s'agir pour nous que de dévoiler les fondements d'une légalité d'essence qui sont seuls à rendre possible quelque chose comme la représentation. En même temps, nous espérons naturellement faire ressortir distinctement, par nos recherches, les différents points de vue qui – du moins nous semble-t-il – n'ont pas toujours été suffisamment différenciés dans les théories de la représentation fournies par les juristes.[572]

L'analyse de Reinach sur le concept « Représentation » fait ressortir son importance fondamentale dans le droit positif. Mais il avertit que le juriste ne saurait s'attendre ici à une définition qui irait dans son sens de compréhension. Son analyse nous fait comprendre que l'œuvre de Reinach n'est pas seulement une œuvre d'un juriste mais d'un philosophe, dans la mesure où il entreprend de « dévoiler les fondements d'une légalité d'essence ». Ce sont elles qui peuvent rendre une représentation possible. C'est ainsi que pour essayer de rendre une

[569] *Ibidem*
[570] *Ibidem*
[571] *Idem*, p. 125.
[572] *Idem*, p. 129.

bonne compréhension de la représentation, on peut procéder de cette manière :

> Lorsque B transmet à C une chose appartenant à A en son nom, il y a, sur la base des présuppositions du droit positif, que deux possibilités. Soit A veut que la transmission de propriété ait lieu ; mais comme A ne l'exprime pas, une telle volonté devrait rester sans effet. Par là, cette volonté concrète de A n'est pas requise pour une action efficace de représentation de B. Soit B a cette volonté ; alors on ne comprend pas en quelle mesure, par cette déclaration de volonté, une chose appartenant manifestement à un autre peut être transférée dans la propriété d'un tiers. Il ne reste alors qu'à admettre une orientation artificielle du droit positif, motivée peut-être par toutes sortes de considérations pratiques. Lorsque B fait une déclaration « au nom de A » - et lorsque sont remplies d'autres présuppositions déterminées fixées par la loi -, alors le droit positif, en bravant tous les faits, fonctionne comme si la volonté et la déclaration du représentant étaient la volonté et la déclaration du représenté, et il fait naître, sur la base de cette fiction tous les effets juridiques liés à cette simulation.[573]

Reinach cherche à comprendre l'essence de la représentation non dans le processus de la volonté ou des déclarations de volontés au sens strict du droit positif, mais à travers l'analyse des actes sociaux. Ici l'acte social se réalise au nom d'un tiers. Son principe réside d'abord dans le vécu interne et comme nous l'avons déjà souligné, celui-ci se manifeste dans l'expression physique qui conduit aux rapports d'essence.[574] La question qui se pose pour une analyse herméneutique est celle-ci : « On peut commencer par se demander quels vécus internes sont au principe des actes sociaux réalisés au nom d'autrui ? »[575] Reinach commencera par insister sur le mode de réception de l'intention de l'autre : « J'agis dans le sens d'un autre lorsque je fais ce qu'autrui aurait eu l'intention de faire dans les mêmes circonstances. Je peux apprendre l'intention d'autrui de plusieurs manières : par l'information d'autrui ou 'un tiers, par une induction tirée de faits connus, etc ».[576]

L'attitude phénoménologique serait d'adopter ses traits de caractère pour revivre ses intentions. Revivre ses intentions est un point fondamental qui aide le représentant à ne pas trahir la personne représentée. On peut même ne pas revivre cette intention, mais ce qui compte c'est de connaître les intentions réelles d'autrui. Nous allons reprendre cette longue citation de Reinach pour comprendre ce qu'il entend par cette compréhension :

> L'intention propre de l'individu n'a pas nécessairement besoin de s'accorder avec l'intention revécue, elle peut même la contredire. Nous avons affaire ici

[573] *Ibidem*
[574] A. REINACH, *I fondamenti a priori del diritto civile, op. cit.,* p. 130
[575] *Ibidem*
[576] *Ibidem*

à un cas très particulier et exigeant de façon très pressante une analyse. Nous devons sur ce point nous satisfaire de l'indication selon laquelle le revivre, s'il ne peut être conçu comme une reconnaissance froide du vécu d'autrui, ne constitue pas pour autant un vécu propre, même affadi. Je peux revivre la joie d'un ami face à une situation qui m'engage moi-même ; je peux même, en la revivant, être énervé par la joie d'autrui, et ce d'autant plus que je la revis avec vivacité ; il n'est pas nécessaire qu'il soit ici question de ma propre joie. On doit également distinguer radicalement l'influence d'un vécu sur le sien propre du fait de revivre un vécu d'autrui. L'apprenti qui vit d'après le modèle du maître, n'est pas libre dans son vécu qu'il puise dans la personne de son maître. Le vécu influencé est un vécu propre asservi, mais reste un vécu propre. Le revivre au contraire est par delà l'opposition entre libre et asservi, car ce n'est pas du tout un vécu propre. Il y a un vécu du représentant, qui découle de notre connaissance des intentions réelles ou, dans certains cas, présumés du représenté. Mais ce savoir n'est pas nécessairement au principe de l'acte du représentant, par exemple la volonté d'agir dans la promesse individuelle. Certains actes peuvent être réalisés efficacement au nom d'autrui, sans être réalisés selon le sens qu'il leur donnerait. A l'inverse, un acte peut être réalisé dans le sens d'autrui, sans être un acte de représentation. Qu'on se rappelle le cas d'une action engagée sans instruction, qui selon le BGB, ne peut avoir de conséquence juridiques que si elle est réalisée dans le sens d'autrui.[577]

Sur le plan phénoménologique, l'intention seule ne suffit plus. Il s'agit d'accomplir ce que veut l'autre et ce que stipule la loi dans son essence. Ce n'est pas le respect scrupuleux de la loi dans la représentation, mais c'est surtout l'accomplissement d'une volonté conforme à ce qui est *a priori*. En le représentant, on doit agir de telle sorte que les actes de représentation soient efficaces. Car le fondement de la représentation se trouve dans les effets juridiques qui se produisent après l'acte de représentation. Par exemple, lorsqu'une personne promet au représentant de promettre en son nom, alors, naîtra en elle une obligation de réaliser la promesse.[578] Mais, il est difficile de dire que la promesse peut fonder la représentation :

> On voit donc qu'en aucun cas la promesse ne peut fonder l'efficacité des actes de représentation en tant que tels. Nous devons avoir recours à un autre raisonnement qui nous est depuis lors devenu familier. Chaque personne possède en tant que personne, nous le savons, le pouvoir juridique de produire en soi-même, par des actes sociaux individuels, des droits et des devoirs. Mais elle ne possède pas le pouvoir juridique de les produire dans la personne de l'autre. Le problème de l'efficacité de la représentation est donc le suivant : comment une personne peut-elle acquérir un tel pouvoir ?[579]

---

[577] *Idem,* et pp. 130-131.
[578] A. REINACH, *I fondamenti a priori del diritto civile, op. cit.,* p. 132.
[579] *Idem,* p. 133.

Ce n'est qu'une personne physique qui peut conférer le pouvoir de représentation, car pour Reinach, il s'agit d'un acte qualifié de « cession purement créatrice »[580] :

> Il n'y a qu'une personne qui puisse le lui conférer : celle dans laquelle les effets juridiques sont censés être produits. Qui parvient à produire et à modifier par ses actes les droits et les obligations dans ses personnes, peut également réaliser un acte qui accorde ce pouvoir à autrui. Il ne s'agit naturellement pas ici d'un transfert – car l'exécuteur de l'acte ne perd rien de son propre pouvoir – mais d'une *cession purement créatrice.* Ce pouvoir juridique qui se fonde dans la personne en tant que telle, peut être créé par elle à l'identique dans la personne de n'importe quel autre ; c'est ainsi qu'est donné ce qui confère aux actes de représentation leur efficacité particulière. Nous définissons cet acte social de cession impliquant autrui remise de pouvoir de représentation ou, en référence à la terminologie juridique, *acte de procuration.* Le contenu de cet acte peut être conçu da manière très diverse.[581]

Reinach entend par cession purement créatrice, le pouvoir juridique qui fonde la représentation. En d'autres termes, c'est la procuration. Mais, pour nous il s'agit de comprendre ce qu'est la procuration.

IV.5.1. La procuration : mandat

On entend par procuration vue sous le sens du « mandat »[582], le pouvoir et le document par lequel ce pouvoir est transmis. Cette appellation vise la convention par laquelle une personne donne à une autre le pouvoir de faire pour elle un ou plusieurs actes juridiques.[583]

---

[580] *Ibidem*

[581] *Ibidem*

[582] *Idem,* p.191 : Le Mandat (*Auftrag*) : « Par l'acceptation d'un mandat, le mandataire s'oblige à s'occuper gratuitement pour le mandant de toute affaire à lui confiée par ce dernier » (*Code Civil allemand,* § 662, t.II, p. 193). Le mandat est donc un contrat de prestation de services, où aucune rémunération n'est versée et ce qui est conclu dans l'intérêt d'un tiers. La gratuité est l'essence du mandat.

[583] Cf.www.dictionnaire.juridique.com <31.03.2012>: *Les agents commerciaux, Représentants mandataires,* Paris, *L'Informateur du chef d'entreprise,* n°506 bis, spécial, juin 1962. A. Batteur, *Le mandat apparent en droit privé,* thèse Caen, 1989. A. Bonnet, *Réduction du montant de la rémunération convenue du généalogiste,* in *Revue Actualité juridique Famille,* n°2, février 2012, Jurisprudence, p. 112-113, note à propos de 1re Civ. 23 novembre 2011. B. Boubli, *La ratification d'un mandat apparent limite la responsabilité du mandataire,* in *Revue de droit immobilier - urbanisme - construction,* n°7/8, juillet-août 2010, Chroniques, p. 379-380, note à propos de 3e Civ. - 12 mai 2010. G. Closset-Marchal, *Mandataires de justice : déontologies et garanties procédurales,* Vanham B. - Bruylant, 2006. X. Delpech, *Mission de présentation de clientèle exclusion du mandat d'intérêt commun,* Com. - 8 juillet 2008. Recueil Dalloz,, 11 septembre 2008, Actualité jurisprudentielle, p. 2140-2141. S. Horowitz, *La protection du tiers contractant en face d'un faux mandataire en droit allemand et en droit français,* thèse Paris II, 1996. M-A. Le Page Jasim, *Le mandat et ses formes modernes,* thèse Rennes I, 1992. D. Mainguy et J-L. Respaud, *Contrat de distribution : l'agent commercial, simple mandataire, ne peut être titulaire*

Reinach trouve que le mandat vise à accomplir certains actes sociaux et non tous, dans la mesure où il est une cession de pouvoir déterminée. C'est pourquoi, le contenu de la procuration limite le pouvoir de représentation : « Ils ne produisent ainsi d'effet ni dans la personne du représentant–puisqu'il ne réalise pas les actes en son propre nom – ni dans la personne du représenté – il n'a pas accordé de pouvoir de représentation sur ces actes ».[584] C'est le cas du fondé de pouvoir qui peut nous aider à faire voir les différences qui subsistent entre le droit positif et la théorie *a priori*.

IV.5.2. Le fondé de pouvoir

Il peut avoir la procuration pour certains actes sociaux :

Le fondé de pouvoir a pouvoir de représentation pour tous les actes sociaux qui appartiennent au domaine des transactions légales. La procuration n'est pas transférable, autrement dit, le fondé de pouvoir n'a pas le pouvoir

---

d'un fonds de commerce et n'a pas la qualité de commerçant ; au sujet de Com. 26 février 2008, non publié au Bull. civil, *semaine juridique*, éd. G., 14 mai 2008, n°20, p. 38-40. Ph. Malaurie, *Cours de Droit civil.* Tome VIII, *Les contrats spéciaux, civils et vente, mandat, bail, contrat d'entreprise, échange, location-vente, crédit-bail, contrats de distribution, dépôt, prêts, jeu et pari, rente viagère, transaction, clause compromissoire, compromis,* 10e éd. Paris, Cujas. 1996. B. Mallet-Bricout, *La substitution de mandataire,* éd. LGDJ 1998. B. Mallet-Bricout, *Action directe du mandataire substitué : un revirement attendu* !, note sous Com., 3 décembre 2002, Bull. 2002, IV, n°188, p. 214, Dalloz 20 mars 2003, n°12, Jurisp., p. 786-789. D-R. Martin, *Le mandat même stipulé irrévocable ne prive pas le mandant du droit de renoncer à l'opération,* note sous Civ., 1ère, 5 février 2002, Bulletin 2002, I, n°40, p. 32, Sem. *juri.,* éd. G, n°9, 26 février 2003, Jurisprudence, II, 10 029, p. 353-356. J. Moneger, *Le mandat apparent d'un époux de vendre un immeuble dépendant de la communauté :* à propos de l'arrêt de la première chambre civile de la Cour de cassation du 14 décembre 1976, Circa. 1978. J. Mouly, *Première application de la jurisprudence Costedoat à un accident de la circulation impliquant un véhicule conduit par un préposé. Semaine juridique,* édition générale, n°28, 6 juillet 2009, Jurisprudence, n°95, p. 18 à 20, note à propos de 2e Civ. - 28 mai 2009. F. Ouedraogo, *La responsabilité du mandataire,* thèse Nancy II, 1991. R. Perrot, Commentaire du décret n°2005-1678 du 28 décembre 2005, *Procédures,* février 2006, n°2, étude, p. 4-11. Ph. Pétel, *Les obligations du mandataire,* thèse Montpellier I. 1987. Ch. Pigache, *Le mandat d'intérêt commun,* Thèse, Paris V, 1991. E. Pouliquen, *Limites aux pouvoirs du mandataire posthume,* in *Revue Lamy Droit civil,* n°72, juin 2010, *Actualités,* n°3859, p. 52-53, note à propos de 1ère Civ. - 12 mai 2010. J-P. Remery, *Délégation de pouvoirs et mandat,* JCP 1999, éd. G, I, 113. G. Roujou de Boubée, *Démarchage et vente d'immeuble, Revue de droit immobilier - urbanisme - construction,* n°4, avril 2010, *Chroniques,* p. 212, note à propos de 1ère Civ. 14 janvier 2010. R. Rouquet, *Autorisation d'agir en justice donnée a posteriori.* Recueil Dalloz, n°5, 4 février 2010, *Actualité jurisprudentielle,* p. 267-268, note à propos de 3e Civ. 13 janvier 2010. Th. Sere de La Nauze, *La responsabilité civile du mandant du fait de son mandataire.* thèse, Paris I, 1979. J.-L., Sourioux, *La croyance légitime,* JCP, 1982, I, 3058. Ch. Vernières (Ch.), *Les pouvoirs du mandataire à effet posthume,* in *Revue Actualité juridique Famille,* n°6, juin 2010, Jurisprudence, p. 287-288. H. Vitry, *Voyageurs, représentants, placiers et représentants mandataires.* 4éme éd. Paris, *Librairies techniques,* 1958.

[584] A. REINACH, *Les fondements a priori du Droit civil, op. cit.,* p. 134.

juridique de céder son pouvoir de représentation à un autre. Il n'est pas même en position de céder une seule et unique partie de son pouvoir de représentation ; au contraire, il est parfaitement habilité à accorder le pouvoir de représenter au nom du principal, dans l'exacte mesure où cette donation appartient au domaine des transactions légales. Ainsi, le fondé de pouvoir ne peut *transférer* à un autre, par *son propre acte*, le pouvoir de percevoir des biens en représentation ; mais peut *céder* ce même pouvoir à un autre *au nom du principal*. La différence à laquelle on affaire ici se manifeste très clairement.[585]

Ici, la procuration semble être un acte isolé par rapport à la représentativité à partir de la notion de fondé de pouvoir. Il ne peut en effet pas transférer à un tiers le pouvoir de percevoir les biens de représentation, avec la possibilité toutefois de céder ce même pouvoir à un autre au nom du principal représenté. Pour bien le saisir, il convient de procéder à une nette distinction entre ce que nous entendons par procuration en général et par mandat en particulier.

IV.5.3. La distinction entre la procuration et le mandat

Nous entendons par pouvoir, la capacité donnée à une autorité ou à une personne, d'utiliser les moyens propres pour exercer la compétence qui lui est attribuée soit par la Loi, soit par un mandat dit aussi « procuration. » Bien qu'il faille distinguer le pouvoir et la compétence, la pratique ne fait pas toujours cette distinction, parce qu'il est évident que sans pouvoir pour l'exercer, la compétence ne serait pas déléguée.[586] Ce qui intéresse notre auteur n'est pas axé sur la compétence, mais sur l'ontologie même de la procuration :

Il est important ici de produire des distinctions conceptuelles rigoureuses. Le représenté n'a pas l'habitude de simplement donner sa procuration pour la réalisation de certains actes juridiques, mais en général, il donne des instructions sur la conduite à tenir dans certains cas. Ces informations fondent immédiatement la connaissance que le représentant a du vouloir du représenté ; elles lui permettent d'agir dans ce sens. Dans la mesure où une telle action, comme on le sait, n'est pas essentielle à la représentation, le représentant peut s'écarter des instructions sans que, pour autant, le pouvoir qui lui est conféré par la procuration en soit restreint, sans que des conséquences juridiques aient à en être tirées.[587]

Ce n'est pas seulement l'acte de la représentation qui garantit certains actes juridiques, mais, il y a aussi l'instruction[588] qui

---

[585] *Idem,* pp. 134-135.

[586] Cf., www.dictionnaire.juridique.com <31.03.2012>.

[587] A. REINACH, *Les fondements a priori du Droit civil, op. cit.*, p. 135.

[588] Cf., www.dictionnaire.juridique.com <31.03.2012>, *Association d'études et de recherches de l'École nationale de la magistrature, La preuve et les mesures d'instruction dans le procès civil, Fonctions instance et grande instance,* École nationale de la magistrature Bordeaux, Paris,

accompagne la conduite à tenir. Le mot « instruction » d'après le *Dictionnaire Juridique*, vient du langage militaire : il est très souvent employé au pluriel, « les instructions » Il est ensuite passé dans le langage administratif comme synonyme de « circulaire ». Il est un document dans lequel figurent des ordres donnés par un chef de service au personnel placé sous son autorité. Le langage de la procédure civile voudrait que l'instruction désigne la période durant laquelle, après que le Tribunal ait été saisi par le demandeur à l'instance, sont échangées par les parties ou leurs avocats leurs conclusions et les documents au vu desquels, l'instruction terminée, le Tribunal tranche le différend dont ils l'ont saisi.

C'est pourquoi, Reinach insiste que ce sont ces informations qui fondent en réalité la connaissance que le représentant a par rapport à la volonté du représenté. Les instructions lui permettent d'agir sans erreur. Il y a donc en herméneutique, un travail de compréhension non seulement de la procuration, mais surtout des instructions de celle-ci. C'est un tout unique que nous verrons dans le dialogue de Reinach avec Emilio Betti au quatrième chapitre. Mais, dans la procuration en général, il y a lieu de distinguer certains actes du mandat :

> Depuis les recherches de Laband, la distinction entre la procuration et le « mandat » est en général reconnue dans la jurisprudence. Cette distinction a son corrélat exact dans notre sphère *a priori* ; le mandat se laisse aussi bien distinguer des simples instructions que de la donation d'une procuration. Il est d'abord essentiel au mandat que découlent de lui des prétentions et des obligations. Lorsque A donne à B par exemple la mission d'acheter une chose pour lui, et que B accepte cette mission, il en résulte de cet accord – qui se présente matériellement comme une promesse – une prétention de A et une obligation de B. Il n'y a pas besoin d'ajouter qu'il y a ici bien plus que dans la simple instruction non contraignante de A à B. Mais la différence entre la procuration et le mandat s'impose avec la plus grande clarté. La

---

1996. Y. Desdevises, et C. Ducoin, *L'Instruction du procès prud'homal / Conseil supérieur de la prud'homie ; Association de recherche en sciences humaines, la Documentation française*, impr. 1989. P. Jourdain, *Les conclusions dans le procès civil devant les juridictions de fond*, Gaz. Pal. 1983, Doctr. 415. J-P. Legros, *Dessaisissement, Revue Droit des sociétés*, n°3 mars 2011, commentaire n°59, p. 38-39. V. Linhart, *Enquête aux prud'hommes*, Paris, éd. Stock, 2000. G. Narran, *La compétence du conseiller de la mise en état en matière d'exceptions de nullité après le décret du 28 décembre 2005*, Gaz. Pal., 29 avril 2006, p. 2. R. Perrot, *Le déféré contre l'ordonnance du conseiller de la mise en état. Revue Procédures*, n°1, janvier 2009, commentaire n°1, p. 11. R. Perrot, *Compétence exclusive du juge de la mise en état, Revue Procédures*, n°1, janvier 2011, commentaire n°6, p. 14, note à propos de 2e Civ. - 10 novembre 2010. *Service de documentation et d'Études de la Cour de cassation, Le conseiller de la mise en état -compétence et pouvoirs - recours, contre ses décisions*. BICC n°677 du 1er mars 2008 p. 6. M. Sommer, *Mesures d'instruction : mesures in futurum et impartialité de l'expert*, Recueil Dalloz, n°30, 10 septembre 2009, *Chronique de la Cour de cassation - deuxième Chambre civile*, p. 2071-2072, note à propos de 2e Civ. - 4 juin 2009. G. Verdun (G.), *Le Magistrat de la mise en état juge d'exceptions*, Gaz. Pal. 2000, doctr. 773.

procuration confère un pouvoir juridique, par mandat ; même lorsque celui-ci est accepté.[589]

Sur le plan de la théorie *a priori*, le mandat se distingue des simples instructions. Du mandat découlent des prétentions et des obligations. Mais à la différence fondamentale entre la procuration et le mandat, on sait que la procuration attribue un pouvoir juridique contrairement au mandat. Néanmoins, celui-ci néanmoins commence à prendre effet dès le moment de son acceptation.

IV.5.4. L'acceptation du mandat

Certes que de l'acceptation du mandat découlent une prétention et une obligation, ce qui ne serait pas le cas de la procuration même lorsqu'elle est acceptée ; mais sur le plan purement conceptuel, il n'y a pas un changement majeur entre les termes :

> De l'acceptation du mandat découlent une prétention et une obligation, jamais de la procuration, même lorsqu'elle est acceptée. Que le mandat et la procuration puissent apparaître ensemble, qu'il soit en pratique difficile de savoir si l'on a affaire à l'un, à l'autre ou aux deux, ne change absolument rien à la distinction conceptuelle. En outre, ils peuvent bien apparaître de façon séparée. Il ne se fonde en aucun cas dans l'essence de la procuration d'être liée existentiellement à la remise d'un mandat, et certainement pas à l'acceptation d'un mandat. Et il y a un grand nombre de mandats pour lesquels le mandataire n'est même pas doté d'un pouvoir de représentation.[590]

Le fondement de la procuration ou du mandat ne se limite pas à son acceptation, car certains mandats ne confèrent pas un pouvoir de représentation. Et même l'acceptation d'un mandat ne fait pas acquérir une obligation. Si par exemple on reçoit le pouvoir d'achat d'une chose au nom de l'autre, et que par la suite on accepte aussi une commission, on se voit obligé de ne pas l'acheter au dessus d'un certain prix et de l'abandonner pour le prix le plus haut, cette obligation ne peut atteindre le pouvoir juridique qui se rapporte simplement à l'achat.[591] Reinach précise que l'on est ici sur la sphère de la théorie du droit :

> Avec l'obligation de réaliser un acte social avec une efficacité immédiate n'est pas nécessairement donné de pouvoir juridique visant un même contenu. Et : l'obligation d'abandonner un acte social avec une efficacité juridique immédiate ne fait subir aucune suspension ou limitation à un pouvoir juridique visant le même contenu.[592]

---

[589] A. REINACH, *Les fondements a priori du Droit civil, op. cit.*, p. 135.

[590] *Idem*, pp. 135-136.

[591] A. REINACH, *Les fondements a priori du Droit civil, op. cit.*, p. 136.

[592] *Ibidem*

C'est pourquoi dans le pouvoir de représentation, chaque action est réglée par des instructions extrêmes : « Le représentant reste cependant absolument le représentant ».[593] Cependant, il ne se réduit pas à la fonction d'un « simple *messager* ».[594] Quel serait donc le lien entre le messager et l'acte juridique ?

IV.5.5. Le messager et l'acte juridique

D'après Reinach, le messager se met au service de l'acte juridique :

> Le messager au contraire ne réalise aucun acte social juridique, mais il se met au service d'un acte. Il doit veiller à ce que la fonction de communication de l'acte social soit remplie, à ce que le destinataire en ait connaissance. Il doit manifester l'acte social, fournir le support physique grâce auquel le destinataire en prend connaissance. En accomplissant cette tache, il peut bien lui-même réaliser des actes sociaux. Mais ces actes sociaux – la communication, par exemple – ne doivent pas être confondus avec l'acte principal qu'ils servent tous. Il est de l'essence même du représentant qu'il réalise des actes sociaux au nom d'autrui, sans référence à un acte social précédent ; dans le cas du messager, au contraire, une telle référence est nécessaire, alors qu'il n'a pas besoin lui-même de réaliser un acte social. Que ce n'est pas la liberté dans le choix des actes sociaux juridiques qui caractérise le représentant en tant que tel, c'est une chose qu'on a déjà considérée. Mais sa caractéristique décisive ne semble pas non plus être à chercher dans le fait que le remplaçant « détermine la conclusion d'une transaction par sa propre décision », alors que le messager (et tout assistant en général) ne le peut pas. Le messager auquel est laissé le choix de remettre ou non une lettre dans laquelle est inscrit un acte social à la destination d'un tiers, n'en devient pas pour autant un représentant. Dans la mesure où il doit manifester à un tiers l'acte réalisé par autrui, il agit encore en messager, même si cette action est soumise à son bon vouloir et qu'il « détermine la conclusion d'une transaction par sa propre décision ».[595]

Ce point est d'une grande importance pour ce qui est des études en herméneutique du droit. Le messager : *Hermès* joue un rôle de communicateur et non de représentant. En se mettant au service de l'acte juridique, en veillant à ce que la fonction de communication de l'acte social soit remplie. Il doit fournir toutes les informations nécessaires au destinataire de l'acte social. Il peut bien réaliser les actes sociaux, mais ceux-ci doivent être au service de l'acte principal. Par exemple, au cas où il est choisi pour remettre une lettre, son rôle se limite strictement à cela et à rien d'autre. C'est la raison pour laquelle, il y a entre le messager et le représentant une différence fondamentale en ce qui concerne la réalisation de l'acte.

---

[593] *Idem*, p. 137.
[594] *Ibidem*
[595] *Ibidem*

IV.5.6. La différence entre le messager et le représentant

Comme nous l'avons déjà évoqué, le représentant a une procuration ou encore un mandat d'agir en lieu et place de. Il accomplit donc un acte juridique qui est suivi d'effets. Le messager qui joue le rôle de communicateur, transmet un message à, donc il transmet un acte juridique déjà réalisé. Mais cet acte dans les deux figures prend effet juridique à partir du moment de sa perception effective. Il n'est pas requis une acceptation ou son refus mais, l'on doit savoir que le messager n'a pas la capacité de le modifier, contrairement au représentant qui, dans certains cas, peut le faire :

> L'acte juridique, indépendamment du fait qu'il est réalisé par le représentant au nom d'autrui ou adressé par un messager, prend effet au moment même : avec la prise en compte de l'acte par un tiers. Cela ne doit pas nous conduire à occulter le fait que dans le second cas la réalisation de l'acte et son efficacité sont séparées dans le temps, alors que dans le premier cas elles se succèdent rigoureusement. Le représentant réalise un acte, le messager transmet un acte réalisé. Ceci peut s'avérer significatif partout où le droit positif fait dépendre un quelconque effet de la réalisation d'un acte. Qu'on pense au § 149 du BGB. Cette disposition se rapporte à tous les cas de transmission tardive d'un message, pas à l'exécution tardive d'une action de représentation. Si le messager de l'autre partie m'adresse la réponse à mon offre avec un retard manifeste, je dois notifier immédiatement à cette partie son retard ; si le représentant de l'autre partie répond à mon offre beaucoup plus tard que ce qui lui avait été demandé, une telle obligation n'existe pas à mon endroit.[596]

Le représentant peut faire une interprétation de l'acte de la communication juridique avec pouvoir d'agir sur l'acte sans pour autant aller contre son essence et contre les instructions qui l'accompagnent. Nous entendons par essence ce qui fonde l'acte juridique, pas par rapport au droit positif, mais sa correspondance avec la vérité ontologique. Quant au messager, sa communication ne saurait s'éloigner de sa compréhension de l'acte, il ne peut par exemple pas aller contre sa conscience dans sa transmission de l'acte juridique. Bien qu'étant différent dans leur rôle juridique au service de l'acte, le messager et le représentant, d'après la théorie *a priori* joueraient le même rôle par rapport à la finalité juridique :

« L'acte juridique, indépendamment du fait qu'il est réalisé par le représentant au nom d'autrui ou adressé par un messager, prend effet au même moment : avec la prise ne compte de l'acte par le tiers ».[597] Ceci dit, nous essayons néanmoins de spécifier la fonction de communicateur du messager.

---

[596] A. REINACH, *Les fondements a priori du Droit civil*, *op. cit.*, p. 138.
[597] *Idem*, p. 137.

IV.5.7. la fonction de communicateur du messager

Ici, ce qui est essentiel est de savoir que le comportement du messager et celui du représentant diffèrent :

> On doit encore distinguer le plus radicalement possible, une fois encore, la représentation et le fait de transmettre un message. Cette fois-ci, il n'est pas vrai que le représentant doive nécessairement réaliser un acte social, par opposition au messager. Cependant, le messager reste au service d'un acte social, dont il doit remplir la fonction de communication, de telle manière que cet acte en vienne à être manifesté. Le comportement du messager et celui de représentant ne peuvent pas être identiques : tous les deux peuvent simplement percevoir un acte social. Mais déjà là, l'opposition est très nette. Tandis que la fonction du messager ne fait que commencer avec la perception et doit se poursuivre dans la mise en œuvre des conditions nécessaires à la perception de l'acte par son véritable destinataire, la fonction du représentant arrive déjà à sa fin. L'effet de l'acte social est produit avec la perception du représentant. Dans l'autre cas, il ne peut être question d'un tel effet que lorsque le messager a permis au destinataire de le percevoir.[598]

Au niveau de la perception de l'acte par autrui, la fonction du messager doit se poursuivre avec la mise en œuvre de toutes les conditions utiles pour une bonne perception de la part du dernier destinataire. C'est lui le messager qui aura permis au destinataire de mieux percevoir l'acte juridique. Quelle en est donc de l'analyse phénoménologique ?

IV.6. L'analyse phénoménologique

Celle-ci se limite à deux points essentiels ou deux voies de recherches :

1. L'exposition et la fondation téléologique des dispositions générales juridico-positives ;
2. La recherche des lois éternelles de l'être qui se fondent sur des concepts juridiques fondamentaux.

Nous aurons à le redire au paragraphe suivant. Avec ces deux points, nous arrivons à l'un des points centraux de notre recherche qui est l'interprétation. Le rôle du représentant et du messager aura essentiellement été celui d'interpréter l'acte juridique. Si le messager a qualité d'en donner une interprétation presque stricte au destinataire, le représentant ayant mandat applique une herméneutique juridique ayant des effets immédiats car conformes à la théorie *a priori*. Comme nous pouvons le définir à partir du *Dictionnaire Juridique*[599], l'interprétation

---

[598] *Idem*, p.141.

[599] Cf. www.dictionnaire.juridique.com <31.03.2012> : S. Ancel, *L'interprétation des contrats en Droit civil et en droit public*, Paris, édité par l'auteur, 1997. J. Buisson, *Observations* sous Crim., 20 novembre 2007, Bull. crim. 2007, n°286, *Procédures,* février

téléologique ou interprétation de la finalité, lorsqu'elle porte sur une convention au sujet de l'exécution de laquelle les parties sont en conflit, elle est confiée à un Tribunal ou à un arbitre qui a pour rôle de préciser Pour dégager quel est le sens de la disposition du contrat qui constitue l'objet du différend, le juge cherche surtout à savoir quelle a été « leur commune intention » : c'est Reinach qui à la suite de ses recherches sur la phénoménologie peut aider à comprendre cette interprétation basée sur la notion chère à Husserl sur « l'intentionnalité ». Nous n'avons plus seulement une disposition de loi ou disposition juridique, mais nous avons affaire à une véritable compréhension de la Totalité de Schleiermacher dans la phénoménologie de Reinach. Nous le verrons au dernier chapitre. C'est une compréhension qui ne se limite plus aux partialités de la vérité « du droit positif », mais devient une véritable gymnastique philosophique. Cette interprétation vise à atteindre les concepts juridiques fondamentaux à partir de l'exposition des fondations téléologiques des dispositions juridiques. Cela nous permet aussi de comprendre finalement la représentation d'après la théorie *a priori* et d'après les dispositions juridiques.

IV.7. La représentation : théorie *a priori* et dispositions juridiques

La différence entre la théorie *a priori* du droit et les dispositions du droit positif sur la représentation ont une implication sur le plan même du contenu et de l'essence des actes sociaux. Si le droit positif s'arrête sur la déclaration de volonté, la théorie *a priori* enquête sur leur phénoménologie :

2008, n°2, p. 28 : Interprétation ou rectification - Pouvoirs des juges - Limites. M-H. Costedoat Maleville, *L'interprétation des contrats*, thèse Rouen, 1990. S. Ferreri, *Le juge national et l'interprétation des contrats internationaux*, in *Revue internationale de droit comparé*, 2001, n°1, p. 29, Tome 403. G. Flora, *L'interprétation et la rédaction du pacte (de préférence)*, Droit & Patrimoine - 2006, n° 144. B. Gelot, *Finalités et méthodes objectives d'interprétation des actes juridiques*, - L. G. D. J. / Thèses / Bibliothèque de droit privé, 2003. F. Geny, *Méthode d'interprétation et sources en droit privé positif : essai critique*, LGDJ, Paris, 1919. J. Ghestin, *L'interprétation d'un arrêt de la Cour de cassation*, Dalloz, 9 septembre 2004, n° 31, Chroniques, p. 2239-2248. Hebraud, *L'appel des jugements interprétatifs*, JCP., 1937, I, 43. Lindon, *Perfection et imperfections de la décision judiciaire*, Dalloz 1973, Chr. 143. Ph. Malaurie, *L'interprétation évolutive d'un testament selon la Convention européenne des droits de l'homme*, Observations sous CEDH (4e section), 13 juillet 2004, requête n°69498/01, X... et al. c/ Andorre. Répertoire du notariat Defrénois, 15 décembre 2005, n° 23, jurisprudence, article 38285, p. 1909-1911. R. Ouelhazy, *Le juge judiciaire et la force obligatoire du contrat*, thèse Strasbourg III, 1997. M. Villey, *Modes classiques d'interprétation du droit*, Paris, Sirey, 1972. J.-F. Weber, *Comprendre un arrêt de la Cour de cassation rendu en matière civile, Fiche méthodologique en matière civile*, BICC n°702 du 15 mai 2009.

Les dispositions juridiques sur la représentation sont ainsi « dérivées » de ce que le représenté est dans la pensée juridique mis à la place du représentant, ou que « l'on pense par la déclaration de volonté du représentant, mais une déclaration de volonté semblable à celle du représentant..., un élément de la vie animique de même nature que celui qui s'accomplit dans le représentant lorsqu'il fait sa déclaration de volonté », etc. De telles théories découlent en partie du désir de comprendre l'essence de la représentation ; leur configuration de temps en temps assez particulière repose, comme on l'a déjà évoqué, sur une prise en compte insuffisante de l'essence des actes sociaux. La théorie *a priori* du droit doit servir à satisfaire ces tendances. Dans la mesure où ces théories veulent atteindre quelque chose d'absolument autre, où elles envisagent de dériver, en adoptant un point de vue téléologique, les configurations juridiques positives des institutions de constructions d'images plus ou moins intuitives comme s'il s'agissait ici de lois d'essences fondatrices, on devra élever de sérieux doutes quant à leur valeur scientifique. Nous souhaiterions au moins nous contenter de reconnaître dans cet ensemble de problèmes deux modalités d'enquêtes, de la séparation desquelles nous attendons un éclaircissement et un approfondissement de la connaissance juridique : la position et la justification téléologique des propositions dispositives du droit positif, qui changent en fonction des rapports économiques et etc., et la recherche de lois d'essence éternelles qui se fondent sur de concepts fondamentaux du droit pur.[600]

Au lieu de se baser sur des images ou des représentations superficielles liées à la connaissance positive, le phénoménologue cherche à dépasser la justification téléologique des propositions dispositives du droit positif qui changent en fonction des situations économiques pour arriver dans sa méthode aux lois éternelles qui se fondent sur des concepts du droit pur. Un droit qui se fonde sur la réalité des choses et non sur les concepts.

Ce paragraphe nous aura aidés à comprendre les grandes lignes ou fondements : *Grundlinien* de la théorie *a priori* du droit. Dans le cinquième paragraphe, nous essayerons de comprendre la différence fondamentale entre cette doctrine *a priori* et le droit positif.

PARAGRAPHE V. Le rapport entre la doctrine *a priori* et le droit positif

D'après Adolf Reinach, la doctrine *a priori* du droit ne s'oppose pas *a priori* à la science juridique positive ; elle cherche à innover en développant une nouvelle sphère métaphysique ou ontologique régionale comme nous l'avons déjà évoqué. Dans ce paragraphe, nous continuons avec la même méthode, c'est-à-dire, en procédant à

---

[600] A. REINACH, *Les fondements a priori du Droit civil, op. cit.*, p. 135.

l'explicitation de la pensée de Reinach sur ce qu'elle contient de spéculatif et non seulement de descriptif par rapport à la nouvelle théorie *a priori*. Après les *Grundlinien* : les *Grandes Lignes* ou *Lineamenta*, nous entrons maintenant dans une étude comparative entre la théorie *a priori* et le droit positif.

V.1. La distinction entre les dispositions : *die Bestimmungen* et les prépositions dispositives

Voici une des définitions qu'on pourrait donner aux dispositions ou à la disposition :

> Dispositions (*Verfügung*): il s'agit d'un acte juridique par lequel un droit est immédiatement modifié, éliminé, transféré ou grevé dans son contenu. « Par acte de disposition ; il faudrait comprendre tout acte par lequel on transférerait, grèverait ou éteindrait un droit ainsi déclaré indisponible dans l'intérêt individuel de certaines personnes. Et il faudrait comprendre parmi les actes de ce genre même la saisie ou l'exécution forcée : le bien est devenu insaisissable dans la mesure où il est devenu indisponible, et sous les mêmes sanctions ».
> (Note du *Code Civil allemand*, art. 135, t.I, p. 151). Le transfert est donc un type de disposition. Ce sens de disposition est naturellement à distinguer de la disposition juridique *(Rechtsbestimmung)* qui désigne au sens large un règlement, une loi ou la clause d'une loi.[601]

A titre de rappel, il convient de dire que Reinach se limite surtout dans sa phénoménologie à la personne humaine et non aux ensembles de personnes physiques ou morales. C'est ainsi que le référent est toujours une proposition basée sur A, B, C etc. Par exemple de A naît une promesse vis-à-vis de B, alors de cette promesse naissent une prétention de la part de B et une obligation de la part de A, c'est pourquoi d'un acte social naîtront des effets juridiques liés au langage originaire de A. Notre thèse, nous voulons encore le répéter, est basée sur la philosophie du langage juridique.

Reinach commence à opérer cette distinction entre les dispositions et les propositions dispositives afin d'introduire un langage nouveau né des propositions et non des dispositions :

> Nous avons dit que seules les personnes peuvent être détentrices de droits et d'obligations. Une institution ou un groupe ne sont pas une personne ; et pourtant, d'après les statuts du droit positif, l'un et l'autre peuvent bien être porteurs de droits ou d'obligations. Nous avons dit que toute personne qui peut faire une promesse se charge par là de certaines obligations. Qui est âgé de vingt ans peut, certes, faire toutes sortes de promesse, pourtant il n'en retire pas sans plus une obligation entièrement valide selon le droit positif.

[601] A. REINACH, *Les fondements a priori du Droit civil*, *op. cit.*, p. 195.

Dans chaque acte de promesse se fondent – on l'a dit – prétention et obligation ; elles naissent lorsque le destinataire, l'unique personne dans laquelle la prétention peut apparaître, a perçu la promesse. Le droit positif semble encore contredire ces déterminations en tous points. Une promesse perçue, une promesse de prêt à intérêt, par exemple, ne fonde dans le Code aucune prétention si elle n'est pas acceptée dans un acte social particulier ; d'un autre côté, des obligations peuvent naître avant même que la promesse soit perçue, comme dans le cas de l'offre de récompense, dans la conception de certains juristes ; et il se peut qu'une promesse que je fais à une personne me rende l'obligé d'un tiers, comme dans les promesses en faveur d'un tiers. Nous avons établi comme une loi d'essence qu'une prétention ne peut être cédée sans autres complications, que personne ne peut obtenir la propriété d'une chose qui ne lui appartient pas, qu'un droit de gage sur un bien propre est impossible. Le droit positif au contraire nous enseigne les choses suivantes : les prétentions peuvent être transférées selon le Code sans plus de précaution, celui qui agit de bonne foi peut hériter de la propriété d'une chose *mobilière* que lui transmet une personne qui n'est pas le propriétaire (pour autant qu'il ne s'agit pas d'une chose perdue), il y a bien une hypothèque d'un propriétaire sur son bien propre. Nous renonçons à avancer d'autres cas : il n'est presque aucune préposition que nous avons adoptée à titre de loi d'essence à laquelle nous ne puissions trouver une objection dans une proposition déviante tirée du droit positif.[602]

A travers cette citation, nous retenons ceci :

1. Seules les personnes détiennent les droits et les obligations ;
2. Toute personne qui peut faire une promesse doit être capable des obligations liées à la promesse ;
3. Qui est majeur (vingt 20 ans dans le Code civil allemand en 1900) peut accomplir des actes juridiques mais n'a pas une obligation entière ;
4. Dans le droit positif, il y a un certain nombre de contradictions liées au fondement de la promesse, celle-ci se fonde dans un acte social particulier selon la théorie du droit ;
5. Personne ne peut obtenir la propriété qui ne lui appartient pas ;
6. Le droit de gage sur un bien propre est impossible ;
7. D'après la théorie du droit *a priori*, il n'est presque aucune proposition adoptée à titre de loi d'essence à laquelle nous ne puissions trouver une objection dans une proposition déviante tirée du droit positif.

En observant ces contradictions et ces lieux de convergence, il y a la possibilité de distinction entre les dispositions et les propositions dispositives :

[602] A. REINACH, *Les fondements a priori du Droit civil*, *op. cit.*, pp. 147-148

1. Contradiction au sens strict :

Entre l'affirmation ou la proposition judicative « A est B » et la proposition interrogative au contenu contradictoire « A n'est-il pas B ? », personne ne relèvera ici de contradiction. Une telle contradiction présuppose manifestement deux propositions judicatives de contenu contradictoire. Les propositions de la théorie du droit sont, dans la mesure où elles posent un être comme subsistant, sans doute possible des propositions judicatives.[603]

2. Propositions juridiques comme des *jugements hypothétiques* :

La proposition : « La capacité juridique des hommes commence à la naissance accomplie » a aussi peu le caractère hypothétique que la proposition « l'homme est mortel ». Bien plus, il est impossible de la considérer comme un jugement. Nous n'avons pas ici affaire à la position d'un être qui, selon que cet être existerait ou non, pourrait être jugée vraie ou fausse, mais à une disposition, qui est par-delà l'opposition du vrai et du faux. On ne pouvait être induit en erreur que parce que différents types de propositions autorisent les mêmes expressions.[604]

3. Droit comparé :

On peut également trouver la proposition « la capacité juridique de l'homme commence à la naissance accomplie » dans un quelconque Code civil. Nous avons les mêmes mots, mais la teneur de la proposition est évidemment d'un type différent. Dans le manuel, on a véritablement affaire à des jugements, on affirme que la capacité juridique des hommes en Allemagne aujourd'hui commence à la naissance, et cette affirmation remonte à, et a son fondement dans le premier paragraphe du Code civil. Mais ce paragraphe ne contient pas une affirmation – comment pourrait-on fonder un jugement sur un jugement identique ? – mais il contient une disposition. Comme le Code civil pose que la capacité juridique commence à la naissance accomplie, le juriste peut affirmer que c'est effectivement le cas en Allemagne en vertu de cette disposition. La proposition des juristes peut en soi être vraie ou fausse ; dans le cas de la disposition du Code civil, de toutes autres prédications sont appropriées : elle peut être – au sens téléologique du terme – « juste » ou « injuste », du point de vue positif « valide » ou « non valide », mais jamais logiquement vraie ou fausse.[605]

---

[603] A. REINACH, *Les fondements a priori du Droit civil, op. cit.*, pp. 148-149.

[604] *Idem*, p. 149.

[605] *Ibidem*

4. Pas de contradiction véritable entre les lois d'essence et les propositions du droit positif ;

Nous ne pouvons donc pas parler d'une contradiction véritable entre nos lois d'essence et les propositions du droit positif. Lorsque le droit positif permet la cession d'une prétention, il n'affirme pas que, par un acte de transfert engagé par le détenteur de la prétention celle-ci change de porteur en même temps que l'obligation change de partie adverse – ceci constituerait naturellement une contradiction d'une loi d'essence évidente – mais il prescrit ce qui doit s'ensuivre d'un acte de transfert. Naturellement ceci crée de nouveaux problèmes. Même si les antinomies dont nous sommes partis n'existent pas comme nous l'avions soutenu, il y a, sans doute possible, des écarts des dispositions vis-à-vis des rapports juridiques essentiels donnés dans l'intuition. Comment cela est-il possible ? Qu'est-ce qu'une disposition en général, à quoi se rapporte-t-elle, et quels sont ses effets ? Une disposition que 2 fois 2 doive égaler 5 serait certainement impossible ; d'ailleurs, la disposition que 2 fois 2 doive égaler 4 n'a pas plus de sens.[606]

5. Proposition du droit comme *jugements hypothétiques* ou *normes* ;

Il y a des « normes » qui se fondent sur la rectitude morale d'états de choses. Parce que cela est juste moralement, cela *doit être,* et si certaines conditions supplémentaires sont remplies, *je dois le faire.* Un tel devoir-être et devoir-agir subsiste selon ce sens en soi, indépendamment de sa connaissance ou de sa position dans une conscience. Une *disposition* au contraire présuppose selon son essence une personne qui l'édicte [...] Les propositions du droit sont des normes édictées par un législateur ; et qu'il édicte ces normes, cela signifie qu'il donne des *ordres,* des *commandements* et des *interdictions* qui se rapportent aux citoyens et aux organes exécutifs. Il va sans dire que nous ne pouvons nous en tenir à une telle distance des choses. Les dispositions ne sont en réalité en aucun cas des ordres ; la différence entre les deux constitue la condition *sine qua non* de la compréhension du problème qui nous occupe.[607]

6. Les distinctions proprement dites :

6.1. Le vécu de la disposition, l'acte de disposition, la proposition dispositive, le contenu de la disposition et l'effet de la disposition ;

6.1.1 : Le même acte de disposition « A doit être B » peut être accompli par un nombre indéterminé de personnes, de la même manière que la même perception ou la même promesse peut être réalisée par elles, ou que la même tristesse peut être ressentie par elles.

---

[606] *Idem,* pp. 149-150.
[607] *Idem,* p. 150.

Les vécus particuliers de la réalisation de la disposition s'opposent à l'acte de disposition qui s'accomplit en eux.[608]

6.1.2. L'acte de disposition et la proposition dispositive :

Il n'est pas besoin d'indiquer que la proposition en ce sens ne coïncide pas avec la formule grammaticale que nous pouvons lui donner. C'est au sens strict, la même proposition que nous pouvons exprimer en allemand, en français ou en anglais. A tous les actes ne correspond pas une objectivation dans une proposition, comme la perception, la représentation ou le chagrin. Les propositions perceptives ou sentimentales, mais des propositions judicatives. A côté de telles propositions, on a des propositions interrogatives, impératives, dispositives, etc., indépendantes les unes des autres.[609]

6.1.3. Le contenu de la disposition :

Des actes (et des propositions) on distingue très généralement le contenu auquel il se rapporte, du jugement le jugé, de l'ordre (et de la proposition impérative) ce qui est ordonné, etc. Entre ces deux sphères, il existe des relations d'essence strictes qui ordonnent des actes déterminés à des formations objectives déterminées. Tout jugement – qu'il soit faux ou même absurde – ne peut se rapporter comme jugement qu'à des états de choses. Tout ordre se rapporte, selon son essence, au comportement d'un autre sujet. La disposition fait les deux : comme dans le jugement des états de choses sont posés comme subsistant, ils peuvent être dans la disposition établis comme devant être. Mais un comportement également peut être objet de disposition, comme pour l'ordre ; et même, à côté du comportement d'un sujet étranger, le comportement propre peut tenir lieu de contenu d'une disposition.[610]

6.1.4. Les différences radicales entre les manières pour un acte de se rapporter à son contenu :

A côté du caractère de position qui revient aux états des choses – subsistants ou non -, dans la mesure où ils sont posés comme subsistants dans des actes de personnes jugeant, il y a une subsistance en soi de l'état de choses, à laquelle la position essaye de se conformer. Dans d'autres actes, cela se passe tout à fait différemment.[611]

6.1.5. L'effet de la disposition

Toute disposition vise, en tant que telle, la réalisation de ce qu'elle pose comme devant être. Une chose dont l'être serait *a priori* soit nécessaire, soit impossible, ne peut jamais au sens propre tenir lieu de contenu d'une disposition. De là, on comprend immédiatement que la disposition que 2 fois 2 doivent égaler quatre serait aussi dépourvue de

---

[608] *Idem*, p. 152.
[609] *Ibidem*
[610] *Idem*, pp. 152-153.
[611] *Idem*, p. 153.

sens que la disposition qu'ils doivent égaler 5. Seul ce qui peut être ou ne pas être, ce qui peut avoir également un début, une durée et une fin dans le temps, est un contenu possible de disposition. On pensera d'abord aux événements de la nature externe et interne, aux actions, aux omissions, etc.[612]

Afin de ne pas nous étendre sur la disposition, nous savons que « la personne qui dispose aura très souvent des raisons d'user de l'intégralité de son pouvoir ».[613] En limitant notre recherche à la philosophie du langage, nous pouvons retenir ceci à la suite de Reinach :

> Si l'on considère les droits en rapport aux lois d'essence *a priori* d'un côté et aux propositions dispositives efficaces de l'autre, la relation apparaît ici très différente et d'une certaine manière opposée. Comme certains droits se fondent nécessairement sur certains actes sociaux, la proposition « restituant » l'état de choses est correcte. Comme de l'autre côté, une proposition dispositive est efficace, les droits qui sont posés par elle existent. La question bien connue du caractère prioritaire ou non des « droits subjectifs » trouve donc des réponses différentes, selon qu'on a en vue le rapport à la position d'essences juridiques ou aux dispositions juridiques. Dans certaines circonstances, l'existence nécessaire *a priori* des droits subjectifs rend vraie l'affirmation correspondante de leur caractère prioritaire. Mais seule l'efficacité des dispositions qui les posent fait exister ces droits subjectifs nécessairement.[614]

Les dispositions ne se limitent pas uniquement en amont, c'est-à-dire au niveau de la loi positive né du législateur, nous pouvons également avoir certaines dispositions qui peuvent produire la prétention et l'obligation.

V.2. Cas des dispositions : *Bestimmungen* pouvant générer, prétention et obligation

Si nous prenons l'article 53 de la constitution italienne, nous lisons ceci : « Tutti sono tenuti a concorrere alle spese pubbliche in ragione della loro capacità contributiva » : Tous sont tenus de contribuer aux dépenses publiques à raison de leur capacité contributive.[615] Cette disposition juridique oblige tous les citoyens italiens à payer les impôts. C'est une nouvelle réalité qui est créée ici. Afin de pouvoir être au service de tous les citoyens : *der Bürger*, l'État impose un impôt obligatoire. Ici, la prétention est double, et de la part de l'État et de la

---

[612] *Idem*, p. 154.
[613] *Idem*, p. 157.
[614] *Idem*, p. 161.
[615] Cf. G. LORINI, *Objets juridiques incorporels*, in *Adolf Reinach, Entre droit et phénoménologie*, *op. cit.*, p. 77.

part du citoyen dans la justice légale. Cette *Bestimmung* du droit positif ne saurait aller contre la réalité de la théorie *a priori* et vice versa.

Après cette analyse, nous allons essayer d'insister à la suite de Reinach, sur la nécessaire connaissance de la doctrine *a priori* pour la compréhension du droit positif.

V.3. La nécessaire connaissance de la doctrine *a priori* pour la compréhension du droit positif

Pour Emmanuel Picavet, Reinach admettait la description courante du droit positif comme réalité mouvante :

> Ce qui fixe la « mesure » de l'évolution du droit, ce sont les « représentations morales de l'époqu e » et, d'une manière plus importante, les rapports et les besoins économiques, il s'agit là simplement d'une thèse positive de science sociale descriptive et explicative ; rien là qui engage sur la voie d'un véritable relativisme, fut-il seulement méthodologique, dans le registre de l'analyse normative ou de l'analyse des valeurs. Ce que dénonce Reinach n'est évidemment pas le constat de la variabilité historique et géographique des contenus de droit (laquelle n'est pas douteuse). C'est plutôt l'insistance exclusive sur ce seul point qui prive de la découverte du monde qui est proprement celui qu'aborde sa propre théorie : le monde « beau et riche » de l'*a priori* juridique.[616]

Il est donc nécessaire de connaître la théorie *a priori* du droit pour mieux comprendre le droit positif dans sa complexité. Mais Reinach lui-même insiste à plusieurs reprises sur le fait que le droit positif est libre de s'écarter de « l'*a priori* révélé dans la théorie générale du droit »[617]:

> Il reconnaît qu'il peut « dévier » dans la continuité des observations précédentes, on peut cependant se demander s'il n'est pas arbitraire comme une « déviation » l'inévitable latitude dans un choix qui s'opère. La tendance à s'en tenir à l'*a priori* que croit déceler Reinach dans le « développement factuel » du droit serait dès lors utilement (et infidèlement) à interpréter comme l'émergence possible de constances ou de formes sociales reconnaissables, dans différents contextes.[618]

La théorie *a priori* nait des actes sociaux :

> L'acte social selon Reinach a des propriétés qu'il rattache à l'intention ou visée (propriété du *meinen*), principalement l'orientation vers un but, la liaison décisive avec des expressions linguistiques, la spontanéité, en ceci que le Je lui-même se révèle être l'initiateur [*der phänomenale Urheber*] de l'acte ».

---

[616] E. PICAVET, *Formes sociales et actes sociaux, L'originalité du point de vue de Reinach,* in *Adolf Reinach, Entre droit et phénoménologie, op. cit.*, p. 182.
[617] *Idem,* p. 190.
[618] *Ibidem*

Mais, de plus, l'acte social est tourné vers autrui, et la perception par autrui lui est nécessaire. Il se déploie dans une sphère d'intersubjectivité.[619]

Sans cette nécessaire connaissance, il s'avère difficile de comprendre la nature même du droit positif qui est appelé à un perpétuel mouvement dynamique interne. Il ne saurait être le fruit d'une émanation conceptuelle. L'un des objectifs de Reinach est d'arriver à convaincre les positivistes à comprendre que le droit nait des « faits sociaux », des « actes sociaux » qui engendrent des actes juridiques.

Peut-on parler d'une contradiction entre le droit positif et la théorie *a priori* du droit ? Voici la pensée de Reinach :

> On peut à présent affronter l'objection – apparemment soutenue par des faits historiques irréfutables – qui entrave tant la philosophie du droit et rend en particulier impossible l'intuition des rapports d'essence juridique et leur relation au droit positif. On ne peut parler d'une « contradiction » entre la théorie *a priori* du droit et le droit positif, mais seulement d'écarts des dispositions du devoir par rapports aux lois de l'être.[620]

Reinach entend par écarts de dispositions du devoir par rapport aux lois de l'être, le fameux rapport entre l'*être* et la *Phronesis*. Les *Bestimmung* ou dispositions fondées sur les rapports sociaux ont leur être en soi qui subsiste au-delà de tout droit positif. La promesse comme acte social doit être accomplie dans le sens du *Sollen* : *devoir* non seulement moral dans le sens de Kant, mais surtout contraignant ou *Sollen* civique. C'est le nœud même du problème de la théorie *a priori* du Droit civil. Spiegelbert fut le premier à attirer l'attention sur la valeur thétique (*adéontique*) sur des expressions à première vue déontiques du point de vue d'une fondation [*Stiftung*].[621] En d'autres termes, le langage normatif (herméneutique normative), très souvent, le verbe *Sollen* apparaît sans qu'un *être ein Sein* ou un faire *ein Tun* se caractérisent comme dus (comme devoir) *als gesollt*, sans qu'il soit *possible* : *möglich* de déterminer : *bestimmen*, à la manière kantienne une contrainte objective : *Objektive Nötigung* de l'*action : Handlung.*[622] C'est le cas lorsque le législateur procède par un certain nombre d'actes :

1. Il peut créer un pouvoir normatif : *Dürfen ;*
2. Il peut attribuer une prétention : *Anspruch* ou une permission : *Erlaubnis ;*
3. Il peut délimiter une frontière : *Grenze ;*

---

[619] *Idem*, 191.
[620] A. REINACH, *Les fondements a priori du Droit civil, op. cit.*, p. 161.
[621] Cf. P. DI LUCA, *Devoir adéontique : Reinach, Spiegelbert, Kelsen*, in *Adolf Reinach, Entre droit et phénoménologie, op. cit.*, pp. 51-57.
[622] *Idem*, p. 55.

4. Il peut constituer une fondation : *Stiftung.*[623] Nous avons déjà eu recours à cette méthode de Spiegelberg, au sujet du devoir déontique à partir du verbe s*ollen : devoir.*

Cette pensée de Spiegelberg marque les différences pouvant jaillir sur la conception des dispositions de la part du législateur. D'après Reinach « pour parler plus précisément, la situation se présente ainsi : les dispositions juridiques posent en tant que telles leur contenu comme devant être ».[624]

V.4. Philosophie du droit et théorie *a priori*

Les limites de la théorie *a priori* sont multiples. L'une de celles-ci est liée au fait que le fondement des dispositions du droit positif font leur efficacité :

> En quoi l'effectivité des dispositions du droit positif–pour autant qu'elle existe–fondée, ceci constitue un problème auquel seule la philosophie du droit positif doit se confronter, et en aucun cas la théorie *a priori* du droit. Il fallait ici seulement réfuter les objections qui menaçaient l'existence de cette dernière. On veut insister maintenant sur le fait que ce point de vue offre un nouvel éclairage sur les théories philosophiques du droit. Ces théories – dans les faits naturellement intenables – qui font se constituer la communauté étatique et juridique à partir d'un acte de sujétion des membres de l'État et de l'ordre juridique, rendent sans aucun doute intelligible l'efficacité immédiate des dispositions faites dans cet État pour les citoyens.[625]

A travers cette affirmation, il y a pour Reinach, un champs plus ouvert et plus vaste de la philosophie du droit par rapport à la théorie *a priori* du droit. En effet, le champ épistémologique du droit permet d'analyser les *Bestimmungen* du droit positif, ce que la théorie *a priori* du droit veut par contre éviter comme ne faisant pas partie de son domaine de compétence. L'autre aspect important est de souligner la liberté du droit positif.

V.5. L'autonomie du droit positif

Si Reinach milite pour la théorie *a priori*, ce n'est pas pour autant que le droit positif va cesser de continuer à exister. En rappelant les circonstances historiques ayant favorisé l'émergence de la pensée de Reinach, on ne saurait oublier que celle-ci naît après la promulgation du premier Code civil de l'Allemagne réunifiée. Aujourd'hui, le même

---

[623] Cf. P. Di Luca, *Devoir adéontique : Reinach, Spiegelberg, Kelsen*, in *Adolf Reinach, Entre droit et phénoménologie*, *op. cit.*, p. 54.

[624] Cf. A. Reinach, *Les fondements a priori du Droit civil*, *op. cit.*, p. 162.

[625] *Idem*, p. 163.

Code a subi plusieurs transformations liées à l'évolution culturelle de l'Allemagne. Parlant de l'autonomie du droit positif, on peut surtout s'arrêter sur ce qui fait sa liberté :

> La liberté du droit positif ne se limite pas à s'écarter des rapports d'essence en liant aux actes sociaux des conséquences qui semblent souhaitées au nom de la justice ou de la sécurité des transactions ou d'autres raisons pratiques relevant du droit ; bien plus, le droit a l'habitude d'interpréter également les déclarations commerciales au contenu plus ou moins indéterminé dans le sens d'actes sociaux déterminés.[626]

Le rôle interprétatif de la théorie *a priori* et celle du droit positif semble ici trouver un point de convergence. Le droit positif dans sa liberté n'est pas contraint par la théorie *a priori* de se cantonner aux conclusions de celle-ci. Nous allons essayer de voir certains autres points de rencontre entre la théorie *a priori* et le droit positif.

V.6. Les points de rencontre entre la doctrine *a priori* et le droit positif

Reinach déclare que les dispositions du droit positif peuvent avoir trois figures :

> Les dispositions du droit peuvent être « *secudum leges* », « *praeter leges* » et « *contra leges* » selon que, dans l'aspect général des rapports normés juridiquement, l'être qui se fonde conformément à une loi que des commandements extérieurs à la sphère *a priori* se présentent comme nécessaires, ou encore que l'être conforme à une loi d'essence ne puisse être, au regard des rapports généraux, posé comme devant être. La contradiction apparente des « *leges contra leges* » a conduit au relativisme dans la philosophie du droit.[627]

1. *Secundum leges* ; selon la loi.

L'être des dispositions qui se fonde conformément à la loi d'essence dans les actes sociaux. C'est pourquoi, « toute disposition se conformera d'abord à l'être dérivé d'une loi d'essence ».[628]

2. *Praeter leges* ;

L'être qui est posé conforme à la loi d'essence ne puisse être au vu des rapports généraux comme devant être.

3. *Contra leges* ;

L'être qui conduit au relativisme dans la philosophie du droit. Donc un être apparemment contre la loi.

Il est donc important pour toutes les lois d'essence d'être objet de disposition en général :

---

[626] *Idem* p. 165.
[627] *Idem*, p. 171.
[628] *Idem*, p. 172.

Ainsi, dans le droit romain, il n'y a pas plus de reconnaissance minimale de la représentation véritable – possible selon une loi d'essence – que de contrats en faveur d'un tiers – impossible selon une loi d'essence. Il n'appartient pas à la théorie *a priori* du droit de décider où l'explication du premier phénomène est à rechercher : si c'est dans une compréhension déficiente des possibilités essentielles garanties par certains actes de représentation ou dans des fondements d'un autre type, par exemple du fait que la vision romaine du monde ne tolérait pas « qu'un homme libre se donne pour le simple suppléant d'un autre », que selon elle une personne indépendante « ne pouvait pas s'abaisser à être le simple intermédiaire de la volonté d'autrui ».[629]

Le retour au droit romain peut nous faire comprendre avec Reinach l'intérêt croissant entre le droit positif et la théorie *a priori* :

Le développement de la cession de créance dans le droit romain est, pour nous, du plus grand intérêt. Nous voyons ici – pour aller directement au plus simple – comment celui qui voulait « transférer » une créance, devait se servir d'après le *ius* civile de la prétendue *delegatio nominis*. Le créancier Titius (déléguant) ordonne à son débiteur Seius (délégué) de promettre ce qu'il lui doit à Gaius (délégataire). En conséquence, le délégataire conclut avec le délégué une stipulation au contenu suivant : « quod Titio debes id tu mihi dare spondes ? – Spondeo ». A la suite de cette stipulation, Gaius doit exiger de Seius la même chose que ce que celui-ci devait auparavant à Titius. Il est évident qu'il ne s'agit pas ici d'un transfert véritable : le délégataire ne devient pas le détenteur d'un droit de créance dont le détenteur était auparavant le déléguant ; bien plus, par la stipulation est créé une nouvelle créance – bien que semblable, dans son contenu, à l'ancienne. Le besoin d'éliminer la coopération du débiteur a conduit à de nouvelles formes. Qui veut « transférer » sa créance nomme l'autre mandant du processus, « procurateur », qui fait valoir au nom du créancier son droit à prétendre à quelque chose. Par la clause ainsi ajouté, selon laquelle le procurateur doit conserver le montant recouvert par sa créance, on cherche à atteindre l'effet du transfert. Naturellement, le procurateur n'a pas de droit propre à prétendre quoique ce soit, mais il fait valoir simplement le droit d'un autre.[630]

Pour parler des points de rencontre entre la théorie du droit *a priori* et le droit positif, cet exemple tiré du droit romain nous montre qu'à partir d'une cession de créance, les deux parties arrivent à une *stipulatio* qui est un :

Contrat solennel, oral, de droit strict, conclu dans la forme d'une interrogation du créancier-stipulant (« *spondesne centum dare ?* » : promets-tu de donner 100 ?) suivie immédiatement d'une réponse rigoureusement conforme du débiteur-promettant (« *spondeo* » : je promets), et qui fait naître à la charge du promettant l'obligation d'exécuter la prestation promise au

[629] *Idem,* p. 173.
[630] *Ibidem*

profit du stipulant. La *stipulatio* peut avoir comme objet les prestations les plus variées ; elle peut mentionner ou non la cause de l'engagement pris par le promettant (par exemple : à titre de donation, d'intérêt d'un prêt, etc.) ; sa validité est, en principe, indépendante de cette cause.[631]

A partir de cet exemple, nous voyons résumer ce que Reinach établit comme langage phénoménologique né d'un contrat juridique. Il ne s'agit pas pour notre auteur de s'arrêter sur les apparences phénoménologiques. Mais, au contraire, d'entrer dans une recherche rigoureuse qui tient compte à partir des *Recherches Logiques* de Husserl d'une herméneutique de la Totalité de la compréhension. En effet, si les juristes se limitent très souvent à l'interprétation des textes ou des concepts qui renvoient aux lieux parallèles du droit, l'herméneutique de Reinach entre dans la compréhension du fameux « Cercle herméneutique » de Schleiermacher. Même si le droit positif marque son indépendance vis-à-vis de la théorie, il reste néanmoins important de souligner qu'il a besoin de la philosophie du droit et surtout sur le plan herméneutique, de la compréhension de la théorie *a priori*. Avant d'entrer dans le fameux dialogue entre Reinach et les autres philosophes du langage, nous allons analyser le rapport entre la théorie *a priori* du droit et le droit naturel.

PARAGRAPHE VI. Le rapport entre la doctrine *a priori* et le droit naturel

Lorsque Reinach parle de ce rapport, d'aucuns pourraient penser à une certaine rénovation du droit naturel. Mais à bien lire et comprendre notre auteur, il s'agit de montrer les aspects positifs du droit naturel et la nécessité de ne pas se limiter à ses conclusions. Toute limite de la vérité du droit à sa simple expression naturelle créerait la possibilité des conclusions toutes faites par la nature. Et le plus grand risque qu'une lecture survolée sur Reinach peut faire, c'est de lui attribuer une appartenance à l'école du droit naturel.

VI.1. Le risque de la confusion des termes

Nous avons déjà défini la théorie *a priori* d'après son fondateur Adolf Reinach. Elle n'est donc pour autant pas à confondre avec :

1. Les théories générales du droit ;
2. Les théories des principes juridiques :

[631] Cf. www.udil2.droit.ulg.ac.be <03.03.2012>

On ne doit pas confondre notre théorie *a priori* avec ce qu'on a défini comme les « théories générales du droit » ou les « théories des principes juridiques ». On ne peut parler, dans ces cas-là, d'une indépendance du droit positif ; bien plus, les systèmes positifs du droit constituent l'objet d'une approche généralisatrice, inductive.[632]

D'après Adolf Merkel, la théorie générale du droit doit spécifier ce que les différentes disciplines juridiques ont en commun.[633] Bierling trouve que la théorie des principes juridiques a comme tache de « trouver ce qui est semblable dans tous les droits positifs ou, en d'autres termes, ce qui appartient au genre « droit » - par opposition à tous les droits singuliers ».[634] La théorie du droit pour Reinach comme nous l'avons déjà vu, n'a rien à voir avec les théories générales du droit, encore moins avec les théories des principes juridiques. Le risque de spécifier le droit public au moyen « de concepts du Droit civil ».[635] C'est pourquoi d'après notre auteur :

> L'on ne peut obtenir une fondation épistémologique d'un tel procédé que du point de vue de la théorie *a priori* du droit. Il ne peut s'agir ici d'une simple transplantation de catégories appartenant à un domaine dans un autre ; ce serait non seulement une entreprise contraire à la science, mais impossible. Les catégories ne sont pas « créées » et « utilisées » arbitrairement, mais elles sont découvertes.[636]

En évitant la confusion des termes, nous arrivons à comprendre l'impossibilité de transférer les concepts ou de forger une théorie *a priori* du droit public. Qu'en est-il spécifiquement du droit public ?

VI.2. La fondation *a priori* du droit public est-elle possible ?

Si le Droit civil voit son domaine d'expression territoriale limité, le droit public quant à lui a comme particularité d'aller au-delà d'un territoire spécifique. C'est ainsi qu'il serait impossible d'utiliser les mêmes catégories civiles par rapport au droit public :

> Une fondation *a priori* du droit public recouvrirait en partie celle du droit privé telle que nous l'avons établie, dans la mesure où, de chaque côté, entrent en jeu les mêmes catégories et les mêmes formes de lois. Ainsi, il est en principe possible d'esquisser, à côté des fondements *a priori* des disciplines juridiques élémentaires, l'idée d'une théorie *générale a priori* du

---

[632] Cf. A. REINACH, *Les fondements a priori du Droit civil, op. cit.*, p. 184.
[633] *Idem*, p.183.
[634] *Ibidem*
[635] *Idem*, pp. 183-184.
[636] *Idem*, p. 184.

droit (qui ne se contente pas de se distinguer totalement de la théorie générale empirique du droit, mais permet d'en comprendre la possibilité).[637]

C'est la raison pour laquelle un « ontologisme s'avérerait ici tout aussi fatal »[638], car les propositions fondamentales *a priori* d'un droit public s'introduiraient comme des émanations du droit positif. Reinach précise sa pensée :

> En d'autres termes, cela signifie que les propositions dispositives du Droit civil ne peuvent trouver une application *immédiate* aux rapports juridiques publics. Il est important de distinguer rigoureusement cette question de l'application des normes du Droit civil aux relations de droit public du fait qu'au fondement de ces deux domaines subsistent des catégories et des rapports d'essence identiques dans des proportions très importantes.[639]

On ne peut pas appliquer les propositions dispositives du Droit civil aux rapports juridiques publics. Les catégories du droit public doivent nettement être distinguées de celles du Droit civil. Les rapports génériques d'essence pourraient, dans une certaine mesure, amener à comprendre une certaine possibilité de connexion entre le droit public et le Droit civil. Mais la nécessaire distinction sert à ne pas confondre les deux domaines qui ont chacun leur spécificité. Si la doctrine *a priori* du Droit civil n'est pas à confondre avec la nature spécifique de droit public et de la science du droit public, elle ne saurait être une doctrine du droit naturel rénovée.

VI.3. La doctrine *a priori* n'est pas une doctrine du droit naturel rénovée

Reinach renouvelle trois reproches qui sont adressés aux philosophes du droit naturel :

1. Remplir les lacunes du droit positif avec un « droit idéal » ou « droit de la raison » :

> On a reproché aux philosophes du droit naturel la volonté qu'ils auraient eue de remplir les lacunes du droit positif avec un « droit idéal » ou « droit de la raison » envisagé de façon très lointaine, et de remplacer les propositions de droit positif explicites, lors qu'elles contredisent ce droit supérieur, par celui-ci.[640]

2. Le droit naturel croit à la possibilité de formuler un droit valable pour tous les temps :

[637] Cf. A. REINACH, *Les fondements a priori du Droit civil, op. cit.*, p. 184.
[638] *Ibidem*
[639] *Idem*, pp. 184-185.
[640] Cf. A. REINACH, *Les fondements a priori du Droit civil, op. cit.*, p. 185.

> L'erreur maintes fois relevée du droit naturel aurait été de croire à la possibilité de formuler un droit idéal valable pour tous les temps, au contenu immuable, sans prendre en compte suffisamment la variabilité des rapports d'existence dont dépend la validité de telles propositions.[641]

3. Le droit naturel a dérivé l'État et le droit de principes qui présupposent l'État de droit :

> On a encore l'habitude d'adresser un troisième reproche au droit naturel. Il doit s'être rendu coupable d'une étrange inversion : il a dérivé l'État et le droit de principes qui présupposent l'État et le droit. Contre la tentative hobbesienne de rationaliser le processus de fondation de l'État – et les théories analogues de Pufendorf, de Rousseau, de Kant et de Fichte – Jellinek objecte qu'elle se fonde sur une conception fautive du droit étatique.[642]

Notre auteur tient à préciser que la doctrine *a priori* n'est pas à confondre avec un droit naturel rénové. Elle s'intéresse aux essences du Droit civil. Et voici ce qu'il propose en face des trois erreurs citées par rapport au droit naturel.

VI.4. Les propositions de Reinach face aux trois erreurs du droit naturel

Avant de donner une réponse aux principales grandes erreurs du droit naturel, cette observation de notre auteur mérite d'être prise en considération :

> On marquera certainement du sceau du droit naturel notre tentative de fonder la théorie *a priori* du droit indépendamment de tout droit positif. Et pourtant, on dit que le droit naturel semble avoir échoué : dans le traitement du droit positif et dans l'esquisse d'un droit matériel valant pourtant de manière inconditionnée et universelle. La théorie *a priori* du droit est très éloignée de ces deux problèmes. Sa particularité réside dans son indépendance à l'égard de tout droit, aussi bien d'un droit en vigueur que d'un droit valide ou jugé tel.[643]

Il réaffirme ici l'indépendance de la théorie *a priori* vis-à-vis de tout droit. Le droit positif ne peut pas prétendre être valable de manière inconditionnée et universelle. Quant aux trois erreurs citées du droit naturel, notre auteur confirme ceci :

1. La théorie *a priori* ne parle pas d'un droit supérieur, « mais de simples lois d'être ».[644] Et il ajoute : « combien y a-t-il de règles de droit qui ne sont pas codifiées et dont il n'est pas nécessaire d'obtenir une

---

[641] *Idem*, p. 186.
[642] *Idem*, p. 187.
[643] *Idem*, p. 185
[644] *Ibidem*

codification, puisqu'elles se « comprennent d'elles-mêmes » ou « sont dans la nature des choses » ? » C'est ici qu'on peut comprendre que le juriste du droit positif s'approche de très près de la théorie *a priori*.[645] C'est la raison pour laquelle :

> A toute théorie du droit naturel appartient essentiellement l'idée d'un droit de la raison doté d'une validité inconditionnée. Le droit idéal doit fournir au législateur un modèle en toute circonstance ; qu'il puisse –comme on l'a évoqué – aussi fournir une orientation au juge, lorsque le droit positif le contredit, n'a jamais été de l'avis du droit naturel. On l'envisage plutôt comme « un droit indépendant des prescriptions humaines et qui apparaît imparfaitement en elles, qui a sa raison dans un ordre du monde ou de l'existence moralement supérieur et qui a pour finalité de servir de critère d'évaluation et de développement du droit existant ».[646]

La communauté de personne doit régler sa conduite de manière objective sur des lois impartiales, car les propositions juridiques de la théorie ne parlent d'un *Sollen* moral : devoir-être moral, mais d'un *Sollen* juridique.

2. La théorie *a priori* met en garde contre « tout ontologisme »[647] voulant lier les théories juridiques positives à des lois d'essence. Mais, elle doit elle-même laisser de côté l'idée selon laquelle elle serait l'unique droit *juste :*

> Naturellement, ce qui a une validité *a priori* est ce qui doit en soi et pour soi être : Mais la philosophie du droit juste considère les lois d'essence en rapport aux communautés existantes dans lesquelles elles se réalisent et dans lesquelles son caractère de devoir subit de multiples modifications. Dans la mesure où la théorie *a priori* du droit ne se soucie absolument pas des problèmes qui se sont posés au droit naturel, nous ne pouvons lui reprocher ses erreurs.[648]

3. Reinach est contre les positions de Hobbes, Pufendorf, Rousseau, Kant et Fichte. Il s'appuie sur l'objection de Jellinek qui affirme que fonder le processus du droit sur l'État est une tentative « fautive du droit étatique » :

> Elle prend une ou plusieurs propositions d'un ordre juridique d'un état existant pour en dériver l'État, ce qui ne constitue rien d'autre qu'un *udtèson psotèson* naïf. Combien de temps a-t-il fallu pour que fut trouvée la force liante du contrat qui apparaît si évidente pour le droit naturel ?[649]

---

[645] *Ibidem*
[646] *Idem*, p. 186.
[647] *Idem*, p. 187.
[648] *Ibidem*
[649] *Ibidem*

La même critique de Reinach s'adresse à l'endroit de Georg Lasson, dans son introduction à la philosophie du droit de Hegel[650]; son travail ressemble à « une sphère du droit rationnel abstrait qui reste toujours semblable et indépendante de l'État ». C'est la raison pour laquelle, déclare Reinach : « Loin de nous accorder avec ces objections, nous voyons plutôt dans le fait évoqué une des pensées fondamentales les plus justifiées du droit naturel ».[651] Le mérite du droit naturel est sa recherche d'une sphère qui posséderait sa vérité éternelle sans aucune influence des droits positifs. Cette aspiration aux lois éternelles trouve une réelle satisfaction dans la théorie *a priori.*[652] Mais l'énigme se pose pour Reinach : « Naturellement, aucun nom ne caractériserait plus mal ces tendances que celui de droit naturel. Car il ne s'agit pas d'un droit, et la nature n'y joue aucun rôle constitutif ».[653] Et trois fausses interprétations y découlent :

1. « On a pensé que la validité générale des lois juridiques provenait de l'identité de « nature » semblable ou analogue » ;
2. « On a pensé de plus que ces lois ne valaient que pour les hommes ou pour des êtres d'une « nature » semblable ou analogue » ;
3. « On a cherché les rapports que l'on voulait conformes à des lois exclusivement dans la sphère de la « nature », c'est-à-dire du physique et du psychique ».[654]

Ces interprétations pour Reinach sont intenables, car les rapports juridiques ne créent pas l'objectivité pour le simple fait qu'ils sont « originés » dans la nature de tous les hommes. Ils ne sont pas liés au comportement des humains, et « Il est absolument faux que tous les hommes les reconnaissent dans les faits ».[655] L'objectivité ne pourrait pas admettre les rapports juridiques sur le simple fait de leur reconnaissance par tous les hommes. Voici ce que précise Reinach :

> On ne peut pas plus prétendre les faire reposer sur un « sentiment naturel » des hommes ou un « accord universel » que de quelconques propositions de l'arithmétique ou de la géométrie. Et le manque d'un « consensus omnium » peut aussi peu les atteindre que l'existence des propositions de la mathématique la plus haute peuvent être touchées par le fait que seul un très petit nombre d'hommes les connaissent et sont en mesure de les intuitionner.[656]

La théorie *a priori* conteste ces « prétentions » du droit naturel :

---

[650] *Ibidem*
[651] *Idem,* p. 187.
[652] *Idem,* p. 188.
[653] *Ibidem*
[654] *Ibidem*
[655] *Ibidem*
[656] *Ibidem*

1. Faire reposer les rapports juridiques sur un « sentiment naturel » des hommes ;
2. Les faire reposer sur un « accord universel » comme de quelconques propositions de l'arithmétique ou de la géométrie ;
3. Et non plus sur un « consensus omnium ».

Leur objectivité née des « actes sociaux » précède ceux-ci dans leur essence. Ils existent indépendamment de toute reconnaissance des humains. Mais alors comment définir l'objectivité des lois juridiques par rapport au droit naturel ?

VI.5. Le droit naturel et l'objectivité des lois juridiques

Le droit naturel et la théorie *a priori* du droit se rencontrent, comme nous l'avons dit, au niveau de la recherche d'une sphère qui posséderait « sa vérité éternelle ». Sur le plan d'une « représentation idéelle », terme emprunté à Emilio Betti, l'objectivité rapportée aux lois juridiques est liée seulement en partie au terme objet de la nature :

> L'objectivité à laquelle se rapportent les lois juridiques n'appartient qu'en partie à ce qu'on définit en général par terme d'objet de la nature. On pourra certes définir les actes sociaux comme quelque chose de psychique. Ce qui peut en découler ou être modifié ou supprimé par eux – les rapports de droits, les droits et les obligations absolus et relatifs – n'est, comme on l'a déjà signalé, ni physiques, ni psychique ; c'est la sphère des objectivités absolument spécifiques et purement juridiques qui apparaît ici. Ainsi, les lois qui valent pour ces objectivités ne peuvent en aucun cas être considérées comme des lois de nature.[657]

Le risque que l'on peut courir ici est de définir les actes sociaux comme une chose psychique. Mais nous savons bien que ce qui peut découler des actes sociaux, n'est ni psychique, ni physique. C'est pourquoi les lois qui peuvent en être produites ne doivent pas être considérées comme des lois de nature. Il serait aussi intéressant d'analyser l'échec d'une tentative de fondement d'une théorie du droit sur la *naturalis ratio*.

VI.6. Tentative de fondement d'une théorie du droit sur la « naturalis ratio »

Peut-on fonder une théorie du droit sur la *naturalis ratio : raison naturelle* ? La théorie du droit répond par la négative, par rapport à la tentative de lier l'objectivité des lois juridiques aux lois de la nature :

---

[657] *Idem*, p. 189.

Sur ce point, la tentative intéressante et très méritoire de Burkard Wilhelm Leist, de constituer une théorie du droit fondée sur la *naturalis ratio*, a échoué. Lorsqu'il affirme qu'« il y a, par delà les prescriptions positives du droit quelque chose sur lequel notre recherche scientifique doit revenir », que « la volonté juridique ne crée pas, mais qu'elle adopte ou rejette », et « à partir de quoi nous pouvons parvenir à la seule compréhension véritablement satisfaisante de la mise en œuvre variée du droit dans les différents peuples et pour les différentes époques », nous nous accordons très volontiers à ces dires. Mais déjà, la définition de ce quelque chose comme « règne des propositions de la nature » suscite quelques doutes. Et son explicitation montre qu'il ne peut s'agir simplement d'une réserve sur la terminologie utilisée. La recherche doit porter sur « la nature effective des rapports d'existence » sur leur « physis », sur les « organismes naturels qui procèdent des transactions humaines » ; toutes les observations fondées sur la recherche juridique sont caractérisées en ce sens comme physiologiques. Ainsi, l'intention, à l'origine très vraisemblable juste, entre dans une mauvaise passe. A la place des formations juridiques pures, on rencontre ici des « faits de la nature » ; à la place des rapports d'essence *a priori*, des propositions sur « des organismes et des institutions fermement établies ». Aussi Leist n'a pu se libérer de la croyance si familière aux représentations du monde naturel et adoptée si souvent par la philosophie comme un dogme, selon laquelle il n'y a pas d'autre existence que celle de la nature, des objets physiques et psychiques. Ainsi, l'on comprend que ce qui lui est apparu comme la tache fondamentale de la science : « le contraste marqué entre la nature des rapports et la teneur des prescriptions du droit positif », n'ait pas été pris en compte par ses successeurs. Et en fait : si l'on ne reconnaît rien d'autre que le « règne des faits » et le « domaine des prescriptions du droit », les formations spécifiques juridiques ne peuvent que découler de positions subjectives. Et si l'on jette un œil sur les contenus et produits de ces prescriptions de différents types, souvent opposés, on ne peut éviter de conclure que l'on a affaire ici à des créations arbitraires, en tous les cas tirées de considérations pratiques. Il faut tourner notre regard dans une toute autre direction, pour trouver la voie qui mène au règne des formes pures de la légalité juridique, qui existent indépendamment d'une « nature », quel que soit son sens : indépendamment de la connaissance humaine, indépendamment de l'organisation humaine et indépendamment de l'évolution du monde.[658]

Reinach ne manque pas de souligner le nouveau champ de la recherche scientifique qu'est la théorie *a priori* du droit. Le droit positif pourrait adopter ses conclusions ou alors les rejeter. C'est cette recherche qui permettra de parvenir sur le plan herméneutique à « la

---

[658] A. REINACH, *Les fondements a priori du Droit civil, op. cit.*, pp. 189-190. Es gilt, den Blick in eine ganz andere Richtung zu wenden, um den Zugang zu finden in das Reich der rein rechtlichen Gesetzmäßigkeiten, die in jedem Sinne unabhängig von der „Natur" bestehen : unabhängig von der menschlichen Erkenntnis, unabhängig von der menschlichen Organisation und unabhängig vor allem von der faktischen Entwicklung der Welt.

compréhension véritablement satisfaisante » d'une mise en œuvre du droit chez les différents peuples et pour les différentes époques. La théorie *a priori* du droit ne se limite pas territorialement à l'Allemagne ou à l'espace culturel occidental ; puisqu'elle est une science ontologique (ontologie régionale), elle a une nouvelle activité qui répond aux besoins humains changeants et dynamiques. Elle n'est pas une science statique, puisqu'elle « se crée » à partir des « actes sociaux ». Elle transcende l'espace et le temps, parce qu'elle est valable pour toutes les époques. La critique sur le droit naturel amène Reinach à cette conclusion : « Il faut tourner notre regard dans une autre direction » : « Es gilt, den Blick in eine ganz andere Richtung zu wenden ». C'est le fameux *Zurück :* Retour aux choses mêmes du droit.

PARAGRAPHE VII. Le rapport entre le langage et le droit : la réflexion contemporaine

En d'autres termes, c'est le rapport entre la phénoménologie, l'herméneutique et le droit en tant que disciplines autonomes. Si la phénoménologie husserlienne vise l'intentionnalité, elle arrive à faire une enquête logique à partir du langage pour des conclusions logiques. Dans ce paragraphe, nous essayons de faire une étude comparative entre Reinach et Ceslaw Znamierowski.

VII.1. Le rapport entre le sens d'un acte juridique et les normes juridiques sur cet acte

D'après une analyse de Lorenzo Passerini Glazel des expressions : *Eidologique* et *eidonomique* dans la philosophie de l'acte juridique chez Adolf Reinach et Ceslaw Znamierowski[659], la théorie de toutes les structures juridiques *a priori* de Reinach sont fondamentales pour une étude sérieuse des objets juridiques. A cet effet, il énumère trois de ceux-ci :

1. *L'acte juridique* qui peut être les actes sociaux comme la promesse, l'ordre, la demande, la révocation, la renonciation, le transfert, la cession etc. ;
2. *Les entités juridiques* qui sont produites par les actes juridiques : l'obligation et la prétention qui naissent de la promesse ;
3. *Les normes juridiques* qui sont relatives aux actes juridiques.[660]

---

[659] Cf. J. BENOIST, J-F. KERVEGAN, *Entre droit et phénoménologie,* op. cit., pp. 59-69 : art., *Eidologique et eidonomique dans la philosophie de l'acte juridique chez Adolf Reinach et Ceslaw Znamierowski* ».

[660] *Idem*, p. 59.

Pour lui, le problème qui se pose ici est d'établir un rapport entre ces trois objets. Deux théories aident à cet effet à donner un essai de compréhension : La théorie *eidologique de l'acte juridique* et celle *eidonomique*. Nous tentons d'abord de donner une définition à ces termes avant de les situer chez Reinach.

VII.2. Les termes « eidologique » et « eidonomique »

Eidologique vient de *Eidos : forme intelligible ou théorie des idées chez Platon, en d'autres termes hypothèse des réalités intelligibles.* Comme nous l'avons souligné au deuxième chapitre, *l'eidos* husserlien devient un fait empirique lié surtout à l'expérience. C'est le *vécu de la conscience phénoménologique* que Husserl tire de *l'Ego* cartésien.[661] Nous sommes en face d'une hypothèse des réalités intelligibles. Ici c'est le *Logos* qui donne un sens à l'acte juridique ou *acte social* produisant des *effets juridiques*. Par contre dans le sens eidonomique, c'est *le Nomos* qui donne un sens à l'acte juridique. Le *Nomos*, *la loi* donne bien évidement un sens à *l'acte juridique* qui produit des *effets juridiques*.

VII.3. La théorie eidologique de l'acte juridique chez Adolf Reinach

Sa *Théorie eidologique* de *l'acte juridique*[662] est celle qui reconnaît au concept : *eidos* la priorité logique par rapport aux normes juridiques.[663] D'après Reinach, il existe trois thèses qui donnent à l'acte juridique :

---

[661] E HUSSERL, *Méditations cartésiennes*, *Introduction*, *op. cit.* Notre auteur y explique le cogito transcendantal cartésien.

[662] A. REINACH, *Les fondements a priori du Droit civil*, *op. cit.*, pp. 191-192 : Acte juridique (*Rechtsgeschäft*): c'est la notion centrale du droit allemand. Elle désigne d'abord au sens large un type d'action humaine significatif du point de vue juridique. A la différence d'autres types d'action, l'acte juridique comporte au moins une déclaration de volonté. Mais il n'est pas simplement identique à elle, puisqu'il a lui-même d'autres présuppositions (notamment le maintien d'une forme, l'accord d'un tiers, etc.), d'autres structures (ce sont les différents types d'actes) et d'autres conséquences (qui ne sont pas simplement voulues mais effectives).
L'acte juridique est d'abord limité par la capacité à contracter. Ce sont également les limites de la validité des déclarations de volonté. Par exemple, selon le § 104 du *BGB*, n'ont pas la capacité de contracter les enfants de moins de sept ans, les personnes dans un état de trouble mental qui exclut la libre volonté, lorsque cet état n'est pas momentané, et ceux qui ont été interdits de contracter pour aliénation mentale. Par ailleurs, ce principe de la liberté contractuelle, qui recoupe celui de l'autonomie privée, n'est pas lui-même illimité. D'autres bornes ne peuvent être dépassées par les actes juridiques sous peine de nullité. Une d'entre elles est évoquée par Reinach : les actes juridiques ne sauraient contrevenir aux bonnes mœurs (§ 138). On peut ajouter qu'ils ne peuvent selon le *BGB* contrevenir aux prohibitions légales (§ 134).

1. Le *sens* de l'acte juridique est *indépendant* de toute norme juridique sur l'acte : « *La première thèse* de la théorie *eidologique* de l'acte juridique : le *sens* d'un acte juridique est *indépendant* de toute norme juridique sur l'acte. Selon cette première thèse, le sens des actes juridiques comme la promesse, le transfert ou la remise, est indépendant de toute norme juridique : il n'est pas déterminé par les normes du droit positif qui règlent ces actes : il *pré-existe* aux normes juridiques sur les actes ».[664] Cette analyse veut dire en d'autres termes que : « Les lois essentielles inscrites dans *l'eidos* de ces structures juridiques sont des lois de l'ordre de *l'être*, non pas de l'ordre du *devoir être* ».[665] Son *sens* est *présupposé* : *vorausgesetzt :* « Les structures juridiques existent indépendamment du droit positif ; cependant il les présuppose et les utilise ».[666]
2. « La production des *effets essentiels* d'un acte juridique est *immédiate ;* elle n'est pas médiatisée par les normes juridiques sur l'acte ».[667]

Les entités juridiques produites par les actes ont des effets immédiats, car dès que naît un acte juridique automatiquement naît aussi un effet qui n'a pas besoin d'une autre disposition particulière du droit positif.

Il existe différents types d'actes juridiques. L'acte juridique peut être unilatéral, bilatéral ou multilatéral.
Unilatéral, s'il n'est formé que par une seule déclaration de la volonté (c'est le cas, entre autre, de la promesse de récompense, § 657, du testament § 2229, ou de la résolution, § 346).
Bilatéral et multilatéral s'il est formé de deux ou plusieurs déclarations de volonté. On distingue alors trois types distinctifs d'actes bilatéraux et multilatéraux : les contrats, les actes collectifs, les résolutions (ces dernière constituent l'expression de la volonté commune des membres de groupements, telles les sociétés ou les associations). Le plus important est naturellement le contrat. Une seconde distinction, essentielle également, est celle qui oppose les actes juridiques abstraits et causales. L'acte est abstrait quand il est détaché de sa cause. C'est le cas de l'acte de disposition, dont la cause renvoie à un acte juridique distinct, créateur d'obligations, c'est le cas encore de la constitution d'une hypothèque. L'acte causal quand la cause fait partie du contenu même de l'acte : c'est le cas de tous les actes créateurs d'obligations.
Enfin, les effets de l'acte juridique diffèrent selon le type d'acte : ainsi, un acte de contrainte crée une prétention, un acte d'exécution supprime la prétention, etc.

[663] J. BENOIST, J-F. KERVEGAN, *Entre droit et phénoménologie, op. cit.,* pp. 59-69 : art., *Eidologique et eidonomique dans la philosophie de l'acte juridique chez Adolf Reinach et Ceslaw Znamierowski* », p. 61 : « La doctrine *a priori* du droit de Reinach est un cas paradigmatique d'une théorie eidologique de l'acte juridique. La théorie eidologique de l'acte juridique est une théorie de l'acte juridique qui reconnaît au concept (à l'*eidos*) de l'acte juridique une priorité logique par rapport aux normes juridiques sur l'acte même. Comme je l'ai dit, cette théorie se subdivise en deux thèses fondamentales, que j'examinerai respectivement ».

[664] *Idem,* pp. 61-62. Lorenzo Passerini s'appuie sur cette citation de Reinach : « Les concepts juridiques fondamentaux spécifiques au droit ont une existence juridique non-positive, tout comme les nombres possèdent une existence indépendante des sciences mathématiques », Cf. A. REINACH, *Les fondements a priori du Droit civil, op. cit.,* p. 43.

[665] *Ibidem*

[666] *Idem,* pp. 62-63 ; A. REINACH, *Les fondements a priori du Droit civil, op. cit.,* p. 45, *Sämtliche Werke, op. cit.,* p. 145.

[667] *Idem,* p. 63.

D'une manière simultanée, la naissance de la promesse implique celle de l'obligation : « Quand une promesse est effectuée, "alors quelque chose de nouveau vient au monde. Il naît d'un côté une prétention, de l'autre une obligation" ».[668]

La prétention et l'obligation ont une relation immédiate et essentielle : « Il est dans l'essence même de l'acte [de la promesse] de produire des prétentions et des obligations [...] Il s'agit de relation d'essence immédiatement évidentes, rien de semblable à des « créations » d'un quelconque droit positif ».[669]

Pour Reinach, c'est une relation d'essence nécessaire. Elle naît nécessairement, car elle n'a pas besoin d'une disposition particulière pour exister.

Contrairement à Reinach, Znamierowski[670] avance la théorie eidonomique de l'acte juridique.

VII.4. La théorie eidonomique de l'acte juridique chez Czeslaw Znamierowski

Il donne deux thèses pour argumenter sa théorie :

1. Le *sens* de l'acte juridique est déterminé *par des normes* juridiques sur cet acte[671]:
Selon Znamierowski, en effet, les actes juridiques appartiennent à la catégorie des « actes *thétiques* » [« *aktytetyczne* »]. Les actes thétiques sont des actes qui n'existent qu'en vertu d'une norme (ou d'un complexe de normes) qui les "construit".[672]

Le fondement desdits actes étant la norme, celle-ci devient incontournable pour arriver à affirmer leur existence et leur validité. A cet effet, voici l'exemple qu'il utilise pour faire comprendre sa première thèse :

Je formule une règle sur la disposition des cartes que j'appelle « solitaire ». Dans cette règle, j'établis que dans certaines situations je peux poser un as sur un roi. Mettre un as et un roi sur une table, ce sont sans aucun doute des activités psycho-physiques ; mais la norme du solitaire a construit entre

---

668 *Ibidem.*

669 A. REINACH, *Les fondements a priori du Droit civil, op. cit.*, pp. 68-69.

670 Ceslaw Znamierowski (1888-1967), est un philosophe du droit polonais. Il l'a enseignée à Poznań. Sa doctrine s'inspirant de Reinach arrive à des conclusions opposées à la Théorie *a priori*.

671 Cf. J. BENOIST, J-F. KERVEGAN, *Entre droit et phénoménologie, op. cit.*, pp. 59-69 : art., *Eidologique et eidonomique dans la philosophie de l'acte juridique chez Adolf Reinach et Czeslaw Znamierowski* », p. 65.

672. *Ibidem*

ces activités psycho-physiques une connexion, qui attribue une signification particulière à ces activités.[673]
Et voici ce que stipule sa thèse : « C'est grâce à la norme que ces actes ne sont pas seulement la simple disposition de bouts de papier colorés, mais plutôt un « disposer un as ou un « disposer un roi ». Ces actes-ci sont des actes établis et construits par la norme ».[674]
2. Dans la deuxième thèse, la production des *effets essentiels* d'un acte juridique est médiate ; elle est *médiatisée par les normes* juridiques sur l'acte.[675]
A la différence de Reinach, Znamierowski n'affirme pas que les effets de l'acte juridique découlent de l'essence même de l'acte. Au contraire : c'est la norme construisant l'acte juridique qui établit la relation entre l'acte juridique et ses effets. Sans la norme qui construit un certain acte, il n'est possible ni de réaliser cet acte, ni, forcément, d'en produire les effets.[676]

D'après cette deuxième thèse de la théorie *eidonomique* la production des *effets essentiels* d'un acte juridique est *médiate*, car les normes juridiques sont le support incontournable pour cette médiation.

D'après le Prof Passerini : « Les deux théories opposées de Reinach et de Znamierrowski partagent un même présupposé : l'idée qu'ils existent des entités juridiques et des états de choses juridiques qui sont produits par les actes juridiques ».[677]

La théorie de Reinach se voit être combattue par une nouvelle, que Znamierowski nommera : Théorie de « *l'ontologie sociale* ».[678]

---

[673] CZESLAW ZNAMIEROWSKI, *Podstawowe pojçia teori prawa. Uklad prawny i norma prawna* [*Concepts fondamentaux de la théorie du droit. Structure juridique et norme juridique*], 1924, Poznań, Fiszer i Majewski, p. 67 ; tr., it. Giuseppe Lorini : « Atti tetici e norme costruttive », in Amedeo G. Conte/Paolo Di Lucia/ Luigi Ferraioli/Mario Jori, Filosofia del diritto, Milan, Cortina, 2002, p. 76.
[674] *Ibidem,* p. 67 original, p. 76, tr., it.
[675] J. BENOIST, J-F. KERVEGAN, *Entre droit et phénoménologie, op. cit.,* pp. 59-69 : art., *Eidologique et eidonomique dans la philosophie de l'acte juridique chez Adolf Reinach et Czeslaw Znamierowski* », p. 67.
[676] *Ibidem.*
[677] *Idem,* p. 68.
[678] Cf. C. ZNAMIEROWSKI, *O przedmiocie i fakcie spolecznym* [*Objets sociaux et faits sociaux*], in *Pzeglad Filozoficzny,* n. 24 (1921), pp. 1-33.

QUATRIÈME CHAPITRE

Analyse d'Adolf Reinach en dialogue avec la vision du langage juridique contemporain (Betti et Gadamer)

PARAGRAPHE I. Dialogue entre la doctrine *a priori* du droit et les quatre canons de l'herméneutique d'Emilio Betti

Il est important pour nous de rappeler que ce quatrième chapitre est lié aux travaux que nous avons effectués en fin de deuxième cycle d'études philosophiques dans notre université. Les deux grands piliers de l'herméneutique contemporaine, à savoir Betti et Gadamer peuvent-ils nous aider à entrer en dialogue avec Adolf Reinach ?

I.1. Le cas d'Emilio Betti

Il est essentiellement conduit par l'influence de sa formation juridique et philosophique sur le modèle platonicien et par Giambattista Vico, philosophe napolitain.[679] Philosophe et juriste, Betti cherche à sauver la vérité face à l'ontologie de Gadamer basée sur les rapports entre la vérité et la méthode : *Wahrheit und Methode*. A travers sa recherche pour une étude du processus compréhensif et interprétatif, Betti ira à contrecourant. Il n'adhère pas à l'existentialisme herméneutique dont les principaux pourfendeurs sont Heidegger, Gadamer et Bultmann. Ils ont voulu dans leur analyse donner un poids excessif à la précompréhension du sujet et non de l'objet à interpréter.[680] En effet, les

[679] J. BLEICHER in G. REALE/D. ANTISERI, *Il pensiero occidentale dalle origini ad oggi* 3, *op. cit.*, p. 499 : « Sull'opera di Betti ecco il giudizio di un noto studioso delle problematiche dell'ermeneutica, e cioè Joseph Bleicher : "Betti si è posto consapevolmente il compito di raccogliere la ricca messe di pensiero ermeneutico accumulatasi sino ed ora. Egli resta all'interno della tradizione idealistico - romantica che finora ha caratterizzato questa sfera di attività. Aspira a superare il residuo psicologico presente nell'opera di Dilthey, che forniva una base teorica anche nei suoi ultimi lavori, ricorrendo a temi hegeliani, ma attingendo inoltre a Husserl e al pensiero neokantiano, specialmente a Hartmann ».

[680] *Idem*, p. 500 : « L'ermeneutica di Heidegger e Gadamer, sostiene Betti, è una storia di ispirazione kantiana e punta sulle strutture trascendentali del soggetto ; l'ermeneutica di

herméneutiques existentialistes voulant attribuer au sujet la capacité d'interprétation basée sur une « auto compréhension », Betti sauve l'objet à interpréter de tout arbitraire : *« sensus non est inferendus sed efferendus »*.[681] L'objectivité voudrait que le sens qu'un interprète donne à un texte ne soit pas le fruit d'une pure attribution mais qu'il demeure fruit d'une découverte et d'une reconstruction objective. En d'autres termes, c'est une reconnaissance de la vérité du texte. Comprendre et interpréter un objet différent de nous, tel sera la base de la méthode de Betti. C'est pourquoi, il propose « quatre canons » à suivre pour sauver l'objectivité du texte à interpréter.

I.1.1. Les quatre canons de l'interprétation

1. Le canon de l'autonomie de l'objet de l'interprétation ou de l'immanence de l'objet ;
2. Le canon de la totalité de l'objet ou de la cohérence, partant du « cercle herméneutique » ;
3. Le canon de l'actualité de la compréhension ;
4. Le canon de l'adéquation de la compréhension et de la correspondance ou consonance herméneutique.[682]

Ces quatre canons ou critères à suivre dans le processus de l'interprétation sont des moyens visant à préserver la vérité objective. Les deux premiers concernent l'objet à interpréter et les deux derniers le sujet interprétant. La technique d'interprétation de Betti ne se limite pas comme les techniques existentialistes à la seule attribution, en accordant une très grande valeur au sujet. Dans la méthode de Betti, c'est le sujet

---

Betti intende porsi, dal canto suo, su di un piano di realismo che vuol rendersi garante dei diritti dell'oggetto. Betti accetta la distinzione idealistica e storicistica tra scienze della natura e scienze dello spirito, e ripete con Dilthey che, diversamente dalle scienze dello spirito, l'oggetto delle scienze della natura è "un oggetto essenzialmente diverso da noi" ».

[681] E. BETTI, *Teoria generale della interpretazione*, Tome 1, édition corrigée et amplifiée G.CFRIFO, Giuffré, Milan 1990, p. 102. Le sens ou l'interprétation n'interfère pas le texte en lui attribuant une signification, mais a pour fin la découverte de la vérité du texte. Il se trouve dans le texte et non chez le sujet interprétant : « Ma proprio su questo punto, cioè nel conferire al dato storico un senso secondo il quale dev'essere inteso, si annida l'equivoco : perché il criterio ermeneutico di una corretta interpretazione, com'è stato formulato fin da antico, è : "sensus non est inferendus, sed efferendus": il senso dev'essere quello che nel dato si trova e da esso si ricava, non già desumersi da un sistema ad esso estraneo ».

[682] G. MURA, *Introduzione all'ermeneutica veritativa, op. cit.*, pp. 196-197. La division de G. MURA semble formation à notre avis une des plus claires :
« autonomia dell'oggetto dell'interpretazione ».
« canone della totalità »
« canone dell'attualità dell'intendere »
« canone dell'adeguazione dell'intendere ».

qui doit chercher à comprendre le texte. Il doit aller à la rencontre du texte.

I.1.2. Le canon de l'autonomie de l'objet de l'interprétation ou de l'immanence de l'objet

L'Autonomie et l'immanence de l'objet.

Cet objet à interpréter doit garder son entière autonomie face à toute attribution arbitraire du sujet qui l'interprète. Betti va contre ceux qui affirment la supériorité de la « mens dicentis » face à la « vox dicentis ».[683] En effet, si les formes représentatives qui constituent l'objet de l'interprétation sont essentiellement « des objectivations » d'une spiritualité, ils doivent donc être compris selon ce que cet esprit s'est objectivé.[684] Ce qui veut dire en d'autres termes que l'interprétation doit se faire selon la pensée propre de l'auteur. C'est ici que la formule de la tradition juridique latine prend toute sa forme : *sensus non est inferendus, sed efferendus*. Le sens ne doit pas être attribué au texte, mais devrait être extrait ou pris de la forme représentative. Contre tout arbitraire subjectif, ce canon impose de respecter l'objet à interpréter dans son mode particulier d'être. C'est pourquoi Betti qualifie son premier canon de canon « directeur » de toute interprétation. Le canon de l'*autonomie* herméneutique, ou de l'*immanence* du critère herméneutique vient sauver l'interprétation de tout relativisme et de toute transformation due aux différentes influences liées au temps. La forme herméneutique doit être comprise dans son autonomie, avec sa propre loi de formation. Elle doit être cohérente et rationnelle selon la pensée même de l'auteur. L'interprétation ne se basera pas sur un concept abstrait mais répondra à l'exigence de l'intérêt de la connaissance et de l'idéal de la connaissance.[685]

L'objet à interpréter n'est pas « subsumable » : c'est-à-dire en langage juridique, qu'il ne peut pas être substitué ou altéré par l'interprète. Étant un produit particulier de la spiritualité d'un esprit, non dans le sens hégélien du mot, l'objet demeure l'expression concrète dans l'histoire de

---

[683] *Idem*, p. 305 : « Un primo, fondamentale canone ermeneutico attinente all'oggetto da interpretare è affiorato alla consapevolezza degli interpreti di testi scritti, allorché essi alla nuda lettera hanno contrapposto il senso del linguaggio, considerando se stessi quali « ministri non litterae, sed spiritus : litera enim occidit, spiritus autem vivificat », o affermando, rispetto a un linguaggio percettivo, che non si debba attendere ai verba ma alla « vis ac potestas », o rivendicando la superiorità del pensiero immanente alla dichiarazione (mens dicentis) in confronto della lettera (vox dicentis), astrattamente considerata ».

[684] E. BETTI, *Teoria generale della interpretazione, op. cit.*, p. 305 : « intese secondo quello spirito che in esse si è oggettivato [...] ed esige che sia misurato col suo stesso metro ».

[685] *Idem*, p. 307 : « L'oggetto da intendere non è sussumibile sotto un concetto astratto, né derivabile da una causa aliena : la riduzione ad un quid aliud non è idonea ad approfondirne e a procurarcene la conoscenza ».

toutes les activités spirituelles de l'homme : artistiques, littéraires, poétiques, philosophiques, juridiques et religieuses pour ne citer que celles-là.[686] Pour Betti, la spiritualité est synonyme de l'historicité parce que seul l'homme, grâce à sa capacité de constructeur du monde a une histoire.

Ayant eu l'influence de Vico, Betti considère le monde comme une composition des produits de la spiritualité de l'homme. Ce sont ces produits qui sont objet de notre interprétation. L'objet fait des mains d'homme n'a pas de comparaison avec un objet de la nature qui pourrait avoir une évolution et non une histoire. Mais l'objet de l'interprétation est un objet historique. C'est pourquoi, même s'il est produit dans un contexte historique déterminé, il doit être, selon ce canon de l'autonomie et de l'immanence, sauvé dans son *altérité* et dans son *autonomie objective.*[687]

Ce ne sont pas seulement les formes représentatives du produit objectivé qui sont ici sauvées, mais c'est le rapport entre l'interprète et l'objet qui doit être préservé de toute attribution arbitraire. L'interprète doit parcourir le même chemin qu'a parcouru l'auteur de l'œuvre spirituelle ou historique pour bien la comprendre.

Toujours à la suite de Vico, Betti cherche à sauvegarder toute déformation de l'œuvre sur ce parcours historique. Celle-ci doit être préservée de tout vice et de tout préjudice des visions des idéologies arbitraires.[688]

Bref, le premier canon cherche à respecter au maximum l'objet dans son altérité, comme il nous est donné et non imposé. Nous devons chercher à le découvrir, à le comprendre tel qu'il est et non lui attribuer un sens. Cette compréhension nous permet de pouvoir saisir le canon de la totalité de cet objet.

---

[686] G. MURA, *Emilio Betti, L'Ermeneutica come metodica generale delle scienze dello spirito, saggio introduttivo, scelta antologica e bibliografie,* p. 12 : « Occorre precisare a questo punto che Betti usa il termine « spiritualità » non nel senso di Spirito (*Geist*), hegelianamente inteso come mediatore supremo ed unico di tutte le forme storiche, ma nell'accezione precisa di realizzazioni storiche concrete dovute al fatto che l'uomo è un essere che ha lo spirito, ma non è lo spirito, né è una determinazione dello Spirito ».

[687] *Idem,* p. 13.

[688] *Idem.* pp. 13-14 : « Il compito principale dell'interprete dev'essere ugualmente quello di limitare al massimo, mediate una rigorosa metodologia ermeneutica, tutte le deformazioni che provocherebbe la propria soggettività non educata, a motivo di pregiudizi, visioni preconcette, prese di posizione ideologiche e arbitrarie, che vizierebbero irrimediabilmente la correttezza dell'interpretazione ».

I.1.3. Le canon de la totalité de l'objet ou de la cohérence, partant du « cercle herméneutique »

La Totalité et la cohérence du jugement herméneutique[689] :

Reformulé par Schleiermacher par la notion du « Cercle herméneutique », qui dit qu'une partie d'un texte ne peut être comprise qu'à la lecture de toutes les autres, Betti réaffirme, sur la voie tracée par Schleiermacher, la cohérence qui lie les différentes parties. Le texte est un tout qui est lié en rapport avec les autres productions spirituelles de l'auteur. Avec le deuxième canon, ce ne sont plus seulement les différentes parties du texte, c'est l'ensemble ou la totalité des œuvres de l'auteur. Il souligne la corrélation entre les différentes parties d'un texte, à l'objectivation de la pensée. C'est un tout, comme si les parties s'enchaînaient.

Le lien entre les diverses parties d'un tout crée une cohérence et une synthèse qui répondent à un besoin de l'esprit ; un besoin de l'auteur qui devrait aussi être compris par celui qui voudrait l'interpréter. Schleiermacher parle du cercle herméneutique comme étant l'unité de tous les éléments dans lequel, même les éléments singuliers du texte et de l'histoire de l'auteur ne doivent pas être négligés. Le tout du discours comme chaque manifestation de la pensée est généré d'un unique esprit.[690]

La signification et la valeur de chaque phrase particulière ou proposition et de toutes les notes liées à elles doivent être comprises à partir d'un enchaînement de tout le discours auquel ils appartiennent. C'est pourquoi l'unité du discours est fondamentale pour arriver à comprendre qu'il est un tout organique. Aucun élément ne doit être négligé.[691]

La compréhension provisoire évolue en se perfectionnant, se corrigeant, et en s'intégrant dans l'unique discours. L'interprète prend possession du discours et il en devient maître, c'est-à-dire connaisseur. Betti insiste aussi sur *l'illumination réciproque* entre les parties d'un tout. Schleiermacher entend par là, soit un référent subjectif à la vie de l'auteur qui en constitue chaque acte, soit un référent objectif à la sphère de la spiritualité à laquelle l'œuvre appartient. C'est ce qui constitue une chaîne idéale d'enchaînement de signification qui lie les différentes œuvres d'un même contenu et d'un genre littéraire similaire.[692]

---

[689] E. BETTI, *Teoria generale della interpretazione, op. cit.*, pp. 307-314.

[690] *Ibidem*, « Si trae un'illazione fondata sulla rilevata corrispondenza fra *iter* genetico e *iter* ermeneutica ».

[691] *Ibidem :* « La comprensione, dapprima provvisoria, si va perfezionando, correggendo e integrando, col crescente estendersi del discorso di cui l'interprete prende possesso, per modo che solo alla fine gli elementi singoli, tutti insieme abbracciati, risultano quasi di colpo messi in piena luce e rappresentati in precisi e perspicui contorni ».

[692] E. BETTI, *Teoria generale della interpretazione, op. cit.*, p. 310 : « La quale totalità va intesa, con Schleiermacher, sia in riferimento soggettivo alla vita dell'autore,

Ce qui caractérisera le début de la construction d'une interprétation, c'est son caractère provisoire qui progressivement se construira sur la compréhension de la psychologie de l'auteur et sur la base de toutes ses manifestations morphologiques ou techniques. Aucune de ses œuvres ne doit être considérée comme étant isolée. Cela requiert une grande honnêteté intellectuelle et un grand respect de l'œuvre de la part de l'interprète. Nous pouvons diviser la totalité à la quelle l'œuvre d'art se réfère en trois points selon l'inspiration de Betti :

1. La totalité de la langue dans la quelle le discours est contenu (Aspect grammatical).
2. La totalité de la vie et de la personnalité de l'auteur (Aspect psychologique).
3. La totalité de la spiritualité à laquelle l'œuvre appartient (Aspect technique).

Après avoir esquissé cette totalité et cette autonomie qui obéissent à l'immanence de l'objet à interpréter de manière objective, le sujet interprétant devra par la suite observer ces deux autres canons. Nous passons de l'objet à interpréter au sujet interprétant.

I.1.4. Le canon de l'actualité de la compréhension

L'actualité de la compréhension. L'interprète est appelé à reconstruire de l'intérieur un passé propre pour comprendre l'auteur.[693] A première vue, l'interprète pourrait croire que ce canon est « connaturel » au processus de l'interprétation. Mais sa formation spirituelle y jouerait un rôle de premier plan. L'idéal ici est de laisser parler l'autre à travers toutes nos catégories mentales.[694] En rentrant dans l'histoire de manière non seulement subjective, mais aussi objective, l'interprète réussit à pénétrer dans la profondeur de la compréhension de l'auteur. Car, il s'agit de comprendre et d'interpréter l'auteur aujourd'hui.

Il s'agit aussi, dans ce processus de reconstruction de faire participer sa sensibilité et son intelligence avec les catégories actuelles (d'aujourd'hui) de son propre esprit, de sa propre intuition et de ses

---

costituendone ogni atto un momento spirituale collegato al complesso degli altri atti nella misura della reciproca influenza e affinità, sia in riferimento oggettivo alla sfera di spiritualità cui l'opera in questione appartiene, costituendo essa un anello nella ideale concatenazione di significato che intercede fra opere di consimile contenuto e genere ».

[693] *Idem.,* p. 314 : « L'interprete è chiamato a ripercorrere in se stesso il processo genetico, e cosi a ricostruire dal di dentro e a risolvere ogni volta nella propria attualità un pensiero, un'esperienza di vita, che appartiene al passato, vale a dire, ad immetterlo come fatto di esperienza propria, attraverso una specie di trasposizione, nel circolo della propria vita spirituale, in virtù della stessa sintesi con cui lo riconosce e ricostruisce ».

[694] *Idem,* p. 315 : « l'ideale di lasciar parlare « da sé » le cose senza mettervi nulla di proprio, genera il falso preconcetto di una « nuda oggettività » che, per cosi dire, raccolga da terra e sia raggiungibile senza la collaborazione dell'interprete e senza il sussidio delle sue categorie mentali ».

propres forces inventives liées à son éducation.[695] En plus, le processus d'interprétation ne saurait se faire sans aucun intérêt « noétique ». Car c'est cet intérêt à l'interprétation qui conditionnera le degré d'engagement de l'interprète. L'intérêt est comme une impulsion à pouvoir rendre dynamique toute interprétation.[696]

L'interprète doit rester dans la certitude que sa propre mentalité doit apporter quelque chose au processus d'interprétation. L'actualité de la compréhension s'opère non seulement dans l'aspect pur d'un phénomène, mais surtout dans celui d'une exigence d'un canon à observer. Il faut reconnaître ici la spontanéité du sujet qui interprète son histoire et sa totalité spirituelle. Le sujet doit prendre en compte sa propre expérience actuelle en la confrontant avec celle de l'auteur. L'interprète est en quelque sorte conditionné dans la compréhension du passé de l'auteur.

A travers ce canon, Betti accepte le principe de la pré compréhension herméneutique.[697] Il est conditionné par un passé dans le processus interprétatif. Sa culture actuelle, sa psychologie, son expérience et son histoire, le monde dans lequel il vit ont une certaine influence dans le processus de l'interprétation. Mais Betti en fait une critique sévère dans ce canon, sur un point de vue historique et philosophique.[698] Pour lui, la précompréhension en soi ne saurait nous éloigner du passé, ne devrait pas le dénaturer et ne devrait non plus lui faire perdre son authenticité, elle devrait plutôt le faire découvrir dans ses diverses composantes et l'accueillir dans ses racines profondes.

La définition que Betti donne à la précompréhension est différente de celle des herméneutiques existentielles. L'aspect philosophique de ce canon a une importance particulière car, sa critique nous fait comprendre la démarcation opérée par Betti au sujet de la compréhension de l'histoire de l'objet à interpréter et surtout du sujet interprétant.

---

[695] *Idem*, p. 316.

[696] *Idem*, p. 316-317 : « Si può dire, anzi, che, quanto più vivo è l'interesse attuale all'intendere, tanto più alto sarà, a parità di altre condizioni, il grado dell'impegno, quindi tanto migliore intelligenza : dove l'interesse langue o è ristretto, anche l'impegno sarà deficiente o limitato ; dove l'interesse è più inteso e comprensivo, l'interprete riuscirà a vivificare e ad animare l'oggetto della sua stessa vita ed anima, come esperienza presente ed attuale ».

[697] D'après ce principe, l'interprète n'est jamais neutre dans son œuvre. Il n'est pas passif, il participe activement dans l'interprétation d'un texte. Ses sentiments, sa précompréhension, son histoire culturelle, sa psychologie, et ses jugements personnels ne sont pas à négliger dans le processus de l'interprétation.

[698] Cf. E. BETTI, *L'ermeneutica come metodica generale delle scienze dello spirito, Saggio introduttivo, scelta antologica e bibliografie a cura di Gaspare Mura,* op. cit., A cura de G. MURA, pp. 15-16 : « Per Betti la precomprensione per sé non deve snaturare, non deve farcelo perdere nella sua autenticità, ma anzi deve aiutarci a penetrarlo con maggiore consapevolezza, a svelarlo nelle sue molteplici componenti, a coglierlo nelle sue radici più profonde ».

C'est ici que le sujet, après avoir compris l'actualité de la compréhension, pourrait arriver à l'adéquation de celle-ci.

I.1.5. Le canon de l'adéquation de la compréhension, de la correspondance ou consonance herméneutique

La correspondance et la « congéniatlité » herméneutique.[699] La capacité de spontanéité de l'interprète ne devrait pas s'imposer à l'objet de l'interprétation. Le canon de l'adéquation ou de la correspondance vient mettre une clarté sur l'assimilation et la reconnaissance de l'objet de la part du sujet interprétant. Car, s'il est vrai que seul l'esprit parle à l'esprit, il est aussi vrai que seul l'esprit d'égal niveau et bien disposé de manière congénitale peut être en mesure de comprendre de manière adéquate l'esprit qui lui parle.[700] Il faudrait revenir ici à une conception éthique et éducative de la chose. Si pour réussir à comprendre, l'interprète doit pénétrer et presque se transférer dans un autre esprit qui lui parle, il est clair pour Betti que cette intuition de vérité s'inspire de l'adage selon lequel, seul le semblable reconnaît le semblable grâce à l'*anamnesis* de Platon.[701]

Si Betti prend ses distances vis-à-vis de l'historicité de Dilthey qui comportait le risque de compromettre la dimension transcendantale de la vérité, qui n'est pas l'histoire mais fait partie de l'histoire il prendra de lui l'aspect positif qui en découle à savoir son rôle éthique et éducatif.[702] La critique de la raison historique ne s'arrêtera pas seulement à interpréter et à faire une critique des faits historiques, mais proposera au vaste champ de l'herméneutique d'aider les jeunes à leur formation morale et éducative. Pour Betti et Dilthey, comprendre et faire une expérience existentielle sont des réalités réciproques. Lorsque nous nous efforçons de comprendre, nous élevons notre vie. L'expérience existentielle nous aide à en donner un sens éthique de notre capacité de comprendre.

---

[699] Cf. E. BETTI, *Teoria generale della interpretazione, op. cit.*, p. 317.

[700] *Idem*, p. 318 : « Se è vero che solo lo spirito parla allo spirito, è vero anche che solo uno spirito di pari livello e congenitamente disposto è in grado d'intendere in modo adeguato lo spirito che gli parla. Non basta un interesse attuale ad intendere, per quanto vivo esso possa essere ; occorre anche un'apertura mentale che permetta all'interprete di collocarsi nella prospettiva giusta, più favorevole per scoprire e intendere ».

[701] *Idem*, pp. 318-319 : « E' chiaro quale intuizione di verità ispiri il vecchio dittero che solo il simile conosce il suo simile e lo riconosce per una sorta di platonismo *anamnesis*, o l'altro detto, che l'interprete vede ciò che ha nel cuore, e non può ritrovare nell'oggetto ciò che non porti virtualmente in se stesso, o l'altro ancora, che, dove all'interprete si richieda di mettersi ad eccessiva distanza da tutte le sue interiori esperienze, ivi egli non può riuscire ad intendere e cosi chi abbia animo piccolo o arido non può intendere il magnanimo o l'appassionato, o chi abbia mentalità miope o da cameriere non può intendere il grand'uomo che l'abbia ammesso alla sua intimità ».

[702] G. MURA, *Introduzione all'ermeneutica veritativa, op. cit.*, pp. 163-164.

Ce canon serait fondamental dans le processus éducatif de l'étudiant. Philosopher avec Platon, Aristote, Thomas d'Aquin et Betti, signifie s'élever au même niveau intellectuel et spirituel que ceux-ci. L'adéquation du comprendre vise non seulement à la formation intellectuelle, mais aussi à former de grands esprits sur le plan moral et éducatif.[703] Le processus de l'interprétation vise ici à combler un vide intellectuel et moral chez l'étudiant.

C'est la pédagogie par le modèle, par l'exemple. Après avoir compris l'auteur à interpréter, l'étudiant doit suivre son exemple de vie. Après avoir assimilé, intégré et s'être adapté pour pouvoir interpréter authentiquement un auteur, l'étudiant doit chercher à se construire une personnalité qui cherche à lui ressembler. L'interprète n'est plus étranger à la lecture, à la compréhension et à la capacité de pouvoir interpréter, mais il devient un semblable de ce grand esprit. Il est désormais à mesure lui aussi de l'interpréter, après avoir acquis de lui une grande expérience communicatrice de grandes valeurs morales. L'objet de l'interprétation ayant aidé dans le passé à trouver des critères moraux objectifs qui ont formé cette grande personnalité à se construire, il devrait sans aucun doute aider de la même manière l'interprète à acquérir à sa manière ces valeurs.

C'est pourquoi, à la différence des interprétations existentialistes qui posent le primat du sujet et non l'adéquation du sujet à la vérité, Betti crée avec ce quatrième canon une grande révolution dans le vaste champ herméneutique. La métaphysique est sauvegardée de tout subjectivisme et de tout relativisme. Le modernisme et le postmodernisme sont confondus dans l'affirmation des valeurs subjectives de toute morale.

Betti vient aussi réaffirmer la préservation des valeurs constantes de la morale au de là de toutes les époques et des changements perpétuels du monde de la pensée. L'affirmation de l'objectivité réelle et idéale vient créer une dynamique et une réconciliation avec le passé pour suivre le champ linéaire de l'histoire. Avec Betti nous assistons également à la possibilité des grandes synthèses reformulées par Emmanuel Kant. L'interprète et l'étudiant dans la pédagogie construisent ensemble selon la méthode participative ou interactive à l'interprétation du même auteur. Respect, liberté, volonté mutuelle et ambition caractérisent tout processus éducatif dans le sens de la collaboration et de la coopération.

Pour arriver à perpétuer sa méthode, Betti réussira à créer près de l'université de la Sapienza de Rome, l'Institut de la théorie de

[703] *Idem*, p. 197 : « Questo canone indica chiaramente come in Betti l'ermeneutica avesse una finalità altamente morale ed educativa, in quanto l'interpretazione dei grandi testi del passato avrebbe dovuto contribuire alla trasmissione delle grandi opere del passato ed alla formazione di personalità capaci di elevarsi alla grandezza dei testi interpretati ».

l'interprétation.[704] Il fallait y former de grands esprits capables de créer un dialogue avec toutes les cultures humaines et toutes les nations. C'est la valeur humaine de toute culture que l'Institut visait à favoriser. Ici notre auteur, sur la voie tracée par Vico, avait l'ambition d'amener les interprètes à pouvoir transmettre les valeurs humaines inscrites dans l'âme de chaque peuple. Par le processus d'assimilation, celles-ci pouvaient s'élever au niveau universel et être transmises aux étudiants pouvant se les faire propres. L'idéal humaniste de la formation et de l'éducation est le véritable esprit de l'herméneutique d'Emilio Betti.[705] Car toute éducation authentique est fondée sur la recherche de la vérité. Celle-ci est à conquérir, à découvrir, à être reconnue et à faire croître moralement et spirituellement tout étudiant. Toujours dans la recherche de cette vérité, l'étudiant doit être capable de dialogue et de tolérance.[706] Betti veut conjuguer, théorie herméneutique et éthique de la tolérance. C'est elle qui sera le critère premier du processus herméneutique.

Betti propose donc dans sa théorie générale de l'interprétation un processus en trois phases. C'est la rencontre entre le sujet et l'objet à interpréter. Pour le faire, il s'inspirera du « Monde Civil » de Vico. Ce monde doit être compris dans la pensée de Vico pour trouver la possibilité de dialogue entre Reinach et Betti.

I.2. Le monde civil de Vico

« La nouvelle science » que propose Vico[707] est l'objet de l'*hermeneutica historiae.*[708] Son premier principe est de reconnaître la vérité, parce que le monde civil est une création des hommes. Les principes sur lesquels se fonde cette science peuvent se retrouver dans

---

[704] C. DANANI, *La questione dell'oggettività nell'ermeneutica di Emilio Betti, op. cit.*, p. 9.

[705] G. MURA, *Introduzione all'ermeneutica veritativa, op. cit.*, p. 197.

[706] E. BETTI in C. DANANI, *La questione dell'oggettività nell'ermeneutica di Emilio Betti, op. cit.*, p. 258 : « Una teoria particolarmente adatta ad educare nei giovani l'abito della tolleranza e il senso del rispetto verso le opinioni altrui, è la teoria della interpretazione ».

[707]Giambattista Vico est né à Naples (1668-1744). Il fit des études chez les Jésuites. Très opposé au cartésianisme, il propose une nouvelle approche philosophique basée sur l'anthropologie et sur les savoirs de l'homme. Voici comment s'articule sa théorie cyclique de l'histoire : 1. L'age des dieux (religion) ; 2. L'age des héros (domination des nobles) ; 3. L'age des hommes (l'égalité ontologique) : in www.universalis.fr <13.04.2012>

[708] G. MURA, *Introduzione all'ermeneutica veritativa, op. cit.*, p. 199 : il « primo principio incontrastato di questa "scienza nuova" consiste nel riconoscere la verità che poiché il mondo civile è stato fatto dagli uomini, i principi su cui esso si fonda si possono ritrovare nelle "modificazioni della nostra mente umana": e "poiché questo mondo di nazioni egli è stato fatto dagli uomini, vediamo in quali cose hanno con perpetuità convenuto e tuttavia vi convengono tutti gli uomini, perché tali cose ne potranno dare i principi universali ed eterni, quali devono essere d'ogni scienza, sopra i quali tutte sorsero e tutte vi si conservano in nazioni" ».

les différentes modifications de notre esprit humain. Comme les nations sont créées par les hommes, il faudrait trouver dans l'histoire les principes universels et éternels devant être l'objet de toutes les sciences. Dans ceux-ci, il est possible de retrouver une « interconnexion » entre les différentes créations de l'esprit humain et les créations « spirituelles » dans l'histoire. Ce sont les hommes qui sont protagonistes de l'histoire.

Betti appellera ce « monde civil » : monde des produits de la spiritualité de l'homme dans l'histoire. L'expression qu'il utilisera sera celle des : « formes représentatives »[709] : une chose qui est importante à souligner est cette fondamentale définition de l'herméneutique chez Vico. L'objet qui semble être éliminé en philosophie devrait être sauvé face à la montée des courants existentialistes. En effet, nous assistons à l'heure actuelle dans le débat herméneutique à une herméneutique « de la pensée faible » : *pensiero debole*, selon Gaspare Mura.[710] Une herméneutique qui semble éliminer cette possibilité de reconnaissance de la vérité qui se reçoit et qui mérite d'être reconnue.

Nous assistons à une certaine mort de la catégorie des vérités que Reinach avait qualifié avant Betti d'éternelles. Avec cette mort s'installe le relativisme dans tout processus d'interprétation. C'est pourquoi la précompréhension du sujet comme courant philosophique ne devrait pas être l'unique source dans la recherche philosophique de la vérité et dans la recherche herméneutique. Parce que, s'il est vrai que l'objet de l'herméneutique n'est pas un objet des sciences de la nature, il aussi vrai que le terme de la connaissance de l'intention herméneutique est le « Monde Civil » de Vico ou des « formes représentatives » de Betti. Ensemble, ils peuvent être compris et interprétés dans leur genèse et dans leur intime constitution ou dans leur vérité. Ce qui veut dire en d'autres termes que le processus de l'interprétation peut arriver à comprendre le « Monde Civil » et les « formes représentatives » tels qu'ils sont et pouvoir les interpréter sans erreur.

Vico veut opérer dans son œuvre une synthèse entre le particulier et l'universel, entre la philosophie et la philologie, entre l'abstrait et le concret. Le « Monde Civil » créé par les hommes peut être connu et compris par les mêmes hommes dans sa vérité selon cet adage bien connu : « Verum ipsum factum ».[711]

---

[709] G. MURA, *Introduzione all'ermeneutica veritativa, op. cit.*, p. 199.

[710] *Idem*, pp. 199-200 : « Si tende, infatti, a sostenere, in particolare da parte dei rappresentanti di un'ermeneutica debole, che con l'ermeneutica ci troveremmo di fatto di fronte alla « scomparsa » dell'oggetto in filosofia [...] Perché se è vero che l'oggetto dell'ermeneutica non è un oggetto della natura, né esso è direttamente l'essere della metafisica, è anche vero che il termine conoscitivo dell'intenzionalità ermeneutica è il viziano mondo civile, ovvero le bettiane "forme rappresentative", che possono essere insieme interpretate e comprese nella loro genesi e nella loro intima costituzione, quindi nella loro "verità" ».

[711] *Idem*, p. 200.

C'est la vérité du « fait » ou des « faits », qui ne signifie pas seulement *adaequatio*, mais est un chemin à parcourir dans l'*Hermeneutica historiae.* En quoi consiste cette vérité du « fait » qui n'est plus simplement adéquation ?

I.2.1. Le « verum ipsum factum » ou vérité du fait

D'après Vico, le « fait » est la condition ou le lieu privilégié pour connaître le « vrai ». Le « fait » tel qu'il se présente à nous et tel qu'il est, est le lieu du vrai.[712] Le « fait » est différent du « faire » qui est la *conditio sine qua non* pour que le « fait » apparaisse. Cette condition est à considérer, dans le sens d'un principe à admettre pour connaître la vérité du « fait ». « Verum » et « Factum » ont un rapport de réciprocité. C'est pourquoi les anciens « italiques » disaient que le « vrai » est la même chose que le « fait ». Dieu étant le premier créateur est également le premier en qui se trouve la vérité. Dieu est la sagesse suprême parce que créateur de tout ce qui existe. L'homme est capable de connaître ce que lui-même est à mesure de créer ; par exemple, la mathématique, la géométrie, etc. Il est également capable de connaître le monde de l'histoire, avec ses institutions, les guerres, le commerce, le langage etc. C'est pourquoi, il faudrait créer une science nouvelle.[713] Celle-ci devrait aider l'homme à pouvoir unir « connaissance » et « faire » ou « créativité ». Ceci pour comprendre et interpréter tout produit créé par l'esprit humain. Vico opérera une distinction et une unité entre philosophie et philologie.

I.2.2. Philosophie et philologie

La philosophie est vide sans la philologie, et cette dernière est aveugle sans la philosophie.[714] Selon Vico, il faudrait une interaction constante entre les deux sciences. Notre auteur est contre une philosophie totalement abstraite qui énonce seulement des vérités de la raison ou basée uniquement sur des concepts, et veut être fondateur des principes universels qui permettront à l'histoire de pouvoir rendre compte de ses

---

[712] G. VICO in G. REALE / D. ANTISERI, *Il pensiero occidentale dalle origini ad oggi 3, op. cit.,* p. 476 : « In latino – scrive Vico nel *De Antiquissima _ verum* e factum hanno rapporto di reciprocità o, per usare un vocabolo vulgato nelle scuole, « si convertono » [...]. Da ciò è lecito congetturare che gli antichi dotti italici convenissero in questi pensieri : che il vero è la cosa stessa col fatto ; che in tanto Dio è il primo vero in quanto è il primo facitore e creatore ».

[713] *Idem,* p. 477 : « Come la geometria che, mentre sopra i suoi elementi il costruisce o il contempla, essa stessa si faccia il mondo delle grandezze ; ma con tanto più di realtà quanta ne hanno punti, linee, superficie e figure. E questo istesso è argomento che tali prove siano d'una spezie divina e che debbano, o reggitore, arrecarti un divino piacere, perché in Dio il conoscere e il fare è una medesima cosa ».

[714] G. REALE / D. ANTISERI, *l pensiero occidentale dalle origini ad oggi 3, op. cit.,* p. 481.

étapes principales. Ce ne sera pas une philosophie établie *a priori*, mais de celle qui illumine l'histoire dans son ensemble. Aucun secteur du « Monde Civil » ne pourra être épargné dans le processus de la connaissance historique. La philologie quant à elle a un rôle immense pour transmettre les « faits » dans un langage propre. Elle s'occupe des traditions, du langage, des institutions et des événements du monde des passions selon Vico.[715] Le « vrai » est l'idée philosophique, et la « certitude » est le fait philologique.[716] La vérité factuelle a toujours un fond philosophique. Philosophie et philologie devraient avoir le même objectif afin de pouvoir sauver le « fait » de toute interprétation moderniste, où le sujet aura toute primauté sur l'objet.

Gaspare Mura[717] donne des raisons pouvant affirmer que Vico est le vrai fondateur de l'herméneutique :

1. Le processus herméneutique a comme intention première d'accueillir les produits historiques de l'homme.
2. Les œuvres de l'homme sont le fruit d'une modification de l'esprit humain et se donnent pour être connues par le même esprit humain.
3. La création des œuvres de l'homme produit aussi des modifications dans la communauté des hommes qui devient dépositaire des œuvres de l'homme et de la capacité de leur compréhension.
4. L'*hermeneutica historiae* présuppose que l'esprit humain est capable non seulement de modifier, de comprendre, mais aussi de s'insérer dans la communauté humaine qui conserve le sens originaire des choses.
5. L'herméneutique n'est plus seulement un rapport intersubjectif entre l'auteur et l'interprète mais aussi celle de la vérité. C'est-à-dire une reconstruction des formes représentatives ou monde civil qui les a générées ou construites.

Sans se présenter comme étant une métaphysique, l'herméneutique de Vico postule une instance métaphysique. Cette herméneutique est un ensemble d'un savoir scientifique et philosophique. Le « Monde Civil » est un produit des modifications de l'esprit humain. C'est la même structure mentale qui caractérise le monde civil malgré la diversité de ses sujets. L'*herméneutica historiae* est aussi un cosmos des valeurs spirituelles selon Betti.[718] C'est elle qui est l'expression de la communion

---

[715] *Idem.*, p. 487.

[716] *Idem*, p. 482 : « Il vero è l'*idea* (filosofia), il certo è il *fatto* (filologia). Verità e certezza, o verità e fatto (verum et factum convertuntur) devono comprendersi fino alla loro convertibilità ».

[717] G. MURA, *Introduzione all'ermeneutica veritativa, op. cit.*, p. 201.

[718] *Idem.*, p. 202 : « In quanto fondata su quel cosmo di valori che è la comunione spirituale propria del mondo civile, e che in quanto tale è portatrice di « un'istanza superindividuale ».

spirituelle spécifique au « Monde Civil ». Cette communion est, selon Betti : « le génie de l'humanité ».[719] Bref, l'herméneutique de Vico se base sur l'affirmation selon laquelle celui qui a produit les formes représentatives ou « Monde Civil » est aussi capable de les connaître, ceci de manière rationnelle et dialectique. Il est important de savoir distinguer et établir un rapport entre la subjectivité de l'interprète et l'objectivité du « Monde Civil ».

Betti saura les établir entre le sujet interprétant et l'objet à interpréter, à partir de la langue et du langage, de la forme représentative et l'interprète, l'esprit personnel et la communion spirituelle, la forme intérieure et la forme extérieure.

C'est pourquoi, il le concrétisera dans la division de l'objectivité réelle et de l'objectivité idéale. L'herméneutique n'est plus seulement ouverte à la métaphysique, mais fait partie de celle-ci. Ici, nous devons souligner avec grande attention le caractère dynamique de l'être. Une théorie reçue comme héritage de Vico et qui sera le support fondamental dans la polémique entre Betti et Gadamer.

Cette brève étude sur Betti et Vico nous permet de reconnaître les similitudes entre leurs herméneutiques ; des similitudes pouvant permettre de comprendre une tradition herméneutique ayant des liens avec Reinach.

1.3. Confrontation Betti-Reinach

Il est primordial de souligner que si Betti crée une « théorie générale du droit », Reinach parle de « théorie *a priori* du droit ». La théorie générale du droit veut donner une méthode générale, utile à l'interprétation du droit dans son ensemble. La théorie *a priori* du Droit civil, objet de notre thèse vise à découvrir les catégories du droit : « Les catégories ne sont pas « créées » et « utilisées » arbitrairement, mais elles sont découvertes ».[720] Reinach n'hésite pas à préciser sa pensée comme nous avons déjà eu à le citer : « On ne doit pas confondre notre théorie *a priori* avec ce qu'on a défini comme les « théories générales du droit » ou les « théories des principes juridiques » [...] »[721] Ce qui veut dire que même si les deux théories ont la même méthode au départ en reconnaissant les catégories, elles se différencient au niveau de leur finalité. Si pour Reinach le primat se trouve à la reconnaissance de l'*a priori*, pour Betti le plus grand souci est de sauver la vérité de toute méthode existentialiste. Mais étant toutes deux fruit d'une longue tradition herméneutique, nous remarquons plusieurs similitudes entre

[719] *Idem*, pp. 203 - 204.
[720] A. REINACH, *Les fondements a priori du Droit civil*, *op. cit.*, p. 184.
[721] *Idem*, p. 183.

l'anthropologie du « Monde civil » de Vico avec la théorie *a priori* du « Droit civil » de Reinach.

Le contexte de Vico est celui de la toute-puissance de l'Illuminisme et du rayonnement du modernisme. Le contexte de Reinach est celui de la naissance du Code Civil de l'Allemagne. Les deux critiques vont à contrecourant : l'un contre la centralité de la raison et du sujet en science et l'autre contre des formes d'arbitraires pouvant être créées par le Droit civil. En effet, les deux herméneutiques visent une certaine reconnaissance de la vérité dans la saisie du monde civil par la philosophie et par le droit. Si l'anthropologie de Vico se préoccupe de l'universalité des productions du monde civil, Reinach se préoccupe de la vérité de ces créations et de leur cohérence dans une phénoménologie qui se libère du temps et de la connaissance humaine sur le droit.

En effet, la promesse est créée et voulue par l'homme pour autrui. C'est un « acte social » qui, sur le plan phénoménologique, mérite un approfondissement dans le processus de sa compréhension et de son interprétation. Si Reinach est convaincu que c'est cette théorie *a priori* qui « peut rendre compréhensible d'une certaine manière la possibilité d'une théorie générale du droit », Betti estime que c'est à partir de la méthode de la théorie générale du droit que l'herméneutique peut atteindre sa finalité ou ses objectifs :

> Se è vero che solo lo spirito parla allo spirito, è vero anche che solo uno spirito di pari livello e congenitamente disposto è in grado d'intendere in modo adeguato lo spirito che gli parla. Non basta un interesse attuale ad intendere, per quanto vivo esso possa essere ; occorre anche un'apertura mentale che permetta all'interprete di collocarsi nella prospettiva giusta, più favorevole per scoprire e intendere.[722]

Les conclusions de Betti méritent un vibrant éloge parce qu'elles complètent toute herméneutique. C'est lui qui donne un sens nouveau à cette science face à son application. L'interprétation avec Betti passe de la pure technique à la pédagogie. Elle vise l'étudiant futur herméneute ; car s'il est vrai que seul l'esprit peut parler à l'esprit, il est aussi vrai que seul un esprit d'égal niveau peut comprendre l'autre esprit. Parce que celui-ci est « congénitalement » disposé à comprendre l'autre qui s'adresse à lui avec des catégories qui sont accessibles seulement à ceux qui les connaissent. Ce n'est ni de l'ésotérisme ni une discrimination. A la suite de Vico, Betti fait une distinction entre la philologie et la philosophie. Le tout commence avec la compréhension de la langue originale de l'auteur à interpréter. A ce titre, Reinach aurait survécu à la guerre, il aurait produit une autre originalité sur le plan de la philosophie du langage. Cette brève étude nous permet aussi de confronter Reinach à Gadamer.

---

[722] E. BETTI, *Teoria generale della interpretazione, op. cit.*, p. 318.

PARAGRAPHE II. Le rapport entre Adolf Reinach avec l'herméneutique du dialogue de Gadamer

Élève de Heidegger, lui-même ayant été à l'école de la phénoménologie husserlienne, Gadamer tente de créer comme nous l'avons vu une herméneutique du dialogue. En effet, il affirme que seule la révolution ontologique dont Heidegger est le fondateur dans l'herméneutique de la compréhension, entendue comme « existentiale », et une herméneutique temporelle du *Dasein* « ont permis de penser la productivité herméneutique de la distance temporelle ».[723] C'est pour quoi, le temps devient le fondement à partir duquel le présent plonge ses « racines ».[724] Ce qui marquera notre attention avec Gadamer, c'est la capacité commune de l'élément de la Tradition herméneutique de l'interprète et la possibilité permanente de création d'un dialogue entre les différentes herméneutiques.

II.1. Confrontation Gadamer-Reinach

1960, L'Herméneutique de Gadamer dans : Vérité et Méthode

Son point de départ est de reconnaître Hegel comme étant le « transformateur » de l'herméneutique et non Schleiermacher.[725] Son herméneutique ne voudrait pas être teintée d'autoritarisme, de dogmatisme et avoir une référence d'une institution. D'après Gadamer, le passage qui s'opère dans l'herméneutique est sa transformation essentielle entre l'Illuminisme et le romantisme. Du rationalisme rigide des illuminés, l'interprétation passe aussi au sentiment. Sa finalité n'est plus seulement de se libérer ou de libérer la compréhension historique des présupposés dogmatiques développée par Dilthey sur les traces de Schleiermacher, mais de reprendre son chemin avec une mentalité nouvelle. Il faut partir de la méthode herméneutique du modernisme jusqu'à la conscience historique de Hegel. D'après lui, en partant de Hegel, l'herméneutique doit parcourir à rebours le chemin de la *Phénoménologie de l'esprit.*[726]

« Est classique selon Hegel, « ce qui se signifie (Bedeutende) et, s'interprète (Deutende) ainsi lui-même » [...][727]

---

723 H-G. GADAMER, *Vérité et Méthode, les grandes lignes d'une herméneutique philosophique, op. cit.*, p. 319.

724 *Ibidem*

725 G. MURA, *Introduzione all'ermeneutica veritativa, op. cit.*, p. 211 : « Se riconosciamo come nostro compito l'esigenza di seguire piuttosto Hegel che Schleiermacher, la storia dell'ermeneutica deve essere ripensata in termini nuovi ».

726 H-G. GADAMER, *Vérité et Méthode, les grandes lignes d'une herméneutique philosophique, op. cit.*, p. 324.

727 H-G. GADAMER, *Vérité et Méthode, les grandes lignes d'une herméneutique philosophique, op. cit.*, p. 311.

Le parcours historique que suivra Gadamer dans sa méthode arrivera à cerner l'interprétation en trois points essentiels : le fondement des préconcepts, la précompréhension et la compréhension.[728]

II.1.1. Le fondement des préconcepts

Gadamer les qualifie à la suite de Heidegger de « prédispositions, préjugés Précognitions ».[729] Ce sont des connaissances des choses en dehors de toute expérience. Les préconcepts sont pré-constitutifs au sujet interprétant. Ces prédispositions prennent source dans l'ontologie grecque. Cette ontologie « substantielle » survit encore chez Descartes comme chez Hegel. Son maître Heidegger a aussi découvert dans la critique de Kant l'idée d'une métaphysique de la « finitude » à laquelle le sujet doit se conformer. Cette condition est nécessaire pour pouvoir « assurer » de manière certaine la compréhension du passé. C'est pourquoi, selon Gadamer, il s'agit pour l'interprète qui cherche à comprendre de se mettre à l'écoute du texte ou de celui qui lui parle. L'interprète doit éloigner de sa compréhension tout ce qui empêcherait une meilleure adéquation avec l'auteur. Ce n'est pas simplement à la manière de Dilthey une simple compréhension historique qui intègre les éléments d'une tradition, mais il s'agit d'une reconnaissance de la nature de ces prédispositions ou de ces préjugés.

Pour Gadamer, il faut tout d'abord réhabiliter l'autorité et la tradition. Cette base est nécessaire pour tout processus herméneutique.

Sur le plan purement juridique, le préjudice est une décision judiciaire qui précède le jugement définitif. Il est provisoire jusqu'à preuve de contraire, ce qui voudrait donc dire qu'il n'est pas intrinsèquement faux. La sentence finale pourra le taxer positivement ou négativement.[730] La compréhension du fondement de ces préconcepts est importante pour arriver à la précompréhension de la part de l'interprète ou du sujet interprétant. En essayant de faire intervenir Reinach ici, la théorie *a priori* avant Gadamer à établir un cadre pouvant servir à éviter tout préjudice à partir d'un « acte social » comme la promesse. Elle fait naître des obligations et des prétentions, et par conséquent par le simple fait qu'elle est une création d'un homme, la cohérence du langage dans la visée : *Meinen*, doit éviter tout préjugé culturel susceptible des conséquences pénales. En effet, si l'enfant

[728] G. MURA, *Introduzione all'ermeneutica veritativa, op. cit.*, p. 204.

[729] H-G. GADAMER, *Verità e metodo, op. cit.*, p. 317 : « Non si tratta affatto, dunque, di mettersi al sicuro contro la voce che ci parla dal testo, ma all'opposto di tener lontano tutto ciò che può impedirci di ascoltarla in modo adeguato. Sono i pregiudizi di cui non siamo consapevoli quelli che ci rendono sordi alla voce del testo […] Solo il riconoscimento del carattere costitutivo che ha il pregiudizio in ogni comprensione pone il problema ermeneutico nei suoi veri termini estremi ».

[730] H-G. GADAMER, *Verità e metodo, op. cit.*, p. 318.

comme dit Reinach peut déjà deviner ce que veulent ses parents sans comprendre le langage par des expressions linguistiques, l'acte social en soi est déjà porteur de jugement. Il est un ensemble de rationalité et de sentiments qui ne sont pas uniquement basés sur les préjugés ou précompréhensions. Reinach est favorable à l'existence des êtres juridiques qui précèdent l'expérience.

II.1.2. La précompréhension

Celle-ci est le fruit de la contribution de Schleiermacher sur la notion du « cercle herméneutique » : cercle de la précompréhension et de la compréhension.[731] La même précompréhension de Schleiermacher aurait une certaine influence de l'historicité de l'existence de Dilthey. Mais Schleiermacher et Dilthey se trouveront décantés de toute forme de possibilité empirique du genre psychologique. Pour Heidegger, le cercle herméneutique se caractérise par le fait que la compréhension du texte est déterminée par le mouvement anticipant de la compréhension.[732] Ce n'est plus seulement le cercle des parties ou leur totalité, mais la condition d'une précompréhension de la part du sujet interprétant. Le cercle devient une interaction du mouvement de la transmission historique et du mouvement de l'interprète.

La précompréhension sera donc pour Gadamer, il « presupposto della perfezione »,[733] c'est le présupposé de la perfection. Comme le souligne si bien notre auteur, le cercle herméneutique n'est pas un cercle « méthodique », mais il montre une structure ontologique de la compréhension. Nous sommes ici dans l'unité de sens entre ce qui se laisse comprendre et ce qui est écrit dans la structure intime du texte. Le présupposé de la perfection se révèle ainsi dans ce qui détermine le contenu d'un texte. La compréhension du lecteur est toujours éclairée par les expectatives transcendantales de sens qui naissent du rapport avec la vérité du contenu du texte.

II.1.3. La compréhension

Elle n'est pas un idéal qui naît de l'expérience de la vie comme pense Dilthey, et n'est pas non plus, comme le voulait Husserl, un fondamental idéal méthodique de la philosophie.[734] Elle est l'originaire mode de se réaliser, de l'être-avec : *Mit-sein* : être dans le monde avant

---

[731] G. MURA, *Ermeneutica e verità, op. cit.*, pp. 220-221.

[732] H-G. GADAMER, *Verità e metodo, op. cit.*, p. 343 : « Il circolo non ha dunque un carattere formale, non è né soggettivo né oggettivo, ma caratterizza la comprensione come un'interazione del movimento della trasmissione storica e del movimento dell'interprete ».

[733] *Ibidem.*

[734] *Idem*, p. 306.

toute distinction des diverses directions de l'intérêt théorique et pratique. Comprendre est le mode d'être-avec comme pouvoir être.[735] La compréhension est le caractère originaire de la vie humaine en elle-même. Celui qui comprend un texte ou une loi ne s'est pas projeté pour en appréhender certain sens, mais sa compréhension a atteint une nouvelle liberté.[736] Celle-ci implique l'universelle possibilité de l'herméneutique de pouvoir cerner les différentes parties d'un ensemble pour en assumer les conséquences.

Cette possibilité se mesure dans le cadre de la compréhension d'un texte. Dans le cas d'une voiture, même celui qui en serait incapable de la produire sait néanmoins comment l'entretenir. Chaque compréhension dans ces cas est une *auto compréhension.*[737] La différence entre le langage du texte et celui de l'interprète, ou la distance qui sépare le traducteur de « l'original » ne sont pas des questions secondaires. Chaque compréhension est une interprétation et toute interprétation s'effectue par la médiation d'un langage. Celui-ci veut laisser d'un côté, l'objet s'exprimer en lui-même et de l'autre, interviendra le langage de l'interprète.[738] Ici, un rapport s'établit en herméneutique entre pensée et langage. L'interprétation devient un dialogue, un cercle fermé dans la dialectique de demande et réponse. C'est pourquoi, comme le souligne si bien G. Mura, comprendre pour Gadamer devient un événement non seulement existentiel, mais un ensemble historique, linguistique et dialectique.[739]

II.1.4. Les préjugés conditions de la compréhension

C'est ce point qui sera fondamental dans la critique de Gadamer aux courants favorables à l'autorité de l'écriture ou à la tradition. Notre auteur dira que le problème de l'herméneutique naît ici avec tout son caractère historique et traditionnel.[740] Les préjugés sont constitutifs à la réalité historique de l'homme, plus que ne sont les jugements.[741] Pour

---

[735] *Ibidem :* « Il *comprendere* non è un ideale di rassegnazione che nasce dall'esperienza della vita nell'età della vecchiaia, come pensava Dilthey ; ma non è nemmeno, come voleva Husserl, un fondamentale ideale metodico della filosofia di fronte all'ingenuità del vivere immediato ; è invece *l'originario modo di attuarsi dell'esserci,* che è essere-nel-mondo. Prima di qualunque differenziazione nelle diverse direzioni dell'interesse teorico o pratico, il comprendere è il modo di essere dell'esserci in quanto poter-essere e « possibilità » [...] ».

[736] *Idem,* p. 307.

[737] *Ibidem*

[738] *Idem,* p. 447.

[739] G. MURA, *Introduzione all'ermeneutica veritativa, op. cit.,* p. 188.

[740] H-G. GADAMER, *Verità e metodo, op. cit.,* p. 325 : « E' qui il punto di partenza del problema ermeneutico ».

[741] *Ibidem,* « Per questo i pregiudizi dell'individuo sono costitutivi della sua realtà storica più di quanto non lo siano i suoi giudizi ».

celui qui est appelé en justice, l'émanation d'un préjugé négatif limite sa probabilité de vaincre.

Mais le préjugé pris dans un sens positif permet de jouir ou de bénéficier de la faveur du droit. La reconnaissance du caractère ontologique des préjugés dans la réalité historique constituera une affirmation forte à la suite de la notion de « cercle herméneutique ». Parce que pour lui, s'il faudrait rendre justice à l'être historique-fini de l'homme, il conviendrait une réhabilitation substantielle du concept de préjugé et une reconnaissance de fait qu'il y a des préjugés légitimes.[742] Car ceux-ci sont plus significatifs que le sont les jugements. Le sens positif donné aux préjugés par l'illuminisme en réponse à Luther sur l'autorité du Pape et de la Tradition doit être récupéré en raison de la capacité et de la raison d'être de l'herméneutique qui a pour rôle de défendre et de rendre raisonnable le texte par rapport à toute hypothèse arbitraire. Une telle herméneutique ne conduirait pas seulement à une simple critique de la religion mais plutôt à la possibilité de l'affirmation d'une vérité surnaturelle.[743]

La reconnaissance de l'autorité n'a pas un caractère aveugle mais elle donne une certaine valeur à la chose enseignée par un éducateur, un supérieur et à tout spécialiste de n'importe quelle matière.[744] Par principe, l'enseignement n'est pas arbitraire, il est sur et ne trouve une contradiction que dans la mesure d'une erreur de fait. Les préjugés que l'enseignant cultive chez les enseignés sont légitimés par leur propre personnalité, qui devrait les accepter comme étant des vérités. Leur validité est synonyme de prévention en faveur de celui qui les soutient. C'est uniquement de cette manière qu'ils deviennent des préjugés

---

[742] *Idem*, p. 318 : « Per chi è chiamato in giudizio, l'emanazione di un tale pregiudizio contrario rappresenta ovviamente una limitazione delle probabilità di vincere. *Préjudice*, come *prejudicium*, visto cosi a significare anche semplicemente limitazione, svantaggio, danno. Ma il carattere negativo è solo una conseguenza [...] « Pregiudizio » non significa quindi affatto giudizio falso ; il concetto implica che esso può essere valutato sia positivamente, sia negativamente. Se ci si richiama al latino *prejudicium* risulta più facile vedere come, accanto al senso negativo, la parola possa averne anche uno positivo. Ci sono dei *préjugés légitimes*. Ciò è molto lontano dall'uso comune che il termine ha oggi ».

[743] *Idem*, p. 326 : « Una tale ermeneutica non conduce necessariamente a posizioni di critica della religione, del tipo di quelle che abbiamo visto per esempio in Spinoza. Anzi, la possibilità di una verità soprannaturale può anche rimanere aperta ».

[744] *Idem*, p. 328 : « Il riconoscimento dell'autorità è sempre connesso all'idea che ciò che l'autorità dice non ha il carattere dell'arbitrio irrazionale, ma può essere in linea di principio compreso. L'essenza dell'autorità che rivendica l'educatore, il superiore, lo specialista, consiste proprio in questo. I pregiudizi che essi coltivano negli altri sono legittimati dalla loro personalità. La loro validità implica una prevenzione a favore della persona che li sostiene. Ma appunto cosi essi diventano pregiudizi oggettivi, in quanto producono la stessa prevenzione a favore di qualcosa che potrebbe anche farsi valere in altro modo, per esempio in base a motivi che la ragione riconosce come validi. In questo senso, l'essenza dell'autorità va inserita nel contesto di una dottrina dei pregiudizi che deve esser liberata dall'estremismo illuministico ».

objectifs, c'est-à-dire capables de produire la même prévention en faveur de quelque chose pouvant se faire valoir d'une autre manière. Par exemple, sur la base des motifs que la raison reconnaît valides. Dans ce sens, l'essence de l'autorité se trouve dans le contexte d'une doctrine des préjugés qui doit être libérée d'extrémisme des illuminés. Car entre la toute-puissance de la raison et la validité des préjugés, il n'y a qu'un pas à faire. C'est pourquoi l'autorité devrait pouvoir être reconnue comme critère certain en matière des préjugés qui ne souffriraient d'aucune erreur d'interprétation. Il en est de même pour ce qui est de la tradition. Étant donné que nous sommes liés à celle-ci, sa reconnaissance serait interprétée comme une libre appropriation de ses divers éléments. C'est pourquoi, à la base de toute herméneutique historique, on devrait trouver la juste solution abstraite entre la tradition et l'historiographie, entre l'histoire et le savoir sur l'histoire.[745]

II.1.5. Caractère historique

S'inspirant de la « conscience historique » de Heidegger, la précompréhension de Gadamer n'est plus seulement de type ontologique, elle se voit insérée dans une tradition culturelle, laquelle constitue le vrai horizon historique.[746] La conscience historique pousse l'interprète à la compréhension historique. Aucun élément n'est exclu de tous les facteurs qui interviennent de manière décisive dans le processus historique de la compréhension. Notre précompréhension n'étant pas simplement le produit des préjugés abstraits ou purement ontologique, ils peuvent aussi naître en nous parce que fruit d'une tradition historique. Celle-ci est selon notre auteur, « une tradition culturelle d'appartenance ».[747]

Tous les produits de cette tradition reconnaissent dans l'histoire les différents éléments qui l'on conservée jusqu'au présent. Le terme allemand utilisé par notre auteur sera *Wirkungsgeschichtliche Bewusstsein*, qui indique l'ensemble des modalités usées pour la compréhension historique et la concrète interprétation. Son expression sera « la fusion des horizons » ou l'entrée en dialogue. La compréhension du passé permet à l'interprète de pouvoir mieux transmettre la vérité du texte. La théologie récupérera cette notion de la « tradition » de l'herméneutique de Gadamer pour en constituer un des fondements de l'interprétation ecclésiale. Celle-ci aura également des propensions avec « l'Hermeneutica Historiae » de Vico selon G. Mura.[748]

---

[745] H-G. GADAMER, *Verità e metodo, op. cit.*, p. 331 : « Alla base di ogni ermeneutica storica deve dunque esserci la soluzione dell'opposizione astratta fra tradizione e storiografia, fra storia e sapere sulla storia ».

[746] G. MURA, *Introduzione all'ermeneutica veritativa, op. cit.*, p. 188.

[747] *Idem*, p. 189.

[748] G. MURA, *Introduzione all'ermeneutica veritativa, op. cit.*, p. 189.

Après avoir souligné l'importance du caractère historique de l'interprétation, Gadamer s'intéressera à la difficile question du langage.

II.1.6. Caractère linguistique

En effet, pour Heidegger, la présence de l'être dans le monde est linguistique, dans ce sens où ce n'est pas l'homme qui parle, c'est plutôt le langage qui parle.[749] Devant tout texte, nous ne pouvons pas présupposer que celui-ci parle notre langage. Dans le cas d'une langue étrangère, nous ne devons pas aussi présupposer comprendre avec les catégories des autres écrivains et d'usage quotidien. Nous devons plutôt être conscients du fait que nous arriverons à la compréhension du texte en partant de l'usage spécifique que le langage a dans une époque bien déterminée. Nous devrons aussi tenir compte du langage spécifique de l'auteur.[750] Cette déclaration de Gadamer est fondamentale dans son herméneutique. Ni nos présupposés, ni ceux des autres interprètes ne doivent en aucun cas altérer (influencer) la compréhension du langage d'un auteur. Mais le problème qui se pose serait celui d'établir une différence entre l'usage de ce que nous faisons du langage et de celui qu'en fait le texte. Il faut souligner ici le caractère d'une rencontre violente entre le lecteur et le texte.[751]

Le lecteur vient en effet se heurter à une langue qui ne lui est pas familière. Le sens qu'il attend d'elle n'est pas celui que le texte lui présente. Car le présupposé général est que celui qui partage la même langue de l'auteur est capable de pouvoir le comprendre. Le contraire en ferait une exception. La même chose se vérifierait pour une langue étrangère. Celle-ci ne pourrait être comprise qu'à un certain niveau.[752] Cette difficulté de compréhension d'une autre langue se retrouve au niveau de son interprétation. C'est pourquoi, si un texte se présente à nous dans une langue étrangère, il nous faudra avant tout reconnaître cette difficulté de compréhension et d'interprétation. Ce qui vaut pour la précompréhension de la langue vaut aussi pour les présupposés du contenu philosophique d'un texte qui se présente à nous. Comment donc sortir de ses propres présuppositions ?

Une norme générale dirait qu'il faudrait simplement laisser le texte nous parler comme dans un esprit de dialogue. Ce dialogue peut se

---

[749] F. RICCI, *Parola, verità, diritto sulla teoria dell'interpretazione di Emilio Betti, op. cit.*, p. 76.

[750] H-G. GADAMER, *Verità e metodo, op. cit.*, p. 314 : « Di fronte a ogni testo ci si impone il compito di non presupporre semplicemente come ovvio che esso parli il nostro linguaggio, o, nel caso di una lingua straniera, il linguaggio che noi abbiamo imparato a conoscere da altri scrittori o dall'uso quotidiano. Siamo invece ben consapevoli che dobbiamo pervenire alla comprensione del testo partendo dall'uso specifico che il linguaggio ha in quella determinata epoca o in quel determinato autore ».

[751] *Idem*, p. 315.

[752] H-G. GADAMER, *Verità e metodo, op. cit.*, p. 315.

comprendre soit dans un texte, une lettre, un journal, un roman etc. Il est présumé ici que je dois écouter l'opinion de l'autre et non seulement la mienne. L'histoire personnelle, l'auto précompréhension, mes attentes et mes opinions doivent me permettre d'écouter l'autre qui me parle à travers un dialogue, une lettre, un livre ou un autre moyen. Le présupposé est que c'est lui qui s'exprime, et je ne suis pas obligé de partager son opinion, mais, je suis tenu à la comprendre.[753] Ce présupposé est une condition qui peut faciliter la compréhension. Celle-ci évitera tout esprit arbitraire et permettra une ouverture face à l'autre qui s'adresse à moi. Sur le plan philosophique, une telle ouverture n'empêche pas que soit mis en éveil tout esprit critique sur la cohérence de l'ensemble ou totalité en rapport avec l'unité.[754] La variété ou la multiplicité des opinions ne devrait pas entrer en contradiction avec cette unité fondamentale. Comprendre l'unité du texte ou sa cohérence n'implique pas le rejet de ses propres opinions et de ses préjugés ou précompréhension propre, mais signifie prendre conscience de celles-ci face au texte à interpréter. C'est pourquoi Gadamer précise qu'une conscience « herméneutiquement » bien éduquée devrait au préalable être sensible à l'altérité du texte.[755]

II.1.7. Caractère dialectique

Le principe de l'idéalisme radical sur lequel il faudrait remonter pour comprendre les actes constitutifs de la subjectivité transcendantale se caractérise par « l'intersubjectivité » du monde.[756] Selon ce principe les hommes sont liés par des rapports d'interdépendance. Il en découle que la dialectique permet une grande ouverture dans la compréhension entre des sujets différents par leur culture et par leur mode de pensée. Chez Husserl comme chez Dilthey, se manifeste la difficulté de comprendre

---

[753] *Ibidem :* « E anche qui, il problema che si pone è come in generale si possa uscire dal cerchio delle proprie private pre-supposizioni. Non si può certo assumere come norma generale che ciò che un testo ha da dirci si adatti senza difficoltà alle nostre opinioni e alle nostre aspettative. Anzi, ciò che un altro mi dice, sia nel dialogo, in una lettere, in un libro o altrimenti, si presuppone sempre che sia appunto la sua opinione e non la mia, che egli esprime e di cui io devo prender notizia, senza dover per forza condividerla ».

[754] *Idem,* p. 316 : « Tale apertura implica però sempre che l'opinione dell'altro venga messa in rapporto con la totalità delle proprie opinioni, o che ci si metta in rapporto con essa ».

[755] *Ibidem :* « Perciò una coscienza ermeticamente educata deve essere preliminarmente sensibile all'alterità del testo ».

[756] H-G. GADAMER, *Verità e metodo, op. cit.,* p. 293 : « Il principio dell'idealismo « radicale », per cui bisogna risalire sempre agli atti costitutivi della soggettività trascendentale deve necessariamente chiarire l'universale orizzonte del « mondo » e anzitutto il carattere intersoggettivo di questo mondo ».

l'autre.[757] Chaque expression du « tu » est comme une désignation du moi *ego*, le « tu » devient un autre moi qui se manifeste. C'est pourquoi, à partir du langage, l'expérience herméneutique acquiert un autre sens. Celle-ci se meut dans un agir de la chose même. Un agir qui se démarque de la méthodologie de la science moderne par le fait qu'elle est un « pâtir-avec », un comprendre qui, en lui-même, est un événement.[758] C'est ici que l'herméneutique de Gadamer prend toute son importance. L'ouverture dialectique est ouverture à la compréhension de l'autre. Celle-ci permet l'établissement d'un dialogue entre les individus dans un monde changeant. Un monde dynamique en perpétuel mouvement. La compréhension de soi-même permet une possibilité de dialogue avec tout homme et femme de toutes les époques et de toutes les cultures. Dans cette expérience herméneutique, le dialogue doit être clair et précis. La rencontre avec autrui m'instruit directement et ne permet aucune interférence ou possibilité d'incompréhension. C'est un mouvement qui n'est conditionné par aucune force extérieure aux sujets en dialogue.

La dimension dialogique et interpersonnelle de la vérité, comme le souligne l'herméneutique de Schleiermacher à Gadamer, considère la volonté morale comme volonté de communion qui constitue l'éthique du Bien comme un présupposé incontournable de la compréhension de cette vérité.[759] Cet esprit d'une herméneutique ouverte au dialogue avec toute culture prédispose l'homme à une compréhension qui ne se renferme pas au caractère spécifique des sciences particulières. L'aspect philosophique et anthropologique de l'herméneutique du dialogue ne devrait pas pour autant permettre ce que Betti entendra plus tard par « relativisme ». Une ouverture qui risque de favoriser la « mort » de la métaphysique au détriment de la postmodernité avec la naissance de la « pensée faible ».

L'œuvre herméneutique de Gadamer demeure incontournable à cause de son impact sur l'interprétation philosophique en général. Ses caractères historique, linguistique et dialectique nous ont permis de comprendre brièvement le but essentiellement philosophique de cette œuvre. De la précompréhension, nous sommes arrivés à la compréhension de son herméneutique. Gadamer sera vivement critiqué par Emilio Betti sur plusieurs points exprimés sur les différents

---

[757] *Idem*, p. 296 : « In Husserl come in Dilthey si manifesta qui la stessa difficoltà [...] Ogni tu, infatti, è un alter ego, cioè è compreso in base all'ego eppure anche come qualcosa che da questo è distaccato e, come l'ego stesso, indipendente ».

[758] *Idem*, p. 531.

[759] MURA, *Introduzione all'ermeneutica veritativa, op. cit.*, p. 258 : « La dimensione dialogica ed interpersonale della verità, sottolineata dall'ermeneutica da Schleiermacher a Gadamer, sottolinea anche come la volontà morale intesa come volontà di comunione, non solo fa la verità, ma costituisce l'etica del Bene come presupposto imprescindibile della compre scindibile della comprensione della verità ».

malentendus qui ont émaillé son œuvre *Vérité et Méthode*. La synthèse des critiques nous aident à comprendre les divergences des points de vues entre les écoles herméneutiques existentialistes et celles découlant de la tradition qui va de Vico à Emilio Betti. Mais comment confronter deux écoles herméneutiques issues immédiatement (Reinach disciple de Husserl) et de manière secondaire (Gadamer élève de Heidegger qui lui-même était disciple du « deuxième » Husserl) ?

II.2. La « Tradition gadamérienne » et l'a priori de Reinach

Lorsque nous cherchons à comprendre Gadamer, nous sommes loin de trouver des possibilités de points de dialogue avec Reinach. Mais une lecture approfondie des deux auteurs nous fait retrouver plusieurs points de similitudes sur le plan herméneutique :

1. La notion du « Cercle herméneutique » de Schleiermacher :

D'après Gadamer, la théorie de la compréhension atteint son apogée avec ce cercle, car il représente un élément structurel ontologique de la compréhension.[760]

Reinach parle des fameuses lois « éternelles » et de l'attitude réfractaire de ceux qui s'opposent à tout fondement de la « totalité » du savoir :

> Dès que la question concernant l'essence de ces éléments ultimes est posée, de crainte de les percevoir directement, on se réfugie du côté des éléments extrinsèques à ces derniers que l'on se contente sciemment de tenir à distance, et l'on fait ainsi la tentative désespérée d'expliquer ce qui devrait donner de soi-même, en se référant à des éléments étrangers encore non clarifiés.[761]

La question ontologique de Heidegger de type existentialiste adoptée par Gadamer sur le *Dasein* n'a pas la même connotation que l'ontologie des « êtres sociaux » de Reinach. Mais, d'après une possibilité de rapprochement, les deux ontologies peuvent se mettre en dialogue ouvert, à partir de la méthode de Gadamer.

En essayant de partir sur l'exemple de la promesse qui fait naître : obligations et prétentions, Reinach ne voit ni tradition absolue ni possibilité de dialogue sur les « actes sociaux » qui produisent des effets juridiques, dans sa démarche. Il a le souci du respect des engagements dans des actes que les individus se créent entre eux afin d'éviter le relativisme qui part de l'expérience et non de la vérité. La promesse sur

---

[760] H-G. GADAMER, *Vérité et Méthode, les grandes lignes d'une herméneutique philosophique, op. cit.*, p. 315.

[761] A. REINACH, *Les fondements a priori du Droit civil, op. cit.*, pp. 109-110.

le plan anthropologique n'est pas liée à la fameuse tradition d'appartenance.

2. La précompréhension :

Gadamer voit dans la compréhension du sens d'un texte, non une attitude reproductive, mais toujours productive : c'est-à-dire que toute époque et chaque auteur comprennent à leur manière tout texte transmis.[762] C'est pourquoi, le véritable problème se situerait au niveau des préjugés, qui peuvent être *vrais*, c'est-à-dire qui assurent la *compréhension* et *faux* qui entrainent la *mécompréhension*.[763] Gadamer insiste sur la précompréhension comme étant : « La première de toutes les conditions herméneutiques ».[764]

Pour Reinach, soucieux de la vérité du langage, lie l'intentionnalité à l'énoncé des mots qui accompagnent la promesse au contenu même de la chose promise :

> C'est seulement dans la mesure où l'on reste collé à la face extérieure de la promesse, sans aller au-delà, que l'on peut en venir à la confondre avec l'expression d'une volonté. Ces mots : « je veux faire cela pour toi », peuvent faire office d'expression d'une promesse ou d'une déclaration de volonté.[765]

Ce problème fondamental de l'*adaequatio* entre l'intention, la vérité de l'énoncé et la compréhension trouve une réponse dans l'herméneutique de la vérité de Gaspare Mura (traitée dans la conclusion de notre travail). Reinach et Gadamer peuvent entrer en dialogue tout en restant préoccupés l'un pour la recherche de la *Vérité* du langage des « actes sociaux » et l'autre sur les deux pôles *Vérité* et *Méthode*.

Ces deux points, restent d'après notre vision, fondamentaux pour une possibilité d'un dialogue entre Reinach et Gadamer.

PARAGRAPHE III. Herméneutique phénoménologique et juridique : les actes de langage et états des choses ; confrontation Reinach-Austin

« A chacun sa vérité ».[766] La postmodernité se caractérise par le refus total de toute autorité (Tradition expression chère à Gadamer, comme nous l'avons vu), Dieu, la religion etc. Mais à côté de ce refus, il y a

---

[762] H-G. GADAMER, *Vérité et Méthode, les grandes lignes d'une herméneutique philosophique, op. cit.*, p. 318.

[763] *Idem*, p. 320.

[764] *Idem*, pp. 316-317.

[765] *Idem*, p. 67.

[766] Cette citation est de Luigi Pirandello (1867-1036); « philosophe », poète, romancier, dramaturge italien a été Prix Nobel de Littérature en 1934. Dans son genre littéraire veut philosopher sur la vie qui est devenue une sorte de comédie.

certains courants qui se mettent ensemble pour dialoguer. C'est la raison pour laquelle nous avons pris deux exemples de la philosophie du langage pour démontrer que le dialogue est encore possible pour construire. Ce dialogue ne se fait pas seulement entre les deux phénoménologues, il est plus ouvert à deux herméneutiques : celle continentale occidentale et celle américaine analytique. A ce point, Reinach et Austin malgré leurs divergences, se retrouvent sur plusieurs positions selon l'analyse de Sandra Laugier.[767] Dans ce paragraphe, nous allons essayer de montrer les points de rapprochement entre les deux conceptions de la philosophie du langage. Sans nous limiter à Austin, nous irons aussi voir chez Searle ce que nous pouvons comprendre de Reinach pour ce qui est de notre recherche.

III.1. La découverte des performatifs

John Langshaw Austin (1911-1960)[768] est philosophe analytique anglais. Il s'est particulièrement intéressé à la notion du sens dans la

---

[767] Cf. *La philosophie analytique,* Actes du Colloque de Royaumont, Paris, Minuit, 1962 *(PA)* J. L. Austin, « La vérité » *(Truth),* « Feindre » *(Pretending),* « Plaidoyer pour les excuses » *(A plea for excuses),* « Comment parler » *(How to talk),* in *Philosophical Papers,* Oxford-New York, Clarendon Press, 1962 ; tr. fr. par L. Aubert et A. L. Hacker, *Écrits philosophiques,* Paris, Le Seuil, 1994 *(PP).* J. L. Austin, *How to do Things with Words,* Oxford-New York, Clarendon Press, 1962, tr. fr. par G. Lane, *Quand dire c'est faire,* Paris, Le Seuil, 1970, réédition Points-Seuil, 1991 *(HTW).*S. Cavell, *Must we mean what we say ?,* Cambridge, Cambridge University Press, 1969, 1976 ; tr. fr. par C. Fournier et S. Laugier, Paris, Bayard, à paraître. S. Cavell, *The Claim of Reason,* New York, Oxford University Press, 1979 ; tr. fr. par S. Laugier et N. Balso, *Les voix de la raison,* Paris, Le Seuil, 1996. S. Cavell, *A Pitch of Philosophy,* Cambridge (Mass.), Harvard University Press, 1994 ; tr. fr. par S. Laugier et E. Domenach, *Un ton pour la philosophie,* Paris, Bayard, 2003. K. Mulligan, (éd.), *Speech Act and Sachverhalt, Reinach and the Foundations of Realist Phenomenology,* Dordrecht, Nijhoff, 1987. C. K. Ogden et I. A. Richards, *The Meaning of Meaning,* Londres, Routledge & Kegan, 1923 *(MM).* F. Recanati, *La transparence et l'énonciation,* Paris, Le Seuil, 1978 *(TE).* F. Recanati, *Les énoncés performatifs,* Paris, Le Seuil, 1981 *(EP).* F. Recanati, « Du positivisme logique à la philosophie du langage ordinaire : naissance de la pragmatique », postface à *Quand dire c'est faire,* rééd. Paris, Le Seuil, « Points », 1991. A. Reinach, *Die apriorischen Grundlagen des bürgerlichen Rechtes* (1913) repr. in *Gesammelte Schriften,* Halle, Niemeyer, (1921), tr. angl. par J. F. Crosby, *Aletheia,* 3, 1-142 *(GR).* B. Smith, « Towards a history of speech act theory », in *Speech Acts, Manings and Intentions,* Berlin, A. Burkhardt ed., De Gruyter, 1990. C.Travis, « On being truth-valued », in *Foundations of Speech Act Theory,* Londres, S. L. Tsohatzidis ed., Routledge, 1994. C. Travis, *Unshadowed Thought,* Cambridge (Mass.), ed. Harvard University Press, 2000. C. Travis, *Les liaisons ordinaires,* Paris, éd. Vrin, 2003.

[768] J.-L. AUSTIN, Bibliographie : *Écrits philosophiques,* Paris, éd., du Seuil, 1994. (Traduction par Lou Aubert et Anne-Lise Hacker de *Philosophical Papers* [1961], éd. James O. Urmson & Geoffrey J. Warnock, London, ed. Oxford University Press, 3e éd. 1979 ; *Le langage de la perception,* Paris, éd. Armand Colin, 1971, tr. Paul Gochet de *Sense and Sensibilia,* éd. Geoffrey J. Warnock, London, Oxford University Press, 1962); *Quand dire c'est faire,* Paris, éd. du Seuil, 1970, tr. Gilles Lane de *How to do things with*

philosophie du langage. John Searle (1932-) philosophe américain, reprendra sa philosophie basée sur les actes du langage.

Au sujet de la nature de l'énoncé performatif, la théorie d'Austin s'arrête sur sa « généralisation ».[769] Celle-ci peut aboutir, d'après Laugier, à un « effacement de la dichotomie initiale performatif/constatif ».[770] Austin trouve l'intérêt de l'interprétation au niveau de : « L'acte de discours intégral dans la situation intégrale de discours ».[771] Les arguments usés pour sa conclusion se retrouvent curieusement chez Reinach.

D'après son argumentation, un même énoncé peut être *performatif*[772] et *constatif.*[773] Un même énoncé peut être performatif et constatif. Pour Austin, il y a des énoncés descriptifs du monde et des énoncés qui accomplissent le monde. De même qu'on a une distinction entre performatif et constatif, une autre distinction s'établit entre *locutionnaire*[774] et *illocutionnaire.*[775]

Words : The William James Lectures delivered at Harvard University in 1955, Oxford, ed. Urmson, 1962.

[769] SANDRA LAUGIER, *Actes de langage et états de choses : Austin et Reinach,* in *Les Etudes philosophiques, op. cit.*, p. 89.

[770] *Ibidem*

[771] *Ibidem*

[772] *Définition performatif :* Se dit d'un énoncé qui constitue par lui-même l'acte qu'il désigne. Ex. : en ce moment, je parle. D'après la théorie linguistique d'Austin au sujet d'une catégorie des verbes : les verbes performatifs seraient ceux qui non seulement décrivent l'action de celui qui les utilise, mais aussi, et en même temps, qui impliqueraient cette action elle-même. Ainsi, les formules « Je te conseille de... », « Je jure que... », « Je t'ordonne de... », réaliseraient l'action qu'elles expriment au moment même de l'énonciation (Greimas-Courtés1979). Cf. www.mediatico.com: *Dictionnaire de linguistique et des sciences du langage* dirigé par Jean Dubois (DLSL).

[773] *Définition* : suggérer ou demander.

[774] Locutoire, locutionnaire : *L'acte locutionnaire est en droit indépendant de la situation de discours, mais n'est qu'un objet abstrait qu'il est nécessaire d'articuler sur une énonciation* (D. Maingueneau, *Initiation aux méthodes de l'analyse du discours*, 1976, p.130).*L'acte locutionnaire et l'acte illocutionnaire sont le même* type *d'acte, à ceci près que l'un est l'acte potentiel signifié par la phrase et l'autre l'acte effectivement accompli*, Cf. F. Récanati, *Qu'est-ce qu'un acte locutionnaire ?* in *Communications*, 1980, n°32, p.211 ; *acte perlocutoire*, Austin, *Quand dire c'est faire*, tr. par G. Lane, p.114 ; 1970 *force perlocutionnaire* in *Langages*, t.17, p.9. *Perlocutoire*, mot sav., formé du lat. *per-* « à travers », du lat. *locutum* supin de *loqui* « parler » et du suff. *-oire*, parallèlement à *illocutoire* ; *perlocutionnaire* empr. à l'angl. *Perlocutionary*, 1955, J. L. Austin, *How to do things with Words*, 1962, VIII, 101 ds *NED Suppl.*, *s.v. perlocution ;* O. Ducrot, *Illocutoire et performatif. Ling. et sémiologie*. 1977, n°4, pp.17-53. C. Kerbrat, Orecchioni, *Note sur les concepts d'« illocutoire » et de « performatif »*, in *Ling. et sémiologie*. 1977, n°4, 55-98 ; R. Mihaila̋, *Le Discours persuasif* in *R. roum. Ling.* 1979, t.16, n°1, pp.51-56. T. Todorov, *Problème de l'énonciation*, in *Langages*. 1970, t.5, n°17, p.9. Source : www.chrtl.fr <09.04.2012>.

[775]Un acte qui s'accomplit par l'usage même de la parole : une expression, un exemple, citation etc. En philosophie, c'est le caractère de ce qui est illogique. C'est pourquoi en droit, c'est une privation d'un sens.

C'est la raison pour laquelle Austin constate que : « Tout acte de discours authentique est à la fois acte locutionnaire et acte illocutionnaire » (*How to do Things with Words, HTW,* 147).[776] Chaque énoncé aura par conséquent trois dimensions :

1. Locutionnaire ;
2. Perlocutionnaire[777] ;
3. Illocutionnaire[778]: Ils sont environ classés en cinq catégories :
    1. Les verdictifs ou actes juridiques : Acquitter, condamner, décréter [...] ;
    2. Les exercitifs : Dégrader, commander, ordonner, pardonner, léguer[...] ;
    3. Les promissifs : Promettre, faire vœu de, garantir, parier, jurer de [...] ;
    4. Les comportatifs : S'excuser, remercier, déplorer, critiquer [...] ;
    5. Les expositifs : Affirmer, nier, postuler, remarquer [...][779] :

Dans son analyse, Laugier fait comprendre la qualité de la totalité du discours d'après Austin, les trois dimensions suivantes se retrouvent dans chaque énoncé :

> Locutionnaire, perlocutionnaire, illocutionnaire : ou plus précisément, chaque énoncé peut être considéré comme un acte de chaque sorte. Il est important de le préciser. Une tendance lourde de la pragmatique est en effet, comme on l'a vu, de décomposer l'acte de parole en trois composantes (souvent réduites à deux, le perlocutionnaire n'intéressant plus personne sauf Cavell), le locutionnaire étant « le contenu ou la proposition » (Récanati, TE, 119, où il reconnaît que ce n'est pas très austinien, mais approprié), et l'illocutionnaire « non pas le contenu de l'énoncé, mais ce qu'il est en acte » Récanati traduit le passage d'Austin que nous avons cité

---

[776] SANDRA LAUGIER, *Actes de langage et états de choses : Austin et Reinach,* in *Les Etudes philosophiques, op. cit.,* p. 89, in J. L. Austin, *How to Do Things with Words,* Cambrige, ed. JO Urmson and Marina Sbisa, and Harvard University Press, 1962, p.147.

[777] Cf., www.cnrtl.fr/definition/illocutionnaire <09.04.2012>: *LING.* Qui résulte de la parole sans en être une conséquence nécessaire. Visée perlocutoire. Wittgenstein [...] entend accorder pour sa part la première place aux effets perlocutionnaires, la production d'états d'âme, de croyances, de réponses, d'actions diverses, etc. J. Bouveresse, *Le Mythe de l'intériorité,* Paris, éd. de Minuit, 1976, p.272. Avec notre définition, seront illocutoires des actes comme l'ordre, la question, l'insulte, la permission, la promesse, la menace, l'adresse, etc., et perlocutoires des actes comme : embêter, humilier, flatter, réconforter, consoler, convaincre, etc.; J.-Cl. Anscombre, *Voulez-vous dériver avec moi ?* in *Communications,* 1980, n°32, p.67 ; Empl. subst. masc. Un énoncé peut faire allusion à un acte perlocutoire éventuel, et la stratégie menant à sa réalisation être comprise dans le sens [...] mais un énoncé ne se présente jamais comme réalisant un perlocutoire, J.-Cl. Anscombre, *Voulez-vous dériver avec moi ?* in *Communications,* 1980, n°32, p.67.

[778] SANDRA LAUGIER, *Actes de langage et états de choses : Austin et Reinach,* in *Les Etudes philosophiques, op. cit.,* p. 89

[779] Cf., www.scribd.com <09.04.2012>.

plus haut, à savoir « Tout acte de discours authentique est les deux, à la fois acte locutionnaire et acte illocutionnaire » (is both) par « Tout acte de discours authentique comprend les deux à la fois » Or tout est ici dans la distinction entre « être » et « comprendre ». Un acte de discours ne « comprend » pas de dimensions. Il faut se rendre compte qu'Austin ne propose pas la distinction locutionnaire/illocutionnaire pour remplacer la distinction performatif/constatif : les deux distinctions ne sont tout simplement pas sur le même plan. Le locutionnaire ne désigne pas la dimension propositionnelle de l'énoncé, mais l'énoncé vu sous l'aspect de l'acte locutionnaire, qui est l'acte d'affirmer (et non de représenter). Il ne s'agit pas pour Austin de distinguer ce qui est dit et le fait que c'est dit, mais de voir ce qui est dit (what is said) comme un tout, l'acte de discours total. Au fond, comme cela apparaît au début du chapitre VIII de HTW, l'acte locutionnaire est sans doute et paradoxalement l'essence de l'acte de langage, représentant l'extension maximale du performatif à tout ce qui est saying something. C'est le langage entier qui devient performance, sans pour autant qu'on puisse démarquer dans chaque énoncé l'acte et le contenu. Ce dont on a besoin, c'est d'une doctrine nouvelle, à la fois complète et générale, de ce que l'on fait en disant quelque chose, dans tous les sens de cette phrase ambiguë, et de ce que j'appelle l'acte de discours, non pas sous tel ou tel aspect seulement, mais pris dans sa totalité.[780]

L'avertissement de Laugier précise qu'ici, il y a un risque de confusion entre le travail de Reinach et celui d'Austin. Une lecture attentive et entière de Reinach comme nous l'avons vu avec Emilio Betti, permettrait d'éviter des interprétations tendancieuses d'Austin qui se fondent pourtant prétendument sur Reinach. Austin affirme la dimension performative de tout le langage. Cela amène à une certaine fragilisation de la limite entre le performatif et le constatif. Ce changement n'est pas minime à la vue de toute l'œuvre de Reinach. Dans la distinction de Performatif et de constatif veut mettre en cause l'illusion descriptive. Il combat l'idée selon laquelle le langage a comme fonction principale de présenter les états de choses. Dire que le locutionnaire conduit au constatif comme le suggère Mulligan dans son affirmation d'une continuité entre Austin et Reinach, au propositionnel serait réitérer une illusion lourde de conséquences. Il se pose ici le problème de liaison entre la phénoménologie du langage, la phénoménologie linguistique et la phénoménologie du droit pour revenir à Reinach. Sur ce point, nous allons analyser la convergence entre Reinach et Austin, à partir de la dé-mentalisation de l'acte social.

III.1.1. La dé-mentalisation de l'acte social

Voici ce qu'affirme Laugier dans son étude comparative entre Reinach et Austin :

---

[780] SANDRA LAUGIER, *Actes de langage et états de choses : Austin et Reinach,* in *Les Etudes philosophiques, op. cit.,* pp. 89-90.

On associe parfois Reinach et Austin dans leur découverte des performatifs, à savoir d'un certain type d'action linguistique et d'acte social. Il n'y a, précisons-le d'emblée, aucune raison de penser qu'Austin ait eu connaissance des textes de Reinach (bien qu'il y ait aussi des raisons de penser que sa connaissance de la philosophie de langue allemande ne se limitât pas à Frege). Notre but ici est de présenter non seulement des similarités entre ces deux philosophes, qui sont évidentes, mais aussi des différences, et surtout des problèmes suscités par ces ressemblances et différences, et non résolus encore, que pose le rapport entre langage et action.
La confrontation d'Austin à Reinach permet aussi de montrer, par-delà le paradigme de la promesse, les enjeux de la théorie austinienne : en rapprochant Reinach et Austin, et en faisant ainsi des performatifs des « actes sociaux », les partisans du « réalisme phénoménologique » négligent la dimension proprement linguistique de l'invention d'Austin, mais aussi la critique, inséparable de sa théorie des performatifs, de la notion même d'état de choses et son rejet général du représentationalisme. Mais par là, ils négligent aussi des aspects importants de la théorie de Reinach, notamment sa dé-mentalisation de l'acte social et sa mise en cause avant l'heure du non cognitivisme contemporain d'inspiration humienne.
Un problème des rapprochements entre Reinach et Austin est aussi leur méconnaissance de l'idée même de performance, d'acte en tant que tel, indépendamment de toute création d'état de chose, de situation, de réalité sociale. De ce point de vue, il est important de rappeler l'insistance d'Austin sur la vérité propre de l'acte et sur ses échecs, certainement une dimension oubliée dans les théories sociales de l'acte de langage (fondées sur la positivité et la réussite de l'acte). Cela permettra de distinguer la théorie d'Austin, c'est-à-dire une théorie de la performance linguistique, d'une ontologie ou d'une théorie des objets sociaux.[781]

Nous pouvons retenir ceci de cette étude :

1. La découverte des performatifs est l'œuvre de Reinach et d'Austin, à travers un type d'action linguistique et d'acte social ;
2. Mais, il faudrait bien savoir que Austin n'est certainement pas entré en contact avec les œuvres de Reinach ;
3. Le travail effectué par Laugier est de tracer les similitudes et les différences qui posent un certain nombre de problèmes entre le langage et l'action.
4. La dimension linguistique des actes sociaux inventée par Austin aide à ne pas négliger la dé-mentalisation de l'acte social de la théorie *a priori*. Et c'est là que Laugier renforce les similitudes entre le travail de Reinach et celui d'Austin.

Une telle proximité entre Reinach et Austin peut être suggérée non seulement par les affirmations des phénoménologues « réalistes » qui donnent ainsi une validation contemporaine au travail de Reinach, mais par

[781] SANDRA LAUGIER, *Actes de langage et états de choses : Austin et Reinach*, in *Les Etudes philosophiques*, *op. cit.*, p. 73.

les lectures contemporaines d'Austin. On n'en citera qu'une, excellente et représentative, celle de François Récanati dans Les énoncés performatifs :

En énonçant sérieusement une phrase dans une situation de communication, un locuteur accomplit, selon Austin, un certain type d'acte social, défini par la relation qui s'établit, au moyen de l'énonciation, entre le locuteur et l'auditeur.

Il s'agit du début du livre, et d'emblée Austin est inscrit à l'intérieur d'une problématique que définissent les trois termes : 1 / situation de communication, 2 / acte social, 3 / relation établie au moyen de l'énonciation. Un des grands mérites de Récanati est son attention sans faille à la lettre des écrits d'Austin : on peut se demander comment il peut, ici, définir l'acte de langage dans des termes communicationnels et institutionnels, voire ontologiques (la relation est établie au moyen de l'énonciation), qui semblent à première vue assez éloignés d'Austin. Or ces formulations de la théorie austinienne sont proches de celles de Reinach :

Un homme fait une promesse à un autre homme. Un effet spécifique résulte de ce processus, tout à fait étranger à ceux que suscite l'expression d'une communication d'un homme avec un autre ou d'une demande. La promesse crée un lien particulier entre deux personnes, en vertu duquel – pour l'exprimer très grossièrement – la première personne peut exiger quelque chose et la seconde est contrainte à l'accomplir ou à l'accorder. Ce lien apparaît comme la conséquence, et aussi bien comme le produit de la promesse. D'après son essence même, elle tolère n'importe quel délai. Toutefois une nécessité immanente la pousse à trouver une fin ou une résolution. Nous voyons plusieurs chemins qui conduisent à cette résolution. Le contenu de la promesse est réalisé (Das Versprechensinhalt wird geleistet) : de cette façon cette relation semble avoir trouvé sa fin naturelle.

La promesse *établit* un lien, en vertu duquel il y a (en particulier) une obligation d'accomplir ou produire (*Leistung,* traduit ici en anglais *performance*) une action. Cette action est donc la fin, la réalisation de la promesse, dont l'énonciation est le moyen. L'acte (promettre) crée une situation (lien, état de choses). Mais cette création n'est pas la seule action impliquée puisqu'il reste à réaliser le contenu de la promesse (la chose promise).Récanati poursuit un peu plus loin, dans une veine, là aussi, qui paraît assez peu austinienne et involontairement reinachienne :

En disant « Rentre à la maison tout de suite ! » ou « Quelle heure est-il ? », je ne décris pas la réalité : je donne un ordre à mon interlocuteur, ou je lui pose une question. Ces énoncés, n'étant pas constatifs, ne sont ni vrais ni faux ; ils ne reflètent pas une réalité préexistante, mais en constituent une nouvelle, dont un énoncé constatif pourra, ensuite, rendre compte (« Il m'a ordonné de rentrer à la maison », « il m'a demandé l'heure »).[782]

A travers trois termes qui sont :

1. La communication ;
2. L'acte social ;
3. La relation constituée par l'énonciation ;

[782] Cf. SANDRA LAUGIER, *Actes de langage et états de choses : Austin et Reinach,* in *Les Etudes philosophiques, op. cit.,* pp. 74-75.

D'après le commentaire de Laugier, Austin réussit à établir dans l'acte de langage des expressions liées à la communication, au droit et à l'ontologie. En effet, voici en d'autres termes ce que l'acte social, en particulier la promesse de Reinach crée comme situations à partir de l'énoncé :

1. L'obligation de produire ou d'accomplir la promesse ;
2. Celle-ci : *Leistung* se traduit en anglais par *performance* qui est une action ;
3. Lorsque cette action est réalisée, c'est la fin de la promesse ;

Si nous voulons comprendre « l'acte social » avec Reinach, la promesse en elle-même n'a aucun fondement si elle n'est pas dirigée vers autrui. C'est à ce niveau que l'actualité du travail complétif entre Reinach et Austin trouve tout son sens, quand l'acte de promettre qui crée une situation en établissant un lien ou état de choses se concrétise dans sa réalisation complète. Ceci nous permet de comprendre la fonction descriptive du langage chez Austin et chez Reinach.

III.1.2. La fonction descriptive du langage

Elle est le point de départ pour ce qui est de la phénoménologie du langage commun à Reinach et à Austin :

> Ce qui, par contre, est bien commun à Reinach et Austin, c'est l'idée qu'il y a des énoncés qui ne reflètent (représentent) pas la réalité. La différence entre Austin et Reinach porterait donc, non sur la nature du problème ou de leur découverte, mais sur le second terme de l'alternative à la description, et sa nature soit ontologique soit pratique. Et il est clair que quelle que soit la force et la radicalité de la théorie de Reinach, elle est de ce point de vue préaustinienne, inventant un nouveau type d'état de chose au lieu de mettre en cause la notion même d'état de chose. Il n'en reste pas moins que la mise en cause de la fonction descriptive du langage est bien le point de départ commun de Reinach et d'Austin. Il est remarquable, comme l'a noté Kevin Mulligan, que Reinach et Austin se revendiquent chacun comme inventeur de quelque chose de totalement nouveau et inaperçu, auteur d'une découverte, quasiment au sens empirique, d'un « phénomène » : comme s'il s'agissait d'un phénomène de la nature, qui aurait toujours été là (on peut y voir une dimension « réaliste » commune). Ce mélange de familiarité et d'étrangeté caractérise la description de la découverte des performatifs, comme en général celle des phénomènes du langage ordinaire : quelque chose que l'on a toujours eu sous les yeux, mais à quoi on n'a pas toujours prêté attention.[783]

Reinach et Austin découvrent qu'il y a certains énoncés qui ne reflètent pas la réalité. Mais leur point de divergence se situe au niveau de l'alternative à la description. En d'autres termes, comment décrire un

---

[783] SANDRA LAUGIER, *Actes de langage et états de choses : Austin et Reinach*, in *Les Études philosophiques*, *op. cit.*, pp. 76-77.

énoncé qui ne reflète pas la réalité ? Ou comment sortir de la réalité pour rentrer à l'école conceptuelle des énoncés du droit ? Ce serait faire marche arrière pour rejoindre les Pandectistes, d'après Reinach. Cette description serait-elle *ontologique* ou *pratique* à la suite de Reinach et d'Austin ? Voici comment les deux phénoménologues réagissent :

> Reinach : Cette situation peut sembler évidente ou étrange selon le point de vue à partir duquel nous la considérons. Elle est « évidente », dans la mesure où il s'agit ici de quelque chose que chacun connaît, en présence duquel on s'est trouvé un millier de fois, et auquel on peut avoir affaire à présent pour la mille et unième fois. Mais tout comme il peut arriver que nous portions brusquement notre attention sur un objet connu de nous depuis longtemps et que nous voyions véritablement pour la première fois ce que nous avons eu sous les yeux un nombre incalculable de fois, dans son caractère spécifique et sa beauté particulière, ainsi c'est précisément ce qu'on peut être amené à ressentir ici.
> Austin : Le phénomène à discuter est en effet très répandu, évident, et l'on ne peut manquer de l'avoir remarqué, à tout le moins ici ou là. Il me semble toutefois qu'on ne lui a pas encore accordé suffisamment attention.[784]

Que nous nous retrouvions du côté de Reinach ou de celui d'Austin, le phénomène qui est objet de le recherche apparaît comme une chose évidente. C'est tout le monde qui le connaît naturellement, mais il s'agit de le redécouvrir, comme s'il était nouveau. Nous rentrons encore dans la logique de l'Herméneutique d'Emilio Betti. Au-delà des apparences et des jugements *a priori* existentialistes qui ont tendance d'attribuer un sens aux objets à interpréter, la méthode de la vérité herméneutique est d'entreprendre un processus nouveau, rigoureux sur ce qui paraît évident. Betti s'y arrête longuement au premier canon de l'interprétation, le sujet doit aller vers l'objet qui lui parle et le laisser s'adresser à lui. A partir des énoncés évidents, Reinach et Austin semblent redécouvrir l'objet en lui accordant une attention particulière :

> L'un et l'autre ont non seulement l'impression de faire une découverte, celle l'un *objet* ou d'un *phénomène* spécifique, mais de faire la découverte d'un mode particulier de la découverte : celle de quelque chose qui a toujours été là et qu'on a *toujours vu,* sans vraiment le voir. Cette attention particulière au phénomène rendu invisible par sa répétition même constitue la découverte : une découverte qui n'est donc pas *théorique* au sens strict. C'est là exactement ce qu'Austin trouve dans l'examen des usages ordinaires : la découverte d'une richesse inaperçue, qui constitue ainsi un nouveau *donné* pour la philosophie. Ce donné, pour lui, c'est *le langage,* non comme corps constitué d'énoncés ou de mots, mais comme lieu d'accord sur *ce que nous dirions quand.* Il s'agit pour lui d'un donné empirique, ou, comme il le dit parfois, de « données expérimentales ».

---

[784] *Ibidem*, p. 76.

Austin : Pour moi, la chose essentielle au départ est d'arriver à un accord sur la question « qu'est-ce que nous dirions quand ». (...) Si longtemps que cela prenne, on peut y arriver néanmoins ; et sur la base de cet accord, sur ce donné, sur cet acquis, nous pouvons commencer à défricher notre petit coin de jardin. J'ajoute que trop souvent c'est ce qui manque en philosophie : un *datum* préalable sur lequel l'accord puisse se faire au départ (*La philosophie analytique,* Minuit, 1962, 334).
Nous ne prétendons pas par-là découvrir toute la vérité, qui existe, concernant toute chose. Nous découvrons simplement les faits que ceux qui se servent de notre langue depuis des siècles ont pris la peine de remarquer, ont retenus comme dignes d'être notés au passage, et conservés dans le courant de l'évolution de notre langue.[785]

Bref, Reinach et Austin se rencontrent sur plusieurs points de la phénoménologie linguistique. Ces points sont essentiellement liés aux performatifs, à la description, à l'intention et surtout à la vérité du langage.[786]. Mais si la philosophie analogique anglo-américaine se limite à la structure du langage, celle continentale va au fond de ce que nous avons vu sur une tradition basée sur des éléments intégratifs. Betti appelle cela la « totalité du discours ». Reinach avec sa théorie *a priori* aiderait celle-ci a ne pas négliger un secteur très important de la phénoménologie pure. A la suite d'Austin, John Searle développera davantage ce secteur de l'ontologie des actes sociaux.[787]

PARAGRAPHE IV : Adolf Reinach et Michel Villey

Ce paragraphe est d'une grande importance pour une critique de l'œuvre de Reinach. Il est d'autant plus important que cette critique rentre comme un moment de l'interprétation de notre auteur d'après le travail d'Emilio Betti.[788] En effet, nous assistons à la critique de Michel

---

[785] SANDRA LAUGIER, *Actes de langage et états de choses : Austin et Reinach,* in *Les Études philosophiques, op. cit.,* p. 76.
[786] *Idem,* pp. 79-97.
[787] *Idem,* pp. 55-71.
[788] E. BETTI, *Teoria generale della interpretazione, op. cit.,* pp. 292-293. C'est la phase pendant laquelle, après une analyse philologique et si des insuffisances persistent par rapport au contenu conceptuel, il faut procéder à la critique. Lorsque le texte présente des lacunes, des incohérences ou des contradictions qui provoquent le doute, il faudrait faire recours à la critique. Celle-ci est orientée vers des propositions ou dans les symboles du texte qui renvoient à la tradition et à l'espace culturel. Faire également une critique sur le contexte conceptuel ou de son style propre. Le moment critique doit toujours précéder l'interprétation pour ce qui est de l'authenticité d'un document ou d'un monument. Il faudrait bien le situer dans une époque historique (date antérieure ou postérieure par rapport à d'autres documents ou monuments). C'est une évaluation et justification concernant l'esthétique, la logique, l'éthique, le juridique et la critique axiologique. Cette évaluation devrait être suivie avec un grand contrôle pour arriver à discerner et assimiler ce que l'auteur pensait et ressentait, afin d'arriver à s'identifier à ce

Villey (1914-1988) sur l'œuvre de Reinach.[789] Le point de vue de Pierre-Yves Quiviger peut nous aider à comprendre si cette critique est fondée.

IV.1. Le point de vue de Pierre-Yves Quiviger

Voici ce qu'il souligne sur « la possibilité de connaissance » de Reinach par Villey :

> Michel Villey (1914-1988) connaissait le travail d'Adolf Reinach : il cite son nom et discute rapidement son œuvre, en termes plutôt élogieux, dans différents textes et en particulier dans Philosophie du droit : dans un premier passage, il rapproche Reinach d'Aristote, ce qui est un hommage considérable quand on connaît l'œuvre de Villey, en indiquant néanmoins une vraie différence de méthode.[790]

En comprenant bien la première citation de Villey, on peut déjà qualifier son jugement d'approximatif sur Reinach. Ce qui veut dire en d'autres termes que Villey est mal placé pour citer Reinach « en termes plutôt élogieux ». Ensuite, dans la compréhension des termes, il ne « rapproche » pas Reinach d'Aristote en situant leur différence au niveau de leur méthode. La différence est liée au contenu : « chez Aristote il n'est pas de science du droit *a priori* ». Ce n'est pas seulement l'observation des structures des activités judiciaires que Reinach dégage un plan et les rubriques d'une science du droit.

Objection : nous avons déjà eu à souligner que le travail de Reinach part de la phénoménologie de Husserl qui se situe dans les *Recherches Logiques*, car c'est bien lui, Reinach, qui aura eu l'honneur de réviser le travail de son maître. Donc il connaissait de mémoire cette œuvre, non seulement parce qu'il a participé à sa révision mais surtout parce qu'il

---

qui fut le moment de la manifestation de sa pensée. Le moment critique cherche à reconnaître l'auteur de l'œuvre sans prétendre lui attribuer un autre style.

[789] M. VILLEY, *Philosophie du droit, tome 1, Définitions et fins du droit,* § 44, réédition Dalloz en seul volume, 2001 [4e édition, 1986], p. 61, *Leçons d'histoire de la philosophie du droit,* 2e édition, Dalloz, 1962 ; *La Formation de la pensée juridique moderne,* Montchrétien, 1975 ; PUF, coll. « Quadrige », 2003 ; *Philosophie du droit, Définition et fins du droit, Les moyens de droit,* Dalloz, 2001 (réédition en un seul tome de l'édition antérieure en deux tomes de 1980-1982); *Le Droit et les Droits de l'homme,* PUF, « Questions », 1983, rééd. 1998 ; *Seize essais de philosophie du droit,* Dalloz, 1969 ; *Critique de la pensée juridique moderne,* Dalloz, 1985 ; *Le Droit romain,* PUF, coll. Que sais-je ? ; *Recherches sur la littérature didactique du droit romain,* Montchrétien, 1945 ; *Questions de saint Thomas sur le droit et la politique,* PUF, "Questions", 1987.

[790] P-Y QUIVIGER, *A propos de la notion d'obligation : Michel Villey et Adolf Reinach,* in *Adolf Reinach, entre droit et phénoménologie, op. cit.,* p. 61 : « Quelque chose d'assez analogue à ce qu'au XXe siècle retrouvera le phénoménologue Reinach : un arsenal de notions et de propositions générales que Reinach déclare « *a priori* ». Mais chez Aristote il n'est pas de science du droit *a priori.* C'est en observant la structure des activités judiciaires qu'il a su dégager le plan et les rubriques d'une science du droit ».

aura été assistant de son maître Husserl pour les étudiants d'un niveau avancé.

Quiviger continue en déclarant que Villey range Reinach parmi les néo-jusnaturalistes. Voici la citation qu'il prend de Villey :

> Cet élève de Husserl, mettant en œuvre la méthode phénoménologique, crut découvrir *a priori* un ensemble de propositions juridiques de valeur immuable. Il laisse aux juristes le soin de compléter ce noyau de vérités stables en fonction des besoins de chaque temps, pour constituer le « droit positif ». Parce que Reinach a travaillé sur des concepts (promus « essences ») empruntés à la tradition kantienne pandectiste, ces prétendues vérités juridiques aprioristiques demeuraient dans la ligne de l'Ecole du droit naturel.[791]

Cette deuxième critique de Villey demeure aussi superficielle sur l'œuvre de Reinach. Ici, ni la découverte des « actes sociaux », ni la compréhension de la théorie *a priori* ne sont pas bien saisies par Villey. Premièrement, la théorie *a priori* marque son indépendance par rapport au droit positif, car ses lois naissent des « actes sociaux » qui varient selon les époques et selon les besoins de chaque temps. Si d'une promesse naissent des prétentions et des obligations, cela ne voudrait pas dire que les dispositions du droit positif prévalent de la promesse qui fonde les prétentions et les obligations. Donc, cette interprétation de Villey faite sur Reinach amène à produire une confusion dans la compréhension de chaque domaine pour ce qui est de son autonomie. Deuxièmement, nous l'avons si bien expliqué au deuxième chapitre, *l'a priori* de Kant se base sur *l'Ethos* et non sur *l'Ontos* de Reinach. Le devoir-être n'implique automatiquement pas le devoir juridique. Au contraire, le devoir juridique *Sollen*, a une valeur qui ne se voit pas réduire dans le champ métaphysique. L'autre erreur de Villey est de confondre la tradition kantienne avec celle des pandectistes. Ce sont deux écoles diamétralement opposées sur le plan de la pensée juridique : l'une est de tendance morale et l'autre est de tendance conceptualisée comme nous l'avons analysé au chapitre II. La fin des *Fondements a priori* prouve que Reinach n'est pas ce que Villey prétend lui attribuer par École moderne du Droit Naturel. Le commentaire que Quivier fait en dit long :

> Le résumé est correct mais le jugement conclusif est cavalier (au moins pour l'adjectif « moderne ») et pourrait conduire à poser une question iconoclaste : Villey connaissait Reinach mais l'avait-il lu ?» Mon sentiment est qu'il l'avait lu, parce qu'il savait l'allemand et lisait beaucoup et qu'il ne pouvait se contenter d'un savoir de deuxième main car, comme le rappelle justement Stéphane Rials dans sa récente édition de La formation de la pensée juridique moderne, Villey était aussi un grand savant. Je crois donc

[791] M. VILLEY, *Philosophie du droit, tome 2, Les moyens du droit,* § 185, réédition Dalloz en seul volume, 2001 [2e édition, 1984], p. 227.

qu'il l'a lu, mais si l'a lu à travers le prisme de Jean-Louis Gardies – prisme heuristique, indispensable, mais inévitablement déformant. Je viens de citer deux références à Reinach, et j'en profite pour indiquer à ceux qui connaîtraient mal l'œuvre une place considérable dans le paysage mental villeyien. Celui-ci est plus volontiers organisé autour d'une gigantomachie à six figures : trois Bons (Aristote, l'« authentique » droit romain, Thomas d'Aquin); trois méchants (Hobbes, Kant, Kelsen) – le reste occupe à dire vrai peu de place. Mais il y a un texte de Villey où Reinach est discuté d'un peu plus près, un texte où Reinach est la préoccupation principale : il s'agit de la préface (des deux tiers d'une préface, plus exactement, puisque la première partie est rédigée par Kalinowski) à la thèse de Jean-Louis Gardies, Essai sur les fondements *a priori* de la rationalité morale et juridique (1972).[792]

D'après ce commentaire, même Quiviger trouve que la connaissance de Reinach par Villey n'est pas solide, il le connaît à travers des lectures des œuvres de Gardies. Il se limite néanmoins à faire une étude comparative sur la notion d'obligation à partir du *vinculum juris* du droit romain.

IV.2. Le *Vinculum Iuris* du droit romain vu par Villey et Reinach

Nous citons encore Quiviger qui fait l'analyse de la critique de Villey sur l'interprétation de Reinach :

> Dans sa préface que j'ai évoquée, Villey résume la doctrine de Reinach et lui adresse une série de reproches – le résumé comme les reproches s'appuyant largement sur le propos de Gardies. Je ne discute pas l'importance de ce biais « gardien » (ou « gardien ») mais il mériterait une étude, pas seulement pour Villey, mais aussi pour la (faible) réception française de Reinach, chez les juristes comme chez les philosophes. Villey écrit dans les premières lignes :
> Adolf Reinach avait tenté de jeter les bases d'un droit en soi, *a priori*, ne devant rien à l'expérience. Par la seule vision des essences, il avait voulu nous montrer que déjà la promesse, en soi, engendre une obligation ; ou qu'un examen attentif de l'idée de créance montre que celle-ci est susceptible de renonciation mais qu'elle ne peut être cédée ; l'obligation au contraire, de par son essence, apparaît cessible, mais exclut la renonciation etc. Ainsi se révélerait un noyau de principes de droit élémentaires, d'une nécessité absolue, de validité permanente, une sorte d'Ersatz de droit naturel, comme il arrive à Jean-Louis Gardies de le désigner (en vérité le « droit naturel » rassortissait historiquement d'une tout autre philosophie).

[792] P-Y QUIVIGER, *A propos de la notion d'obligation : Michel Villey et Adolf Reinach*, in *Adolf Reinach, entre droit et phénoménologie, op. cit.*, p. 82.

On voit que la question de l'obligation intervient immédiatement, y compris sous l'aspect technique de la cession de créance. Je souligne d'emblée une difficulté : l'opposition créance/obligation est ce qui correspond à l'opposition allemande *Anspruch/Verbindlichkeit* que Ronan de Calan, reprenant les choix des traducteurs du Code civil allemand, traduit par Prétention/Obligation. Ce choix est un peu embarrassant même si je suis conscient que la langue française n'a pas de terme adéquat pour *Anspruch* (à l'inverse de l'anglais, qui a *Claim*), comme le rappelle Sandra Laugier dans l'article *Claim* du *Vocabulaire européen des philosophies.* « Prétention » est gênant car la symétrie avec le terme « obligation » n'apparaît plus : je préfère donc appeler le symétrique juridique usuel d'obligation, à savoir « droit personnel », à condition de ne pas confondre cela avec « droit de la personne », ni avec le droit personnel en tant qu'il se distingue du droit réel (pour cette distinction, Reinach parle de *dingliche/obligation Recht* que Ronan de Calan rend par *droit réel/droit obligatoire*). Si X a une obligation envers Y, Y a un droit personnel sur X. Je ne retiens pas « droit de créance » parce que 1) il y a un terme allemand (*Forderung*) et 2) parce que je préfère réserver le terme de « créance » au couple créance/dette.[793]

D'après Quiviger, Reinach veut montrer que le *vinculum juris* est un *vinculum substantiale*, et par voie de conséquence : « s'appuyer sur le *vinculum juris* pour justifier le refus romain de la cession de créance revient à sombrer dans le *psychologisme* »[794]. Chose exacte, car comme l'analyse si bien la théorie *a priori*, le fondement de la prétention ou de l'obligation n'est pas basé sur le droit positif, mais sur leur être ou leur substance.

La même analyse est faite heureusement par Villey :

> L'homme qui promet par une *sponsio* de payer une somme d'argent, le dépositaire qui accepte de prendre un objet chez lui à charge de le restituer, ne se consentent-il pas à s'obliger ? Les paroles solennelles échangées, les inscriptions sur le livre de compte, la remise de l'objet, ce ne sont que des circonstances ou modes de preuve de l'engagement. Alors tout contrat ne serait-il pas le produit du consentement ? Telle sera sa définition chez les romanistes modernes. Nous devons noter cependant que ce n'est pas tout à fait la doctrine romaine : le droit romain, plus réaliste, continue à voir dans le contrat une opération de transfert de biens ou de services, un *negotium*, une affaire, ou d'autres facteurs interviennent que la volonté des parties.[795]

Le commentaire de Quivier est que le fondement de l'obligation n'est pas dans l'échange des consentements, conformément à la vision *volontariste du droit privé*, mais dans la *synallagmatisme.*[796] C'est-à-dire que le *vinculum* n'est pas seulement un lien des volontés, mais d'actions

[793] Cf. www.nosophi.univ-paris1.fr/persopyquiviger.html <11.06.2012>.
[794] P-Y QUIVIGER, *A propos de la notion d'obligation : Michel Villey et Adolf Reinach,* in *Adolf Reinach, entre droit et phénoménologie, op. cit.,* p. 87.
[795] *Idem,* pp. 87-88.
[796] *Ibidem*

attendues de deux personnes au sens juridique. Cette vision d'une position commune de Reinach et de Villey ne prouve selon nous aucune possibilité de bonne compréhension de Villey par Reinach. Il semble à notre humble avis que Villey est mal placé pour interpréter Reinach.

IV.3. L'erreur d'interprétation de Michel Villey à travers Quiviger

A la suite de Michel Villey, Quivigier tente de culpabiliser l'œuvre de Reinach en démontrant lui-même comme une erreur de lecture hâtive sur des arguments jugés par Husserl comme n'ayant aucun précédent dans l'histoire :

> L'obligation n'a donc plus besoin de la promesse pour être pensée *a priori* : elle a besoin de la notion de rapport et d'équilibre – et pour que cet équilibre soit respecté, elle a besoin de la notion de juge, d'un tiers. On retrouve alors la leçon de Michel Villey, qui peut nous aider à débrouiller ce qu'il y a d'excellent de ce qu'il y a de contestable dans le travail de Reinach :
> S'étonnera-t-on que ces deux principes – que les hommes sont tenus à réparer tous les dommages résultants de leur faute, et à remplir toutes leurs promesses – se soient si lentement dégagés ? Quand on réfléchit ce genre de principe est très contestable. Il n'est pas si certain que passent entre eux les simples particuliers ; elle peut réserver sa justice pour celles qui lui paraissent bonnes et économiquement utiles. Le droit moderne tend à imposer des types de contrats tout à faits (le contrat d'assurance – le contrat de transport – le contrat de travail) dont les particuliers n'ont pas le droit de s'écarter. Sino ils ne seraient pas protégés. Curieux retour au droit romain.
> En somme, je dirais que pour moi Reinach est par bien des aspects un *junaturaliste* « ancien » qui s'ignore, refusant le droit naturel parce qu'il refuse le droit naturel moderne sans se situer véritablement par rapport à l'authentique droit naturel, aristotélicien, très centré sur les *sunallagmata*, non sans rapport avec les obligations. J'ajouterais que la promesse, l'insistance sur la promesse, sa survalorisation dans l'économie générale de l'obligation *a priori*, est la grande faiblesse de sa pensée de l'obligation, par ailleurs assez stimulante pour comprendre le droit privé – pour le droit public, je suis plus sceptique, sauf, et dans une certaine mesure, pour le « plein contentieux » (ou contentieux de la responsabilité) en droit administratif Pour le droit constitutionnel ou pour le contrôle de l'excès de pouvoir en droit administratif, pour, a fortiori, le droit international public, les propositions de Reinach me semble assez largement inutilisables – ce qui est de peu d'importance car la valeur d'une philosophie du droit ne se mesure pas à l'aune de son utilité pour les praticiens.[797]

[797] P-Y QUIVIGER, *A propos de la notion d'obligation : Michel Villey et Adolf Reinach*, in *Adolf Reinach, entre droit et phénoménologie*, *op. cit.*, p. 97.

La confusion est une chose très partagée par Villey et son lecteur Quiviger. Avant de laisser le phénoménologue Husserl défendre son assistant Reinach, notre critique se limitera à quatre principaux points :

1. Le travail de Reinach n'est pas limité à la philosophie du droit ;
2. La recherche de Reinach n'est pas à confondre avec le droit naturel ;
3. Il est essentiellement phénoménologique à la suite des *Recherches Logiques* de Husserl ;
4. Il est herméneutique dans son invention d'une analyse interprétative basée sur des énoncés linguistiques. Si Reinach parle des fondements *a priori*, c'est par rapport au Droit civil, c'est en fonction de ce qui a été jusqu'ici oublié dans le vaste secteur de droit, à savoir : son vaste domaine ontologique. Husserl est mieux placé pour répondre à Villey et à Quiviger.

IV.4. La juste interprétation d'Edmund Husserl sur Reinach

Nous répétons ici ce que nous avons déjà eu à souligner au premier chapitre :

> [Ce travail] constitue une tentative absolument inédite parmi les esquisses de philosophie du droit présentes et passées, de réaliser, sur la base d'une phénoménologie pure, l'idée longtemps critiquée d'une théorie *a priori* du droit. Avec une sagacité sans exemple, Reinach porte au jour une grande diversité de vérités *a priori* qui sont au principe de tout droit positif réel et imaginable ; et elles sont, comme il le montre, *a priori* dans un sens identique à celui qui concerne les axiomes de l'arithmétique et de la logique, donc, comme eux, des vérités immédiatement saisissables comme valides absolument et sans exception, précédant toute expérience. Ces « propositions de droit » *a priori* comme, par exemple, celle qui stipule qu'une prétention disparaît lors de la réalisation de son contenu, ou qu'une propriété passe par transfert d'un individu à un autre, n'expriment rien moins que des dispositions (des déterminations de ce qui doit être), comme c'est le cas des propositions du droit positif. Toutes ces dispositions juridiques positives présupposent déjà des concepts comme la prétention, l'obligation, la propriété, le transfert, etc., concepts qui sont *a priori* au regard du droit positif. Les propositions aprioriques de Reinach ne sont rien d'autre que l'expression de vérités valant universellement, qui se fondent sur la teneur de sens de ces concepts, et sont *a priori* au regard des institutions juridiques positives.[798]

[798] A. REINACH, *Les fondements a priori du Droit civil, op.cit,,* pp. 9-10, E. HUSSERL : *« Adolf Reinach+ », Frankfuter Zeitung*, 6.12. 1917, repris dans Husserliana (Hua) XXV, *Aufsätze und Vorträge* (1911-1921), pp. 296-299. « In seiner weiteren Entwicklung wurde er zu einem der vornehmsten Vertreter der phänomenologischen Philosophie und phänomenologischen Forschung, dessen Erscheinungsband (1913) seine größte und bedeutendste Arbeit über « Die apriorischen Grundlagen des bürgerlichen Rechts »

Cette pensée est celle du maître Husserl qui apprécie objectivement son élève Reinach. Nous savons bien que tous les deux n'ont été d'accord qu'après la « conversion » surprenante du maître au néokantisme. Nous avons eu à l'analyser en profondeur au chapitre I.

---

brachte. Sie bietet einen gegenüber allen rechts philosophischen Entwürfen der Gegenwart wie der Vergangenheit völlig neuartigen Versuch, auf der Basis der reinen phänomenologischen Rechtslehre zu verwirklichen. Mit beispiellosem Scharfsinn zeiht Reinach eine große Mannigfaltigkeit von « apriorischen » Wahrheiten aus Tageslicht, die allem wirklichen und erdenklichen positiven Recht zugrunde liegen, und sie sind, wie er zeigt, a priori genan in dem Sinn wie die primitiven arithmetischen oder logischen Axiome, also, wie sie, einsichtig erfaßbar als schlechthin ausnahmslos gültige, aller Erfahrung vorangehende Wahrheiten. Diese apriorischen Rechtssätze, wie z.B., dass ein Ausspruch durch Erfüllung erlischt, dass ein Eigentum durch Übertragung von einer Person auf die andere übergeht, sprechen nichts weniger als « Bestimmungen » (willkürliche Festes Zungen, dass etwas sein soll) aus, wie dies alle Sätze des positiven Rechtes tun. Alle solche positiv-rechtlichen Bestimmungen setzen ja schon Begriffe wie z.B. Ausspruch, Verbindlichkeit, Eigentum, Übertragung usw. voraus, Begriffe, die also dem positiven Recht gegenüber a priori sind. Reinachs « apriorische Rechtssätze » sind also nichts anderes als Ausdrücke unbedingt gültiger Wahrheiten, die rein im Sinnesgehalt dieser Begriffe gründen und demnach selbst gegenüber den positiv-rechtlichen Festsetzungen a priori sind ».

CONCLUSION

1. L'importance de l'actualité de l'Auteur

Au terme de nos travaux de recherche, il nous semble nécessaire de préciser que notre étude est celle de la philosophie du langage (herméneutique) en rapport avec la phénoménologie et le droit. Une maxime latine ne dit-elle pas : « *Qui bene distinguit bene docet* : *wer gut unterscheidet, lehrt gut* : *He who distinguisches well, teaches well* : *chi distingue bene, insegna bene :* qui distingue bien enseigne bien ».[799] En effet, l'une des sources d'erreurs de l'herméneutique en général réside primordialement dans la « non distinction » des choses. La philosophie a besoin de distinguer nécessairement les choses pour ne pas avoir la tentation de la confusion des sciences ou des domaines de compétence.

Faut-il avouer que la lecture de l'œuvre de Reinach n'est pas facile ? Avec son fameux « Cercle herméneutique » Schleiermacher ne nous enseigne-t-il pas la nécessaire connaissance du « Tout » et non des parties ? Emilio Betti, à la suite de ce « Cercle », parle des quatre canons de l'interprétation. Dans ces quatre canons, nous voyons les deux premiers qui enquêtent sur l'objet et les deux derniers qui enquêtent sur le sujet. La « Totalité » de la connaissance implique une enquête orientée à saisir le tout et non les parties. Et nous avons vu avec Gadamer l'importance de la « Tradition herméneutique », car un auteur part toujours d'une culture philosophique. Pour ce qui est d'Adolf Reinach, sa connaissance part des *Recherches Logiques* d'Edmund Husserl. Ce qui veut-dire en d'autres termes qu'une lecture survolée de notre auteur peut porter à une critique sans fondements. La méthode d'Emilio Betti sur les moments du processus d'interprétation implique toujours le lien entre les différentes parties et l'esprit de l'auteur de l'œuvre qui doit être compris dans sa vraie intention créatrice.[800] Cette « phénoménologie » de

---

[799] Adage juridique latin né de la philosophie causale de l'antiquité. En effet, la distinction devait être la première démarche dans la philosophie naissante ainsi que dans le droit romain naissant.

[800] G. MURA, *Introduzione all'ermeneutica veritativa, op. cit.*, p. 197. Ce processus en trois phases vise à sauver la vérité dans l'herméneutique. Le processus herméneutique n'est plus seulement statique, mais il est aussi dynamique dans ses diverses phases. Il vise à

Betti insiste sur la nécessaire compréhension avant toute critique épistémologique. En effet, dans le processus de la compréhension « sujet interprétant », comme dans celui de l'interprétation « objet de l'interprétation », l'interprète doit « reconnaître » et « reconstruire » le message d'un autre.[801] Le sujet doit être conscient de la distance historique dans le cadre d'une interprétation d'un texte. La condition serait de s'ouvrir à l'autre subjectivité qui se révèle et qui nous parle à travers un texte.[802] C'est la *soglia ermeneutica* ou « seuil herméneutique » : l'entrée dans le monde de l'auteur.

Après avoir compris la langue, le langage, la philologie, le contexte historique (de Paul Ricœur) qui conditionne la fameuse « Tradition culturelle » de Gadamer à la suite de Dilthey, les sentiments et la psychologie de l'auteur, sans oublier la possibilité d'influences extérieures pouvant conditionner ses motivations, alors l'on peut procéder à une critique objective basée sur la connaissance. C'est le seuil herméneutique qui fait poser la question au sujet : qu'est-ce que veut dire l'auteur ? Car, c'est lui l'auteur qui transmet un message basé sur l'écriture. C'est un « fait », d'après Reinach un « acte social », pour le Droit civil qui est l'objet de sa recherche : la recherche de son existence « *a priori* ». Le sujet devient par le fait même attentif et prêt à écouter et à regarder. Grâce à cet intérêt suscité chez lui, il peut être capable de recevoir une éducation. Ce qui veut dire qu'il devient lui aussi un sujet en recherche d'instruction.

Certaines interprétations ont soit par habitude, soit par rejet cultivé une attitude critique *a priori* sur des auteurs. Il s'agit dans le travail herméneutique de reconnaître une certaine distance historique par rapport au contexte de l'auteur. La reconnaissance de cette distance historique nous permet de laisser un espace à l'auteur et de le laisser s'exprimer afin que quelque chose puisse apparaître. Une des données élémentaires du processus de l'interprétation est d'établir en premier un

---

obtenir la vérité de l'objet, de l'auteur et celle du sujet interprétant. Ce n'est pas seulement le sujet qui est le critère de cette vérité, c'est l'ensemble ; en quelque sorte, la totalité. Cf : « Cercle herméneutique ». Aucune partie n'est plus isolée dans le processus de l'interprétation.

[801] G. REALE / D. ANTISERI, *Il pensiero occidentale dalle origini ad oggi 3, op. cit.,* p. 500 : L'interprète devra reconnaître et non attribuer, dans les objectivations de l'esprit, "la pensée créatrice" de l'oeuvre. Il doit reconnaître et reconstruire un sens, et reévoquer l'intuition qui s'y révèle. C'est de cette manière qu'il pourra actuer une inversion intérieure qui lui permettra de poser les bases du *processus génétique* à partir d'une retrospection qui veut comprendre une intériorité autre que la sienne. Le cas contraire le plogera dans du pure subjectivisme.

[802] E. BETTI, *Teoria generale della interpretazione, op. cit.,* p. 271 : La conscience de la distance ou écart, ou encore étranger : *Fremden,* provoque un effet de dépassement qui part de la perception ou au souvenir *anamnèse* pour arriver au seuil ou limite de la conscience réflexive (heméneutique). Celle qu'on pourrait nommer *soglia ermeneutica : seuil herméneutique.* C'est la phase de « l'auto observation ». Le sujet procède à son introspection, en se laissant introduire dans la pensée et dans le monde de l'auteur.

rapport entre celui qui parle et l'autre qui écoute. Car, il faudrait y établir une communion dans le développement de la pensée. Betti dans sa *Théorie générale* veut se montrer « solidaire » à la méthode de Dilthey[803] et au romantisme.

Selon la méthode de Betti, *le processus* de toute herméneutique est de souligner l'unité et l'objectivité *du comprendre.* C'est pourquoi, si cette finalité de l'herméneutique est atteinte avec une grande rigueur scientifique, aucune interprétation ne souffrira des limites liées à la subjectivité de l'interprète.[804] L'unité et l'objectivité aident à ne pas confondre la vérité ontologique et les conclusions subjectives qui sont très souvent le fruit d'un relativisme négatif et « absolu ». Voici à ce propos le jugement de Jean Grondin :

> La philosophie herméneutique contemporaine jouit d'une réputation assez relativiste. On y aperçoit généralement une ligne de pensée qui glorifie l'historicité et dont l'insistance sur la perspective de la compréhension ne peut conduire qu'à l'abandon de la notion classique d'objectivité.[805]

Les valeurs de l'esprit et celles éthiques doivent être en « corrélation » avec des entités du monde réel. L'erreur du relativisme est celle de mettre en doute cette « corrélation » au niveau phénoménologique en l'échangeant avec une relativité des valeurs. En effet, le sujet, autrui ou contrepartie, la situation et le contexte historique appartiennent à la réalisation phénoménologique des valeurs éthiques dans leur nécessaire « corrélation ». C'est la phase pendant laquelle, après une analyse philologique et si des insuffisances persistent par rapport au contenu conceptuel, il faut procéder à la critique. Lorsque le texte présente des lacunes, des incohérences ou des contradictions qui provoquent le doute, il faudrait faire recours à la critique. Celle-ci est orientée vers des propositions ou dans les symboles du texte qui renvoient à la tradition et à l'espace culturel. Faire également une critique sur le contexte conceptuel ou de son style propre. Le moment critique doit toujours précéder l'interprétation pour ce qui est de l'authenticité d'un document ou d'un monument. Il faudrait bien le situer dans une époque historique (date antérieure ou postérieure par rapport à d'autres documents ou

[803] G. MURA, *Introduzione all'ermeneutica veritativa, op. cit.,* p. 152. Dilthey cherche une réconciliation entre les modèles des sciences naturelles et celles de l'esprit. Mais sa difficulté au niveau théorique reste le « Cercle herméneutique ».

[804] En d'autres termes, aucune interprétation ne souffrira de la variation des époques et des cultures. Il s'agit d'interpréter l'auteur aujoud'hui, sans dénaturer son message.

[805] J. GRONDIN, in *L'Ermeneutica giuridica di Emilio Betti, op. cit.,* a cura di V. Frosini e Riccobono, p. 109. Le jugement de Jean Grondin se base sur cette ligne de pensée qui privilégie le subjectivisme et le relativisme dans le vaste champ de l'interprétation. Du modernisme, l'histoire est passée au postmodernisme pluraliste, dans lequel la vérité objective doit céder la place à une interprétation subjective.

monuments).[806] C'est une évaluation et justification concernant l'esthétique, la logique, l'éthique, le juridique et la critique axiologique. Cette évaluation devrait être suivie avec un grand contrôle pour arriver à discerner et assimiler ce que l'auteur pensait et ressentait, afin d'arriver à s'identifier à ce qui fut le moment de la manifestation de sa pensée.[807] Le moment critique cherche à reconnaître l'auteur de l'œuvre sans prétendre lui attribuer un autre style.

C'est pourquoi, en essayant de comprendre Adolf Reinach, le recours à la « Tradition philosophique occidentale » et au droit romain sont d'une grande importance pour entrer dans l'univers de la *Phronesis* platonicienne, de *l'Éthique à Nicomaque* d'Aristote avant d'arriver à la *phénoménologie pure* d'Edmund Husserl. Un jugement *a priori* basé uniquement sur une certaine interprétation médiévale fausserait toute base de compréhension de l'*a priori* de Reinach. De même qu'une confusion de compréhension de *l'a priori* kantien et de celui de Reinach n'aiderait pas à laisser parler, à laisser se dévoiler « A-letheai » notre auteur.

En effet, d'après une étude faite par Jean Gaudemet :

> La pensée grecque et à sa suite les auteurs latins, s'étaient déjà attachés aux problèmes de la justice et du droit naturel. La doctrine chrétienne y ajoute les notions de loi divine (et par opposition de droit humain). Que reste-t-il des concepts anciens, quelles inflexions leur impose la patristique ?[808]

Si l'Occident est riche aujourd'hui d'une longue tradition d'écoles philosophiques, le *Zurück* à la Patristique ne saurait être négligé pour une étude qui se veut sérieuse sur la philosophie du langage. Très tôt, les deux grandes écoles : *allégorique* et *littéraire* vont faire le lit de la pensée occidentale.[809] Ce sont ces écoles que nous chercherons à

---

[806] *Ibidem*, p. 293 : La critique qui concerne l'évaluation et la justification : esthétique (qui discrimine le beau et le laid), logique (qui discrimine le cohérent et l'incohérent, le vrai et le faux), l'éthique (qui avant de condamner, ou reccommander, doit comprendre), juridique (qui, avant de qualifier, doit identifier le cas). C'est une critique axiologique opérée dans un système où les valeurs pour lesquelles le produit spirituel sera interprété ou jugé, sont importantes pour sa compréhension totale.

[807] C. DANANI, in *L'Ermeneutica giuridica di Emilio Betti, op. cit.*, a cura di V. Frosini e Riccobono p. 48 : Il faudrait certainement discuter sur le principe pour lequel l'interprète dans son parcours herméneutique doit refaire de manière rétrospective le processus génétique en le "re pensan" dans son moi intérieur. Les questions cruciales qui lui sont connexes sont deux : l'indication à la transposition dans une autre subjectivité et la précision sur l'intention de re-constructeur qui devrait l'animer. C'est un point qui met en difficulté la capacité de l'herméneutique bettienne de respecter une oeuvre dans sa propre authenticité individuelle ; dans l'effective distance de son propre auteur, de l'interprète, de la subjectivité idéale de son existence. En définitive, dans sa propre relative autonomie et consistence ontologique.

[808] J. GAUDEMENT, *L'Église dans l'Empire romain,* Paris, éd. Cerf/Montchrestien, 1989, pp. 467-468.

[809] G. MURA, *Introduzione all'ermeneutica veritativa, op. cit.*, pp. 107-108.

analyser pour comprendre avec Gaspare Mura, l'originalité d'Adolf Reinach dans sa contribution à la philosophie du langage.

2. Le rapport entre l' *'Emet*, le *Logos* et la *Vérité*

D'après Gaspare Mura, la pensée biblique indique la « Vérité » par le terme : « *'Emet* ».[810] La vérité est indiquée avec le terme *'emet*, qui indique le fondement de chaque vérité humaine ; qu'elle soit de caractère juridique, théologique, morale, dans ce que Dieu comporte d'unique en Lui-même et dans sa parole. La conséquence immédiate de ce caractère indique toute parole d'homme peut être considérée comme vraie que dans la mesure où elle réfléchit sur l'originaire solidité de la parole de Dieu.

Comme le révèlent les Ecritures : « C'est toi qui est Dieu, tes paroles sont vérité (*'emet*)» (2 Sam. 7, 28). Dans l'Ancien Testament, le mot*'emet*, qui revient 126 fois, est utilisé dans un sens absolu pour indiquer un fait qui doit être considéré comme un *amen*, qui est sûr, valable, contraignant et donc vérité, ou en référence aux personnes pour désigner la caractéristique essentielle du parler, de l'agir et de penser. Un *is 'emet* est un homme qui suit constamment la norme de la vérité, un vrai homme, un *ne emauth* (Quell, 1965, I, 626-627). C'est pourquoi, dans le judaïsme rabbinique, "La *Torà*, comme manifestation de la parole et de l'essence divine coïncide pour cela avec l'*émet* (Quell, 1965, I, 639). La vérité n'est plus seulement quelque chose qui peut être produite par l'intelligence ou par l'esprit de l'homme c'est-à-dire qu'elle n'est pas seulement une représentation du type de eidétique, mais comme l'illustre Pedersen (*Israël, its Life and culture*, 1926), indique plutôt l'objectivité absolue et transcendante de Dieu et de sa parole comme fondement de la vérité de chaque parole.•C'est ce concept qui se trouve dans le symbolisme du sceau divin sa figure la plus approprié : le sceau de Dieu est *'emet* qui veut dire, Dieu vit et est éternellement souverain (Quell, 1965, I, 639) ».[811]

Elle est de Dieu et dans sa Parole, avec comme conséquence immédiate que toute vérité de l'interprétation de sa parole faite par un homme devrait être en rapport avec celle qui est originaire, c'est-à-dire celle de Dieu. L'homme de Dieu *is 'emet* est celui qui suit constamment la parole de Dieu, il agit dans la norme de la vérité. Israël commémore la *Pâques* qui est un *événement*, c'est la raison pour laquelle l'herméneute qui veut comprendre sa tradition biblique doit tenir compte du cœur même du message : « L'ermeuntica ebraica è tutta racchiusa nella forza di questi verbi : leggere, spiegare, comprendere, ascoltare, agire,

---

[810] *Idem*, p. 106.

[811] *Ibidem*

gioire ».[812] Lire l'histoire d'un peuple à travers sa spiritualité orientée vers la célébration d'une rencontre avec Dieu. Sans chercher à s'arrêter aux apparences des textes :

> Comprendere un testo significa qui comprendere anche tutto ciò che sta dietro il testo, l'"aldilà del versetto", secondo l'espressione di Lévinas, il non-detto oltre il detto, secondo l'espressione di Heidegger e di Ricœur.[813]

Le processus de compréhension comme le renforce Gaspare Mura à la suite de Lévinas, Heidegger et Paul Ricœur est d'aller au-delà du verset. Au-delà de ce qui est dit. Il faut non seulement savoir lire, écouter, comprendre, expliquer, agir et vivre la culture d'un peuple. C'est cela qui veut dire entrer dans la spiritualité d'un peuple ou entrer dans le *Geist* d'un peuple.

L'*'Emet* de la tradition Hébraïque est donc profondément lié au sommet même de l'existence et de la célébration de l'événement fondateur du peuple d'Israël à savoir la Pâques :

> Per questo essa culmina nella celebrazione "liturgica" della parola, quale avviene nella memoria pasquale di Esodo 15, 1-21, che è insieme lettura, comprensione, memoria ma anche riattuazione dei "mirabilia Dei" nella storia del popolo e nell'esistenza personale. L'ermeneutica ebraica, quale in seguito si svilupperà nella forma dell'interpretazione letterale della legge (Halacka), e nella forma dell'interpretazione spirituale della scrittura (Haggada), avrà sempre a che fare con la questione di una comprensione della Scrittura fondata su una precomprensione che è memoria vivente nel popolo dei *mirabilia Dei* nella sua storia.[814]

Le souci de compréhension de la mémoire d'un peuple qui réactualise un évènement est au cœur même de l'herméneutique biblique. Ce peuple célèbre les merveilles de Dieu : *Mirabilia Dei.* C'est non seulement une reconnaissance d'un peuple, mais surtout de chaque fils de ce peuple. Une reconnaissance personnelle à travers l'histoire. Ce que Jean l'Apôtre qualifiera par ces mots « Le Verbe s'est fait chair [...] plein de grâces et de vérité » (Jn 1, 14). La plénitude de la vérité de Dieu est entrée dans le monde à travers l'histoire et le temps. La personne de Jésus-Christ dans la philosophie chrétienne est l'expression même de cette vérité pour l'homme. Pour Jean, la dimension existentielle de l'homme à travers le Christ est de vivre « dans la vérité est (vivre) dans l'amour » (2 Jn 3).[815] Dans la philosophie judéo-chrétienne, l'herméneutique ne peut se passer de cette cohérence de la vérité divine, qui est non seulement transcendantale, mais aussi personnelle. Loin

---

812 *Idem*, p. 98.
813 *Ibidem*
814 *Idem*, p. 98-99.
815 *Idem*, p. 255.

d'être une idée ou une force, la vérité est une communion destinée à l'amour.

La nouveauté de Gaspare Mura est de revenir sur ces fondements *Die Grundlagen* de l'herméneutique qui dans sa dimension de la vérité, trouve aussi ses racines dans le *Logos* des grecs :

> « L'antichità greca – scrive Ebeling – ha posto le basi per la storia dell'ermenetica » (Ebeling, 1985, 52), con l'elaborazione di criteri diversificati di interpretazione (grammaticali, critico-testuali, retorici e soprattutto gnoseologici). L'ermeneutica ha vissuto la sua prima fase nell'epoca antica nell'accezione di interpretazione del testo o esegesi letteraria.[816]

C'est dans l'antiquité grecque qu'Ebeling affirme trouver les bases de l'élaboration des divers critères servant à l'interprétation. Ces critères étaient : grammaticaux, critico-textuels, rhétoriques et surtout gnoséologiques. Dans cette phase grosso-modo, l'accent fut mis sur l'interprétation du texte ou de l'exégèse littéraire. A la différence des autres cultures, les grecs ne possédaient pas de textes sacrés :

> Erastostene, che dirige la Biblioteca di Alessandria dal 234 fino al 195 a. C, si definisce per la prima volta *philologos*, ovvero amante del testo, della parola, della lingua ; laddove a Pergamo gli studiosi del testo si definiscono critici (*kritikoi*), o anche grammatici (*grammatikoi*). La civiltà della lettura, proposta dalla Biblioteca, presuppone e comporta insieme le tecniche della scrittura, e quindi l'arte dell'interpretazione dei testi scritti. Al cui centro campeggia, con tutta la dignità di un testo sacro, l'opera di Omero, ovvero l'*Illiade* e l'*Odissea*. E' stato questo il primo campo di applicazione dell' "ermeneutica" intesa come esegesi di un testo : i Greci che non possiedono "testi sacri", a differenza di altre culture e civiltà antiche, attribuiscono al racconto dei miti omerici che, come scrive Platone, sono « racconti degli uomini » (*Reppublica,* 392 a), il valore emblematico di un'arcana rivelazione dei significati più profondi dell'esistenza dell'uomo. E' questo il significato che ancora Platone attribuisce al mito, non eliminandolo dalla ricerca del *logos,* ma facendone l'orizzonte di comprensione dello stesso *logos,* anzi in molti casi la fonte da cui il *logos* trae i suoi significati che riguardano i misteri più profondi dell'esistenza. Già l'attività del *logos* nei confronti del *mythos*, come mostra Platone, è un'attività ermeneutica, e non è un caso che Ermes, il messaggero degli dei, venga posto da Heidegger a simbolo dell'attività interpretante.[817]

Ce qui caractérisait le travail d'un bibliothécaire à l'époque Ératosthène, c'était son amour pour le texte, son amour du verbe et celui de la langue. La distinction se caractérisait dans la lecture du texte en deux phases : l'étude grammaticale et la critique. L'œuvre d'Homère sur Heliade et l'Odyssée a été la première sur laquelle s'est appliquée

---

[816] G. MURA, *Introduzione all'ermeneutica veritativa, op. cit.*, p. 66.
[817] *Idem,* p. 74.

l'herméneutique comme exégèse du texte sacré. Les grecs, à l'instar de Platon, attribuèrent à ces mythes une valeur narrative des rapports entre les dieux et les hommes. Platon intègre le mythe dans l'horizon de la compréhension du *Logos*. Hermès, le messager des dieux transmet les messages de ceux-ci aux hommes :

> Se l'Ermes platonico è il "messaggero tra i divini e i mortali", e quindi il mediatore della conoscenza divina in una comunicazione comprensibile dall'uomo, l'Ermes Trismegisto è invece il custode di una rivelazione nascosta, oscura, incomunicabile, misteriosa ; egli diventa il patrono di quella conoscenza "esoterica" che d'ora in poi attraverserà ininterrottamente la cultura occidentale, in modo parallelo alla cultura del libro ed alla sua interpretazione fondata sul logos.[818]

La distinction entre le messager platonicien et les autres réside sur la médiation, car les autres gardent un langage hermétique et codé. Leur connaissance est plus ésotérique que celle du *logos* des grecs.

Si Platon s'est contenté sur le plan herméneutique à définir le rôle de l'Hermès, dans le rôle formel de la transmission, Aristote ira plus loin dans la définition de la vérité de l'expression linguistique de ce *Logos*.

> Aristotele (384/ a. C. – 322 a. C.), cui si deve il primo tratto dedicato al problema dell'interpretazione nell'antichità, il celebre Peri Hermenéias, rappresenta, a differenza di Platone, un vero segno di contraddizione per l'ermeneutica contemporanea. E' da notare come Giorgio Colli traduca il termine Peri Hermenéias non con Dell'interpretazione, ma con Dell'espressione, quasi a sottolineare come il problema dell'interpretare sia in Aristotele strettamente congiunto con il problema dell'esprimere, ossia del dire, con espressioni linguistiche adeguate, la verità compresa, colta, dall'intelletto. Il motivo per cui l'ermeneutica aristotelica viene oggi in gran parte rifiutata è duplice : da una parte l'ermeneutica aristotelica viene giudicata un'ermeneutica della proposizione e non del discorso e del linguaggio inteso come una "totalità" che dà senso alle singole parole ed alle singole proposizioni ; ma dall'altra, e soprattutto, l'ermeneutica aristotelica viene rifiutata perché la proposizione è per Aristotele espressione di un fondamentale atto intellettivo, il giudizio, il cui legame con la filosofia del conoscere a partire da Kant è stato profondamente trasformato, e privato della sua caratteristica essenziale di attingimento intellettivo dell'essere. Il primato del "linguaggio" come orizzonte di comprensione della "verità", tematizzato dalla filosofia ermeneutica, ha significato di fatto un capovolgimento della tesi aristotelica del primato del "giudizio" nell'intellezione del vero.[819]

Le problème de l'herméneutique est lié à l'énoncé ou aux énoncés avec des expressions linguistiques adéquates. Le fameux *adaequatio* qui sera développé plus tard par Thomas d'Aquin[820], dans le sens d'une

---

[818] *Idem*, p. 71.
[819] *Idem*, p. 87.
[820] *Idem*, pp. 110-118.

vérité bien comprise par l'interprète et bien analysée par son intellect ou capacité de jugement. Thomas d'Aquin établit en effet une différence entre le *Verbum vocis* et le *Verbum mentis*.

Dans un contexte marqué par la complexité même de la philosophie en général et de l'herméneutique en particulier, il semble être difficile de pouvoir reconnaître cette analyse aristotélicienne sur le rapport entre l'énoncé et l'ensemble du discours. C'est-à-dire, entre l'expression et le sens d'après la distinction d'Edmund Husserl. L'herméneutique est rejetée aujourd'hui à cause de la proposition et parce que cette proposition est pour lui l'expression d'un acte fondamental de l'intellect. C'est à partir de la proposition qu'Aristote voit la capacité de jugement dont le lien avec la philosophie de la connaissance à partir de Kant a été profondément transformée et privée de sa caractéristique essentielle de la possibilité de connaissance de l'être. Le primat du langage comme horizon de compréhension de la vérité, thématisé par la philosophie herméneutique a une signification de fait à partir de la thèse d'Aristote du primat du « jugement » dans la compréhension de la vérité.

Reinach qui s'intéresse à une ontologie régionale liée spécifiquement au Droit civil ne manque pas de souligner ceci :

> Nous voyons que certaines lois immédiatement intelligibles s'y appliquent : la prétention à une prestation déterminée cesse dans l'instant même où cette prestation est accomplie. Ce n'est pas une proposition que nous pourrions avoir déduite de plusieurs ou même de tous les cas observés jusqu'ici, mais c'est une loi qui se fonde universellement et nécessairement dans l'essence de la prétention en tant que telle. C'est une proposition *a priori* au sens de Kant, et en même temps une proposition synthétique. Car dans ce concept de prétention n'est contenu en aucun sens possible le fait qu'elle puisse prendre fin en certaines circonstances [...] Que, dans le monde extérieur, les objets quelconques se tiennent les uns à côté des autres, ceci pour constituer un état de choses unique et fortuit. Qu'un acte de réconciliation puisse mettre fin à une prétention, ceci se fonde sur l'essence de la prétention en tant que tel, et il vaut par-là pas nécessairement et universellement. Aux formations juridiques s'appliquent des propositions *a priori* ; cette apriorité ne vaut que rien de sombre et de mystique. Elle se rapporte au simple fait que nous venons d'évoquer. Tout état de choses universelles et nécessaires, dans le sens évoqué plus haut, est, d'après notre terminologie, défini comme *a priori*. Nous verrons qu'il existe un vaste domaine de telles propositions *a priori* qu'on peut formuler avec rigueur, et dont peut saisir l'évidence, et qui sont indépendantes de toute conscience qui les appréhende, et par-dessus tout indépendant de tout droit positif, tout comme les formations juridiques auxquelles elles s'appliquent.[821]

---

[821] A. REINACH, *Les fondements a priori du Droit civil, op. cit.*, pp. 32-33 et 42-43, *Sämtliche Werke, op. cit.*, p 144 : « Dass irgendwelche Gegenstände in der Welt nebeneinander liegen, ist ein einzelner und zufälliger Sachverhalt. Dass ein Anspruch durch einen Akt des Verzichtes erlischt, gründet im Wesen des Anspruch als solchem und gilt daher

La critique de Villey sur Reinach n'a pas tenu compte de cet élément de la Tradition philosophique Occidentale de Reinach sur ces propositions qui ont leurs origines lointaines chez Aristote. Après avoir fait une lecture survolée, Villey a tiré des conclusions sur Reinach liées à la méconnaissance de la rigueur de la science herméneutique. Le fondement du Logos grec sera pour ainsi dire la vérité.

La recherche de la « Vérité » du texte biblique dans l'exégèse patristique aura également l'influence des principaux courants philosophiques platoniciens et aristotéliciens :

> I criteri ermeneutici elaborati dai grammatici alessandrini per l'interpretazione dei poeti e dei filosofi, vennero utilizzati in ambito cristiano – che pure si preoccupo di distinguere l'interpretazione della Scrittura dall'ermeneutica profana – per la redazione delle prime edizioni della Bibbia, quali l'Esapa di Origenes e l'Itala e la Vulgata di Girolamo [...][822]

Les mêmes critères utilisés par les herméneutes d'Alexandrie furent aussi adoptés pour la traduction et l'interprétation de la Bible. Mais ce qui attire notre attention dans la période patristique, c'est l'interprétation originale du droit dans l'Empire romain qui aura eu des conséquences et une influence certaine sur les Pandectes.

Pour procéder à l'herméneutique juridique, le droit, d'après la conception de la pensée grecque et des auteurs latins se basera sur cinq critères :

1. Le droit naturel ;
2. Le droit positif (droit humain) ;
3. Le droit divin ;
4. La coutume ;
5. La justice.[823]

Pour ce qui est du droit naturel :

> C'était la philosophie grecque qui avait dégagé la notion (ou les notions diverses) de droit naturel. Si le concept fut connu des Romains, si Cicéron, disciple de la Grèce, parle souvent de « droit par nature », le droit naturel ne paraît pas avoir tenu une grande place dans les doctrines des juristes romains. Chez les Pères, la notion prend plus d'importance. Mais il est nécessaire d'en bien préciser le caractère. On a déjà noté que les Pères étaient des philosophes, des théologiens, des moralistes, non des juristes.

---

notwendig und allgemein. Von den rechtlichen Gebilden gelten apriorischen Sätze. Dieses Priorität soll nichts dunkles und Mystischen besagen, sie ist an den schlichten Tatsachen orientiert, die wir erwähnt haben : jeder Sachverhalt im eingegebenen Sinne allgemein ist und notwendig besteht, wird von uns als ein apriorischer bezeichnet. Wir werden sehen, dass es eine reiche Fülle solcher apriorischer Sätze gibt, streng formatierbar und evident einsichtig, unabhängig von allem erfassenden Bewusstsein, unabhängig nach vor allen Dingen, von jedem positivem Recht, genauso wie die rechtlichen Gebilde von denen sie gelten ».

[822] G. MURA, *Introduzione all'ermeneutica veritativa, op. cit.*, pp. 107-109.

[823] J. GAUDEMENT, *L'Église dans l'Empire romain, op. cit.*, pp. 467-473

Leur « loi naturelle » est d'un ordre supérieur, philosophique plus que juridique. Elle n'en constitue pas moins un aspect essentiel de leur doctrine du droit. Deux traditions alimentent leur réflexion : la pensée paulinienne (I. Corint., XI, 14 et Rom., II, 14) et la doctrine romaine (spécialement celle de Cicéron). On ne saurait parler d'opposition foncière, mais plutôt d'un dépassement de la philosophie païenne par la pensée chrétienne.[824]

L'analyse de Gaudement n'est pas philosophique, elle est juridique ; c'est pourquoi il précise que les Pères étaient des philosophes, théologiens et non des juristes. C'est la raison pour laquelle, les autres notions qui découlent du domaine juridique comme : la justice, le droit positif, le droit coutumier, le droit divin chez les Pères avaient une inspiration essentiellement judéo-chrétienne.[825] Les Pères se sont d'abord préoccupé à la suite du judaïsme de préciser les « canons » ou règles d'interprétations des Écritures Saintes. Mais, ces écritures contenaient elles-mêmes des préceptes de droit dépassés ou parfois contradictoires.[826] C'est pourquoi un certain ordre ne pouvait régner qu'en observant un certain nombre de principes d'interprétation :

1. La qualification pour l'interprétation des Écritures ;
2. Saint Augustin s'appuie sur l'Apostolicité et le consentement général ;
3. Saint Jérôme s'appuie sur la langue et la culture : l'hébreu pour l'Ancien Testament et le grec pour le nouveau Testament ;
4. Le traducteur, l'herméneute et l'exégète doivent sacrifier l'élégance scripturaire pour rendre la Bible accessible à tous (problème du mythe) ;
5. Tenir compte de la personne du destinataire.[827]

Ces principes répondent aux interrogations liées aux temps et à la culture. Un penseur africain Jean Mbarga[828], parle actuellement des lieux

---

824 *Ibidem*

825 *Ibidem*

826 *Idem*, p. 480.

827 *Idem*, pp. 480-481.

828 Cf. J. MBARGA, (né le 18 mai 1956) est moraliste, canoniste et théologien africain. Évêque actuel du diocèse d'Ebolowa au sud du Cameroun (Afrique) et Administrateur Apostolique et ad nutum Sanctae Sedis, il est consulteur des Conseils Pontificaux pour la culture et pour les laics. Il est également consulteur de la Congrégation pour l'Évangélisation des peuples. Il a été professeur de morale à l'université catholique d'Afrique Centrale dans les Facultés des sciences sociales et de théologie tout en exerçant la direction du Grand Séminaire de Nkolbisson Yaoundé comme Recteur (1992-2001). Auteur de plusieurs publications, parmi lesquelles : *L'Église en Afrique, Église Catholique Jean-Paul II*, Paris, éd. Cerf, 1995. Dans une interview téléphonique du samedi 14 avril 2012, il fait mention honorable au Concile Vatican II et spécialement au décret *Gaudium et Spes* par rapport à son ouverture et à son adaptation au langage et à la culture des différents peuples. En effet, ce document conciliaire fondamental pour la recherche des canonistes et des philosophes du langage permet de comprendre selon lui, les méthodes de transmission du message biblique par les missionnaires allemands au Kamerun (1890-1914). Ceux-ci ont tenu compte du lieu géographique, de la culture

(géographie) de la foi, des personnes (hommes et femmes) de la foi et de la langue (culture) de la foi. L'interprétation des Pères tenaient en considération l'élément de la *Vérité* des Textes. Cette parenthèse que nous avons faite sur les Pères de l'Église va en droite ligne avec le message de Jean l'Évangéliste dans l'Herméneutique de la Vérité. C'est sur elle que toute philosophie du langage peut trouver cohérence et solidité.

En revenant sur Aristote au sujet de l'énoncé, nous comprenons la nécessité de la vérité qui doit le soutendre :

> Il Peri *Hermenéias,* secondo dei libri dell'Organon, è composto di nove capitoli dedicati rispettivamente a : il significato dei termini ; il nome ; il verbo (in quanto nomi e verbi sono gli elementi costitutivi della proposizione); l'affermazione e la negazione ; la proposizione (semplice, composta, affermativa, negativa); l'opposizione dell'affermazione e della negazione la divisione delle proposizioni dette del terzo adiacente (soggetto, copula, predicato); le proposizioni modali e la loro opposizione (necessaria, contingente, possibile, impossibile). *Hermenéia* significa per Aristotele interpretazione della verità dell'enunciazione, intesa come espressione logica del giudizio interpretativo della realtà, cui si è aggiunta storicamente l'accezione semantica di traduzione da una lingua ad un'altra e di commento dei significati contenuti nel testo, eccezioni che manifestano le strutture storiche del linguaggio significante ed interpretativo e le modalità dell'esistenza che in esso si esprime. I nomi e i verbi, scrive Aristotele, « non significano di per sé », ma in quanto espressioni-enunciazioni di una congiunzione o di una separazione, che è essenzialmente non solo di tipo grammaticale ma logico, in quanto esprime una affermazione o una negazione ad opera di un atto intellettivo, il giudizio, e pertanto non sono studiati in sé stessi, ma in quanto parte di una espressione, ovvero di una proposizione. « In effetti, scrive Aristotele, il falso e il vero consistono nella congiunzione e nella separazione » (Peri *Hermenéias,* 16 a 10.), ossia nelle proposizioni. Anche se poi Aristotele considererà le espressioni linguistiche come espressioni di significati e di concetti, e le relazionerà pertanto da una parte alle strutture grammaticali e dall'altra alle strutture logiche che le sorreggono, onde "interpretarle". Tuttavia questa attenzione al linguaggio parlato e quindi alle espressioni della lingua ordinaria è in Aristotele un tratto molto moderno, giustamente sottolineato dai filosofi analitici del linguaggio.[829]

---

locale, des personnes et surtout de la langue (moyen par excellence pour véhiculer le message évangélique à la suite des Pères de l'Église). En moins de 24 ans, les laïcs catéchistes hommes et femmes ont été bien formés pour porter les charges ecclésiastiques pendant environ trois ans d'absence de la hiérarchie officielle de l'Église. Presque tous les livres de prières ont été traduits, sans oublier les narrations bibliques sous forme de mythes et de contes. Une ébauche de traduction des textes sacrés a également été faite. Les missionnaires allemands ne visaient pas seulement cette transmission du savoir et de la pratique sacramentaire, mais le vécu chrétien ; en d'autres termes l'importance était axé sur la *phronesis* du langage de la foi.

[829] G. MURA, *Introduzione all'ermeneutica veritativa, op. cit.,* pp. 88-89.

Hermeméia signifie pour Aristote, l'interprétation de la vérité de l'énoncé. Elle est l'expression logique du jugement logique de l'interprétation de la réalité. Mura complète cela par l'élément de la traduction d'un texte d'une langue à une autre et du commentaire lié au sens du contenu de son message. Les noms et les verbes n'ont de significations de part eux-mêmes, mais en tant que expressions-énonciations d'une conjonction ou d'une séparation qui est essentiellement de type grammatical et logique. C'est pourquoi pour Aristote, le vrai et le faux se trouvent dans la conjonction et dans la séparation, en d'autres termes, dans les propositions.[830] C'est dans ce cadre que nous nous sommes arrêtés pendant longtemps sur Austin et John Searle par rapport au développement de la pensée d'Aristote dans la philosophie analytique. La philosophie analytique anglo-américaine peut-elle entrer en dialogue avec celle continentale ?

3. Philosophie continentale et anglo-américaine sur les *Grundlagen* de la philosophie du langage

Parlant de cette possibilité de dialogue, Gaspare Mura s'appuie sur la *Koinè* herméneutique :

> Si può obiettare a questo punto che la *koiné* ermeneutica appartiene, nelle sue pur diverse accentuazioni, al contesto del pensiero continentale europeo, ma che essa è estranea al pensiero anglo-americano, il quale si riconosce piuttosto in una fondazione analitica e non fenomenologica del pensare filosofico. E di fatto sono stati contrapposti i filosofi continentali europei ai filosofi analitici anglo-americani. Il bel volume di Franca D'Agostini, Analitici e continentali (1997), approfondisce in modo esteso questo dibattito, che riflette lo stato della filosofia degli ultimi trent'anni. Questa contrapposizione si è voluta radicalizzare come una contrapposizione non solo di correnti filosofiche, ma di civiltà continentali. Ma essa era stata in realtà preparata dalle stesse discussioni sorte nella seconda metà del XIX secolo in ambito continentale : in particolare le contrapposizioni tra spiegazione scientifica e comprensione ermeneutica (Dilthey), e quindi tra logica e storia, natura e spirito, nomotetico e idiografico, le quali sono state poi alla base dei grandi dibattiti filosofici della seconda metà del XX secolo, che hanno visto opporsi rispettivamente strutturalismo ed esistenzialismo, positivismo e dialettica, marxismo e fenomenologia, ed hanno in seguito costituito lo sfondo sia del dibattito tra "razionalità forte" (Apel) e "razionalità communicativa" (Habermas), sia del più recente dibattito tra epistemologia ed ermeneutica.[831]

---

830 *Ibidem*

831 G. MURA, *Introduzione all'ermeneutica veritativa, op. cit.,* pp. 39-40

Faut-il fonder l'herméneutique sur la phénoménologie de la pensée philosophique comme le stipule la pensée occidentale ou sur le système analytique anglo-américain ? La notion de la *vérité* comme *alétheia* qui veut dire *manifestation de l'être* chez Heidegger dérive de la notion de la phénoménologie d'Edmund Husserl. *L'être* se *manifeste* dans le *phénomène* et ne se cache plus dans le *noumène* de Kant.[832] D'après une étude comparative et minutieuse de D'Agostini, ce débat est la suite du dialogue entre la logique et l'histoire, la nature et l'esprit, le nomothétique et l'idiographique qui ont été à la base des grands débats philosophiques de la seconde moitié du XXe siècle au niveau continental. Ceux-ci ont vu s'opposer le structuralisme et l'existentialisme, le positivisme et la dialectique, le marxisme et la phénoménologie. Ces débats ont aussi vu croître la confrontation entre l'herméneutique et l'épistémologie.[833] Dans un débat aussi intéressant entre deux courants herméneutiques, il convient de chercher à notre humble avis, les éléments de découverte de la possibilité d'un véritable dialogue. Si l'herméneutique de la vérité vise aussi un certain *Zurück*, le fameux retour aux choses mêmes de la philosophie d'Edmund Husserl, la voie proposée par Reinach semble être primordiale dans la philosophie en générale et dans l'herméneutique en particulier. Une herméneutique *immer geöffnet : toujours ouverte* à l'immanence et à la transcendance de la vérité. Quels seraient donc les éléments d'une conclusion de notre thèse à la suite de Reinach ?

4. La possibilité et la nécessité d'intégration de la théorie *a priori*

Il est possible de rentrer avec Reinach aux choses mêmes du Droit civil et de tout droit. L'ontologie régionale de notre auteur a une méthode exceptionnelle que nous voulons soutenir dans cette thèse. Sur le plan « descriptif », il part de la nature même des choses. Il part du concret de ce qui est naturel en ce sens que « naturellement : *normalerweise* », une expression est très récurrente chez lui avant toute « préposition », il tente par la suite de construire sur le plan de la phénoménologie pure « conceptuelle » une recherche de compréhension d'un langage qui existe déjà avant l'« acte social ». Ce n'est pas seulement pour rendre compte d'une possibilité d'un « devoir être », mais c'est l'être même des choses du droit. C'est l'être même de la *Phronesis* socratique et aristotélicienne. C'est l'être même des lois justes que tout droit positif devrait, non pas idéaliser mais reconnaître avant de

[832] *Ibidem*
[833] *Ibidem*

construire ses fondements : *die Grundlinien*, en d'autres termes ses grandes lignes. Puisque nous sommes dans le cadre de la philosophie du langage ou celle de la juste ou « authentique » interprétation des lois, l'élément *a priori* ne devrait pas être considéré comme une chose péjorative, mais comme une chose : *Sache* impartiale, neutre. Si d'après Ulpien : « Iustitia est constans et perpetua voluntas ius suum cuique tribuendi », la justice est la constance et perpétuelle volonté de donner « *attribuer : tribuere* » à chacun ce qui est sien ou ce qui lui appartient, Adolf Reinach vient dépasser ce mouvement qui part de la volonté vers la *chose : res* à donner, mais précise que la chose doit être donnée indépendamment d'une volonté. Avec Reinach le droit se libère de l'esprit volontariste qui a longtemps caractérisé une certaine interprétation du droit dans la philosophie occidentale. Ce n'est ni la volonté ni *l'adaequatio* avec *l'intellectio* qui caractérise le droit, c'est-à-dire, des lois qui sont non seulement intelligibles universellement de manière synthétique, mais qui rentrent dans une autre catégorie dite « éternelle ». A ce titre, la loi n'est plus conceptuelle, elle est réelle. La construction à partir des propositions d'Aristote qui aide au jugement contribue de manière efficace à rendre non seulement intelligible le langage de Reinach, mais aussi la vérité logique et phénoménologique de ce langage.

Notre auteur, d'après notre compréhension, est passé par la promesse dans le droit des contrats du Code civil allemand pour démontrer la faiblesse, la fragilité du courant volontariste dans le temps en droit positif. D'après ses recherches, ce courant est limité aux conditions économiques et autres de son temps pour statuer sur la codification ; or si les appétits économiques, financiers et politiques pouvaient céder le pas à la vérité dans les rapports sociaux, le droit pourrait s'élever à sa véritable grandeur de neutralité relative et parfois absolue.

Avant de s'intéresser aux êtres juridiques nés des rapports sociaux, la phénoménologie de Reinach rentre d'abord au point de départ pour comprendre la situation de la personne humaine. Si le *Zurück* est compris *a priori* sur les choses mêmes du droit, celui-ci mérite d'être primordialement compris sur l'être même de l'homme. C'est l'homme ou c'est la femme qui promet une chose, avant que naissent chez autrui des prétentions et chez celui qui promet des obligations. C'est une anthropologie que nous pouvons qualifier d'originale et sans précédent dans l'histoire du droit. D'une promesse, naît une relation juridique. Reinach affirme ici, l'indépendance et la liberté de la personne qui promet, ainsi que la liberté d'acceptation de celui qui perçoit les mots qui expriment une chose réelle. L'anthropologie se tourne vers autrui, comme dit Édith Stein, pour comprendre et répondre à ses besoins par « empathie ». Lire la souffrance intérieure pour subvenir aux nécessités d'autrui. Cette phénoménologie ne se réduira pas seulement à la lecture de la souffrance, mais aussi aux autres sentiments pouvant susciter une promesse. Le bien visé est l'épanouissement ou le bonheur de l'autre, *la felicità* (en italien) de l'autre. Nous sommes ici au niveau de la pure *intentionnalité* ou le *Meinen*. En suite vient le langage.

La phénoménologie linguistique n'aura donc pas pour fondement le langage en tant que langage, mais l'être qui parle. La vérité de l'être qui parle à l'autre. La logique des énoncés peut être parfaite, mais le sens ou les motivations intérieures contraires aux mots. C'est ainsi que le conflit entre une phénoménologie basée sur l'analyse des mots ne saurait en elle-même combler la soif de compréhension de l'être qui en est l'auteur. Bien sûr une certaine objection juridique viendrait contrarier l'herméneutique de la vérité en affirmant l'existence de l'acte social en dehors de toute vérité substantielle. Car la promesse pour certains perdure même si les mots qui l'accompagnaient étaient faux. Nous disons que cela relève d'un retour au positivisme myope que nous condamnons. A la suite de Gaspare Mura, nous soutenons que la vérité du langage est nécessaire pour l'existence d'une promesse. Ceci s'opère positivement comme disent les latins au moment même de l'acte social : *in fieri*.

Reinach précise que si la philosophie ne s'arrête qu'à la simple reconnaissance des faits et au domaine des prescriptions, des formations juridiques ne peuvent découler que des positions subjectives :

> Et en fait : si l'on ne reconnaît rien d'autre que le « le règne des faits » et le « domaine des prescriptions du droit », les formations spécifiquement juridiques ne peuvent que découler de positions subjectives. Et si l'on jette un œil sur les contenus et produits de ces prescriptions de différents types, souvent opposés, on ne peut éviter de conclure que l'on a affaire ici à des créations arbitraires, en tous les cas tirées de considérations pratiques.[834]

Le droit est une science qui ne se réduit pas uniquement aux faits. Comme nous l'avons vu avec Emilio Betti, l'herméneutique est une discipline ouverte aux autres sciences. Il faudrait la comprendre dans sa totalité. L'objectif de Reinach est de viser un certain changement de mentalité :

> Il faut tourner notre regard dans une toute autre direction, pour trouver la voie qui mène au règne des formes pures de la légalité juridique, qui existent indépendamment d'une « nature », quel que soit son sens : indépendamment de la connaissance humaine, indépendamment de l'organisation humaine et indépendamment de l'évolution historique du monde.[835]

Le fameux *Zurück* de Reinach est une nouveauté qui porte l'herméneutique juridique « au règne des formes pures de la légalité juridique ». Ce qui veut dire en d'autres termes que le droit intègre la

---

[834] A. REINACH, *Les fondements a priori du Droit civil, op. cit.*, p. 190.
[835] *Ibidem.*

théorie juridique dans son vaste champ scientifique. Car elle est une phénoménologie qui va au-delà du droit naturel, du droit positif et même de l'histoire du monde.

Ce travail ne peut être possible qu'à partir de la nécessaire acceptation d'une herméneutique de la vérité (Gaspare Mura). Si cette possibilité n'est pas admise en premier lieu par toute la science herméneutique, les intérêts économiques, financiers et politiques primeront toujours sur la vérité herméneutique et particulièrement sur la vérité de la personne et du droit positif. Par ailleurs, la théorie *a priori* est nécessaire pour que tout droit ait un fondement solide basé sur l'essence et non sur la volonté qui limiteraient toujours le droit à sa pure fonction instrumentale.

Notre thèse sur Adolf Reinach veut souligner cette possibilité de recherche qui pourrait éviter dans l'application du droit tout arbitraire dû à une certaine incompréhension de notre auteur. La difficulté née de la compréhension du droit a toujours eu comme conséquence immédiate, une vague d'écoles d'interprétation ayant pour objectif premier de défendre des Institutions et non la vérité scientifique. La théorie *a priori* aide à lier intention-langage-réception-et application.

GLOSSAIRE D'ADOLF REINACH

Abhängig : dépendant
Abhängigkeit : dépendance
Abschattung : nuance, esquisse
Abstrakt : abstrait
Abstrahieren : asbtraire
Abstraktion : abstraction
Absurdität : absurdité
Absurd : absurde
Adäquat : adéquat
Adaequatio rei ac intellectus : adéquation
Akt (*Aktus*): acte
Aktcharakter : caractère de l'acte
Allgemein : général ou universel
Allgemeinheit : généralité
Analogie, analogon : analogie
Analyse : analyse
Analytisch : analytique
Anschauung : intuition
Anschaulich : intuitif
Anschauen : intuitionner
Anzeichen : indice
Anzeige : indication
Anzeigen : indiquer
A priori : *a priori*
Apriorisch : apriorique
Arithmetisch : arithmétique
Assoziation : association
Assoziativ : associatif
Auffassung : appréhension

Ausdrücken : exprimer
Aufklärung : élucidation
Ausdruck : expression
Bedeutung : signification
Bedeuten : signifier
Begriff : concept
Begründung : fondation
Begründen : fonder
Die Bestimmung : le règlement
Die Rechtsbestimmung : la disposition juridique
Beweis : démonstration
Beweisen : démontrer
Bewusstsein : conscience
Bewusst : conscient
Bild (Phantasma): image
Cogito : pensée
Dasein : existence
Deckung : recouvrement
Decken : coincidence, recouvrir, coincider
Denken, denken : la pensée, penser
Deskription : description
Deskriptiv : descriptif
Ding, dinglich : chose
Einbildung, Imagination, Phantasie : imagination
Einheit : unité
Einheitlich : unitaire
Einigung : unification
Einsicht : évidence intellectuelle
Einsehen : voir, saisir
Einsichtig : comprendre avec évidence, évident, évidemment
Einstellung, stellung : attitude
Erfullüng : remplissement
Erfüllen : remplir
Erklärung : explication
Erklären : expliquer
Erkennen : connaissance
Erkenntnis : connaître
Erkenntnistheorie : théorie de la connaissance

Erkenntnis-theoretisch : selon la théorie
Erkenntniskritisch : la critique de la connaissance
Erlebnis : vécu
Erleben : vivre
Essenz : essence
Essential : essentiel
Evidenz : évidence
Evident : vident
Exemplarisch : exemplaire
Exemplifizieren : donner pour exemple
Existieren : exister
Existenz : existence
Existenzial : existentiel
Faktisch : de fait
Falschheit : fausseté
Figural : figural
Fluss : flux
Form : forme
Formal : formel
Formenlehre : morphologie
Formung : formation
Freiheit : liberté
Fülle : plénitude
Füllen : remplir
Funktion : fonction
Fundierung : fondation
Fundieren : fonder
Fundament : fondement
Fundamental : fondamental
Fungieren : fonctionner
Ganze : tout
Geben : donner
Gebung : donation
Gedanke : pensée, idée
Gegenstand : objet
Gegenständlichkeit : objectivité
Gegenständlich : objectif
Gehalt : contenu, teneur

Geltung : validité
Gelten : valoir
Generell : général
Generalisation : généralisation
Genetisch : génétique
Gesclossenheit : fermeture
Geschlossen : complétude
Gesetz : loi
Gesetzlichkeit : légalité
Gesetzmässig : légal
Gesetzmässigkeit : conformité à une loi
Gestalt : forme, structure
Gestaltsqualitat : qualité de forme
Grund : fondement
Gründen : fonder
Die Grundlage, die Grundlagen : le fondement, les fondements (le motif, la raison, les motifs, les raisons).
Grundlegung : fondation
Hic et nunc : ici et maintenant
Hindeutung : allusion
Hinweis, Hinseisen : renvoi, renvoyer
Hinzeigen : destination
Ich : moi
Ideal : idéal
Das Ideale : l'idéal
Idealität : idéalité
Idealisierung : idéalisation
Idealismus : idéalisme
Ideation : idéation
Ideativ : idéatif
Idee : idée
Ideell : idéel
Ideirung : idéation
Ideirend : idéatrice, abstraction
Identifikation : indentification
Identisch : identique
Identität, Identifizierung : identité
Imaginar : imaginaire

Immanent : immanent
Induktiv : inductif
Inexistenz : existence intentionnelle
Inhalt, inhaltlich : contenu, teneur
Intellectio : intellection
Intellectus : intellection
Intellektiv : intellectif
Intellektuel : intellectuel
Intention : intention
Intendiert : intentionné ou intentionnel
Intentional : intentionnel
Intuition : intuition
Intuitiv : intuitif
Kategorial : catégorial
Kategorie : catégorie
Kategorisch : catégorique
Kern : noyau
Klarheit : clarté
Klären : élucider
Klärung : élucidation
Kollektion : collection
Kolligieren : colliger
Kommunikativ : communicatif
Komplexion : la complexion
Komplikation : la complication
Komplizieren : compliquer
Konkret : la concret
Das Konkretum : le concret
Konstituieren : constituer
Konstitution : la constitution
Konstitutiv : le constitutif
Körper : le corps
Körperlich : corporel
Korrelat : le corrélat
Korrelation : corrélation
Korrelativ : corrélatif
Kunstlehre : la technologie
Logik reine : la logique pure

Mannigfaltig : le multiple
Mannigfaltigkeit : la multiplicité
Mannigfaltigkeistlehere : la théorie des multiplicités
Materie : la matière
Mathematik, mathematisch : la mathématique
Mathesis :
Matter of fact :
Meinung, Meinen : la visée ou intention
Meinen : viser
Menge : l'ensemble
Merkmal : la marque, le caractère, le signe distinctif
Metaphysik, Metaphysisch : la métaphysique
Mitbezeichnung : la connotation
Mitteilung : la communication
Mitteilen : communiquer
Modifikation : la modification
Moment : moment
Motivierung : motivation
Motiviert : motiver
Naiv : naif
Name : nom
Nennung : dénomination
Nennen : nommer
Nominal : nominal
Neutral : neutre
Nichtsein : non-etre
Noetich : noétique
Nomologisch : nomonologique
Norm : norme
Normal : normal
Normativ : normatif
Objekt : objet
Objektiv : objectif
Objektivitat : objectivité
Okkasionnell : occasionnel
Ontologisch : ontologique
Originär : originaire
Phänomen (*Erscheinung*): phénomène

Erscheinen : apparaître
Phänomenal : phénoménal
Phänomenologie : phénoménologique
Phänomenologisch : phénoménologique
Philosophem : philosophème
Philosophie : philosophie
Philosophisch : philosophique
Prädikation : prédication
Prädikativ : prédicatif
Prädizieren : prédiquer
Psychologie : psychologie
Psychologisch : psychologique
Psychologismus : psychologisme
Qualität : qualité
Qualitativ : qualitatif
Radikal : radical
Radikalismus : radicalisme
Real : réel
Reinlogisch : pure logique
Das Reale : le réel
Die Realität : la réalité
Realisieren : réaliser
Reduktion : réduction
Reduzieren : réduire
Reel : réel
Reflektion : réflexion
Reflektieren : réfléchir
Reflektiv : réflexif
Rein : pur
Reinheit : pureté
Region : région
Repräsentant : représentant
Repraesentation : représentation représentative
Reprarесentieren : représenter
Repräsentativ : représentatif
Sache : chose (die « Sachen selbst » : les « choses elles-mêmes »)
Sachlage, Sachverbalt : état de choses
Sachlich : matériel (chose matérielle)

Satz : proposition
Sein : etre
Seiend : étant
Selbständig : indépendant
Setzen : poser
Setzung : position
Signifikation : signification
Signifikativ : significatif
Signitiv : signitif
Sinn : sens
Sinn-geben : donner un sens
Sinn-erfüllen : remplir le sens
Sinnlich : sensible
Sinnlichkeit : sensibilité
Spezies : espèce
Spezifisch : spécifique
In specie :
Spiel : jeu
Sprache : langue
Sprachen : (Langage) parler
Stellvertretung : fonction de substitution
Stellvertreter : substitut ou représentant
Stellvertreten : tenir lieu de
Stoff : matière, matériau
Stück : fragment
Struktur : structure
Struktural : structurel
Symbol : symbole
Symbolisch : symbolique
Symbolisieren : symboliser
Synkategorematisch : synkategorématique
Syntaktisch : syntaxique
Synthese : synthèse
Synthetisch : synthétique
Teil : partie
These : thèse
Transzendent : transcedant
Transzendenz : transcendance

Übermittlung : communication
Unabhängigkeit : indépendance
Unabhängig : indépendant
Unsinn : non-sens
Unselbständig : dépendant
Unvereinbar : inconciliable
Ursprung : origine
Ursprünglich : originaire
Vag : vague
Variation : variation
Veranschaulichung : illustration intuitive
Vereinbarkeit : conciliabilité
Vereinbar : conciliable
Vereinigung : réunion
Varieren : varier
Vergegenwärtigung : présentification
Verknüpfung : connexion
Verknüpfen : lier
Vermeinen : supposer
Vermeintlich : présumer
Das Vermeinen : présomption
Vernunft : raison
Vernunftkritisch : selon la critique de la raison
Verschmelzung : fusion
Verstand : entendement
Verstehen : comprendre
Verträglichkeit : compatibilité
Vertreten : représenter
Vorstellung : représentation
Vorstellen : représenter
Vorstellring : représenté
Wahrheit : vérité
Wahrheiten an sich : vérités en soi
Wahrnehmung : perception
Wahrnehmen : percevoir
Welt : monde
Wesen : essence
Wesenserschaung-intuition : intuition d'essence

Widersinn : contresens
Widerspruch : contradiction
Widerstreit : conflit
Wissenschaftslehre : théorie de la science
Zahl : nombre
Zeichen : signe
Zeit : temps
Zeitlich : temporel
Zusammenhang : liaison, connexion

GLOSSAIRE DES TERMES JURIDIQUES DU CODE CIVIL ALLEMAND[836]

Acceptation (*Annahme*) : l'acceptation désigne le consentement accordé à la demande de conclusion d'un contrat. L'acceptation est une déclaration de volonté. Elle présuppose, par conséquent, une volonté d'accepter et une déclaration d'acceptation. Exceptionnellement, un contrat peut être conclu par accord tacite de la partie contractante, sans qu'elle ait eu besoin de déclarer son acceptation. Ainsi le spécifie le § 151 du *BGB* : « Le contrat est conclu par l'acceptation de l'offre, sans que cette acceptation ait besoin d'être déclarée à l'auteur de cette offre, si cette déclaration n'est pas exigée par l'usage ou si l'offrant y a renoncé » (*Code civil allemand,* t. 1, p. 176). L'acceptation a une valeur importante dans le droit des obligations, notamment concernant les prestations ou services autres que ceux qui étaient dues (§364).

Acte juridique (*Rechtsgeschäft*) : c'est la notion centrale du droit allemand. Elle désigne d'abord au sens large un type d'action humaine significatif du point de vue juridique. A la différence d'autres types d'action, l'acte juridique comporte au moins une déclaration de volonté. Mais il n'est pas simplement identique à elle, puisqu'il a lui-même d'autres présuppositions (notamment le maintien d'une forme, l'accord d'un tiers, etc.), d'autres structures (ce sont les différents types d'actes) et d'autres conséquences (qui ne sont pas simplement voulues mais effectives).

L'acte juridique est d'abord limité par la capacité à contracter. Ce sont également les limites de la validité des déclarations de volonté. Par exemple, selon le § 104 du *BGB*, n'ont pas la capacité de contracter les enfants de moins de sept ans, les personnes dans un état de trouble mental qui exclut la libre volonté, lorsque cet état n'est pas momentané, et ceux qui ont été interdits de contracter pour aliénation mentale. Par

---

[836] Cf. A. REINACH, *Les fondements a priori du Droit civil, op. cit.*, p. 191. La composition de ce glossaire est faite par Ronan Calan, qui s'est appuyé sur un certain nombre d'ouvrages, parmis lesquels, G. MEIKEL, *Bürgerliches Gestzbuch, mit Verweisungen, Schreibausgabe* : *Code Civil allemand,* promulgué le 18 aout 1896, entré en vigueur le 1er janvier 1900, (traduction et annotation du Comité français de législation étrangère), Munchen, éd. Schweitzer, 1900.

ailleurs, ce principe de la liberté contractuelle, qui recoupe celui de l'autonomie privée, n'est pas lui-même illimité. D'autres bornes ne peuvent être dépassées par les actes juridiques sous peine de nullité. Une d'entre elles est évoquée par Reinach : les actes juridiques ne sauraient contrevenir aux bonnes mœurs (§ 138). On peut ajouter qu'ils ne peuvent selon le *BGB* contrevenir aux prohibitions légales (§ 134). Il existe différents types d'actes juridiques. L'acte juridique peut être unilatéral, bilatéral ou multilatéral. Unilatéral, s'il n'est formé que par une seule déclaration de la volonté (c'est le cas, entre autre, de la promesse de récompense, § 657, du testament § 2229, ou de la résolution, § 346).

Acte juridique bilatéral et *multilatéral* s'il est formé de deux ou plusieurs déclarations de volonté. On distingue alors trois types distinctifs d'actes bilatéraux et multilatéraux : les contrats, les actes collectifs, les résolutions (ces dernière constituent l'expression de la volonté commune des membres de groupements, telles les sociétés ou les associations). Le plus important est naturellement le contrat. Une seconde distinction, essentielle également, est celle qui oppose les actes juridiques abstraits et causals. L'acte est abstrait quand il est détaché de sa cause.
C'est le cas de l'acte de disposition, dont la cause renvoie à un acte juridique distinct, créateur d'obligations, c'est le cas encore de la constitution d'une hypothèque. L'acte causal quand la cause fait partie du contenu même de l'acte : c'est le cas de tous les actes créateurs d'obligations. Enfin, les effets de l'acte juridique diffèrent selon le type d'acte : ainsi, un acte de contrainte crée une prétention, un acte d'exécution supprime la prétention, etc.

Bail à loyer (*Miete*), bail à ferme (*Pacht*) : le contrat : Le contrat de bail à loyer, ou contrat de louage ou location (*Mietvertag*) est un contrat à titre onéreux par lequel le bailleur (*Vermieter*) s'engage à laisser au preneur l'usage d'une chose ou d'un ensemble de choses. (§ 535 du *BGB*). Ce contrat a efficacité juridique sur tous les biens susceptibles d'être loués. Outre les normes générales qui s'y appliquent, on trouve des dispositions spéciales visant des catégories plus étroites, comme les biens immobiliers ou immeubles, les locaux, les logements. Selon le *BGB*, le bailleur doit, dans un tel contrat, abandonner la chose au locataire, c'est-à-dire lui en conférer la possession, pour un temps indéterminé. Il doit lui en garantir l'usage, ce qui suppose l'élimination des préjudices qui pourraient lui être portés, maintenir la chose en état, etc. Le contrat de bail à ferme (*Pachtvertrag*) permet au preneur d'utiliser la chose comme le ferait le locataire, mais en outre d'en percevoir les fruits résultat d'une exploitation régulière. Sur la différence entre bail à loyer et bail à ferme, le commentaire du § 535 par le comité de législation étrangère est très éclairant : « La pensée du Code a été de faire la différence entre les contrats où le bailleur concède la jouissance de l'usage seul (art. 459), et ceux où il concède la jouissance de l'usage et des fruits (art.581) : dans la première catégorie ne peuvent entrer que des objets matériels, tandis que la seconde comprend indistinctement des biens corporels et des biens incorporels (droit de chasse, de pèche, etc.) » (*Code Civil allemand*, t. II, p. 77-78).

Cession (*Einraumung*) : la cession est, dans le droit allemand, un type spécifique de transfert, à savoir un transfert de créance Cf. Droit de créance). Comme tout transfert, il s'agit alors d'un contrat passé par le créancier avec une autre personne. Certes, le contrat n'est pas le seul mode juridique par lequel une créance peut être transportée, puisque ce transfert peut se réaliser par l'effet de la loi ou l'œuvre de la justice. Mais il s'agit du procédé normal. C'est un contrat abstrait, puisqu'il est indépendant de la validité de l'acte juridique qui sert de cause. La conséquence en est l'aliénation de la créance et sa remise en la personne d'autrui, qui est posée dans le § 398 : « Une créance peut être transférée par le créancier à une autre personne par contrat passé avec celle-ci (cession). Par la conclusion du contrat, le nouveau créancier entre en lieu et place du précédent créancier » (*Code Civil allemand*, p. 567).

Chose mobilière/immeuble (*bewegliche Sache/Grundstuck*) : on chercherait en vain une distinction formelle comme une définition conceptuelle précise des notions de chose mobilière et d'immeuble dans le *BGB*. Reste qu'on peut l'inférer. Une chose mobilière est en vertu du § 90 relatif à la définition d'une chose, un objet corporel isolable, détachable de la surface de la terre. A l'inverse, un immeuble est une chose qui n'est pas mobilière, et concerne donc « les parties de la surface terrestre qui sont attachées à la masse de la terre, et dont l'unité, nécessaire pour qu'elles répondent à l'idée de chose, est obtenue par ce fait qu'elles peuvent être distinguées les unes des autres par une ligne géométrique qui les délimite. Si l'on suppose cette séparation se prolongeant en profondeur, on obtient des masses distinctes qui constituent naturellement l'immeuble » (*Code Civil allemand*, commentaire, t. II, p. 459).

Déclaration de volonté (*Willenserklarung*) : la déclaration de volonté désigne l'action juridique au sens large du terme. Elle constitue une partie d'un acte juridique, son premier élément, mais n'est pas identique à lui. Claude Witz (Le *Droit privé allemand*, p. 87) signale que le terme n'est pas défini par le *BGB*, mais qu'on entend généralement par là l'expression ou la manifestation d'une volonté privée faite en vue d'une conséquence juridique.

La déclaration de volonté comporte donc deux moments, ou deux éléments constitutifs : une volonté subjective d'agir et une déclaration, ou manifestation de cette volonté, qui en constitue la face objective. Le premier moment se décompose lui-même en volonté de conséquence juridique ou volonté d'accomplir un acte juridique déterminé. Ces trois composantes du premier moment permettent d'en éliminer la pertinence juridique. Ainsi, de la première composante, la volonté d'agir, on peut dire qu'elle exclut les cas où l'auteur de l'acte est inconscient comme dans le sommeil ou l'hypnose, ou d'autres cas où il est contraint par un tiers. La dernière composante correspond à la volonté concrète d'accomplir un acte déterminé et exclut donc tous les actes réalisés sans intention juridique (ce qui vaut pour le cas des déclarations fictives ou faites sans intention sérieuse, qui sont nulles, ainsi § 117 et 118). Le second moment a lui-même d'abord une valeur négative : une volonté non déclarée n'est pas susceptible de produire des effets juridiques. Ainsi, la déclaration est plus que le corps de l'acte, elle en est la réalisation objective. La forme que revêt cette manifestation canonique. Ainsi, le vendeur qui retire un objet de son étal pour un client émet une acceptation. Mais il existe des formes prescrites par la loi, dont le non respect provoque la nullité de la déclaration (§ 125).

Dispositions (*Verfugung*) : il s'agit d'un acte juridique par lequel un droit est immédiatement modifié, éliminé, transféré ou grevé dans son contenu. « Par acte de disposition ; il faudrait comprendre tout acte par lequel on transférerait, grèverait ou éteindrait un droit ainsi déclaré indisponible dans l'intérêt individuel de certaines personnes. Et il faudrait comprendre parmi les actes de ce genre même la saisie ou l'exécution forcée : le bien est devenu insaisissable dans la mesure où il est devenu indisponible, et sous les mêmes sanctions ». (Note du *Code Civil allemand*, art. 135, t.I, p. 151). Le transfert est donc un type de disposition. Ce sens de disposition est naturellement à distinguer de la disposition juridique *(Rechtsbestimmung*) qui désigne au sens large un règlement, une loi ou la clause d'une loi.

Droit absolu/relatif (*absolutes/relatives Recth)* : la classification en droit absolu/relatif concerne prioritairement la personne de l'obligé, autrement dit, la ou les personnes à l'égard de laquelle (ou desquelles) le droit produit effet. Un droit est absolu ou relatif selon qu'il produit effet à l'égard de tous ou d'une personne déterminée. Selon le *BGB*, sont absolus les droits de la personnalité, les droits familiaux personnels, les droits d'appropriation, les droits portant sur des droits de créance, les droits formateurs, les exceptions. La distinction a une importance dans la différenciation des effets juridiques, en particulier dans le cas des sanctions de droit.

Droits de créance (*Forderungen*) : les droits de créance relèvent d'une catégorie plus vaste, les prétentions. Les droits de créance sont des droits relatifs, donc dirigés vers une personne déterminée, en vue de l'obtention d'une prétention, plus exactement, de son exécution, qui entraîne donc l'extinction de la créance. L'objet de la créance représente toujours une valeur patrimoniale, un bien mobilier ou un immeuble.

Droit de gage (*Pfandrecht*) : le droit de gage assure la garantie d'une créance qui existe à l'encontre du donneur de gage ou d'un tiers (art. 1204 du *BGB*). C'est donc un droit purement accessoire, qui dépend de la créance pour laquelle il est constitué. « Le gage donne au créancier gagiste le droit de poursuivre son paiement sur la chose mise en gage, en vendant, conformément aux dispositions des articles 1228 et suivants ; c'est là le contenu essentiel du droit de gage ; le créancier peut poursuivre son paiement sur la chose, même quand elle n'est plus entre les mains de son débiteur au moment de l'exécution » (*Code Civil allemand,* commentaire du § 1204, t. II, p. 802).

Droit formateur (*Gestaltungsrecht*) : les droits formateurs sont des droits relatifs, donc dirigés vers une ou plusieurs personnes. Ce sont des droits qui confèrent à leur titulaire le pouvoir unilatéral soit de faire naître ou de déterminer plus précisément un rapport juridique, soit le plus souvent de le modifier ou d'y mettre un terme.
Droit (réel) sur les choses ou droits des biens l'ensemble des normes de droit privé qui se rapportent à sa possession et à la maîtrise d'une chose. Selon la définition du § 90 du *Code Civil allemand*, « Les choses, au sens de la loi, sont seulement les objets corporels ». Par conséquent, des droits réels ne peuvent exister que sur des objets susceptibles de donner lieu à une maîtrise dans un espace donné.

Mandat (*Auftrag*) : « Par l'acceptation d'un mandat, le mandataire s'oblige à s'occuper gratuitement pour le mandant de toute affaire à lui confiée par ce dernier » (*Code Civil allemand*, § 662, t. II, p. 193). Le mandat est donc un contrat de prestation de services, où aucune rémunération n'est versée et ce qui est conclu dans l'intérêt d'un tiers. La gratuité est l'essence du mandat.

Possession (*Besitz*) : « La possession d'une chose s'acquiert par l'obtention d'un pouvoir de fait (*thatsachliche Gewalt*) sur les choses. L'accord des volontés de l'ancien possesseur et de l'acquéreur suffit pour l'acquisition de la possession, lorsque celui-ci est en situation d'exercer son pouvoir sur la chose » (*Code Civil allemand,* § 854, p. 440). Un pouvoir de fait s'oppose à un pouvoir de droit. Ainsi la possession est, selon le *BGB*, une maîtrise de fait sur un bien, que cette maîtrise s'exerce conformément à la loi ou non. Ce n'est pas une puissance physique, car en ce cas la possession se perdrait dès que l'usage matériel de la chose cesserait, mais c'est déjà un pouvoir économique. La possession désigne donc un rapport de dépendance factuel d'une chose à une personne, un rapport tel que, du point de vue économique, la personne exerce un pouvoir sur la chose.

Propriété (*Eigentum*) : « Le propriétaire d'une chose peut, sauf disposition contraire de la loi, et sauf l'effet des droits qui appartiennent au tiers, se comporter à l'égard de la chose comme bon lui semble et empêcher qu'aucune autre personne en fasse le moindre usage » (*Code Civil allemand*, § 903, p. 508). On n'a pas dans le *BGB* de définition de la propriété, à la différence de la possession. On peut induire cependant qu'on a affaire cette fois à un droit de maîtrise, et non à une maîtrise factuelle de la chose, comme dans le cas de la possession. On s'accorde donc pour comprendre sous ce terme un droit de puissance absolue et exclusive sur une chose. Sauf si la loi ou les droits d'un tiers s'y opposent, le propriétaire peut exercer son droit comme bon lui semble et s'opposer à toute intervention d'autrui.

Prétention (*Anspruch*) : selon le § 194 du *BGB*, la prétention désigne « le droit d'exiger d'un autre un fait ou une abstention ». La prétention englobe donc tous les rapports d'obligation, parmi eux la créance. Quand la créance n'est qu'une technique limitée au droit des obligations, la prétention s'étend également aux droits des choses. Ainsi – et Reinach l'évoque – selon les § 985 et 986 du *BGB*, le propriétaire est en droit de réclamer la restitution d'une chose au possesseur non fondé à la posséder. Il est alors titulaire d'une prétention à la restitution. La prétention a donc une double dimension : celle d'une prérogative et la possibilité de réclamer justice. « Le concept de prétention du BGB désigne donc à la fois une position juridique de droit matériel et son prolongement procédural » (Claude Witz, *op. cit.*, p. 476). Le Comité de législation commente ainsi le § 194 : « la doctrine allemande a donc imaginé une notion intermédiaire entre le rapport de droit qui constitue le droit subjectif de l'individu et l'action qui sera le moyen de poursuites procédurales mis à sa disposition, notion incarnée dans l'*Anspruch*, expression pour laquelle il est difficile de trouver une traduction corrélative. Faute de mieux, il a fallu adopter l'expression malheureusement un peu vague de « prétention », laquelle ne répond à rien dans notre langue juridique ; elle a le mérite de ne pas se confondre avec le droit lui-même et d'écarter l'idée d'une action à l'état de poursuite. [...] On a voulu désigner par là non pas le rapport juridique dans son ensemble, mais la faculté qui peut naître de ce rapport lui-même d'avoir à élever une revendication contre quelqu'un en vue d'exiger de lui tel ou tel fait compris dans le contenu du droit » (*Code civil allemand*, t.I.p.257).

Procuration (*Vollmacht*) : selon la définition légale du § 166, alinéa 2 du BGB, la procuration est le pouvoir de représentation conventionnel car conféré par acte juridique. L'acte juridique de procuration est unilatéral et émane du représenté. Ce n'est pas l'effet d'un contrat de base, comme dans le cas du mandat. Si le rapport de base liant le représentant et le représenté peut bien etre un contrat de mandat, la représentation reste néanmoins un pouvoir abstrait par rapport à ce contrat, et reposant sur un acte juridique autonome. En raison de cette autonomie, la procuration n'est pas affectée par la nullité ou la contestation du mandat. Toutefois, ce principe d'abstraction de la procuration par rapport au contrat de mandat connait des limites importantes relatives à l'extinction de la première (§ 168 du *BGB*). L'extinction de la représentation est liée à celle du rapport de base. La procuration externe, autrement dit, portée à la connaissance d'un tiers, n'est pas affectée par cette limitation.

Renonciation (*Verzicht*) : la renonciation recouvre de nombreux cas d'extinctions de droits, et pas simplement l'abandon d'une prétention née d'une promesse. La renonciation est acte unilatéral, soumis, par suite, aux prescriptions générales sur les actes juridiques et notamment à celles qui sont relatives à la capacité ou l'absence de volonté. C'est, par ailleurs, un acte de disposition. D'où la nécessité que le renonçant possède la capacité de disposer. De façon générale, un droit peut prendre fin à la suite d'une renonciation. Tel n'est pas le cas, par exemple, des droits de personnalité, comme l'évoque Reinach. Ni des droits personnels de la famille.

Représentation (*Vertretung*) : c'est une technique par laquelle une personne donnée, un représentant, agit au nom d'un autre ou pour le compte d'un autre, le représenté, de telle sorte que les effets juridiques des déclarations de volonté émises par les représentants sont attribués d'emblée et ipso jure au représenté, qui est le seul à être lié par elles (§164 du *BGB*).

L'essentiel de cette technique réside donc dans la production des conséquences juridiques dans la personne du représenté. L'efficacité de la représentation (en particulier de la représentation dite directe, par opposition à l'indirecte où l'acte conclu ne produit d'effets que sur la personne du représentant) est soumise à condition : le représentant doit émettre, au nom d'autrui, une déclaration de volonté qui lui soit propre et il doit disposer d'un pouvoir de représentation lui-même conféré par un acte juridique (la procuration).

Révocation (*Widerruf*) : la révocation désigne d'une manière générale la rétraction d'une déclaration. Il s'agit à l'origine d'une déclaration de volonté qui tend à lever une autre déclaration de volonté qui n'a pas encore été efficace, selon le § 130 : « Une déclaration de volonté qui doit être émise envers un autre devient efficace, à supposer qu'elle soit émise en l'absence de ce dernier, au moment où elle lui parvient. Elle ne devient pas efficace lorsque, antérieurement ou en même temps, parvient à l'autre une rétraction » (*Code Civil allemand*, t. I, p.142). La révocation est donc à l'origine située en amont ou simultanément à l'acte. Toute révocation postérieure à l'acte nécessite un accord des contractants.

Transfert (*Ubertragung*) : l'acte juridique de transfert est toujours soumis aux principes généraux qui régissent les contrats. On distingue des transferts de droits (des cessions), et des transferts de propriété, ou transferts de chose. L'article 929 pose les conditions du transfert de propriété : « Pour transférer la propriété d'une chose mobilière, il faut que le propriétaire fasse tradition de la chose à l'acquéreur, et qu'il y ait, de part et d'autre, accord des volontés pour opérer le transfert. Si l'acquéreur est déjà en possession de la chose, l'accord des volontés suffit » (Code civil allemand, t. II, p. 543-544). Donc le transfert de propriété d'une chose mobile ou mobilière suppose : l'accord des volontés relativement à la mutation de propriété, acte juridique soumis aux normes qui déterminent la validité des contrats ; la tradition de la chose de l'aliéneur à l'acquéreur ; la qualité de propriétaire en la personne de l'acquéreur.

Usufruit (*Niessbrauch*) : l'usufruit (§ 1030) constitue un droit d'usage portant sur un bien mobilier ou un immeuble. « Le but économique de l'usufruit consiste en ce que les profits d'une chose sont conférés à l'usufruitier à l'exclusion du propriétaire, mais en laissant la chose intacte pour le propriétaire. Ce but est atteint par la constitution d'un droit réel sur cette chose. Par cette séparation du droit aux profits et de la propriété, cette dernière perd son contenu essentiel pendant la durée de l'usufruit ; aussi ne peut-on constituer un usufruit que pour la durée de vie de l'usufruitier ». (*Code civil allemand*, commentaire, t. II, p. 643).

BIBLIOGRAPHIE

Sources principales, œuvre d'Adolf Reinach et éditions critiques

REINACH A., *Über den Ursachebegriff im geltenden Strafrecht,* Leipzig éd., J. A. Barth, 1905. Deuxième édition de la Thèse de doctorat dirigée par Théodore Lipps en 1904 à München. Elle se trouve dans les *Sämtliche Werke, les Œuvres Complètes* d'Adolf Reinach, *Textkritische Ausgabe in 2 Banden,* Herausgegeben von Karl Schuhmann und Barry Smith. München, Philosophia, 1989, pp. 1-43.

---, *William James und der Pragmatismus,* in, *Welt und Wissen. Hannoversche Blatter für Kunst, Literatur und Leben* (Beilage zum *Hannoverschen Courier*), 1910, N. 198, 28.9.10. Deuxième édition dans les *Sämtliche Werke, Textkritische Ausgabe in 2 Banden,* Herausgegeben von Karl Schuhmann und Barry Smith. München, Philosophia, 1989, pp. 45-65.

---, *Kants Auffassung des Humeschen Problems,* in, *Zeitschrift für Philosophie und philosophische Kritik,* 141 (1911), pp. 179-209. Deuxième édition in, *Adolf Reinach, Gesammelte Schriften* Halle, Marx Niemeyer, 1921, pp. 1-35. troisième édition dans *Sämtliche Werke, Textkritische Ausgabe in Baden,* Herausgegeben von Karl Schuhmann und Barry Smith, München, Philosophia, 1989, pp. 67-93, tr., angl., de J. N. Mohanty : Kant's Interpretation of Hume's Problem, in, Southwestern Journal of Philosophy, 7 (1976), pp. 161-188.

---, *Die apriorischen Grundlagen des bürgerlichen Rechtes,* in, *Jahrbuch für Philosophie und Phänomenologische Forschung,* I, 2, (1913), pp. 685-847. Deuxième édition dans *Adolf Reinach, Gesammelte Schriften,* Halle éd., Max Niemeyer, 1921, pp. 166-350. Troisième édition : *Zur Phänomenologie des Rechts. Die Grundlagen des bürgerlichen Rechts.* München, Kosel, 1953. Quatrième édition dans *Sämtliche Werke, Textkritische Ausgabe in Baden,* Herausgegeben von Karl Schuhmann und Barry Smith, München, Philosophia, 1989 pp. 141-278. Tr., it. : *I fondamenti a priori del diritto civile,* a cura di D. Falconi, Milano, ed., Giuffré, 1990, con una presentazione di Bruno Romano. Tr., it., parziale dei quattro dei dieci paragrafi di Giuliana Stella : *I fondamenti a priori del diritto civile,* in edizione Agostino Carrino, Metodologia della scienza giuridica. Napoli, Edizioni Scientifiche italiane, 1989, pp. 161-200. Con presentazione di Giuliana Stella. Traduction castillane de Alvarez J. et M. Taladriz, *Los Fundamentos Aprioristicos del derecho Civil,* Barcelona, ed., Bosch, 1934. Tr., fr. : *Les Fondements a priori du Droit civil,* par Ronan de Calan, Paris, éd. Librairie Philosophique VRIN J., 2004. Tr., angl., *The A priori Foundations of Civil Law,* de John Crosby, in éditions „Aletheia, An International Journal of Philosophy", 03, 1983, pp. 1-142.

---, *Zur Theorie des negativen Urteils,* in éditions Alexander Pfänder *Münchener philosophische Abhandlungen. Th. Lipps zu seinem 60. Geburtstag gewidmet von früheren Schülern,* J.A. Barth, Leipzig, 1911, pp. 196-254. Deuxième édition, in *Adolf Reinach, Gesammelte Schriften.* Halle, Max Niemeyer, 1921, pp. 56-102. Troisième édition dans *Sämtliche Werke,* Textkritische Ausgabe in Baden. Herausgegeben von Karl Schuhmann und Barry Smith. München, Philosophia, 1989, p. 95-140. Traduction anglaise de Don Ferrari, *Toward the Theory of the Negative Judgement,* in *Aletheia. An International Journal of Philosophy,* 02, 1981, pp. 15-64 ; Barry Smith : *On the Theory of the Negative Judgment,* in edition Barry Smith, *Parts and Moments.* München, Philosphia, 1982, pp. 315-377. Tr., fr., de Marc de Launay, *Théorie du jugement négatif,* in « Revue de métaphysique et de morale » 96 (1996), p. 384-436.

---, *Paul Nartops « Allgemeine Psychologie nach Kritiker Methode »,* in *Göttingische gelehrte Anzeigen,* 1914, nr. 4, pp. 193-214. Deuxième édition in Adolf Reinach, *Gesammelte Schriften.* Halle, Max Niemeyer, 1921, pp. 351-376. Troisième édition dans *Sämtliche Werke.* Textkritische Ausgabe in Baden. Herausgegeben von Karl Schuhmann und Barry Smith. München, ed., Philosophia, 1989, pp. 313-331.

---, *Die obersten Regeln der Vernunftschlusse bei Kant,* in *Kantstudien,* 16 (1911), pp. 214-233. Deuxième édition, in *Sämtliche Werke.* Textkritische Ausgabe in Baden. Herausgegeben von Karl Schuhmann und Barry Smith. München, ed., Philosophia, 1989, pp. 51-65.

Gesammelte Schriften. Herausgegeben von seinen Schülern. Mit einem Vorwort von Hedwig Conrad-Martius. Halle, Marx Niemeyer, 1921, *Vorwort* von Hedwig Conrad-Martius [pp. I-XXXI].

Das Absolute [pp. XXXI-XXXVI].

Kants Auffassung des Humeschen Problems. [pp. 1-35].

Die obersten Regeln der Vernunftschlusse bei Kant [pp. 36-75].

Zur Theorie des negativen Urteils [pp. 75-116].

Anhang [pp. 117-120].

Die Überlegung : ihre ethische und rechtliche Bedeutung [pp.121-165].

Die apriorischen Grundlagen des bürgerlichen Rechtes [pp. 166-350].
Paul Natorps « Allgemeine Psychologie nach kritischer Methode » [pp.351-376].
Über Phänomenologie [pp. 379-405].
Über das Wesen der Bewegung [pp.406-461].
---, *Sämtliche Werke/1 : Die Werke,* 1989, tr., fr. : *Œuvres complètes,* tr., it., *Tutte le Opere.* Cfr. Bibliothèque de München (BSB-Katalog (29/30) Jahr : 1989 ; Umfang : XVIII, 611S. ; Schlagwort : Philosophie ; Sprache : Deutsch ; ISBN-ISSN-ISMN : 3-88405-015-X.
---, *Sämtliche Werke/2 : Kommentar und Textkritik,* 1989. *Idem.* (édition commentée).
---, *Sämtliche Werke, Textkritische Ausgabe in 2 Banden.* Schumann K und Smith B. (Philosophia resources Library), München, éd., Philosophia, 1989. Band I, I. Teil : Kritische Neuausgabe (1905-1914):
Über den Ursachenbegriff im geltenden Strafrecht [pp.. 1-43].
William James und der Pragmatismus [pp. 45-50].
Die obersten Regen der Vernunftschlusse bei Kant [pp. 51-65].
Kants Auffassung des Humeschen Problems [pp. 67-93].
Zur Theorie des negativen Urteils [pp. 95-140].
Die apriorischen Grundlagen des bürgerlichen Rechtes [pp. 141-278].
Die Überlegung ; ihre ethische und rechtliche Bedeutung [pp. 279-311].
Paul Nartops « Allgemeine Psychologie nach kritischer Methode » [pp. 313-331].

Band I, II. Teil : Nachgelassene Texte (1906-1917)

Die Grundbegriffe der Ethik [pp. 335-337].
Wesen und Systematik der Urteils [pp.339-345].
Über impersonale Urteile [pp.347-350].
Notwendigkeit und Allgemeinheit im Sachverhalt [pp. 351-354].
Nichtsozioale und Soziale Akte [pp. 355-360].
Die Vieldeutigkeit des Wesensbergriff [pp. 361-363].
Über Dingfarbe und Dingfarbung [pp. 365-367].
Einleitung in die Philosophie [pp. 369-513].
Zum Begriff der Zahl [pp. 515-529].
Über Phänomenologie [pp. 531-550].
Über das Wesen der Bewegung [pp. 551-588].
---, Über *den Ursachenbergriff im geltenden Strafrecht,* Leipzig, BART J. A., 1905. Deuxième édition, in *Sämtliche Werke, Textkritische Ausgabe in Baden,* Herausgegeben von Karl Schuhmann und Barry Smith. München, ed., Philosophia, 1989, pp. 1-43.

---, *Über Phänomenologie,* first edition Marburg January 1914, second edition : *Was ist Phänomenologie ?*, (1951) München, éd. Kosel, 1951 ; texte posthume traduit par Secretan P. *De la phénoménologie*, München, ed. Philosophia 21, 1999 ; tr. Angl. : *Concerning Phenomenology,* by D. Willard, ed. The personalist, vol. 50, München, .ed. Philosophia, 1989.
---, *Zur Phänomenologie des Rechts,* 1953. Le texte se trouve à la Bibliothèque de München BSB-Katalog (10/30).

Les autres auteurs

ARISTOTE, *Physique* II, 3-9, tr., fr. B. Saint-Hilaire, *Physique d'Aristote ou leçons sur les principes généraux de la nature* en 2 vols., Paris, éd. Librairie de LaGrange, 1961.
---, *Ethique à Nicomaque,* Livre V, Paris, tr., fr. Jean Cachia, éd. Ellipses, 1998
AUSTIN J-L. *Quand dire c'est faire,* tr., fr. De G. Lane, Paris, éd. Seuil, 1991.
---, *Les actes de langage, essai de philosophie du langage*, Paris, tr., fr., par Hermann H. P., coll. Savoir, 2009.
ALES BELLO A., *L'universo nella coscienza. Introduzione alla fenomenologia di Edmund Husserl, Edith Stein, Hedwing Conrad-Martius,* Pisa, ed., ETS, 2007.
---, *Edith Stein passione per qqla verità*, Padova, ed. Messaggero, 2003.
ALES BELLO A., et PEZZELLA A. M., *Edith Stein. Comunità e mondo della vita. Società diritto religione,* Città del Vaticano, ed., Lateran Università Press, 2008.
ALES BELLO A. ANFIERI F., SHAHID M. *Edith Stein – Hedwing Conrad – Martius. Fenomenologia, metafisica, scienze,* Bari, ed., Giuseppe Laterza, 2010.
BENOIST J., & KERVEGAN J-F., Collectif : *Adolf Reinach entre droit et phénoménologie, De l'ontologie normative à la théorie du droit*, Congrès à Paris, éd. CNRS, 2008.
BENOIST J., & COURTINE J-F., *La représentation vide, suivi de « Les Recherches Logiques, une œuvre de percée »*, Paris, éd., PUF, 2003.
BENOIST J., *Reinach et la visée (Das Meinen) : décliner l'intentionnalité,* in *Les Études Philosophiques,* Congrès sur *Adolf Reinach : philosophie du langage, droit, ontologie*, Paris, éd., CNRS & CNL., février 2005.
---, *Sens et sensibilité. L'intentionalité en contexte,* Paris, éd. Cerf, collection « Passages », février 2009, 327 p.
---, *Les limites de l'intentionalité. Recherches phénoménologiques et analytiques,* éd. Vrin, collection « Problèmes & controverses », Paris février 2005, 288 p.

---, *Entre acte et sens. Recherches sur la théorie phénoménologique de la signification,* éd. Vrin, collection « Problèmes & controverses », Paris mars 2002, 256 p.
---, *Représentations sans objet : aux origines de la phénoménologie et de la philosophie analytique,* éd. P.U.F. Collection Epiméthée, Paris octobre 2001, 219 p.
---, *Intentionalité et langage dans les Recherches logiques de Husserl,* éd., P.U.F., collection Epiméthée, Paris septembre 2001, 214 p.
---, *L'idée de phénoménologie,* éd. Beauchesne, collection « Le grenier à sel », Paris avril 2001, 157 p.
---, *L'a priori conceptuel : Bolzano, Husserl, Schlick,* éd. Vrin, collection « Problèmes & controverses », Paris septembre 1999, 221 p.
---, *Phénoménologie, sémantique, ontologie : Husserl et la tradition logique autrichienne,* éd. P.U.F., collection Epiméthée, Paris septembre 1997, 310 p.
---, *Kant et les limites de la synthèse : Le sujet sensible,* éd., P.U.F., collection Epiméthée, Paris février 1996, 343 p.
---, *Autour de Husserl : l'ego et la raison,* éd. Vrin, Bibliothèque d'histoire de la philosophie, Paris septembre 1994, 319 p.
BENOIST J., & COURTINE J-F., *La représentation vide, suivi de « Les Recherches Logiques, une œuvre de percée »*, Paris, éd., PUF, 2003.
BECKMANN B., – ZOLLER, *Phänomenologie des religiösen Erlebnisses, Religion philosophische Überlegungen im AnschuB an Adolf Reinach und Edith Stein*, Würzburg, ed., Königshäusern & Neumann, 2003.
BETTETINI A., *Verità, giustizia, certezza : sulla cosa giudicata nel diritto della Chiesa*, Padova, ed. Cedam, 2002.
BETTI E., *Die Hermeneutik als allgemeine Methodik der Geisteswissenschaften,* Tübingen 1962 : *L'ermeneutica come metodica generale delle scienze dello spirito*, Roma, tr., it., a cura di O. Nobile, Ventura, Crifo G., e Mura, *Introduzione e bibliografia* di Mura G., 1990.
---, *Le categorie civilistiche dell'interpretazione delle legge e degli atti giuridici*, Milano, 2° ed., Crifo G. 1971.
---, *Teoria generale dell'interpretazione,* Milano 1955, Milano, éd., Corrigée et amplifiée par G. Crifo, 1990 (Tomes I et II).
---, *I principi di scienza nuova di Giambattista Vico e la teoria dell'interpretazione storica*, in « Nuova rivista di diritto commerciale, diritto dell'economia, diritto sociale », 10, in BETTI B., *Diritto, Metodo Ermeneutica*, Milano par Crifo G., 1991.
BLEICHER J., *L'ermeneutica contemporanea*, Bologna, ed. Il Mulino, 1986.
BOGLIOLO L., *Antropologia Filosofica/*1.
---, *Antropologia Filosofica/ 2 L'uomo nell'essere,* Roma, PUL, ed. Città Nuova, 1971.

---, *Antropologia Filosofica/3, L'uomo nel mondo*, Roma, PUL, ed. Città Nuova, 1971.
---, *Antropologia Filosofica /4. L'uomo nel suo agire*, Roma, PUL, ed. Città Nuova, 1972.
---, *La verità dell'uomo*, Roma, ed. PUL, 1969.
---, *Ateismo e Cristianesimo*, Roma ed. Paoline, 19171.
---, *La filosofia Cristiana. Il problema, la storia, la struttura*, Roma, Pontificia Accademia di San Tommaso, ed. LEV, 1995.
---, *Il problema della filosofia cristiana*, Brescia, ed. Morcelliana, 1959.
BOUFLET J., *Edith Stein : philosophe crucifiée*, Paris, éd. Presses de la Renaissance, 1998.
BULTMANN R., *Credere e comprendere :* raccolta di articoli, tr., it. di L. Tosti, Rizzi A., et Benincasa C. Brescia, (*Glauben und Verstehen. Gesammelte Aufsätze*, Tübingen 1933, 1972).
BRIMO A., *Les grands courants de la philosophie du droit et de l'Etat*, Paris, éd., Pedone, 2è éd., 1968.
---, *De l'unité des doctrines phénoménologiques, existentialistes et axiologiques dans la théorie générale du Droit*, Toulouse, éd., M. Espic, 1964.
BURKHARDT A., *Soziale Akte, Sprechakte und Textillokutionen, A. Reinachs Rechtsphilosophie und. Moderne Linguistik*, Tübingen, éd., Max Niemeyer, 1986.
CARCATERRA A., *Struttura del linguaggio giuridico-precettivo romano*, Bari, ed. Cacicci, 1968.
COCCOPALMERIO D., *Sidera cordis : saggi sui diritti umani/Domenico Coccopalmerio*, Padova, ed., CEDAM, 2004.
COING H., *Europäisches Privatrecht (1800-1914), II, XIX, Jahr*, (Beck, 1989), §1 « die Rechtswissenschaft im deutschen Rechtskreis », p. 39-45.
COING H., & WILHELM (eds.), *Wissenschaft und Kodifikation des Privatrechts im 19.* Jahrhundert, Kostermann, Frankfurt, 6 vol., 1974-1982.
DAVID R., JAUFFRET-SPINOSI C., *Les grands systèmes de droit contemporains*, Paris, 11e éd. Dalloz, 2002.
DESCARTES R., *Meditationes de prima philosophia ; Principia philosophiae ; Traité de l'homme ; Meditationes de prima philosophia, or, Bedenkingen van d'eerste wysbegeerte : in de welken Gods wezentlykheit, en d'onderscheiding der menschelijke ziel van 't lighaam betoogt werden / door Renatus Descartes... ; beneffens verscheide tegenwerpingen van enige geleerde mannen en de beantwoordingen van de zelve schryrer daar op ; alles door J. H. Glazemaker vertaalt.* t'Amsterdam : voor Jan Rieuwertsz, 1657.
DERRIDA J., *La voce e il fenomeno, Introduzione al problema del segno nella fenomenologia di Husserl*, Milano, ed., Jaca Book, 2010.

DILTHEY W., *Ermeneutica e religione*, Milano, a cura di Morra G., 1992.

DUBOIS J. M., *Judgment and Sachverhalt : An Introduction to Adolf Reinach's Phenomenological Realism,* Dordecht, ed. Kluwer acad. Publishers, 1995.

---, « *Adolf Reinach : Metaethics and the Philosophy of Law* », in *Phenomenological Approaches to Moral Philosophy*, Dordrecht, ed., Drummond J.J. and Embree L. D. Kluwer Academic Publishers 2002, pp. 327-346.

STEIN E., *Correspondance I, 1917-1932,* Paris, éd. Cerf, 2009.

---, *La Femme et sa destinée*, Paris, éd. Amiot–Dumont, 1956.

ENGLISH J., *Le vocabulaire de Husserl,* Paris, éd., Ellipses, 2002.

---, *Sur l'intentionnalité et ses modes*, Paris, éd., PUF., 2006.

ESPOSITO M. G., *Filosofia e diritto, Saggi e riflessioni,* Milano, ed. Giuffrè, 2000.

FALCONI D., *Le regole della razionalità una interpretazione della fenomenologia di Adolf Reinach,* Milano, ed. Giuffrè, 1991.

FROSINI V., et RICCOBONO F., *L'ermeneutica giuridica di Emilio Betti,* Milano, ed. Giuffrè, 1994.

GADAMER H.G., *Wahrheit und Methode : Verità e Metodo*, tr., it. Vattimo G., Milano, ed. Bompiani, 2004, tr., fr., *Vérité et Méthode, les grandes lignes d'une herméneutique philosophique,* Paris, éd. Seuil, 1976 et avril 1996.

---, *Il problema della coscienza storica*, Napoli, ed., Guida, 1969.

GODIN C., *Dictionnaire de philosophie,* Paris, ed., Fayard / ed., Du Temps, 2004.

GOYARD-FABVRE S., *Essai de critique phénoménologique du droit,* Paris, éd., Klincksieck, 1972.

GRIFFERO T., *Interpretare la teoria di Emilio Betti e il suo contesto, prefazione di Francesco Moiso*, Torino, ed., Rosenberg, 1988.

HABERMAS J., *Cultura e civiltà*, Torino, ed., Einaudi, 1980.

---, *Il discorso filosofico della modernità*, Bari, ed., Laterza, 1987.

---, *Morale de la communication*, Paris, éd., Cerf, 1986.

---, *De l'éthique de la discussion*, Paris, éd., Cerf, 1992.

HEIDEGGER M., *Essere e Tempo*, Milano, ed., it. A cura di Chiodi P., 1927.

---, *Sentieri interrotti*, Firenze, ed., Nuova Italia, 1997.

---, *In Cammino verso il linguaggio*, Milano, tr., it., ed., Mursia, 1973.

HEGEL G. W. F., *Principes de la philosophie du Droit*, traduction et annotations de Kervegan J-F., éd., PUF., Paris, coll. *Fondements de la politique*, 1998. Nouvelle édition revue et augmentée, PUF., coll. « Quadrige », 2003.

---, *Lesioni sulla storia della filosofia*, Firenze, ed., La Nuova Italia, 1930-1945, 4 vols.

---, *Phänomenologie des Geistes*, Hamburg 1952.
HERVADA J., *Introduzione critica al diritto naturale*, Milano, ed. Giuffrè, 1990.
HUME D., *Traité de la nature humaine*, Livre III, I, I, Paris, tr., fr. Saltel, éd., GF-Flammarion, 1993, *A Treatise of Human Nature*, ed., Norton & Norton, Oxford 2002, tr., fr., du L. I de Ph. Ballanger et Ph. Satel en GF, 1995.
HUSSERL E., *Aufsätze und Vorträge, Gesammelte Werke (1911-1921): (Des conférences et des Essais, Œuvres Recueillies)* Band XXV, mit ergänzenden texten Herausgeben von Thomas Nenon und Hans Rainer Sepp, éd., Martinus Nijhoff Publishers Group, Dordrecht / Boston / Lancaster, 1987. Printed in the Netherlands, pp. 296-299, in BSB : Bayerische Staatsbibliothek München.
---, *Logische Untersuchungen*, 3 tomes, éd., Akad.-Verl., Berlin 2008 ; tr. It. *Le ricerche Logiche*, v. 1, Net, Milano 2005 ; tr. fr. : *Les Recherches Logiques*, par Elie H., L. Kekel L. A, & Scheler R., Paris, éd., PUF., 1974.
---, *« Adolf Reinach+ », Frankfuter Zeitung*, 6.12. 1917, repris dans Husserliana (Hua) XXV, *Aufsatze und Vortrage* (1911-1921), p. 296-299.
---, *Kant-Studien*, 23, 1918, p. 147-149, reprise dans Hua XXV, *Aufsätze und Vortrage* (1911-1921), p. 300-303.
---, *Ideen zu einer reinen Phänomenologie und phänomenologischen philosophie, 1 Buch : Allgemeine Einführung in die reine Phänomenologie*, tr., fr. Escoubas E., *Les Idées pour une phénoménologie et une philosophie phénoménologique pures*, tr., fr., Escoubas E., Paris, éd., PUF., 1982 : *Ideas Pertaining to a Pure Phenomenology and a Phenomenological Philosophy*, (tr., angl. F. Kertsen), ed. U. Melle, *Husserliana : Edmund Husserl Collected Works*, New York, ed., Springer, 1983.
---, *Ideen zu einer reinen Phänomenologie und phänomenologischen Philosophie*, 2. Buch : *Phänomenologische Untersuchungen zur Konstitution. Idem.*
---, *Ideen zu einer reinen Phänomenologie und phänomenologischen Philosophie*, 3. Buch : *Die Phänomenologie und die Fundamente der Wissenschaften. Idem.*
---, *Die Krisis der europäischen Wissenschaften und die transzendentale Phänomenologie, eine Einführung in die phänomenologische Philosophie*, éd., Meiner, Hamburg 1982, tr., fr. : *La crise des sciences européennes et la phénoménologie transcendantale*, Paris, par Granel G., éd., Gallimard, 1976.
---, *Méditations cartésiennes*, *Introduction*, Paris, tr., fr. Emmanuel Levinas, éd. Vrin, 1947. L'original se trouve dans, vol 1, Husserliana *op. cit.*, Staatsbibliothek München.

HUSSERL E., et LAMBERT J. H., cité par LEROY G., *A l'origine de la phénoménologie : Edmund Husserl*, in http://www.questionsenpartage.com/print/99 <31-01-2012>.

IANNOTTA D., *Paul Ricœur in dialogo, Etica, giustizia, convinzione*, Torino, ed. Effatà Editrice, 2008.

INGARDEN R., *De la responsabilité. Ses fondements ontiques*, Paris, tr. fr., Ph. Secrétan, éd. L'Harmathan, 1993.

JHERING R., *Der Zweck im Recht*, I. VIII, Leipzig 1884.

JOHN M., *Politics and the Law in late nineteenth Century Germany, The origins of the Civil Code,* Oxford, ed., Clarendon Press, 1989.

JUSTINNIEN Empereur, *Digeste* ou *Pandecte*, Mezt, tr., fr. Hulot H., 1803.

KANT E., *Kritik der reinen Vernunft*, Berlin, ed., Akada.-Verl., 1998 ; tr., fr., *Critique de la raison pure*, Paris, éd. GF-Flammarion, 2006.

---, *Kritik der praktischen Vernunft*, Berin, Akad.-Verl., 2002 ; tr., it., *Critica della ragion pratica*, a cura di Bianchi F. M., Urbino 2003, *Critique de la raison pratique* (1788), tr., fr. Luc Ferry et Heinz Wissmann, in Kant E., *Œuvres philosophiques,* Paris, éd. Gallimard, 1985.

---, *Kritik der Urteilskraft,* Berlin, ed., Akad.-Verl., 2008, tr., it., *Critica del giudizio,* a cura di M. Marazzi, Milano, ed. Bompiani, 2004.

---, *Anthropologie in pragmatischer Hinsicht abgefasst.* 1798. *Antropologia dal punto di vista pragmatico,* Milano, a cura di Pietro Chiodi, ed. TEA, 1995 ; tr., fr., *Anthropologie du point de vue pragmatique*, Paris, éd., Vrin, 1964.

---, *Grundlegung zur Metaphysik der Sitten,* Göttingen éd., Vandenhoeck und Ruprecht, 2004 ; tr., fr., *Fondations de la Métaphysique des Mœurs,* par éd., Librairie Delagrave, Paris 1992. Tr., angl., *Foundations of the Metaphysics of Morals,* Paris, éd. Librairie Delagrave, 1992.

---, *Eléments métaphysiques de la doctrine du droit,* Paris, tr., fr., Par Barni J., éd., Auguste Durand, 1853.

---, *Doctrine du droit, Doctrine de la vertu,* Paris, tr., fr., Renaut, éd. GF-Flammarion, 1994.

---, *Prolegomeni ad ogni futura metafisica che potrà presentarsi come scienza,* Milano, a cura di Mario Ruggenini, ed. Bompiani, 1997.

---, *Métaphysique des mœurs,* (1796), Paris, tr., fr., A. Philonenko, éd., Vrin 1979.

KELKEL L., et SCHERER R., *Husserl, sa vie, son œuvre avec un exposé de sa philosophie*, Paris, éd., PUF. 1964.

KELSEN H., *Théorie pure du droit,* Paris, tr., fr., de la 2è éd. De (1960) par Eisenmann C., rééd. LGDJ/Bruylant, 1997.

---, *Théorie générale des normes,* Paris, éd. PUF, 1996.

---, *Théorie générale du droit et de l'Etat suivi de la doctrine du droit naturel et le positivisme juridique,* Paris, éd., LGDJ/Bruylant, 1997.

KERVEGAN J.-F., Hegel, *Carl Schmitt. La politique entre spéculation et positivité,* Paris, éd., PUF., coll. « Leviathan » 1992, rééd. PUF, « Quadrige » 2005.

---, *Hegel et l'Hégélianisme* Paris, éd. PUF. « Que sais-je ? », 2005.

---, *L'effectif et le rationnel. Hegel et l'esprit objectif,* Paris, éd., Vrin « Bibliothèque d'histoire de la philosophie », 2008.

LACHANCE L., *Le concept de droit selon Aristote et saint Thomas,* Ottawa, éd. Du Lévrier, 1948.

LEDIC J-D'., *Heideggers "Sach – Verhalt" und Sach verhalte an sich, Studien zum Grundlegung einer kritischer Auseinandersetzung mit Heideggers Seins-begriff,* Frankfurt, éd. Ontos – Vesl. 2009.

LEROY G., *A l'origine de la phénoménologie : Edmund Husserl,* www.questionpartage.com <21.04.2012>.

E. LEVINAS, *Etica ed infinito, il volto dell'altro come alterità etica e traccia dell'infinito,* tr., it. BACCARINI DE E., *Introduction* de Mura G., Rome 1984 (*Ethique et Infini,* Paris 1982).

LIEBSCH B., *Gebetenes Wort oder gelebtes Vers preschen, Quellen und Brennpunkte der Sozialphilosophie,* München, éd. Albert, Freiburg, 2008.

MACINTYRE A., *EDITH STEIN, Un prologo filosofico,* Roma, ed. EDUSC SRL, 2010.

MALLY E., *Grundgesetze des Sollens* (1926), Reprise dans *Logische Schriften. Grundgesetze des Sollens,* herausgegeben von Karl Wolf und Paul Wein-Gartner, Dordrecht, Reidel 1971.

MEINONG M., *Gegenstandstheorie,* § 2, GA II, 485 ; tr., fr., Courtine J-F., & DE Launay M., éd. Vrin, Paris 1999.

MULLINGAN K., (edizioni), *Speech Act and Sachverhalt. Reinach and the Foundations of realist Phenomenology,* Martinus Nijhoff, Dordrecht 1987.

MURA G., *Introduzione all'ermeneutica veritativa,* Roma, ed. Prospettive filosofiche, Pontificia Università della Santa Croce, 2005.

---, *Pensare la parola, per una filosofia dell'incontro,* Roma, ed. Urbaniana University Press, 2001.

---, *Introduzione,* tr., fr., Bibliografia e scelta antologia di Thévenaz P., *La Fenomenologia, da Husserl a Merleau-Ponty,* Roma 1976, pp. 7-27, 99ss.

NATORP P., *Gesammelte Abhandlungen zur Sozialpädagogik,* 3 vols 1907, in Staatsbibliothek München.

NEWTON I., *De Gravitatione et equipondio fluidorum,* tr., fr., *De la Gravitation,* Paris, éd., Gallimard, coll. « Tel », 1995.

---, *A Treatise of Human Nature, Oxford : Traité de la nature humaine,* Paris, éd. Norton et Norton, 2002, tr., fr. L. I de Ph. Ballanger et Ph. Saltei en GF. 1995.
PANIKKAR R., *Ecosofia la nuova saggezza : per una spiritualità della terra* Assisi, ed. Cittadella, 1993.
PANZANNI G., *Il diritto naturale quale fonte del diritto, il realismo-razionalismo giuridico, illuministico, principio ed approdo del giusnaturalismo ; saggio storico e politico filosofico.* Padova, ed. CEDAM, 2009.
PFERSMANN O., & TIMSIT G., *Raisonnement juridique et interprétation, Publications de la Sorbonne,* Paris, éd. Bruylant, 04/2005, 650 p.
PUCHTA G. F., *Lehrbuch der Pandekten* Leipzig, 1838, *Kursus der Institutionen* (Leipzig, 1841–1847, *Das Gewohnheitsrecht* (Erlangen, 1828–1837).
UWE A., & AMATA NEYER M., *Edith Stein une femme dans le siècle,* Paris, éd. La Flèche, tr., fr., Lattes J. C., 2002.
REALE G., *Storia della filosofia antica,* 5 volumi, Milano, ed. Vita e Pensiero, 2001.
REINACH A., *sketch of a « Lebenslauf »,* in the Bavarian State Library, Ana 379 D II 1.
REBOUL O., *Introduction à la rhétorique,* Paris, éd. PUF. 1991.
RICOEUR P., *L'herméneutique biblique,* Paris, éd. Cerf, 2005.
---, *A l'école de la phénoménologie,* Paris, éd., Vrin 1986.
RIEB W., *Der weg vom Ich zum Anderen die philosophische Bergrundung einer Theorie von Individuum, Gemeinschaft und Staat bei Edith Stein,* Dresdem, éd. Thelem, 2010.
ROMANO C., *Filosofia del diritto e questione dello spirito,* Roma, ed., Giappichelli, 2007.
---, *Globalizzazione del commercio e fenomenologia del diritto. Saggio su diritto e identità,* Roma, ed., Giappichelli, 2001.
---, *Nietzsche e Pirandello. Il nichilismo mistifica gli atti nei fatti,* Roma, ed Giappichelli, 2008.
---, *Questa è la verità ! Una santa ad Auschwitz, Edith Stein,* Napoli, ed. Guida, 2011
---, *Ricerca pura e ricerca applicata nella formazione del giurista. Diritto e bio-economia,* Roma, ed., Giappichelli, 2008.
---, *Scienza giuridica senza giurista : il nihilismo « perfetto » Trenta tesi per una filosofia del diritto 2005-2006.* Roma, ed., Giappichelli, 2006.
ROMANO S., *Frammenti di un dizionario giuridico,* Milano ed. Giuffrè 1983.
SALICE V., *Urteile und Sachverhalte, ein Vergleich zwischen Alexius Meinong und Adolf Reinach,* München ed., Philosophia, 2009.

SAVIGNY F. K., *System des heutigen Römischen Rechts.* (en 8 vols.), vol. I. Berlin 1840 seconde ed. 1981.
SEARLE R., *Speech Acts. And Essay in the Philosophy of language,* ed., Cambridge University Press, 1969.
---, *Sens et expression,* Paris, éd. Minuit, 1982.
SCHELER M., *Le formalisme en éthique et l'éthique matérielle des valeurs* (1916), Paris, tr., fr., Gandillac, Gallimard, 1955.
SCHLEIERMACHER F.D.E., *L'Hermeneutik* (1768-1834), tr., fr., Berner C., éd. Presses de l'université Laval 1987.
SEIFERT J., *Ritornare a Platone : la fenomenologia realista come riforma critica della dottrina platonica delle idee/in appendice un testo inedito su Platone di Adolf Reinach,* Milano, ed. Vita e Pensiero, 2000.
SHUHMANN K., and SCHMITH B., « *Adolf Reinach : An Intellectual Biography* », in *Speech Act and Sachverhalt. Reinach and the Foundations of Realist Phenomenology,* Dordrecht, ed. K. Mulligan, Martinus Nijoff, 1987.
---, « *Adolf Reinach : An Annotated Bibliography* », in *Speech Act and Sachverhalt. Reinach and the Foundations of Realist Phenomenology,* Dordrecht, ed. K. Mulligan, Martinus 1987, pp. 299-332.
SPIEGELBERG H., *The Phenomenological Movement,* Netherland, 3rd ed., Matinus Nojhoff, The Hague 1982.
STANKIEWICH A., *Appunti sulle fonti e sulle istituzioni di diritto romano,* dispensa ad uso degli studenti, Roma, Pontificia università della santa croce, 2006.
STELLA G., *I giuristi di Husserl, l'interpretazione fenomenologica del diritto,* Milano, ed. Giuffrè, 1990.
STICHT O., *Sachlogik als Naturrecht ? Zur Rechtsphilosophie Hans Welzels (1904-1977),* München, Paderborn, ed., Schöning, 2000.
TERESA RENATA DE SPIRITU SANCTO, *Edith Stein,* Brescia, tr., it. Morcelliana, 1959.
THOMAS D'AQUIN, *Summa theologica : La Somme théologique.*
TROPER M., *Pour une théorie juridique de l'État,* Paris, éd., PUF, 1994.
---, *La théorie du droit, le droit, l'État,* Paris, éd. PUF, 2001.
TODISCO O., *Ermeneutica storiografica,* Alba, ed. Paoline, 1977.
TOSO M., *Welfare Society. L'apporto dei Pontefici da Leone XII a Giovanni Paolo II,* Roma, ed. LAS, 1995.
---, *Verso quale Società ? Dottrina sociale della Chiesa per una nuova progettualità,* Roma, ed. LAS, 2000.
---, *Umanesimo Sociale. Viaggio nella Dottrina sociale della Chiesa e dintorni,* Roma, ed. LAS, 2001.
DEL VECCHIO G., *I presupposti filosofici della nozione del diritto,* Bologna ed. Zanichelli, 1905.
VATTIMO G., *Addio alla verità,* Roma, ed. Meltemi, 2009.

---, *La fine della modernità. Nichilismo ed ermeneutica nella cultura post-moderna*, Saggi Blu 6, Milano, ed. Garzanti, 1985.
---, *Dopo la cristianità. Per un cristianesimo non religioso* Milano, ed. Garzanti 2002.
VILLEY M., *Philosophie du droit, Définitions et fins du droit ; Les moyens du droit*, Paris, réédition Dalloz en un seul volume, 2001.
WITZ C., *Les Premières applications jurisprudentielles du nouveau droit uniforme de la vente internationale (Convention des Nations Unies du 11 avril 1980)*, Paris, LGDJ (Droit des affaires), 1995.
---, *Droit privé allemand. 1, Actes juridiques, droits subjectifs : BGB, partie générale, loi sur les conditions générales d'affaire*s, Paris, 1992.
---, *La Fiducie en droit privé français*, Paris, *Economica*, Coauteur(s) : SCHMIDT Dominique (Préf.), 1981.
WOJTYLA K., *Persona e Atto*, Milano, Nuova edizione Bompiani, 2001.

Articles

BARATTA A., « Natura del fatto e diritto naturale », in *Rivista internazionale di filosofia del diritto*, 36, 1959.
BARTOLI G., *Hermeneutica Iuris, Per una lettura « giuridica » del testo normativo,* in « i-lex. Scienze Giuridiche, scienze Cognitive e Intelligenza artificiale », *Rivista quadrimestrale on-line* : www.i-lex.it Agosto 2010, numero 9.
ALES BELLO A., *A proposito di filosofia del diritto*, in « Aquinas, XXXVII », 1994.
---, *The controversy about the existence of the world* in « Edmund Husserl's phenomenological School A. Reinach, R. Ingarden, H. Conrad-Martius, E. Stein », in "Anacleta Husserliana. The Yearbook of Phenomenological Research 79" 97-116, 2004.
BENOIST J., *Adolf Reinach : philosophie du langage, droit, ontologie, Les Etudes philosophiques :* février 2005.
---, *Reinach et les 'actes sociaux,* in J. Benoist, *Les limites de l'intentionnalité*, éd. Vrin Paris 2005. pp. 205-223.
BOBBIO N., *L'indirizzo fenomenologico nella filosofia sociale e giuridica*, in « Istituto giuridico della R. Università », Torino 1934.
BOGLIOLO L., *I fondamenti del linguaggio umano : linguaggio ed essere*, in « Renovatio, XXV », Grafica Bi-Esse, Genova 1990.
---, *Oltre l'ermeneutica* in, « L'Osservatore Romano », 08 settembre 1977.
---, *Plurisignificanza del principio tomistico di causa*, in « Lateranum, 39 » ed. PUL, Roma 1963.
---, *Ecclesiam Suam. Dialogo e persona*, in « L'Osservatore Romano », 17 settembre 1964.

BRUNO A., *Le problème de l'ontologie des actes sociaux : Searle héritier de Reinach ?*, in « Les Etudes Philosophiques » pp. 55-72, 2005.

BURKHARDT M., *Il filosofo del diritto Adolf Reinach, lo sconosciuto fondatore della teoria degli atti linguistici*, in « Teoria, 2 » (1986).

---, *Verplfichtung und Verbindlichkeit. Ethische Aspekte in der Rechtphilosophie Adolf Reinachs* in „Speech Act and Sachverhalt : Reinach and the foundations of realist phenomenoly" ed by Mullingan Kevin. Dordrecht : Martinus Nijhoff Publishers 1987. pp. 155-174.

DE CALAN R., *Introduction*, in « Adolf Reinach, Fondements », pp. 7-33.

---, *Causalité et nécessité matérielle : Reinach lecteur de Hume*, in « Les études Philosophiques », pp. 39-54, 2005.

CANTEREIL J., *D'une voie phénoménologique en théorie du droit. Remarques sur le réalisme d'Adolf Reinach*,

in « Les études Philosophiques », pp. 99-112, 2005.

---, *Adolf Reinach théoricien du droit : sur la causalité*, in « Archives de Philosophie du Droit 49 », 401-416, 2006.

CONRAD-MARTIUS H., *Die Transzendentale und die ontologische Phänomenologie*, in „Schriften zur Philosophie", München, 1965

---, *Zur Ontologie und Erscheinungslehre der realen Außenwelt. Verbunden mit einer Kritik positivistischer Theorien,* in : „Jahrbuch für Philosophie und phänomenologische Forschung 3", 1916, *Die erkenntnistheoretischen Grundlagen des Positivismus*, Bergzabern 1920.

CROSBY J., *Reinach's discovery of the social acts,* in „Aleithea III", pp. 143-194, 1983.

---, *Reinach as a Philosophical Personality,* ed. „Aletheia, III : XI-XXXI", 1983.

DAVIDE G., *Husserl and Reinach on Hume's « Treatise »,* in « Speech Act and Sachverhalt : Reinach and the foundations of realist Phenomenology », ed by Mullingan Kevin. Dordrecht : Martinus Nijhoff Publishers 1987. pp. 257-274.

DUBOIS, *Adolf Reinach's contributions to meta-ethics and the philosphy of law, in The phenomenological tradition* in « Moral Philosphy », ed by Embree Lester and Drummond John. Dordrecht : Kluwer 2002, pp. 327-346.

---, *Judgment and Sachverhalt. An introduction to Adolf Reinach's phenomenological realism.* Dordrecht : Kluwer 1995.

STEIN E., fille de Sion – ANARCHRISME,

in http//www/anarchrisme.blog.free.fr, <31.01.2012>

FALCONI F., *Le regole della relazionalità. Una interpretazione della fenomenologia di Adolf Reinach,* in, « Pubblicazioni dell'Istituto di filosofia del diritto dell'Università di Roma », ed. Giuffrè Milano 1991.

---, *Immanuel Kant und Adolf Reinach : Zwei Linien des Widerstandes im Vergleich*, in „Kant-Studien". Philosophische Zeitschrieft der Kant-Gesellschaft 93 : 351-370, 2002.

FEDELIS J.-P., *Phénoménologie*, in A.-J. ARNAUD (dir.), *Dictionnaire de théorie et de sociologie du droit*, L.G.D.J., Paris, pp. 440-441.

FRENI C., *La benedizione della Croce, Per un'antropologia del sacrificio in Edith Stein*, in, « Salesianum, Periodicum internazionale trimestre editum a professoribus, Pontificiae Studiorum Universitatis Salesianae- Romae », Annus LXVII (2005), ed. LAS.

GARDIES J.-L., *Essai sur les fondements a priori de la rationalité morale et juridique*, L.G.D.J., (coll. « Bibliothèque de philosophie du droit »), tome 12, (préface M. VILLEY, G. KALINOWSKI), 1972.

---, *Le droit l'a priori, l'imaginaire et l'expérience*, in « Archives de philosophie du droit », 7 (1965), pp. 171-197.

---, *La philosophie du droit d'Adolf Reinach*, in « Archives de philosophie du droit », 10 (1965), pp. 17-32.

---, *Adolf Reinach and the analytic foundations of social acts*, in « Speech Act and Sachverhalt : Reinach and the foundations of realist phenomenology », ed., by Mullingan Kevin. Dordrecht : Martinus Nijhoff Publishers 1987. pp. 107-117.

GRONDIN J., *La contribution silencieuse de Husserl à l'herméneutique*, article in « Philosophiques » *(22)*, 1993 Université de Montréal.

JEAN PAUL II, *Lettre Apostolique* sous forme de *Motu Proprio :* Proclamation d'Edith Stein, sainte Bénédicte de la Croix ; Co-Patronne d'Europe avec sainte Brigitte de Suède et sainte Catherine de Sienne, le 01 octobre 1999.

BENOIST J., *Reinach et la visée (Das Meinen): décliner l'intentionalité*, in « Les Etudes Philosophiques », pp. 19-37, 2005.

HILLEBRAND D., *Die rechtliche Sphare in ihrem Eigenwert und in ihrem Zusammenhang*, in « Die Menscheit am Scheideweg. Gesammelte Abhandlungen und Vortrage ». Regensburg : Josef Habbel 1955, pp. 86-106.

HOFFMANN K., *Reinach and Rearle in promising. A comparaison*, in « Speech Act and Sachverhalt : Reinach and the foundations of realist phenomenology ». Edited by Mullingan Kevin, Martinus Nijhoff Publishers Dordrecht 1987, pp. 91-106.

HUSSERL E., *Adolf Reinach (In Memoriam), Philosophy and Phenomenological Research* 35 : 571-574, 1975.

---, in « Kantstudien » 23, 1919 pp. 147-149.

HUBENER W., *Die Logik der Negation als ontologisches Erkenntnismaterial*, in « Positionen der Negativitat ». Edited by Weinrich Harald. Munich : Fink 1975, pp. 105-140, 134.

LELLOUCHE R., « *Qui était Jean-Paul II ? Un géant méconnu* », in « Institut Hayeck, Libéralisme & Atlantisme », http://instituthayeck, 13 aout 2005.
MAIHOFER W., *Droit et nature des choses, dans la philosophie allemande du droit,* in « Droit et nature des choses, Travaux du colloque de philosophie du droit comparé », Toulouse, 16, 21 septembre 1964, éd. Dalloz Paris 1965, pp. 102-140.
PFERSMANN O., & TIMSIT G., *Contre le néo-réalisme juridique. Pour un débat sur l'interprétation,* in « Revue française de droit constitutionnel », éd. PUF, n°50-2002, repris n°52-2002, p. 789-836.
PFERSMAN O., *Une théorie sans objet, une dogmatique sans théorie, En réponse à Michel Troper,* in « Revue française de droit constitutionnel », éd. PUF, n°52, p. 759-788.
---, *Contre le Néo-réalisme,* in « Revue française de droit constitutionnel », n°52, p. 821.
POULANTZAS N., *Notes sur la phénoménologie et l'existentialisme juridiques,* in « Archives de philosophie du droit », 8 (1983), p. 219 sq.
RASTOIN C., *Édith Stein : enquête sur la Source,* Paris, éd. Cerf, 2007 : Extrait de la thèse d'Édith Stein (1917) : *Zum Problem der Einfühlung,* chapitre IV, § 7.
SERE B., *De la vérité en amitié. Une phénoménologie médiévale du sentiment dans les commentaires de l'Ethique à Nicomaque (XIIIe-XVe siècle),* in www.cairn.info/article.php.
TROPER M., *Réplique à Otto Pfersmann,* in « Revue française de droit constitutionnel », ed. PUF, n° 50, p. 335-353.

Essais

ROMANO B., *Il diritto tra desiderio e linguaggio. L'autocoscienza in Hegel e l'inconscio in Lacan.* Lezioni a.a. 1988/89, Roma, ed. Bulzoni, 1989.
---, *Il riconoscimento come relazione giuridica fondamentale. Lezioni anno accademico 1985/86,* Roma, ed. Bulzoni, 1986.

Sites internets

BSB Bayerische Staatsbibliothek ; http://www.bsb-muenchen.de
Contrôle des sites le 21.04.2012.

Codes et dictionnaires

Code civil allemand (BGB): Bürgerliches Gesetzbuch, BGB ; mit den Nebengesetzen zum Verbraucherschutz, Mietrecht und Familienrecht, Paris éd. Walhalla-Fachverl., 2009. Promulgué le 18 aout 1896 et entré en vigueur le 1er janvier 1900, tr., et commentaires, éd. Dalloz, 2010.

Code de Droit Canonique, édition bilingue et annotée, Montréal, éd. Wilson & Lafleur liée, 2007, sous la direction de Hélène Aubé et Ernest Caparros.

GODIN C., *Dictionnaire de Philosophie,* Paris, éd. Fayard / éditions du temps, 2004

RAYNAUD P., *Dictionnaire de philosophie politique,* Paris, éd. PUF, 2006.

TABLE DES MATIÈRES

Philosophie aux éditions L'Harmattan

Dernières parutions

ÉCONOMIE (L') À LA LUMIÈRE DES PHILOSOPHES
Eyene Mba Jean-Rodrigue-Elisée
Ce livre permet de comprendre que les tentatives des économistes contemporains pour disqualifier la philosophie du processus d'élaboration des modèles, des lois et des principes économiques sont vouées à l'échec. Elles omettent souvent le dénominateur commun de l'économie et de la philosophie : l'épanouissement de l'homme, le maintien de l'équilibre social. Les problèmes que traitent les philosophes relèvent du domaine de la vie pratique de la société dont l'économie n'est qu'un des éléments constitutifs.
(Coll. Philosopher en Afrique, 15.50 euros, 152 p.)
ISBN : 978-2-336-30160-0, ISBN EBOOK : 978-2-296-53723-1

GILLES DELEUZE : PHILOSOPHIE ET LITTÉRATURE
Pombo Nabais Catarina - Préface de Jacques Rancière
Cet ouvrage aide à pénétrer une pensée complexe, et tente de rendre Deleuze accessible. L'auteur a pu définir un accès sensible et raisonné à l'un de ces points privilégiés où la philosophie deleuzienne se construit hors d'elle-même en investissant un espace «non philosophique», celui de la littérature. Il ne peut être question de résumer un travail qui s'attache à suivre, à travers l'analyse fine de quelques singularités, toutes les transformations de la pensée deleuzienne de l'expérimentation littéraire, entendue comme expérimentation de vie.
(Coll. La philosophie en commun, 49.00 euros, 526 p.)
ISBN : 978-2-343-00949-0, ISBN EBOOK : 978-2-296-53833-7

EROS ET INFINI (Tome I)
Le monde, le sujet, le sens
Bailly Jean Jacques
Cet ouvrage constitue la première partie d'*Éros et Infini, Éthique de la temporalité*. L'auteur entreprend une philosophie de l'évènement, de la nouveauté et du sens, de l'éros et du désir, soutenue par une compréhension du temps comme retrait créateur. La confrontation aux grands maîtres conduit à de nouvelles interprétations des grandes questions philosophiques. Ce tome I traite de l'expérience du monde, de la question du sujet, ainsi que de l'origine du sens et de l'éros de l'interprétation.
(Coll. Ouverture Philosophique, 24.00 euros, 228 p.)
ISBN : 978-2-343-00462-4, ISBN EBOOK : 978-2-296-53845-0

EROS ET INFINI (Tome II)
Le sens, le signe, l'éros du bien et du mal
Bailly Jean Jacques
Cet ouvrage constitue le tome II de *Éros et Infini, Éthique de la temporalité*. L'auteur y poursuit sa philosophie de l'évènement, de la nouveauté et du sens, de l'éros et du désir centrée sur l'expérience temporelle du monde. Les questions philosophiques fondamentales sont revisitées. Ce tome II aborde les formes de jouissances et de catharsis du sujet, approfondit la réflexion sur les limites et les configurations du monde, le langage et les signes, et l'enracinement érotique du bien et du mal.
(Coll. Ouverture Philosophique, 22.50 euros, 216 p.)
ISBN : 978-2-343-00499-0, ISBN EBOOK : 978-2-296-53846-7

NOUVELLE AVANT-GARDE (LA)
Vers un changement de culture
Sous la direction de Carine Dartiguepeyrou
La vision du monde postmoderne a beaucoup apporté en déconstruisant la modernité pour mettre en avant des valeurs postmatérialistes et une société plurielle. La nouvelle avant-garde n'est pas seulement une pensée : c'est une culture, une communauté de valeurs et de quête, le fruit d'une intuition collective qui rassemble des personnes de tous horizons autour d'un respect profond pour le vivant, de la conscience que nous ne connaissons qu'une part infime de l'univers.
(Coll. Avant-garde, 19.00 euros, 196 p.)
ISBN : 978-2-343-00822-6, ISBN EBOOK : 978-2-296-53858-0

UN MONDE PARFAIT. GÉOGRAPHIES DE L'AMÉRIQUE IMAGINAIRE
Magliacane Alessia
En vingt-deux chapitres ponctués d'éléments géographiques, minéralogiques, urbains, topographiques, l'auteur reconstruit un contre-scénario de la culture postcapitaliste en suivant une route de l'imaginaire nord-américain suspendue entre l'incessante demande d'émancipation politique, culturelle, raciale, de genre et les terribles rechutes sociales, économiques, symboliques et symptomatiques.
(Coll. Ouverture Philosophique, série Arts vivants, 25.00 euros, 246 p.)
ISBN : 978-2-343-00173-9, ISBN EBOOK : 978-2-296-53963-1

RENÉ SCHÉRER
ou la parole hospitalière
Sous la direction de Cany Bruno, Robveille Yolande
De tous les professeurs ayant participé à l'expérience vincennoise, René Schérer apparaît comme le philosophe hospitalier par excellence, c'est-à-dire celui qui invite à philosopher ensemble dans une communauté de réflexion et de discussion. Mais ce recueil rappelle que la communauté homogène est impossible, fantasmatique du seul fait que l'homogène est la destruction de la communauté. C'est pourquoi le philosophe hospitalier convie à une «communauté de singularités» constituée par la diversité et la pluralité.
(14.50 euros, 146 p.)
ISBN : 978-2-336-29899-3, ISBN EBOOK : 978-2-296-53809-2

POUR UNE ANTHROPOBIOLOGIE PHILOSOPHIQUE DU DÉSIR
Désir et consensus
Nzigou-Moussavou Alain
Moteur essentiel de sa vie mentale et psychique, le désir permet à l'homme de s'orienter dans le monde. Exister pour l'homme, c'est exister comme être de désir. Toutes ses connaissances et ses institutions sont ainsi ramenées à de pures et simples projections pulsionnelles. Voici tentée ici l'entreprise inédite de reconstruction anthropologique du désir.
(Coll. Pensée Africaine, 40.00 euros, 416 p.)
ISBN : 978-2-336-00731-1, ISBN EBOOK : 978-2-296-53951-8

MERLEAU-PONTY
Face aux défis du monde contemporain
Corporéité et solidarité
Mpuku Félicien Laku
Merleau-Ponty n'a jamais explicitement développé une pensée de la solidarité et aucun de ses commentateurs ne s'est attaché à interpréter sa philosophie sous cet angle. La pensée de Merleau-Ponty inclut des possibilités qui débordent ce qu'il a effectivement dit et écrit. Cet ouvrage découvre que notre conscience est d'emblée dans un corps et dans une situation vécue, et que, avant toute prise de conscience de son existence personnelle, l'être humain coexiste. Cette « existence-avec » est fondamentalement une co-présence des êtres corporels.
(Coll. Pensée Africaine, 31.00 euros, 304 p.)
ISBN : 978-2-343-00058-9, ISBN EBOOK : 978-2-296-53797-2

SOLITAIRE (LE) DES ALPES
Ou la vérité religieuse devant la raison
Yermolof Michel - Édition préparée par François Heidsieck
Préface de Gérard Perrin-Gourron
Michel Yermoloff (1794-1870), homme très cultivé et orthodoxe de naissance, se convertira au catholicisme à 61 ans. Sans se contenter d'une démarche ecclésiale, il entend développer, discuter l'essentiel de sa foi. Dans ce véritable ouvrage d'apologétique rédigé sous forme de dix «Conversations», les Dialogues de ce Général fournissent un témoignage précieux du climat intellectuel de l'époque à travers des développements des thèmes pérennes de la philosophie et de la religion.
(Coll. Ouverture Philosophique, 22.50 euros, 216 p.)
ISBN : 978-2-296-99853-7, ISBN EBOOK : 978-2-296-53715-6

AU-DELÀ DE LA PENSÉE
Être et paraître
Andrieu Gilbert
Les mots ne sont qu'un pâle reflet de la réalité. Ils construisent l'homme, qui croit n'être que ce qu'il dit. Il en est de même de la pensée, qui ne peut dépasser un paraître dont nous ne soupçonnons pas les limites. Penser n'est certainement pas le propre de l'homme et rien ne nous dit que la pensée cesse d'exister après la mort. En cherchant à mieux comprendre l'amour et la mort, il est possible de saisir une origine de la pensée qui s'enracine dans la matière.
(23.00 euros, 230 p.)
ISBN : 978-2-343-00361-0, ISBN EBOOK : 978-2-296-53794-1

DEMI-DIEUX (LES)
Les enseignements cachés de la mythologie grecque
Andrieu Gilbert
Nous nous comportons souvent comme ces demi-dieux qui meurent devant Thèbes et devant Troie ou plus largement en recherchant une Toison d'or. Il est probable que nous puissions terrasser le Minotaure qui est en nous, mais il ne faudrait pas se comporter comme Thésée si nous voulons découvrir la Vérité. Si Héraclès reste le symbole de nos luttes permanentes pour échapper à notre destin, faut-il s'efforcer de lui ressembler ? Que représentent les demi-dieux encore aujourd'hui ?
(23.50 euros, 236 p.)
ISBN : 978-2-336-29361-5, ISBN EBOOK : 978-2-296-53795-8

POUR PENSER L'ÉDUCATION
Fullat i Genis Octavi – Traduit et adapté de l'espagnol par Mònica Guerrero-Rosset, avec la collaboration d'Anne-Marie Drouin-Hans
Octavi Fullat i Genís expose la structure fondamentale d'une anthropologie dualiste, dans laquelle prend sens un modèle d'éducation libératrice. Présentant la signification d'une anthropologie pédagogique, dans le cadre de l'anthropologie philosophique, le lecteur est invité à réfléchir sur la nature des savoirs sur l'éducation. Cet essai est construit par un discours philosophique, dans lequel O. Fullat utilise souvent la dérision et l'ironie, afin de signifier son positionnement au regard de la liberté et de l'éducation morale.
(Coll. La philosophie en commun, 16.50 euros, 156 p.)
ISBN : 978-2-336-29312-7, ISBN EBOOK : 978-2-296-53866-5

SARTRE ET BENNY LEVY
Une amitié intellectuelle, du maoïsme triomphant au crépuscule de la révolution
Repaire Sébastien - Préface de Jean-François Sirinelli
Mars 1980. Une série d'entretiens publiés par le *Nouvel Observateur* fait scandale. Jean-Paul Sartre, un mois avant sa mort, y révoque des pans entiers de son œuvre, dénigrant la notion d'angoisse et reléguant l'athéisme pour s'intéresser au messianisme juif et à la résurrection des corps. Face à lui, son dernier secrétaire, Benny Lévy. Accusé par Simone de Beauvoir de manipuler Sartre, Benny Lévy offre à l'écrivain une dernière occasion de revisiter son œuvre.
(Coll. Questions contemporaines, 25.00 euros, 260 p.)
ISBN : 978-2-343-00632-1, ISBN EBOOK : 978-2-296-53679-1

MICHEL FOUCAULT ET LA GÉNÉALOGIE DES SEXES
Rodriguez Magda Rosa Maria - Traduit de l'espagnol (Espagne) par Geoffroy Huard
Le champ de réception du travail de Michel Foucault n'en finit pas de s'élargir – tant sur le plan géographique que thématique. Les études de genre(s) ne font pas exception : la méthode archéologique foucaldienne stimule des approches originales de l'histoire des femmes, des questions d'identité, de la sexualité et des relations de pouvoir entre les sexes. Voici une réflexion parfaitement documentée sur l'apport de Foucault au féminisme et aux questions éthiques qui s'y lient.
(Coll. Esthétiques, série Culture et Politique, 28.00 euros, 280 p.)
ISBN : 978-2-336-29191-8, ISBN EBOOK : 978-2-296-53593-0

THÉORIE AUTOUR DE L'HOMME
Metaphysica theoria (Tome 7)
Stradda Paul-Emmanuel
Nous arrivons ici au terme de *Metaphysica theoria.* Nous avons conduit nos investigations en direction de la compréhension philosophique du réel. Il en ressort un point de convergence important et significatif : la compréhension de l'homme se fait à partir du rapport à la Totalité, à l'Être. *Metaphysica Theoria* est une vision des thèmes éternels : Dieu, l'être, l'homme. Une telle démarche demande souplesse intellectuelle et faculté de penser au-delà des formules toutes faites.
(Coll. Ouverture Philosophique, 33.00 euros, 326 p.)
ISBN : 978-2-343-00546-1, ISBN EBOOK : 978-2-296-53670-8

TOMBEAU POUR PIERRE RIVIERE
Sous la direction de Philippe Roy et Alain Brossat
Les auteurs de ce volume collectif entreprennent une relecture critique du travail effectué par Michel Foucault et ses collaborateurs autour du mémoire rédigé en prison par Pierre Rivière, après avoir assassiné sa mère, sa sœur et son frère. Ils montrent comment le geste et le nom de Rivière tendent avec cette entreprise à devenir l'étendard d'un combat engagé dans l'espace des savoirs et des disciplines. Ils insistent également sur les effets d'enchaînement produits par le petit livre publié par Foucault.
(Coll. Esthétiques, 20 euros, 192 p.)
ISBN : 978-2-343-00708-3 ISBN EBOOK : 978-2-296-53652-4

CAHIERS SIMONDON
Numéro 5
Sous la direction de Barthelemy Jean-Hugues
Les Cahiers Simondon fêtent leur cinquième anniversaire, en cette année 2013 où se tiendra la Décade internationale « Simondon et l'invention du futur » (Cerisy-la-salle). C'est pourquoi nous avons voulu revenir au « duo franco-italien » qui a marqué la naissance même, voici déjà plus de dix ans, du mouvement réellement collectif – et devenu, depuis, international – de redécouverte de l'œuvre de Simondon.
(Coll. Esthétiques, 15.00 euros, 152 p.)
ISBN : 978-2-343-00829-5, ISBN EBOOK : 978-2-296-53606-7

XAVIER ZUBIRI (Tome 2)
La solitude sonore (1931-1940)
Corominas Jordi, Vicens Albert - Traduit de l'espagnol par Vincent Pelbois
Le premier volume de cette biographie de Xavier Zubiri brossait un portrait de ce philosophe par vocation et prêtre malgré lui, qui s'était frotté aux plus grands courants de la pensée contemporaine. À partir de correspondance, documents personnels, témoignages, mémoires, études et interviews, ce livre ébauche ce que fut, au fond, la vie de Zubiri.
(Coll. Ouverture Philosophique, 29.00 euros, 286 p.)
ISBN : 978-2-343-00147-0, ISBN EBOOK : 978-2-296-53559-6

L'HARMATTAN, ITALIA
Via Degli Artisti 15 ; 10124 Torino

L'HARMATTAN HONGRIE
Könyvesbolt ; Kossuth L. u. 14-16
1053 Budapest

ESPACE L'HARMATTAN KINSHASA
Faculté des Sciences sociales,
politiques et administratives
BP243, KIN XI
Université de Kinshasa

L'HARMATTAN CONGO
67, av. E. P. Lumumba
Bât. – Congo Pharmacie (Bib. Nat.)
BP2874 Brazzaville
harmattan.congo@yahoo.fr

L'HARMATTAN GUINÉE
Almamya Rue KA 028, en face du restaurant Le Cèdre
OKB agency BP 3470 Conakry
(00224) 60 20 85 08
harmattanguinee@yahoo.fr

L'HARMATTAN CAMEROUN
BP 11486
Face à la SNI, immeuble Don Bosco
Yaoundé
(00237) 99 76 61 66
harmattancam@yahoo.fr

L'HARMATTAN CÔTE D'IVOIRE
Résidence Karl / cité des arts
Abidjan-Cocody 03 BP 1588 Abidjan 03
(00225) 05 77 87 31
etien_nda@yahoo.fr

L'HARMATTAN MAURITANIE
Espace El Kettab du livre francophone
N° 472 avenue du Palais des Congrès
BP 316 Nouakchott
(00222) 63 25 980

L'HARMATTAN SÉNÉGAL
« Villa Rose », rue de Diourbel X G, Point E
BP 45034 Dakar FANN
(00221) 33 825 98 58 / 77 242 25 08
senharmattan@gmail.com

L'HARMATTAN TOGO
1771, Bd du 13 janvier
BP 414 Lomé
Tél : 00 228 2201792
gerry@taama.net

Achevé d'imprimer par Corlet Numérique - 14110 Condé-sur-Noireau
N° d'Imprimeur : 106785 - Dépôt légal : mars 2014 - *Imprimé en France*

www.ingramcontent.com/pod-product-compliance
Lightning Source LLC
LaVergne TN
LVHW011149061026
849535LV00003B/665